KB039436

Carbon Neutrality Era

ENVIRONMENTAL POLICY

탄소중립시대의
환경정책

한국환경정책학회

박영사

발간사

기후변화는 우리가 직면한 가장 긴급하고 가장 거대하고 가장 심각한 도전과제입니다. 계속되는 환경파괴에 덧붙어 어느새인가 모르게 기후변화의 시대를 맞이하였고, 점점 심화하는 기후변화의 위기로부터 우리 국토, 우리 국민을 지키기 위한 무한한 노력이 요구되고 있습니다.

이러한 시대적으로 중대한 대 과업을 떠맡게 된 전문가들 1,100명이 한국환경정책학회를 학술교류의 플랫폼으로 삼아 현재와 미래세대 모두를 위한 기후생태적으로 안전한 삶의 터전을 만들고, 환경적으로 건전한 사회기반을 구축하기 위한 다양한 전문적 연구에 매진하고 있습니다.

한국환경정책학회 소속의 전문가들은 각자의 전문 분야에서 환경정책과 환경계획, 그리고 기후변화와 탄소중립에 대한 연구와 경험을 쌓아왔습니다. 이들이 가진 이론적 지식과 실천적 기법의 적절한 결합은 기후환경의 변화로 유래되는 복잡다기한 문제에 대한 해결책이 될 수도 있습니다. 다양한 지식과 경험을 체계적으로 융복합하여 학계 외에도 정부와 기업들이 대응력 강한 환경정책과 탄소중립정책을 발굴하고 추진하는데 적용 가능한 준거틀을 제공하려는 취지에서 「탄소중립시대의 환경정책」 이라는 학술서적을 출간하게 된 것은 매우 의미 있는 일입니다.

이 책은 한국환경정책학회의 전문적 속성과 구성상의 강점을 활용하여 환경정책과 탄소중립정책을 구분하여 접근하는 것이 아니라 융복합의 통합적 접근법을 지향하고 있다는 것이 특징이자 장점입니다. 이 책에서는 저자들이 국가의 환경정책 기조를 지원하면서도 '2050 탄소중립 달성'이라는 거대한 목표를 효과적 능률적으로 달성할 수 있도록 각종 최신 이론과 전략, 최신 방법론과 기법을 제공하고자 시도했습니다.

지난 30년 동안 한국환경정책학회는 학회의 구성원뿐만 아니라 중앙 및 지방정부, 기업체 및 여타 비즈니스 영역, 일반시민, 관련 학계와 연대하여 환경정책의 발전과 기후위기 대응과 탄소중립 달성에 기여하고자 노력해오고 있습니다. 이번 「탄소중립시대의 환경정책」의 출간은 이러한 장기적 노력의 일환으로 추진된 것이며, 이 책의 출간을 계기로 앞으로 후속 연구와 출간사업이 더욱 활발하게 계속될 것으로 확신합니다.

마지막으로 시의적절하게 「탄소중립시대의 환경정책」이 출간되도록 도와주신 박영사의 관계자들에게 감사의 말씀을 드립니다. 이 책의 원고 집필하기 위해 오랫동안 연구의 수고를 아끼지 않으신 집필진 여러분께도 감사의 말씀을 드립니다. 마지막으로 이 책의 기획 단계부터 출간까지의 전 과정을 책임지고 수고하신 서울대 환경대학원의 김태형 교수님에게는 특별한 감사의 말씀을 드립니다.

2023년 11월 15일
한국환경정책학회장 최정석

차 례

CHAPTER 01 녹색기술

CHAPTER 02 탄소중립 도시: 그린 인프라와 자연기반 솔루션 (Nature-based Solutions)

CHAPTER 03 공간적 지속가능성과 컴팩트시티

CHAPTER 04 한국 환경정책의 변화와 과제, 1960년대~2020년대

CHAPTER 05 환경행정 60여 년 패러다임의 변화

CHAPTER **06 자연자원의 현명한 이용, 지속가능한 지역발전**

CHAPTER 07 도시의 회복력을 높이는 물순환

CHAPTER 08 기후위기시대, 탄소중립정책과 기후적응정책

CHAPTER 09 도시설계와 환경/탄소중립

CHAPTER 10 환경경영과 정책

CHAPTER 11 지속가능발전과 녹색성장

CHAPTER 12 기후대응·탄소중립을 지원하기 위한 공간환경계획

CHAPTER 13 도시의 공원과 녹지: 도시는 공원이 될 수 있을까?

CHAPTER **14** ESG와 환경정책

xiii

녹색기술

김기은

CHAPTER **01**

녹색기술

I 서론

1 녹색기술의 특성

녹색기술의 특성을 이해하는 것은 왜 중요한가?

지구에서 생로병사를 공유하는 생명으로서 우리에게 지구의 역사와 현재, 그리고 미래에 대해 생각하고, 이에 대해 연구하고 고심하는 일을 중요한 책무 중의 하나일 것이다. 지구의 역사와 함께한 '사람'의 '시간'에는 늘 변화와 혁신의 과정이 있었다. 우리가 알고 있는 신석기시대로부터 시작되어 산업혁명시대까지 전쟁과 평화, 전염병과 굶주림의 비극을 거치면서도 지구에서 '사람'은 지속적으로 변화하며 공존하였다.

드디어 근세에 들어오며 1844년 프리드리히 엥겔스가 'The Condition of the Working Class in England'라는 저서에서 'Industrial Revolution'을 언급하며, 기술의 혁신에 사회의 변화를 의미하는 '혁명'이라는 단어를 사용하며, 기술과 역사의 변화를 연결하였다. 그 후 1884년 아놀드 토인비는 'Lectures on the Industrial Revolution of the Eighteenth Centry in England'에서 기술과 산업이 사람이 살아가는 사회, 국가와 역사를 변화에 미치는 영향에 대하여 서술하며, 국가경쟁력,

기술, 산업과 교육까지 '기술'의 중요성을 의식하게 되었다.

개인이 가지고 있던 기술을 전수하며 이루어졌던 가내수공업은 인간의 창조력에 기반하며, 실현과 새롭게 시작하는 '용기'로 새로운 형태로 빠르게 바뀌며 사회도 변화할 수 있었다. 변화의 속도는 성공과 실패를 기반으로, 기계를 발명하며 사람이 필요로 하는 물건으로 대량으로 생산할 수 있게 되었다. 대량생산은 일자리 창출과 소비 확산을 촉진시키며, 사업가는 시장개척을 위해 국가 밖으로 진출하며, 근세의 역사는 소용돌이 속으로 들어가며 '국가굴기'의 중요한 계기가 되며 19세기부터 강대국과 강대국 외 국가들이 차별화되었다. 기술의 역사는 곧 국가경쟁력과 선진국의 척도가 되었다. 이처럼 인류역사에서 기술의 중요성을 인식하며, 20세기에서는 기술의 혁신에 기업은 투자를 아끼지 않게 되었으며, 또한 국가와 사회도 교육에 대한 지원에 많은 노력을 하게 되었다. 기술과 산업의 발전은 경제화 활황으로, 이는 소비와 폐기물 증가로, 그리고 서서히 또는 빠르게 우리의 지구에 변화를 가져오게 되었고, 이는 인류 환경의 변화가 오늘날 현실이 되었다. 이러한 변화를 19세기 생태철학자들은 여러 논고에서 우려하였으며, 드디어 20세기 인류는 기술의 혁신을 통해 원래의 푸르고 아름다운 지구를 위한 기술혁신과 현실을 실현하게 되었다. '녹색기술'의 탄생은 또 다른 '기술의 혁신'이라 할 수 있다.

기술 혁신은 산업의 변화로, 이는 '산업혁명'이라 정의되며 앞서 현실화되었던 기계화와 대량 생산을 거쳐 자동화를 거쳐 대량 생산을 촉진하며, 여기에 에너지를 절약하고, 폐기물을 덜 발생시키고, 재활용하는 형태의 기술 혁신으로 연결되며 정보통신 기술과 인공지능까지 겸하여 복합적인 형태로 혁신에 혁신을 거듭하며, 사업화되어 우리는 과학과 데이터를 기반으로 산업화하고 발전하는 현실에 이르렀다. 기술을 논하며 역사를 뒤돌아보게 하는 이유이다.

환경에 대한 관심은 지구 사회에서 산업이 발전하고 확장되면서, 일정 지역에 대다수의 사람들이 모여 살다보니, 소비와 생산을 위한 인프라에 대한 수요가 높아지고, 이는 대단위 도시화로 자연스럽게 연계하며 발전되었다. 도시화는 또한 국가 경쟁력에도 중요한 요소가 되었다. 집중적으로 많은 사람들이 모여 살게 되며, 물과 공기, 즉 환경에 영향을 주게 되며, 살아가는 '환경'을 구성하는 기후, 공기의 질, 바다와 강 등에 변화가 관찰되며, 사람의 건강에도 영향을 준다는 사실들이 과학적으로 입증되며, 이를 개선하기 위한 기술도 발전하게 된다.

특히 환경 관련 분석과 평가가 이루어지며, 환경을 개선하고자 하는 기술에 대한 수요도 증가하게 되며, 이른 바 '녹색기술', '녹색 정책', '녹색 산업'과 '녹색 경제'까지 다양하게 발전하게 된다.

여기에서 최우선적으로 녹색기술에 대해 이해하고 특성을 정의하는 것이 중요하다. 왜냐하면 환경 정책에 적용하고자 하는 내용과 방법이 녹색기술의 현재 수준과 특성을 고려한 것이라야 적절한 정책이 이루어지고, 전문가가 다양한 환경 문제의 상황을 평가하고, 효과적이고 실제적인 의사결정을 할 수 있기 때문이다. 따라서 정책 입안자들과 비전문가들에게 녹색기술 정책을 효과적으로 제시하기 위해서는 전문가가 녹색기술의 내용과 적용 방법을 잘 알고 있어야 할 뿐만 아니라 환경 정책을 실행하는 상황의 사회적, 환경적, 정책적 특성 등을 충분히 고려할 수 있어야 한다.

녹색 기술을 적용하는 분야가 경제나 공학 분야일수도 있고 에너지 분야일수도 있기 때문에, 분야에 따라 녹색 기술의 발달 수준뿐만 아니라 녹색기술 도입 속도가 다를 수 있다. 따라서 녹색 기술 전문가는 녹색기술의 전반적인 특성과 더불어 자신이 녹색기술을 적용하려는 분야의 특징을 제대로 이해해야 한다.

2 환경 정책에서의 의사결정

2.1. 상식 vs. 과학에 근거한 의사결정: 우리가 갖고 있는 상식과 과학적 사실은 어떻게 다른가?

환경 정책을 수립하는 과정에서 올바른 의사결정을 내리기 위해서는 과학적 사실에 근거해야 한다.

환경 정책을 어떤 방향으로 수립할 것인지에 대해 판단을 내릴 때 일반적으로 통용되는 상식이 아닌 경험과학연구에 의해 확인된 사실에 근거해야 하는 이유는 바로 올바른 정책을 수립하기 위해서이다. 올바른 의사결정을 내리는 것이 필요한 여러 환경 정책적 상황들을 살펴보자.

상황 1. 에너지 분야 녹색기술: 정부가 탈원전 정책을 추진하면서 그 대안으로 신재생에너지 확대 정책을 추진하였다.

여러분이 당시 정책 담당자였다면 어떤 정책을 수립했겠는가? 당시 사람들은 원자력 발전의 대형사고의 위험성으로 인해 탈원전 정책을 수립해야 하며 전력수급을 위해 온실가스를 적게 배출하는 신재생에너지 정책을 수립해야 한다고 생각했다. 당시 정책 입안자들은 탈원전 정책을 추진할 때, 단순히 목표치만 제시할 뿐 비용이 얼마나 들고 발전 설비를 어디에 어떻게 세우겠다는 것인지 세부 내용은 공개하지 않았다. 정책을 수립하는 위치에 있는 사람들이 이러한 단순히 목표치를 달성하는 방식으로 진행했기 때문에 현재의 국내 전력 수급 안정성을 위협하는 상황이 현실화되었다. 사실 대부분의 환경 분야에 대해 비전문가인 정책입안자들은 탈원전과 신재생에너지 확대 능의 목표를 달성하려고만 할 뿐이지 그에 따른 부작용과 고려해야 할 세부 사항, 부작용을 줄이는 방법에 대해 정확한 이해를 하지 못했을 수도 있다. 태양광 발전이 기상에 영향을 받아 시간대와 계절에 따라 불안정한 전력 수급을 야기할 수 있다는 점과 이를 대비하기 위한 전력저장장치(ESS) 구축에 관한 과학적인 연구 결과를 알았다면 정책 입안자는 정책의 부작용과 이를 줄일 수 있는 방법을 수립하여 보다 적절하게 정책을 수립하도록 결정했을 것이다.

상황 2. 환경 분야 녹색기술: 자연에서 퇴비가 가능하도록 만들어진 친환경 봉지가 실제로는 일반 비닐봉지보다 환경에 2배 더 악영향을 주는 것으로 나타났다. 전분 퇴비화를 위한 과정에서 나온 온실가스가 더 많은 양이 배출된다는 것이다. 일각에서는 그럴싸한 위장 환경주의 '그린워싱'이란 비판도 제기됐다.

많은 사람들은 '퇴비화 가능한 플라스틱을 사용해야 환경오염을 줄일 수 있다'고 믿는다. 이러한 상식에 근거해 사람들은 생분해성 플라스틱을 사용하는 것을

선호한다. '퇴비화가 가능'하다고 표기된 플라스틱은 감자나 옥수수 전분과 같은 식물성 물질로 만들어지지만, 분해가 되기 위해서는 산업용 퇴비화 시설에서 고온에 처리되어야 하는 등 특정한 조건이 필요하다. 그러나 퇴비화 인프라 부족으로 전문 시설에서 처리되는 양은 극소수이고, 나머지는 매립되거나 소각하는 방식으로 처리되고 있는 실정이다. 퇴비화가 가능한 플라스틱이 매립지에 버려지게 되면 환경에 유해한 영향을 미친다. 따라서 유능한 환경 정책 전문가가 되기 위해서는 일반인들에게 효과적으로 전달할 수 있는 녹색 기술에 관한 정확한 지식도 필요하다. 환경 전문가는 자신의 분야에 대한 풍부하고 심화된 전문지식들을 정책 입안자들에게 좀 더 쉽고 구체적으로 설명하는 노력을 보다 더 기울일 필요가 있다.

> 상황 3. 순환경제와 녹색기술: 최근 유럽연합(EU)이 폐배터리 재활용을 의무화하는 '지속가능한 배터리 법'을 승인한 가운데 기업들이 폐배터리 리사이클링 시장에 선제적 투자를 이어가고 있다. EU의 배터리 법에 정부의 순환 경제 정책이 맞물리며 폐배터리 산업이 확대될 것으로 전망된다.

위의 상황을 보면 이제는 수명이 다한 폐배터리를 재활용하는 방향으로 나아가는 것이 전세계적인 추세인 상황으로 보인다. 많은 국가들이 특정한 환경 정책의 흐름이 전세계적인 추세가 된다면, 다른 국가들과의 정책의 비교를 통해 정책의 방향을 정하곤 한다. 우리나라도 배터리를 포함한 9대 주요 산업별 순환 경제 프로젝트인 '순환 경제(CE 9) 프로젝트'를 추진하면서 산업계 전반에 순환 경제가 확산되고 있다. 해당 프로젝트는 생산 공정 부산물 활용 방안을 논의하기 위한 관계부처 참여 협의체를 구성 및 운영하고 국내외 재생원료 공급망 구축을 지원할 계획이다. 여기서 환경 정책 전문가가 어떤 역할을 하느냐에 따라 정책이 올바른 방향으로 나아갈 수도 있지만, 반대로 부작용을 해결하지 못한 채 정책의 효과가 오히려 감소할 수도 있을 것이다.

Ⅱ 녹색기술이란

녹색기술은 단순히 환경만 고려하는 것이 아닌 타 분야와의 상호작용을 고려해야 한다.

녹색기술은 사회·경제 활동의 전 과정에 걸쳐 에너지와 자원을 절약하고 효율적으로 사용하여 온실가스 및 오염물질의 배출을 최소화하는 기술이다. 녹색기술을 적용하는 분야마다 녹색기술을 바라보고 활용하는 방식이 다르다. 저탄소 녹색성장 기본법에서 규정하는 대표적인 녹색기술의 종류를 살펴보자.

- 온실가스 감축기술
- 에너지 이용 효율화 기술
- 청정생산기술
- 청정에너지 기술
- 자원 순환 및 친환경 기술(관련 융합 기술을 포함한다)

녹색기술이 이렇게 다양한 종류가 규정된다는 것은 분야에 따라, 목적에 따라 녹색기술이 무엇인지를 바라보는 관점이 다르다는 것을 의미한다. 아래에서는 녹색기술의 종류가 분야에 따라 어떻게 다르게 규정되는지를 살펴볼 것이다. 이 과정에서 우리 시대가 요청하는 녹색기술의 의미가 무엇인지를 고민하는 시간이 되었으면 좋겠다.

1 폐기물 소각시설의 에너지 재이용

폐기물 소각 시설에서 소각열에너지를 증기와 전기로 바꾸는 기술은 에너지 효율화를 위한 녹색 기술로 널리 사용되어 왔다. 환경부 국립환경과학원에 따르면 폐기물처분부담금 감면 시설 34곳에서 회수된 760만7000Gcal의 에너지 중 73.5%(558만9000Gcal)가 증기, 온수, 전기 등을 만들 때 쓰이는 에너지로 재이용됐다. 재이용된 에너지량을 환산하면, 1년간 약 10만 명 또는 약 4만2000세대가 증기 또는 전기 등의 에너지로 사용할 수 있는 열량이다. 원유를 이용할 경우 63만 8000KL를 사용해야 하는 에너지 양으로 연간 3920억 원 가량을 절감하는 효과다.

2 빅데이터와 인공지능을 활용한 녹색기술

HD현대에너지솔루션은 2004년 태양광 사업을 시작한 이래 현재까지 1.6기가와트(GW) 이상, 8000여 개소에 달하는 태양광 발전소의 빅데이터를 보유하고 있다. 이를 바탕으로 자사의 태양광 시스템이 설치된 전국 모든 발전시설의 동작 상태를 실시간 원격 모니터링할 수 있는 시스템인 'Hi-Smart 3.0'을 운영 중이다. 이를 기반으로 분산된 태양광 발전소들의 발전량 데이터를 하나로 모으는 가상발전소(VPP)를 구축, 태양광 발전량 예측을 수행할 예정이다. 그 결과 안정적인 전력 계통 구축에 기여하고, 발전사업자들의 수익성 증대에도 도움이 될 것으로 기대된다.

3 수소 생태계 구축과 녹색기술

다양한 분야의 기업들이 저마다의 특화된 기술력을 바탕으로 수소 생태계 구축에 사용되는 녹색기술의 발전에 뛰어들고 있다.
- 현대차그룹은 모빌리티 기업으로서 수소차 개발뿐만 아니라 물류 등에서도 수소 전환을 진행하고 있다.
- SK그룹은 에너지 기업으로서 발전 분야에서 신재생에너지와 수소 관련 사업을 같이 추진하고 있다.
- 포스코그룹은 철강 기업으로서 수소환원제철 기술과 탄소포집으로 수소 생산 기술을 개발하고 있다.
- HD현대는 조선 기업으로서 해상풍력발전 또는 소형모듈원전을 통해 친환경 전기를 생산하고, 이를 토대로 그린수소를 생산하는 수소컨버스챌린지를 대형 상선까지 적용하는 기술을 개발 중이다.

- 효성은 석유화학 기업으로서 액화수소 플랜트를 만들어 수소 생태계 구축을 진행 중이다.
- LS그룹은 에너지 기업으로서 대규모 혼소 발전에 대비하기 위해 설비 구축 등일 진행하면서 수소 밸류 체인 구축 사업을 추진하고 있다.
- 두산그룹은 전자소재 및 연료전지 제조 기업으로서 수소액화플랜트 등을 통해 수소 생산과 유통에 나서고 있다.

Ⅲ 환경분야에서 녹색기술

1 폐기물 처리 자원화: 열분해유

열분해유는 폐플라스틱을 고온에서 가열해 일종의 '원유' 형태로 돌린 것을 말한다.

열분해유를 통한 폐기물 처리 자원화는 사용되어 버려진 폐플라스틱을 재가공하여 재생산하거나, 고온 고압에서 처리하여 원유 상태로 만들어 사용하는 것을 기본 원리로 하고 있다. 국내에서만 한 해 1000만 톤 이상의 플라스틱 쓰레기가 배출되고 있는데 이 중 70% 이상이 소각·매립되고 있다. 대부분이 재활용이 어려웠던 오염된 플라스틱 및 폐비닐로 파악된다. 이들을 대거 순환경제 생태계에 다시 넣는다는 것이다. 이러한 과정을 '도시 유전'이라고 부른다.

폐플라스틱의 열분해유 후처리 과정: 폐플라스틱 수거선별, 열분해, 후처리, 플라스틱 원료 투입

열분해유가 어떻게 활용되는지 이해하기 위해서는 열분해유의 생산 공정을 구성하는 단계를 먼저 이해해야 한다. 열분해유의 생산 공정은 폐플라스틱 수거/선별, 열분해, 후처리, 플라스틱 원료 투입으로 구성된다. 수거/선별 업체에서 플라스틱을 수거하면 고온에서 열분해하고 수소첨가 반응 기술로 후처리하면 열분해유가 생산된다. 이렇게 만들어진 열분해유에 플라스틱 원료를 투입하여 사용할수 있는 재활용 플라스틱을 만들게 된다. 아니면 희석 및 정제를 거쳐 휘발유·경유·등유 등 연료로도 쓸 수 있다.

2 수소혼소 발전 기술

수소혼소 발전을 통한 이산화탄소 배출량 감소

수소혼소란 가스터빈에 수소와 액화천연가스(LNG)를 혼합해 연소하는 친환경 발전기술이다. 수소혼소 발전은 LNG를 연소하는 가스터빈 복합발전보다 이산화탄소 배출량이 적다. 수명이 다된 가스터빈을 개조해 재사용하기 때문에 발전설비 비용도 아낄 수 있어 경제적이다. 예를 들어 수소혼소율이 50%까지 올라가면 가스터빈 복합발전 대비 이산화탄소 발생량이 20% 이상 줄어들 것으로 기대된다.

3 e-fuel

내연기관과의 공존을 가능하게 하는 e-fuel

e-fuel은 신재생에너지로 생산한 친환경 전력을 이용해 생산한 가솔린, 디젤과 같은 탄소중립 수송 연료를 이르는 말이다. 생산 과정은 다음과 같다.

그림 1-1 e-fuel 생산 개요

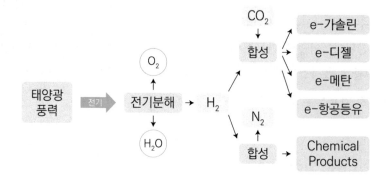

- 태양광과 풍력 같은 재생에너지로 친환경 전력을 생산한다.
- 바람과 태양이 왕성할 때 생산된 잉여 전력 등으로 물을 전기분해해 수소(H)를 만들어 낸다.
- 수소(H)에 이산화탄소(CO_2), 질소(N) 등을 투입해 E-diesel, E-jet fuel 같은 탄소중립 수송 연료를 생산한다.

재생에너지로 전력을 만들었고 탄화수소에 기반하지 않은 청정 수소를 사용했으며 대표적인 온실가스인 대기중의 이산화탄소를 포집해 원료로 투입했으니 탄소까지 저감하는 환경친화연료이다. 용도는 휘발유나 경유, 항공유 등 기존의 석유제품과 같아 내연기관이나 항공기, 보일러 기기 등에 사용할 수 있지만 연료의 물성은 청정하다. e-fuel이 보급되면 전기차나 수소연료전지차로의 전환 속도가 조금 더디더라도 현재의 내연기관 엔진을 유지하면서도 탄소중립을 이룰 수 있다. 이 때문에 유럽이나 일본은 정부 차원에서 e-fuel 기술 개발과 대규모 생산을 위한 정책적 지원이 이뤄지고 있다. 아우디, 도요타, 혼다 같은 글로벌 자동차 메이커들도 e-fuel 기술개발과 적용 가능한 엔진 실험을 진행중이다. e-fuel은 내연기관 산업의 붕괴 속도도 늦출 수 있다. e-fuel이 본격적으로 개발되고 경제성을 확보하게 되면 내연기관과 주변 산업의 경쟁력과 고용에 더해 수송 분야의 탄소중립도 유지할 수 있다.

Ⅳ 저탄소 발생기술: 식품 생산, 종류 등

암모니아는 질소·수소 화합물로 친환경 수소의 액화·저장·운송 효율화에 필수 요소이다.

암모니아의 친환경적 쓰임새는 크게 두 가지다. 첫째, 수소 운반체로서의 역할이다. 수소는 상온에서 기체이며, 부피당 에너지 밀도가 낮다. 따라서 산업에 효과적으로 이용하려면 고압으로 압축하거나 극저온에서 액체로 저장해야 하는데, 이를 위한 추가 에너지가 필요해 저장·운송이 까다로운 물질로 꼽힌다. 수소의 액화점은 영하 252.9℃로 극히 낮다. 반면 암모니아는 영하 33℃에서 액화가 가능하다. 또한 수소를 액화할 때보다 약 1.7배 많은 부피를 저장할 수 있다. 수소(H)를 암모니아(NH_3)로 합성하면 저장·운송이 훨씬 수월해지는 셈이다. 둘째, 암모니아 자체를 연료로 이용하는 방법도 있다. 암모니아에는 탄소(C)가 없어 연소 과정에서 온실가스를 배출하지 않는다. 다만 암모니아가 연료로 온전히 기능하려면 극복해야 할 과제가 몇 가지 있다. 암모니아의 자연발화 온도는 타 연소원에 비해 높아 연소가 잘 되지 않는다. 실제로 암모니아의 발전량과 연소 속도는 액화천연가스(LNG) 연료 대비 각각 50%, 20% 수준이다. 암모니아를 동력원으로 움직이는 엔진이 아직까지 상용화되지 않은 것도 이 같은 연료 자체의 특성 때문이다. 이에 암모니아에 가솔린 같은 연료를 혼합해 사용하는 혼소 발전이 하나의 대안이다.

암모니아를 연료로 활용하기 위해서는 생산 과정에서 많은 이산화탄소를 배출하는 점을 극복해야 한다.

암모니아 생산의 70% 이상은 천연가스 합성에 의존하는데 생산 과정에서 탄소 배출은 불가피하다. 화석연료 기반으로 만들어지면서 이산화탄소를 간접 배출하는 암모니아를 '브라운 암모니아'라고 부른다. 그에 대한 대안으로 이산화탄소 포집기술을 결합한 '블루 암모니아', 아예 생산 과정에서 태양광·풍력 같은 신재생에너지만 사용한 '그린 암모니아' 등이 제시되고 있다.

V 탄소 소모 기술: 농업, 녹색조류

1 기후변화 속에서 어떻게 해양바이오자원을 활용할 것인가.

기후변화는 미세조류의 비정상적인 확산을 불러왔다.

미세먼지의 군집의 변화는 기후변화와 밀접하게 관련되어 있다. 대표적인 사례로는 알프스 고원지대의 눈밭에 붉은색의 미세조류가 확산되는 현상이다. 프랑스 그르노블 알프스대 연구진이 국제학술지 '프런티어스 인 플랜트 사이언스'를 통해 원인을 미세조류로 지목하였다. 대기 중 이산화탄소 농도 증가가 미세조류의 성장에 도움을 준 것이다. 문제는 알프스의 눈이 붉게 변하면서 더 많은 햇빛을 흡수하게 되어 지표현의 온도가 높아지고 눈이 녹는 속도도 빨라진다. 결과적으로 이 현상은 이산화탄소 증가라는 기후변화의 결과물이면서 동시에 기후변화를 추가로 유발하는 원인이 될 수 있다. 비정상적인 미세조류의 확산은 당장 수자원에도 문제를 일으킨다. 기후변화는 호수에서 족조를 일으키는 남세균의 종류도 바꿔놓았다. 독소를 생산하는 종류인 마이크로시스티스(Microcystis) 속의 남세균이 우점종으로 자리 잡아 수자원에도 악영향을 주고 있다. 예를 들어, 중국에서 세 번째로 큰 호수인 타이후 호수는 쑤저우·후저우 등지에 사는 3000만 명 주민의 상수원이다. 부영양화된 탓에 녹조가 자주 발생하는데, 2007년 5월에는 마이크로시스티스의 독성 녹조가 발생해 우시시의 200만 주민이 일주일 동안 수돗물 없이 지내야 했다. 마이크로시스티스는 해외는 물론 낙동강 등 국내 4대강이나 대청호 등에서도 녹조를 일으키는 주요 남세균이며, 일부 변이주는 마이크로시스틴 등 독소를 생산한다. 마이크로시스티스의 증가는 기후변화와 상관관계가 있는 것으로 확인되었다. 호수 표면에 집중적으로 녹조가 발생하면, 햇빛을 더 잘 흡수해 온도를 약 1.5~3℃ 더 상승시킬 수 있고, 반대로 수층 아래는 그늘이 지면서 다른 남세균을 포함해 부력이 없는 식물성플랑크톤의 성장을 억제한다. 이런 되먹임 작용을 통해 마이크로시스티스의 우세는 점점 더 강화된다는 것이다. 중국 당국이 타이후 호수의 수질을 개선하기 위해 노력했음에도 마이크로시스티스의 풍부도가 증가한 것도 이 때문이다.

해양바이오자원의 활용: 수산부산물 재활용

수산부산물이란 수산물의 포획·채취·양식 가공 판매 과정에서 기본 생산물 외에 부수적으로 발생하는 뼈, 지느러미, 내장, 껍질 등으로 대부분 재활용되지 않고 폐기되어 왔다. 수산부산물은 칼슘, 콜라겐 등 유용성분을 다량 함유하고 있어 재활용 자원으로서의 가치가 매우 높으나, 그간 수산부산물의 특성을 고려하지 않은 관리체계, 다량의 수분·염분을 처리해야 하는 문제 등으로 재활용에 어려움을 겪어 왔다. 하지만 해외에서는 수산부산물을 바이오 플라스틱, 양식어장 바닥 저질개선제 등 고부가가치의 친환경 재활용 자원으로 적극 활용하고 있는 만큼, 이를 참고하여 기술개발 과제를 추진할 필요가 있다. 소재화 기술 개발도 추진한다. 어류, 해조류, 패류 등 각 부류별 수산부산물을 기능성 식품, 화장품 등을 위한 해양바이오 소재로 개발하고, 괭생이모자반과 같이 현재 식용으로 섭취하지 않는 해조류 부산물을 대체사료로 개발할 예정이다.

2 플라스틱 생산 감소와 재활용

플라스틱의 생산과 소비를 줄이거나 재활용을 해야한다.

플라스틱으로 인한 문제를 줄이는 기본적인 방법은 플라스틱 사용을 줄이는 것이다. 종이, 사탕수수 등으로 플라스틱을 대체하는 것이 그 방법 중 하나이다. 일회용 플라스틱 제품을 감축하기 위한 기업 차원의 이니셔티브인 팩트(PACT · Plastic Action)에 참여하는 한국 기업들이 1년 동안 플라스틱 사용량을 5천t(톤) 넘게 줄이는 등의 기여를 하고 있다. 세계자연기금(WWF) 한국지부가 발표한 '팩트 성과보고서 2022'에 따르면, 팩트에 참여하기로 한 국내 기업 9곳은 지난 1년 동안 플라스틱 사용량을 5천120t 줄였다. 이들 기업은 제품을 생산할 때 사용하는 플라스틱을 재생 가능한 원재료로 만드는 바이오 플라스틱, 폴리락타이드(PLA) 등 생분해성 플라스틱, 종이, 사탕수수 등으로 대체했다. 우유를 담는 용기를 만들 때 플라스틱 빨대를 종이 빨대로 바꾸고, 객실에 옥수수 전분으로 만든 칫솔과 빗을 비치하는 식이다. 플라스틱의 생산과 소비를 줄이는 것에는 한계가 있다. 때문에 재활용을 병행하면서 진행해야 한다. 플라스틱의 재활용에는 물리적 재활용과 화학적 재활용 방법이 있다. 폐플라스틱에서 원사를 뽑아 섬유로 재활용하는 방법이 대표적인 물리적 재활용이다. 하지만 플라스틱 오염과 이로 인한 기후변화를 근본적으로 최소화하기 위해서는 화학적 재활용 기술을 발전시켜서 적용해야 한다. 폐플라스틱 1t을 열분해유로 사용할 경우 폐플라스틱을 소각하는 것보다 2t 이상의 이산화탄소가 줄어든다. 불순물 저감 등 후처리 기술을 고도화하면 석유 화학 공정에 바로 투입 가능한 정도의 품질이 될 수 있을 것이다.

VI 저탄소 발생 에너지 생산 기술: 재생가능한 에너지 (태양광, 풍력, 오프쇼 풍력, 원자력발전)

암모니아 생산 방식 · 수입량 조절로 탄소중립 달성

수소를 효율적으로 운송하는 매개체로 사용되는 암모니아의 전기생산 시스템과 수입 최적화에 관한 기술개발은 탄소중립 달성에 가까워지도록 하고 있다. 해당 기술 개발을 통해 암모니아를 분해하는 시스템과 인산형 연료전지를 결합해 작은 규모의 분산형 발전 시설을 설계했으며 암모니아의 생산 방식별 수입량에 따른 시나리오를 세워 최적화를 진행했다. 분산형 발전 시스템은 중앙화된 발전소가 아닌 지리적으로 분산된 작은 발전 시스템으로 전력 손실을 줄이고 전력 공급의 안정성을 향상시킬 수 있다는 장점을 가진다. 시스템에서 암모니아를 원료로 사용하기 위해 암모니아의 생산부터 활용까지 전주기를 고려한 공정설계, 기술 · 경제성, 환경성 평가, 수입에 대한 최적화를 중심으로 기술개발이 진행되었다. 암모니아는 탄소를 가지고 있지 않으면서 수소를 포함한 화합물로 효율적인 수소 운송체로 주목받으며 분산형 발전 시스템의 원료로 활용된다면 여러 장점을 가질 수 있다.

탄소중립 도시: 그린 인프라와 자연기반 솔루션 (Nature-based Solutions)

김정곤

CHAPTER 02

탄소중립 도시: 그린 인프라와 자연기반 솔루션 (Nature-based Solutions)

I   도시와 기후변화

산업화 과정에서 지구는 그 어느 때보다 빠르고 강렬하게 따뜻해지고 있다. 그 주된 원인은 이른바 온실 효과인데, 특히 인간에 의한 온실가스(특히 CO_2)의 증가로 인해 발생한다. 최근 몇 년 동안 전 세계 온실 가스 배출량의 증가는 다소 둔화되었지만 여전히 매년 새로운 기록 수준에 도달하고 있다. 도시는 전 세계 지표면의 1% 미만을 차지하지만 전 세계 CO_2 배출량의 70% 이상을 차지한다. 이 수치는 우리 도시가 기후 변화에 대처하는 데 중요한 역할을 하고 있음을 분명히 보여준다. 인류의 역사를 살펴보면 도시 생활은 비교적 현대적인 현상이다. 1800년까지 세계 인구의 약 10%만이 도시에 살았지만 현재 50%를 이미 넘어 70%가 될 것이라는 예상도 한다.

중국, 인도 또는 아프리카에서는 도시로의 유입이 여전히 매우 역동적으로 나타나지만 향후 몇 년 동안 도시 인구의 명확한 두 자릿수 성장률이 예상된다. 반면에 독일과 같은 산업 국가에서는 도시로의 유입이 다소 정체 현상이 나타나기도 한다. 그럼에도 불구하고 독일은 도시 인구의 비율이 향후 30년 동안 약 77%에서 약 84%로 증가할 것으로 추정하고 있다.

기후 변화와 탄소중립은 도시에 엄청난 도전을 안겨주고 있으며, 또한 혁신적인 선택을 요구하고 있다. 기후변화와 그에 따른 영향은 전 세계적으로 인류가 직면한 가장 큰 문제 중에 하나이며 공동의 노력이 필요하다. 그 동안 이에 대한 노력이나 성과는 진전이 미흡하여 국제사회는 점점 더 정치와 비즈니스에 압력을 가하고 있다. 이제 국제사회는 국가와 도시뿐만 아니라 공공기관, 기업들에게 탄소 배출량을 절대적으로 줄이고, 그렇지 못한 탄소배출량을 상쇄하든지 배출량에 대한 책임을 의무화하고 있다. 이러한 결과는 점점 더 많은 민간 부문 기업들이 책임 의무화에 적극적으로 참여 의향과 실제 투자를 확대하고 있다. 여기에는 탄소 배출량을 줄이는 부문 이외도 자발적 탄소시장(Voluntary Carbon Market, VCM)의 CO_2 인증서(배출 권) 선택을 포함하고 있다. 독일의 경우에서도 VCM CO_2 인증서 거래량이 지속적으로 증가하고 있으며, 전 세계적으로 2019년 기준 시장 가치가 3억 2천만 달러로 약 1억 4백만 톤의 CO_2 환산(tCO_2e)이 처리된 규모이다.

Ⅱ 도시의 밀도

국가 지속 가능성 전략에 따라 독일은 2030년까지 추가 토지 사용을 하루 30ha로 줄이는 목표를 오래 동안 추진하고 있다. 이 목표는 밀폐된 지역(불투수면 적이 높은 지역)이 토양을 손상시키고 홍수를 촉진할 수 있다는 사실을 표기하기 위한 것이기도 하다. 그럼에도 여전히 하루 토지 사용은 여전히 55ha 이상을 차지한다. 때문에 이것만으로 추가 토지 사용을 억제하기에는 한계가 있으며 추가적인 밀도화를 위한 조치를 취해야 한다는 압력이 요구되고 있다. 거기에 밀도가 높게 건설된 곳은 또 다른 이점이 존재한다.

이미 언급했듯이 도시는 전 세계 CO_2 배출량의 70% 이상을 담당하고 있지만 도시 내에서 살펴보면 인구 밀도가 높게 건설된 곳에서 다른 이점을 찾을 수도 있다. 일반적으로 도시 밀도가 기후 변화를 주도한다는 의미로 받아들이지만, 도시의 밀도가 높을수록 1인당 평균 CO_2 배출량은 낮아지기도 한다. 연구에 따르면 도시 밀도를 두 배로 늘리면 1인당 평균 CO_2 배출량이 약 42% 감소하였다. 이러한 연결의 주된 이유는 운송 부문의 배출량이 감소하기 때문이다. 인구 밀도가 높은 도시는 일반적으로 도보, 자전거, 대중 교통 또는 짧은 자동차 여행으로 거리를 더 쉽게 이동할 수 있는 짧은 거리의 도시이기 때문일 것이다. 독일 도시의 경우 1인당 CO_2 배출량에 대한 데이터는 16개 주에서만 사용할 수 있지만 〈그림 2-1〉은 높은 도시 밀도(평방 킬로미터당 주민 수로 측정)가 1인당 낮은 CO_2 배출량과 상관관계가 있음을 분명히 보여주고 있다.

그림 2-1 **1인당 CO_2배출량과 도시 밀도 간의 상관관계**

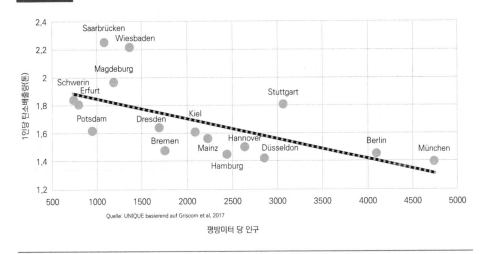

출처: Friedrich Naumann Stiftung, 2021, https://clevere-staedte.de/blog/artikel/verkehrswende-rechner

연구의 결과는 도시 인구 밀도와 CO_2 배출량 사이의 관계에 대한 과학적 증거가 도시 밀도가 높을수록 CO_2 감소에 기여할 수 있음을 시사해주고 있다. 그렇지만 이 결과는 모든 사람이 도시로 이사해야 한다는 의미는 절대적으로 아니다. 연구의 결과가 언급하고 있듯이 독일의 도시는 탄소중립 도시를 위해서 도시의 인구 밀도를 높이는 데 기여할 수 있는 인센티브와 기본 조건이 설정되어야 한다. 좋은 예로 독일의 기존 건축물의 지붕 층(다락방)의 전환과 지능형 밀집화를 촉진하여 도심 지역에서 더 밀집된 개발이 이루어질 수 있도록 하는 것이다. 독일의 도시들의 건축물 지붕 층 전환은 기존 도시를 더 높은 인구 밀도를 달성할 수 있는 큰 잠재력을 제공한다. 다름슈타트 공과 대학과 페스텔(Pestel) 연구원의 연구에 따르면 전후 주택 재고 위(지붕 층)에 총 110만~150만 가구가 건설될 수 있다고 보았다. 더불어 사무실 및 관리 건물, 식품점, 약국 및 음료 매장, 도심 주차 공간을 추가하면 230만~270만 가구의 주거 공간이 생길 수 있다고 예측했다. 물론 복잡한 건축법 체계에 기원을 두고 있는 독일의 다락방 전환에는 수많은 장애물이 있다. 기후중립 국가 목표를 2050년에서 2045년으로 5년을 앞당긴 독일 사회에는 다락방 개조사업을 위한 제도적 개선을 공론화하고 있다.

Ⅲ 효율적인 도시공간

그동안 도시에 대한 수요는 시간이 지날수록 끊임없이 변화하고 있다. 새로운 아이디어와 혁신은 경제 생활의 변화를 가져오기도 하고 개인의 생활 방식에 영향을 미치기도 한다. 이것은 위에서 언급했듯이 도시 내 토지 사용에 대한 요구와 변화는 과거 그 당시에 요구에 기반했지만, 지금은 산업 황무지, 빈 사무실 공간 또는 주로 사용되지 않는 도심 주차 공간을 만들어 낸다. 이러한 도시의 현상은 '잘못 개발된 토지이용'에 대한 것이 아닌 건설 당시 도시 거주자들의 요구와 필요에 다른 것이었다. 얼마전 코로나 팬데믹 상황에서 효율적인 도시공간에 대해 고민과 도시공간의 효율성에 대한 요구 등은 계속해서 변화로 이어지고 있다. 이러한 추세는 지속되어 도시 전환으로 이어져야 한다.

물론 도시 계획은 이러한 끊임없는 변화를 인식해야 한다. 독일의 도시계획 분야는 도시 내의 다락방 개조 등 주거 밀도를 높이고 다른 한편으로는 통근 흐름을 줄일 수 있도록 해야 한다. 더 이상 새로운 상업 지역이 반드시 도시 외곽의 녹지위에 조성될 필요는 없다. 물론 이미 토지 및 건물 전환이 가능하고 성공적이라는 것을 보여주는 수많은 사례가 있다. Berlin, Hamburg, Munich 등의 도시에서 높은 도시 밀도가 더 짧은 거리와 다른 많은 이점과 함께하고 있음을 곳곳에서 볼 수 있다. 도시의 높은 밀도는 다양성과 도시를 특징짓는 활기찬 도시성을 보장할 수 있어야 한다.

그러나 밀집개발의 장점이 효과를 발휘하기 위해서는 모든 수요를 고려한 신중한 도시개발이 전제되어만 가능하다. 더 높은 구조적 밀도는 상응하는 공공 인프라에 의해 지원되어야 하고, 인구 밀도가 높은 지역에서 여가와 휴식을 보장하는 지역 공원, 운동장 및 스포츠 경기장, 대중 교통의 확장, 보육 센터와 학교 등이 필요하다. 건물의 녹색 지붕과 수직 녹화는 사용 가능한 공간이 부족하고 경쟁이 치열한 밀집된 도시에서 특히 중요한 역할을 한다. 특히, 인구 밀도가 높은 도시에서도 추가 녹지 공간을 만들 수 있도록 수직적, 입체적 생각을 해야 한다. 녹색 지붕과 수직 녹화는 온도를 조절하고 추가 배수 공간을 제공하며 공기의 질을 개선하고 더 높은 삶의 질을 보장한다. 그리고 이를 더 발전시켜 국제사회가 요구하고 미래 도시를 위해 탄소중립 또는 기후중립 도시로의 전환을 시작해야 한다.

Ⅳ 기후보호와 도시 그린

도시는 기후 변화 원인에 가장 많은 원인을 제공하면서 반대로 기후 변화 영향으로부터 가장 많은 영향을 받고 있다. 독일 등 유럽 도시들은 여름에는 점점 더 높은 기온과 적은 강수량으로 도시가 피해를 받고 있으며, 겨울철에는 반대로 높은 강수량으로 영향을 받고 있다. 도심에서는 도시열섬, 바람이상 현상 등의 특징이 심화되고, 태양 복사의 영향을 받는 높은 기온에서는 지표면 오존이 더 많이 형성된다. 폭우가 증가하여 하수도 시스템의 저류 공간 부족으로 인해 홍수가 발생하기도 한다. 녹지의 감소로 인해 곤충과 새의 서식지가 점점 더 줄어들고 부족한 생물 다양성으로 생태계 서비스가 악화되기도 한다. 도시의 내 수목은 특히 최근 더운 여름에 가뭄으로 인해 위협을 받고 있다. 도심의 빛 공해의 증가는 곤충이 전기 광원에 끌리면서 곤충이 죽는 이유 중 하나가 된. 야행성 수분 매개자는 또한 전기 광원으로 인해 작업에서 산만해지면서 과일 형성이 감소된다. 도시의 나무는 밝기가 높아져 평소보다 늦게 잎을 떨어뜨리기도 한다. 기후 보호를 위해 이제 도시 그린은 혁신적이고 전환적 사고와 행동이 필요하다.

최근 도시 그린부문은 타 어느 부문보다 전환의 과정이 빠르게 진행되고 있다. 이탈리아 건축가 스테파노 보에리(Stefano Boeri)는 도시가 자연에 순응하고 나무를 도시 조직에 통합하는 꿈을 도시의 건축물뿐만 아니라 도시계획에 적용하고 있다. 녹색 지붕과 건물 정면에 녹화방식의 파사드 그린은 열 조절 효과가 있어 냉난방 시스템의 비용과 에너지를 절약할 수 있다. 외벽의 녹화는 또한 도시의 소음 공해를 줄일 수 있다. 나무나 식물은 잎 표면에 미세 먼지를 결합하고 CO_2를 저장하고 산소를 생성하기 때문에 대기 오염도 이러한 방식으로 줄일 수 있다. 덩굴 식물을 이용한 녹화는 1제곱미터에 총 잎 표면이 8제곱미터가 될 수 있다. 잎 표면이 클수록 미세먼지가 줄어들고 이산화질소가 걸러진다. 도시의 밀폐된 지역이 많기 때문에 증발 부족으로 빠르게 가열되고 열섬이 발생할 수 있기 때문에 조밀한 외관 녹화를 통해 공기 가습 및 냉각효과를 만들어 낸다. 그 외도 다양한 사례들을 아래 그림에서 살펴볼 수 있다.

그림 2-2 도시 그린 인프라의 발전과 현황

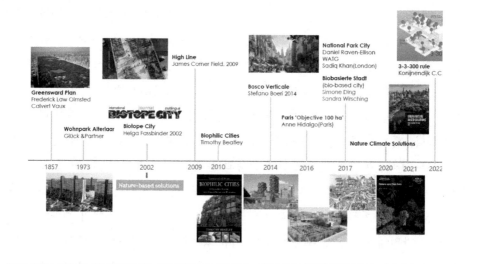

출처: 김정곤, 2023

V 탄소중립 도시를 위한 자연기반 솔루션 (NbS, Nature-based Solutions)

그동안 기후보호의 가장 큰 실수는 생활방식의 변화 없이, 그리고 자연에 대한 존중이 없이 기술적 수단만으로 해결할 수 있다는 가정에 있다. 전 세계는 2100년 까지 산업화 이전 수준보다 지구 온난화가 3℃를 기록할 가능성이 여전히 배재할 수가 없다. 결국 2015년 파리기후협정(PA, Paris Climate Agreement)은 지구 기온 상 승을 산업화 이전 수준보다 2℃ 이하로 유지하고 온난화를 1.5℃ 이하로 제한하는 것을 의도하고 있다. 하지만, 파리 협정이 기후변화를 막으려는 전 세계적인 노력 의 새롭고 야심에 찬 계획을 수립했지만, 3년이 지난 현재 세계는 원래 목표, 특 히 IPCC가 설명하는 1.5°C로 온난화를 제한하는 원래 목표를 달성하는 궤도에 오 르지 못하고 있다.

PA는 이를 위해 2050년까지 CO_2 순 배출 제로(Net-Zero) 목표는 재생 에너지 의 대규모 확장에 비중을 두고 있지만 에너지를 획기적으로 절약하고 에너지 효 율성을 위해 물리적 규모로 인한 제약과, 그리고 농업과 일부 중공업 등은 PA가 의도하는 단기간 온실가스 감축만으로는 불가능하다. 물론 온실가스를 제거하 는 방법으로 바이오 매스 식생을 에너지지로 태울 때 방출된 이산화탄소를 지하 에 보관 및 저장할 수도 있다. 그렇지만 탄소 포집과 저장(BECCS, Bio Energy with Carbon Capture and Storage)도 역시 생물 에너지로 알려져 있지만 이 과정은 광대한 토양을 사용함으로써 식량 안보와 생물 다양성을 훼손의 우려와 대규모 개발을 위한 시간이 필요하다. 또 다른 대기 중 이산화탄소를 흡수하는 산업용 기계도 있 지만 이 역시 기술력이 초기 단계이고 높은 비용이 필요하다.

2021년 세계경제포럼(World Economic Forum)과 맥킨지(McKinsey & Company)는 2030년까지 1.5℃ 또는 2℃경로에 도달하려면 2019년 기준 50%, 23Gt CO_2 배 출량을 줄여야 하며, 자연기반 솔루션(NbS, Nature-based Solutions)를 통해 순 배 출 감축량을 최대 1/3까지 가능하다고 보았다. 맥킨지에 의해 수행된 연구에서 는 NbS의 높은 잠재력을 8개의 분석을 통해 제시하고 있다. 특히 이 연구에서는

NbS에 대한 기업의 투자유치를 위한 자연기후솔루션(NCS, Nature Climate Solutions) 영역에서 다루었다(그림 2-3).

그림 2-3 **8개 자연기후솔루션 잠재력**

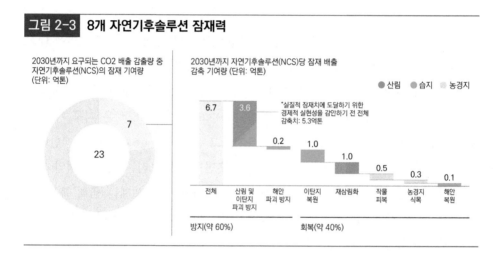

출처: World Economic Forum 2021; 김정곤, 2023 재이용

자연기반 솔루션(NbS)는 기후변화를 해결하기 위해 자연적 과정과 지속 가능한 토지 이용을 하도록 하는 조치이다. 또한 의무적 탄소 시장과는 반대로 NbS 프로젝트는 자의적 탄소시장에서 매우 신뢰를 받고 있다. 그 외에도 NbS 프로젝트는 글로벌 지속 가능한 목표(SDG)의 빈곤 퇴치, 기후변화 적응, 생물 다양성 보존 및 식량 안보에 상당한 기여하고, 지역 주민들에게도 혜택을 준다. NbS는 현재 연간 약 6기가 톤의 CO_2를 배출하고, 전 세계 탄소 배출량의 14%에 해당된 토지 사용 부문, 특히 산림의 지속적인 손실 및 황폐화에 기여를 하게 된다. 그 동안 NbS 전략이 산림 전환, 재조림과 같은 산림옵션에 주로 주목을 받고 있었지만 이제는 바다, 황무지, 유기농업, 도시 자연 등의 CO_2저장 잠재력에 관심을 갖기 시작하였다. 그동안 자연에 관한 관심은 빈약했던 기후변화에 관한 정부간 협의체 IPCC(Intergovernmental Panel on Climate Change)도 'LULUCF(Land use, land use change and forestry)'에서 토지 사용에 대한 국제적 관심이 커지면서 자연파괴의 범위가 너무 커서 숲과 기타 생태계가 더 이상 충분한 온실 가스를 흡수할 수 없다고 인

식하게 된다. 이는 전 세계 정치권 뿐만 아니라 언론에서도 관심의 변화가 활발해지기 시작했다.

EU 산림의 약 38%에 비해 독일의 산림은 그 보다 훨씬 못 미치는 전체 면적 중 29%을 차지한다. 최근 온실가스 인벤토리에 따르면 독일 산림에는 약 12억 3천만 톤의 탄소(C)가 저장되어 있으며, 이는 약 45억 톤의 CO_2에 해당된다. 여기에는 많은 양의 토양 탄소가 포함되지 않았으며, 독일의 삼림은 여전히 매년 6200만 톤 이상의 CO_2를 대기 중으로 배출하고 있다. 그 뿐만 아니라 이탄습지 보호관리가 소홀해지면서 황무지가 되어간다. 독일 북부 슐레스비히-홀스타인(Schleswig-Holstein)주에서만 황무지 온실가스 배출량이 전체 14~18%를 차지한다. 그 외도 토양의 높은 탄소저장 잠재력이 간과되고 있는 문제는 더 많은 곳에서 나타난다.

최근 맥킨즈(Mckinsey) 연구의 결과가 제시하고 있듯 PA 이후 국제사회의 NbS 잠재력에 대한 움직은 가장 적극적인 영역이 바로 자발적 탄소 시장(VCM)이며, NbS 잠재력을 더 잘 실현하기 위한 조치와 구체적인 권장 사항을 마련하는 것이 시급하다. 자발적 탄소 시장은 2015년 파리기후협약(PA)의 Net-Zero실현을 위한 필수 도구이며, 대부분 국가들이 이 제도를 도입 또는 준비하고 있다. 전 세계적으로 기후변화의 영향과 위험이 점점 가시화되면서 자발적 탄소 시장에 대한 관심이 크게 증가하고 있으며, 인증서 규모도 급속도로 증가하고 있다. 이것은 온실가스 배출량을 피하고 줄이는 것 외에도 CO_2 인증서를 통한 자발적인 보상을 선택할 수 있는 도구이다. 아직은 초기단계이지만 실제 수용과 인증서의 신뢰성 및 품질에 따라 성공 여부가 있다고 볼 수 있다. 인증은 모니터링 및 측정, 보고 및 검증(MRV, Measurement, Reporting and Verification) 시스템을 사용하여 약속된 기후 성능이 실제로 제공되고 사회적, 환경적 기준이 준수되는지 확인하게 된다. 자발적 탄소 시장 외에도 인증된 기후 보호 프로젝트에 대한 직접 투자하는 방식에도 관심이 높아지고 있다.

VI 자연기반 솔루션(NbS, Nature-based Solutions)과 탄소 저감 잠재력

자연기반 솔루션(NbS)는 국제자연보존연합(IUCN, International Union for Conservation of Nature)의 개념 정의부터 유럽위원회(EC, European Commission)등 다양하고 광범위한 개념 정의가 존재한다. NbS는 기본적으로 크게 3 가지 범주로 구분하며 각각 하부 범주로 나눌 수 있다(표 2-1).

표 2-1 Nature-based(climate) solutions

산림	농업 & 초지	습지 & 늪
• (재)조림 • 삼림 벌채 방지 • 숲 관리 개선 • 산림/조림지 관리 개선 • 더 효율적인 장작 사용 • 화재 관리	• 바이오차(Biochar) • 혼농임업 시스템 • 영양소 관리 개선 • 가축 및 목초지 관리 개선 • 보존 농업 • 개선된 벼 재배 • 초원 격변 방지	• 해안 복구 • 습지 복원 • 해안 보호 • 습지 보호

출처: Griscom, Bronson W. 외, 2017; Allianz für Entwicklung und Klima, 2021

1 산림(Forests)

(재)조림이란 비산림을 숲으로 전환하는 것을 의미하며, 국제적으로 산림 정의에 따르면 산림에는 자연림과 조림지가 모두 포함된다. 전 세계적으로 거대한 온대 및 열대 우림이 인간 활동을 위해 개간되었다. 그 땅 중 많은 곳이 우리가 필요로 하는 식량을 재배하는 데 생산적으로 사용되고 있으며, 더 많은 식량을 지속 가능하게 생산할 수 있다. 재조림은 우리가 가진 가장 큰 자연 기반 기후 완화 기회이다. 재조림은 목제 제품과 나무 작물은 말할 것도 없고 깨끗한 물, 깨끗한 공기, 홍수 조절 및 더 비옥한 토양을 제공한다.

그림 2-4	독일 보트롭의 과거 석탄언덕을 재조림 모습

출처: 김정곤, 2023

산림이 파괴된 수백만 헥타르의 토지 중 대부분은 식량 생산을 거의 또는 전혀 제공하지 않지만 비용 효율적인 재조림을 위한 좋은 기회를 제공할 것이다. 이러한 토양을 재조림하면 식량 생산을 방해하지 않으면서 수십억 톤의 이산화탄소를 격리할 수 있을 것이다. NbS와 자발적 탄소 시장이 기회를 여는 한 가지 방법은 수십억 그루의 나무를 심기 위한 재정적 인센티브를 창출하고 보다 지속 가능한 목재 및 임산물을 위한 새로운 시장을 창출하는 것이다. 나무는 식품, 건축 자재, 종이 제품 및 연료를 포함한 놀라운 범위의 제품을 제공한다. 그러나 단순히 목재 및 임산물에 대한 더 많은 시장을 창출하는 것은 추가적인 삼림 벌채의 원인이 될 수 있어 심각해야 한다.

전 세계의 독특한 서식지를 보존하는 것은 숲을 보호하기 위한 중요한 전략으로 남아 있다. 필요한 것은 중요한 위치에서 추가 삼림 벌채를 피하고 황폐한 토지에 재삼림을 만들고 목재 농장 및 벌목에서 보다 지속 가능한 생산을 장려하는 것이다. 임업 부문 외에도 많은 다른 부문에서 – 예를 들어 나무를 심으면 수로에서 침전물을 줄일 수 있는 수도 시설 및 음료 회사, 나무 작물에 의존하고 혼농임업의 원료를 사용하는 식품 회사, 에너지 회사, 시멘트 및 비료 생산업체 및 기타 온실가스 배출량이 많은 곳은 임업 부문과 연계하여 배출량을 줄일 수 있다.

이처럼 (재)조림은 지금까지 가장 높은 잠재력을 가지고 있다. 재조림은 지역의 조건에 따라 조림이나 재조림에 적합한 조림 방식과 수종을 선택하고, 이는 향후 탄소 격리에 커다란 기여를 할 수 있다. 미래는 (재)조림은 목재 또는 보호림으로 사용할지도 충분한 검토가 요구되며, 또한 목재 또는 비목재 임산물의 시장성도 임업 선택권(지역 – 종 – 시장 일치)에 중요한 역할을 하게 될 것이다.

삼림 벌채는 삼림 손실 및 황폐화의 원인이 되며 이는 도시 전체 온실가스 배출에도 커다란 영향을 주게 된다. 이는 주로 지상 바이오매스에 저장된 탄소가 다른 용도(주로 농업)로 전환될 때 배출되기 때문에 발생하는 경우가 대부분이다. 산림보호를 위해 매년 수백만 헥타르의 자생림이 도시 개발, 경작지, 방목지 및 나무 농장을 포함한 다른 토지 용도를 위해 개간된다. 이 과정에서 나무에 저장된 대부분의 유기 탄소는 대기 중으로 손실된다. 대부분의 삼림 벌채는 상업적 농업에 의해 주도된다. 물론 지속 불가능한 산림 전환을 방지할 수 있도록 기존 농지의 생산을 개선할 수 있는 많은 기회들은 있다. 산림보호는 산림 손실률이 가장 높은 열대 지방에서 특히 중요하다. 매년 700만 헥타르 이상의 숲이 사라지고 있으며, 반대로 삼림 벌채의 대부분을 피하면 연간 수백만 톤의 이산화탄소가 방출되는 것을 방지할 수 있다. 삼림의 캐노피가 없으면 토양의 분해 과정이 가속화되고 토양에 저장된 많은 양의 탄소가 대기 중으로 방출의 원인이 된다. 과학적 관점에서 삼림 벌채와 삼림 황폐화를 피하는 것은 인위적인 기후 변화에 효과적으로 대처하는 데 매우 중요하다.

개선된 산림 경영이란 임업 목적으로 사용되는 자연림/이차림을 총칭하는 용어이다. 그리고 **산림 관리 개선**이란 자연림을 가장 기후 친화적인 방식으로 사용하는 것을 의미한다. 숲 관리의 주요 목표는 비효율적이고 비전문적인 수확 조치로 인한 불필요한 산림 황폐화 및 바이오매스 손실을 방지하는 것이며, 여기에는 NbS 프로젝트가 커다란 역할을 한다. 무엇보다도 황폐화되고 덜 생산적인 삼림은 목표 식재를 통해 개선되어 더 높은 부가가치와 탄소 격리를 통해 더 생산적인 삼림으로 만들 수 있다. 단순히 나무를 심는 것이 아니라 생산적인 산출물 생성하는 살아있는 시스템을 구축하는 도시 숲은 도시 내부 또는 농촌과 도시의 인터페이스에서 도시경관을 형성하고, 재생 및 복원력이 탁월하고 매우 복잡한 생태계를 가지고 있다.

최근 탄소중립 도시에서 활발한 **도시 숲**은 크기나 구성이 다양하면서 오염, 개발로 인한 압축된 토양, 붕괴된 수 순환, 화재, 벌목, 침식, 유해한 화학적 영향 등으로 엄청난 스트레스를 받으면서 적응하고 적대적인 조건에서 생존할 수 있는 능력을 가지고 회복탄력성을 보여준다. 도시 숲은 나무, 관목, 풀 및 잡초와 같은 토양 생태계 등은 숲의 생물다양성이 풍부하도록 한다. 또한 NbS를 통해 도시화 지역의 열섬 효과와 대기오염을 완화시키고, 지속 가능한 도시 물순환이 작동되도록 하여 홍수 재해의 위험을 최소화에 기여한다. 그뿐만 아니라 토양을 정화하고 탄소를 격리하며, 도시 온도와 미기후를 조절한다. 특히 도시 숲은 건물에 알베도 효과(Albedo effects) 조절과 대기중으로 수분을 방출하여 열섬 효과를 줄인다. 수직 녹화 건물 등 음영 처리된 건물의 표면은 음영 처리되지 않은 표면보다 최고 11~25℃ 낮출 수 있으며, 증발산은 단독 또는 차양과 함께 사용하여 여름 최고 기온을 1.5℃ 낮출 수도 있다.

MA48 비엔나는 2,850미터의 알루미늄 식물 여물통이 있는 850m² 의 건축물 수직 녹화로 17,000개의 식물로 조성되어 외부의 전면, 내부 및 후면의 공기 온도 및 습도, 토양 수분 및 복사열, 물 균형, 건물 물리적 효과 및 바이오매스 축적과 같은 미기후 효과를 과학적 모니터링하였다. 850m² 의 전면 녹화는 전체 시스템 구조 덕분에 건물의 겨울철 열 손실(와트/m²)이 최대 50%까지 감소하였다. 여름 증발 용량은 각각 3000와트의 냉각 용량과 8시간의 작동한 약 45개의 에어컨 장치의 냉각 용량이다. 측정된 표면 온도는 맑은 날 원래 석고 외관 및 더 어두운 바닥 영역의 표면 온도와 최대 15℃ 차이가 나며, 녹지에서 보다 더 높은 효과를 나타냈다.

| 그림 2-5 | MA48 비엔나 수직녹화 전경 |

출처: 김정곤, 2022

　산불 화재는 원칙적으로 많은 자연생태계에서 일어나는 자연현상이나, 기후변화로 인해 증가하고 있는 화재 중 가장 큰 비중을 차지하고 있다. 예를 들어 농업을 위해 토지를 개간하는 데 적극적으로 사용 연간 소각은 방목지를 재생하고 가축의 먹이를 만든다. 그러나 이것은 탄소 저장소를 파괴할 뿐만 아니라 불완전 연소 과정의 결과로 CH_4 및 N_2O와 같은 강력한 GHG를 방출하는 원인이 된다. NbS를 통해 기후변화로 인해 산림 점점 건조해진 토양을 보호하고, 수변 공간이나 습지 등을 조성하여 수분을 유지하고 산림 황폐화를 차단하는 것은 매우 중요하다. 독일에서는 약 40년된 울창한 침엽수림이 산불에 가장 취약하는 것으로 나타났다. 최근 산불 화재를 예방하기 위해 소나무 단일재배에서 활엽수 혼합림으로 변경하여 산불을 감소시키고 있다. 혼합림은 토양과 나무 꼭대기에 많은 수분을 저장할 수 있는 능력이 있다.

| 그림 2-6 | 독일 산불예방 혼합림과 산불발생 현황 |

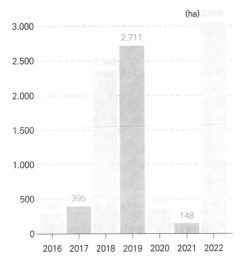

출처: Bundesinformationszentrum Landwirtschaft, 2022; www.zdf.de/nachrichten/
panorama/waldbrand−deutschland−duerre−100.html, 2023

2 농업/초원

바이오차(Biochar)는 바이오 매스(Biomass)와 숯(Cjarcoal)의 합성어로 산소 공급
이 제한된 조건에서 바이오 매스를 열분해 시켜 생산할 수 있는 고체물질이다. 이

처럼 식물 원료를 탄화하여 생산되는 바이오차는 토양에 미생물 성장을 도와주고 탄소를 고정하여 작물의 생산성을 높인다. 특히, 바이오차의 매우 높은 양이온 교환 능력으로 인해 암모니아($NH3$)와 같은 질소 화합물의 일부인 질소 이온이 효과적으로 결합되어 영양분 침출 및 수질 오염을 방지할 수 있으며, 영양분은 식물이 이용할 수 있는 형태로 토양에 저장된다. 대부분의 biochar는 약 300년 동안 토양에서 안정적으로 유지되며 그곳의 농업 생산성을 향상시키는 것으로 알려져 있다.

그림 2-7 Urban Climate Eco-Culture Ecosystem(UCECES)는 350g, 바이차는 토양에서 1kg CO_2 저장가능

출처: Ecosystems Cultivation Office, 2023

　도시 생태계의 탄력성은 점점 더 극한의 기후 조건으로 인해 지난 수십 년 동안 점차 약화되었으며, 플라타너스 같이 저항력이 있는 것으로 간주되는 수종조차도 폭우, 폭염 및 폭풍, 곰팡이 및 해충 침입의 영향을 받고 있다. 도시는 최근 도시 내 수목과 녹지 급수 증가로 지자체의 비용 증가로 이어지고 있다. 스톡홀름(Stockholm)의 Biochar 식재 시스템 이러한 문제를 해결하고 있다. 식재 시스템은 Biochar가 뿌리 깊이까지 유인되므로 포장 도로가 손상되지 않고, 깊은 곳에서 뿌리는 기공이 풍부한 심토가 뿌리에 물과 산소를 공급하기 때문에 가뭄에 강하다. 또한 빗물을 식재 구덩이에 직접 침투시켜 홍수를 방지함으로써 도시 폐수 처리장의 비용을 크게 줄이고 있다. 동시에 biochar는 오랫동안 토양에 탄소를 격리시켜 대기 중 이산화탄소 수준을 낮추기도 한다.

가축은 온실 가스 배출의 중요한 원천이지만 효율성을 개선하면 이러한 배출을 억제하는 데 도움이 될 수 있다. 육류 및 유제품 수요를 충족하는 데 필요한 총 가축 수를 줄이면 시장 공급에 영향을 미치지 않으면서 가축 사육 및 목장에서 배출되는 탄소의 양을 줄일 수 있다. 쇠고기는 지구상에서 가장 탄소 집약적인 단백질 공급원이다. 예를 들어 사람들이 단백질 공급원으로 가금류, 생선 또는 콩으로 전환하도록 장려한다. 그러나 세계 인구가 계속 증가함에 따라 특정 지역에서 사람들이 식단을 변경하더라도 쇠고기와 유제품에 대한 수요는 단기간에 일정하게 유지될 것이라고 가정하는 것이 안전하다. 개선된 가축 관리 관행은 전 세계적으로 14억 마리의 소 중 상당 부분에 적용될 수 있다. 이러한 동물 관리 기술을 구현함으로써 가축은 증가하는 인구를 보다 효율적으로 먹일 것이다. 많은 목장주들은 이미 체중이 빠르게 증가하는 품종을 사용하거나 높은 수태율을 산출하는 번식 관리 방법을 사용하는 것과 같은 동물 관리 전략을 적용하고 있다. 이러한 기술은 현재 사용 가능하며 더 폭넓게 구현할 준비가 되어 있다.

가축의 또 하나의 문제는 가축이 소화 부산물로 많은 양의 메탄을 방출하는 것이다. 메탄은 이산화탄소보다 약 34배 더 강력한 온실 가스이다. 동물의 소화에서 방출되는 물질(장내 메탄으로 알려짐)은 전 세계적으로 중요한 온실 가스 배출원이다. 물론 동물에게 에너지가 풍부하고 쉽게 소화되는 곡물을 먹이면 방출되는 메탄의 양을 줄일 수 있다. 가축 사료 개선의 주요 과제 중 하나는 사료 품질과 관련된 새로운 관행을 현지 조건에 맞추는 것이다. 콩과 식물은 또한 토양에 질소를 고정하여 질소 비료의 추가 필요성을 줄이는 능력으로 유명하다. 전 세계적으로 일본 면적의 약 두 배인 7,200만 헥타르의 목초지에 콩과 식물을 심을 수 있다. 많은 목장주들은 이미 마초와 생산성을 향상시키기 위해 목초지에 콩과 식물을 너무 많이 심는다. 또한, 초원의 집중적인 방목은 식물의 생산성을 감소시키고 토양에 저장된 탄소의 양을 줄인다. 방목 강도를 최적화하면 대기로의 탄소 손실이 줄어든다. 땅이 회복되도록 방목 관리 방식을 변경하면 탄소 저장에 도움이 될 뿐만 아니라 목장주에게 이익을 증가시키고 토양 침식을 줄이며 야생 동물 서식지를 개선한다.

　　도시 농업은 독일, 영국, 쿠바 등에서 시작하여 최근에는 미국, 한국 등 많은 국가와 도시에서 활발하게 도시 내 또는 외곽지역 등에서 식물이나 동물의 성장, 농산물의 가공 및 마케팅, 간단한 샐러드용 채소나 과일 등을 생산 및 전달과 같은 관련 활동으로 이해된다.

　　도시농업은 기후 위기 시대에 식량자급에 기여 뿐만 아니라 기후변화 적응 및 완화, 생물의 다양성 및 생태계 서비스, 지속가능한 농업 및 퍼머컬처, 자원효율성, 도시재생 및 토지관리, 사회적 지속가능성 등에 기여한다. 최근에는 도시농업의 적용 범위가 더 광범위해지면서 건물옥상, 발코니에서부터 수직농업, 스마트 기술을 활용한 스마트 팜 등으로 발전하면서 도시 곳곳에서 볼 수 있는 시설이 되었다. 도시 인구가 증가하면서, 그리고 기후 위기로 인한 먹거리에 불안감이 증폭되면서 이러한 현상은 더 빈번해지면서 도시의 도시기후에 중요한 크고 작은 생태적 녹지공간이 도시농업으로 전환되거나 지속적인 공간에 대한 경쟁과 자연생태계에 대한 압박을 주면서 오히려 환경을 오염시키거나 도시 기후변화에 부정적 영향을 주기도 한다.

　　기후변화와 탄소중립 시대에 도시 농업은 경제적 기여, 사회적 형평성, 식량 생산과 자연 생태계와 인공 생태계 간의 균형을 유지하여 통합적 계획과 설계, 즉 NbS로서 도시농업으로 복원하여 기후변화 적응과 완화에도 많은 기여를 할 수 있도록 하는 노력이 절실하다. 도시농업의 토양은 높은 수준의 유기물 함량과 물이 땅 속으로 깊숙이 스며들도록 하는 구조를 가지고 있어 수분 보유력과 자장 용량이 증가하면서 토양이 자연 스펀지 역할을 할 수 있도록 한다. 또한, 도시농업 지역, 특히 과수원은 그늘을 만들어 도시 열을 줄이고, 건조한 기후에 습도 조절 기능을 가지고 있어 도시 기후에도 많은 기여를 한다.

　　도시농업은 도시에서 버려진 지역에서 자연생태계와 건강한 토양을 복원하는 일시적(비사용과 사용 사이) 사용을 권장하고, 실효성이 없는 도시 내 자투리 땅이나 공간을 활용하여 생태적 기능을 부여하는 새로운 공간을 만들어 가야한다. 도시 농업은 탄소 격리, 냉각 효과, 물 저장 및 재사용, 침투, 토양 및 물 정화, 생물의 다양성, 증발산 등 다양한 기능을 가지고 있다.

3 습지/늪지

탄소흡수 효과가 높은 습지는 중요한 육상 저장고이며, 습지의 보존 또는 복원을 위한 조치가 중요하다. 이는 담수(고지대 및 저지대 황무지, 늪, 강 및 호수 초원)와 염수(염습지, 맹그로브 및 해초 초원)에 연결된 습한 지역에 동일하게 적용된다. 습지는 비교적 작은 지역(지구 표면의 9%)에서 전 세계 생태계 서비스의 거의 4분의 1을 제공하고 때문에 특히 중요하다. '블루 카본' 생태계로도 알려진 해안 습지에 맹그로브 숲, 염습지, 해초 초원과 같은 해안 생태계는 개간, 오염 또는 물 균형의 변화와 같은 인위적 영향에 의해 심각하게 저하된다. 이 세 가지 생태계의 추정 총 면적은 전 세계적으로 3,500만~1억 2,000만 ha로 전 세계의 1% 미만이다. 맹그로브 숲은 자연 재생 과정을 촉진하여 적극적으로 재조림하거나 스스로 재생될 수 있다. 해초층의 상태는 주로 유역의 영양분 유입을 줄임으로써 개선될 수 있다. 기존 해안 생태계(맹그로브, 염습지, 해초 초원)는 중요한 탄소 저장소 및 흡수원 역할을 하지만 온전한 생태계의 중심이기도 하다. 이러한 블루카본 지역을 보호하고 기존 보호법을 시행하는 것은 **해안 습지**의 기능을 보장하고 CO_2 저장고로 보존하기 위해 중요하다.

전 세계적으로 해안 습지는 3,500만 ha에서 1억 1,500만 ha까지 발견된다고 한다. 이러한 습지의 대부분은 황폐화되어 복원이 필요하다. 맹그로브 숲, 갯벌 습지 또는 해초층과 같은 해안 습지는 오염을 줄이고 잃어버린 초목을 다시 심거나 물의 자연 흐름을 복구하여 복원할 수 있다. 맹그로브 숲, 염습지 및 해초를 복원하려는 노력은 이미 세계 여러 곳에서 진행 중이며, 특히 복원을 통해 탄소와 공동 이익 모두에서 빠른 수익을 얻을 수 있는 버려진 또는 비생산적인 양식장의 넓은 지역이 있다. 습지 복원은 기술적 관점에서 간단할 수 있다. 예를 들어 맹그로브 숲은 쉽게 심어지지만 많은 경우 자연적인 재식민을 허용하는 데 필요한 것은 수문학만 복원하는 것이다. 그러나 그러한 복원을 위한 기회 비용은 이전 습지가 현재 개발되거나 생산적인 양식업에 사용되는 곳에서 때때로 높다. 연안습지 복원은 생태계와 지형에 따라 다르지만 비교적 고비용의 경로일 수 있다. 예를 들어 개발도상국의 맹그로브 복원은 미국의 갯벌 복원에 비해 비용이 저렴하다. 앞으로 맹그로브 복원은 남중미와 동아시아를 포함하여 손실률이 높은 지역에서 가장 중요할 것이다. 하지만 이처럼 세계적으로 많은 해안 습지가 농업, 양식업 또는 도시 개발을 위해 건강한 습지가 손실되면서 저장된 탄소를 대기로 방출하고 있다. 오염된 유출수는 습지의 건강을 악화시켜 결국 토양에 갇힌 탄소를 방출할 수도 있다. 해안 습지 난 개발을 피하는 것이 탄소중립에 기여하는 저 비용의 방법이다. 이를 위해 보호 지역 설정, 토지 소유권 개선 및 토지 사용 법률 시행 등이 즉시 시행될 수 있는 방법일 것이다. 해안 습지의 전환을 방지하고 건강을 유지하면 이 지역이 대기에서 탄소를 계속 저장하고 흡수할 수 있고, 최근 자의적 탄소 시장에서 투자유치가 활발하다.

해안 보호와 마찬가지로 습지보호 또한 매우 중요하다. 이탄 지대(Peatlands)는 수천 년에 걸쳐 매우 오랜 기간에 걸쳐 천천히 성장하고 CO_2를 격리한다. 이탄 습지는 지구 표면의 약 3%만 덮고 있는 드문 지역입니다. 그들은 지속적으로 또는 계절적으로 물로 포화된 토양으로 정의된다. 물에 잠긴 토양은 토양에 있는 잎, 나무, 뿌리 및 기타 유기 물질의 분해를 방지하여 탄소가 지하에 갇히게 한다. 일부 지역에서는 토탄 토양의 두께가 수 미터이고 수천 년이 되었다. 이탄 지대는 배수되어 농경지 또는 야자 농장으로 전환될 수 있다. 이탄 지대가 손상되면 저장된 탄소가 대기로 손실된다. 종종 배수된 이탄 지대는 연소되어 탄소 배출량을 더욱 증폭시킨다. 이탄지 손상을 방지하면 토양에 많은 양의 탄소를 격리하는 데 도움이 된다. 이탄 습지는 또한 많은 종의 중요한 서식지를 제공한다. 예를 들어, 인도네시아의 이탄 지대는 오랑우탄의 주요 서식지를 제공한다. 이탄지는 배수되거나 물의 흐름이 변경되었지만 다른 토지 용도로 완전히 전환되지 않은 경우 황폐화된 것으로 간주된다. 이 분해된 상태에서 토탄 토양에 묻힌 식물 재료에 저장된 탄소는 대기 중으로 방출된다. 건조된 토탄은 또한 지상 화재에 취약하여 단기간에 다량의 저장된 탄소를 방출한다. 황폐화된 이탄 지대는 자연계에서 배출되는 탄소 배출량의 상당 부분을 차지한다. 그러나 이탄 토양은 복원되어 저장된 식물 재료가 더 이상 분해되는 것을 방지하고 지상에서 자라는 초목에서 새로운 식물

파편을 포착할 수 있다. 복원의 주요 방법은 "재습윤" 또는 자연적인 물의 흐름과 토양 포화도를 복원하는 것이다. 이탄 습지 복원의 주요 과제는 경제적이다. 배수 패턴과 지역 수문 지리학을 변경하는 것은 비용이 많이 들 수 있다. 경제적 어려움에도 불구하고, 이탄 습지 복원을 위한 기술적 능력은 이미 존재하며 특히 비용이 저렴한 지역에서 즉시 시행될 수 있다. 복원 노력은 또한 생물다양성에 중요한 이점을 가질 것이다. 이탄지 전환을 피하기 위한 가장 큰 과제는 모니터링과 시행이다. 인위적인 기후 변화 기간에 이탄지의 탄소는 회복 불가능한 탄소로 묘사될수도 있다. 따라서 잠재력 평가에 있어서 황무지의 보호가 복원보다 우선 시 되어야 한다.

자연 내륙 습지(Natural Inand Wetlands)는 육지와 물의 경계를 형성하고 도시의 생태계 서비스 제공역할을 하는 중요한 생물 다양성이며 생산적인 생태계이다. 하지만 도시화가 되면서 도시 생태계 서비스에 중요한 역할을 하는 습지들은 파괴되고 점점 사라지면서 축척된 탄소가 방출되어 오다가 최근 홍수로부터 도시를 보호하는 능력과 높은 탄소 흡수력이 인정되면서 다시 복원 및 보호되고 있다. 그 동안 습지는 도시나 단지 외곽에 자투리 땅이나 활용도가 없는 외곽에 메우기 기능으로 활용되거나 조경조성에서 구성요소를 관심을 받고 있었다. 하지만, 파리 기후협약 이후 탄소중립이 요구되고 이를 실현하기 위한 시나리오의 잔류배출 분야에서 탄소격리 효과가 인정되고 정주지에서는 없어는 안되는 탄소격리 요소가 되었다. 습지는 전 세계적으로 중요한 탄소 흡수원으로 막대한 양의 탄소를 저장할 수 있으며, 특히 이탄습지는 토양 탄소의 불균형적인 양을 보유하면 반면에 침수된 습지는 느린 분해와 장기적으로 많은 양의 토양 탄소를 잠재적으로 격리할 수 있다(Valach et al. 2021). 따라서 자연 내륙습지를 체계적인 관리와 복원하는 것은 저장된 탄소를 보호하고 피할 수 있는 탄소배출을 줄이는 데 필수적이다.

그 뿐만 아니라 습지는 크기, 식생 및 토양 유형, 유역의 모양 및 용량 등에 차이는 있지만 빗물의 흐름을 약화시키고, 침전물과 오염물질을 침투 및 제거하고 지하수면을 안정시키면서 많은 빗물을 억제하여 홍수와 가뭄에 대한 자연 스펀지 역할을 하고, 도시환경에서 지표수에서 오염 물질 추출, 하천 침식억제, 지하수

재충전, 우수를 저장하고 건기에 방출하면서 도시의 기후변화를 상쇄하는 데 없어서는 안되는 중요한 시설로 간주되고 있다. 자연 내륙 습지는 지속적으로 물에 잠겨 있으면서 이러한 생태환경의 동식물의 서식처를 제공하고, 습지에 있는 식물들은 물에서 침전물, 영양소 및 오염 물질을 걸러내고 제거하기도 한다. 습지는 또한 야생동물, 물고기, 기타 수생 동물, 위협을 받고 있는 멸종 위기에 처한 종의 서식지를 제공한다.

탄소중립 도시를 구현하기 위해서는 자연 내륙 습지 복원 프로젝트는 매우 중요하며, 특히 습한 초원, 식생 범람원뿐만 아니라 하천 생태복원, 도시공원, 농업 분야는 토양의 특성에 따라 다양한 습지 조성이 중요하며, 습지가 많을수록 높은 탄소격리 효과와 같은 도시 기후변화 상쇄에서부터 생물과 종의 다양성이 증가하면서 도시의 회복탄력성이 증가한다. 도시의 습지 증발산 속도는 습도가 높을수록 높게 나타나며 도시 열섬화에도 냉각효과 기능을 담당한다. 연구에 의하면 습지에서 거리가 증가함에 따라 35m마다 약 2℃의 차이를 점진적으로 상승하였으며, 주변에 나무가 크고 우거진 곳에서는 더 높은 냉각효과를 보였다. 자연 내륙 습지(Natural Inland Wetlands)는 기존의 습지와 수문학적 과정을 보호하고 보존하며, 생태계 서비스를 제공할 수 있도록 기존 습지를 복원하고 자연 기능을 복원 또는 향상시킬 수 있도록 하는 것이 매우 중요하며, 다음과 그림과 같이 기능을 반영한 디자인이 이루어져야 한다.

환경에 부정적 영향을 인위적으로 상쇄하고 탄소를 격리를 하여 도시 기후변화에 적응과 완화에 기여하는 도시 지역에서 건설된 내륙 습지인 **인공 습지**(Constructed Inland Wetlands)는 자연 습지와 유사하게 자연적 과정을 활용하여 지표수 및 지하수, 도시 폐수, 산업 폐수, 가정 하수 및 기타 오염원에서 유기, 무기 및 과잉 영양 오염 물질을 줄이는 데 기여한다. 인공습지는 홍수가 발생하는 동안 물을 모으고 저장하여 빗물 유출량을 줄이고, 개방 수면은 열을 흡수하고 기온 변화율을 조절하는데 기여한다. 또한, 개방된 물과 습지는 태양 복사를 반사(알베도효과)하고 자연적인 과정을 통해 습도와 미기후에 영향을 준다.

인공습지는 자연 습지와 유사하게 온도 저감효과를 보이고 있으며, 다양한 오염 물질을 제거하여 수질을 보호하고, 유기 오염 물질과 질소를 제거하고 부분적으로 또는 완전히 분해함으로써 빗물, 폐수 및 지하수를 정화할 수 있으며, 토양에서 다른 무기 오염 물질을 걸러내고 저장한다. 다만, 인공습지는 자연 습지와 달리 그 성능은 설계에 따라 다르며 효율적 관리 및 설계에 따라 습지가 온실가스 흡수원이 아니라 원천이 될 수도 있으므로 기후변화 상쇄를 위해 무엇보다 도시의 기존 녹지 공간을 습지로 전환은 매우 중요하며, 습지를 통해 탄소격리 뿐만 아니라 증발산, 냉각효과, 수질정화 및 치투, 집수, 청정 재충전, 퇴적물 트래핑, 생물 다양성 등에 기여하도록 설계되어야 한다.

그림 2-8 독일 도르트문트 Phoenix See 인공 습지

출처: Ecosystems Cultivation Office, 2023

도시 지역에서 생물저류지(Bioretention)은 전통적 회색 우수 및 하수 인프라를 보강하는 대 사용하는 NbS이다. 생물 저류 지역은 흡수, 포획, 침투, 우회, 부피와 속도 변경을 통해 우수흐름을 처리하는 식생 함몰로 설계하며, 토양 유형, 지형의 깊이, 식생 유형 등에 의해 생물 저류지의 효율성과 처리 능력이 결정된다. 생물 저류지는 다양한 정주지 환경에 적용할 수 있으며 기능과 입지적 조건에 따라 여러 형태나 유형을 선택할 수 있다. 예를 들어 생물 저류 유역, 생물 습지, 빗물 정원, 침투 도랑 및 저류 연못 등이 생물 저류 시스템의 예이며, 이는 탄소 흡

수력에도 매우 중요하게 다루어지고 있다. 빗물 정원은 소량의 빗물 배출을 처리하는데 효과적이며 생물습지는 강우량이 많고 짧은 기간 동안 홍수 감소에 더 적합하다. 캐나다 캘러리(Calgary) 시의 생물 저류지에 대한 연구에서 유출량의 최대 90%까지 감소하였다. 특히, 탄소 격리는 설계, 재료 및 사용된 종에 따라 생물 저류지는 평균 탄소 격리율이 약 12.5kg carbon/m^2까지 할 수 있으며(EC 2020b), 주거 상업 및 산업단지 도로, 기반시설 네트워크, 다양한 유형의 도시 공원, 광장, 정원, 주차장, 개인정원 등은 생물 저류지에 적합한 정주지 토지이용이다.

이와 같이 생물 저류지는 침투, 집수, 탄소 격리, 증발산, 물 및 토양 정화, 하수 범람, 생물 다양성 등을 통해 침하 조절, 하천 홍수 위험 조절, 수질 오염 조절, 토양 오염 조절, 온도 상승 억제, 탄소저장 및 격리 등의 기능을 제공한다.

Ⅶ 시사점

자연 기반 솔루션(Nature-based Solutions)이 국제 및 EU 차원의 전략 및 계획에 점점 더 많이 적용되고, 최근 파리 기후협약(PA) 이후 NbS 잠재력에 대해 더 집중적 관심과 사업성이 높아지고 있다. 그 동안 자연 기반 솔루션이 개별 기술별, 영역별로 실행하는 방법에 비중을 둔 프로젝트들이 주를 이루고 있었지만, 앞으로는 기후보호 목표와 함께 다양한 솔루션 기법들이 우리 주변에서 추진될 것이다. 강 계곡과 고원에서는 하류의 홍수 위험이 점진적으로 감소하는 방식으로 자연이 복원되고, 해안 지역에서는 자연 식생이 지역 안정화에 도움이 되며, 도시 지역에 재조림은 탄소를 저장하는 데 점점 더 많이 사용될 것이다. 더위와 가뭄 기간이 증가하는 시기에 자연은 도시로 다시 돌아와 본래의 기능이 작동 될 것이다.

위에 제시된 자연기반 솔루션(Nature-based Solutions)은 탄소중립 도시를 만들어가는 관점에서 일부이며 정주지, 건축환경 등에 과학적 실증과 디자인 개발이 필요하다. NbS는 이미 자의적 탄소 시장 영역에서뿐만 아니라 탄소중립 도시의 도시 그린 인프라를 조성하는 데 중심적 역할이 되어야 한다. 탄소중립 도시의 그린 인프라는 기능적 디자인, 과학적이고 모니터링이 가능한 기법과 효과관리가 가능하여야 한다. 왜냐하면 우리는 2℃ 이하를 유지하고 1.5℃ 이하 위해 최소한 Net-Zero 상태를 유지해야 하는 탄소중립 도시를 만들어 가야하기 때문이다. 그리고 이미 이와 관련된 많은 연구와 시나리오에서도 탄소중립 도시를 실현하기 위해서는 재생 가능한 에너지로 실현하기 위해서는 시간적, 경제적 한계가 존재하고, 1/4의 잠재력을 가지고 있는 자연과 토양에서 함께 만들어 가야 한다. 그리고 여기에는 NbS가 그 가능성을 제시해주고 있다.

위와 같이 그린 인프라 영역은 에너지 부문과 달리 이미 많은 경험과 노력들이 축적되어 있어 탄소감축의 잠재력뿐만 아니라 실현 가능성도 훨씬 긍정적이다. 자발적 탄소 시장의 예로 NbS 기능과 효과를 소개하고 본 주제는 전환적 필요성에 의도하고 있지만, 앞으로 보다 더 많은 잠재적, 기술적 옵션을 추가로 탐색하고 연구하여 기후보호 목표를 구체화, 실현화가 필요하다.

예를 들어 도시 그린 인프라는 탄소 흡수원 역할을 하고 도시 기후의 열을 조절하고, 전반적인 대기 질을 개선하는 데 머물지 않고 기존 나무와 도시 숲의 광합성 능력을 높이고, 공간적으로 녹지를 확대하고, 병들거나 약한 나무와 위치를 파악하여 기후에 적응된 수종으로 교체하는 것이다. 그리고 나무 개체 수를 보호 및 모니터링하는 것에서부터 토양의 기능을 향상시키면서 재생 가능에너지를 생산하고, 도시의 건물이 탄소흡수원이자 산소를 공급하는 기능을 위해 다양한 기술과 혁신적인 아이디어가 요구된다. 이미 전 세계 곳곳에서 이미 이러한 전환적 노력은 여러 도시에서 이루지고 있으며, 이들은 우리가 경험하지 못했던 탄소중립 도시를 만들어가는 데 커다란 기여를 할 것이다.

참고문헌

과학기술정책연구원. 2021. R&I(Research & Innovation) 관점에서 바라본 자연기반 솔루션(Nature-based Solutions)의 이해와 사례.

국립산림과학원. 2021. 기후변화 대응을 위한 산림부문의 자연기반해법 활용.

국립생태원. 2021. 기후위기 대응을 위한 자연기반해법(NbS)의 국제논의 동향과 시사점. NIE Issue Report.

김정곤. 2023. 탄소중립과 도시 전환. 한국도시설계학회지. 3(3): 16-21.

김정곤·최정은. 2011. 탄소중립도시 조성을 위한 도시계획전략 연구. 한국도시설계학회지 12(2): 41-53.

____. 2023. 도시학습 탄소중립도시. 베타랩.

Allianz für Entwicklung und Klima. 2021. Nature-based Solutions in freiwilligen Kohlenstoffmarkt-aktuelle Bedeutung und Potenziale.

Ecologic. 2020. Urbane naturbasierte Lösungen in Deutschland- Erfahrungen, Erfolge und zukünftige Herausforderungen.

Friedrich Naumann Stiftung. 2021. Nachhaltige Stadt-Liberale Ideen für urbanen Klima- und Umweltschutz.

Griscom, B., W. et al. 2017. Natural Climate Solutions, PNAS, October 31, 2017, vol.114, non. 44, 11645-11650.

IUCN(International Union for Conservation of Nature). 2016. Nature-based solution to address climate change.

____. 2020. Guidance for using the IUCN Global Standard for Nature-based Solutions.

____. 2020. Global Standard for Nature-based Solutions. A user-friendly framework for the verification, design and scaling up of NbS.

Kennen, K. and Kirkwood, N. 2015. Phyto: Principles and resources for site remediation and landscape design. Routledge.

Naturvation. 2020. Naturbasierte Lösungen fuer nachhaltige Enwicklung in Deutschland.

_____. 2020. City for Biodiversity: The Roles of nature-based solutions in European Cities.

Naumann, S. et al. 2020. Addressing climate change in cities- policy instruments to promote urban nature-based Solutions.

Öko-Institut. 2021. Natürliche Senken.

Umweltbundesamt. 2021. Nature-based solutions and global climate protection, Climate Change 01/2022.

WBCSD(World Business Council for Sustainable Development). 2020. Natural Climate Solutions: the business perspective.

Wold Bank Group et al. 2021. A Catalogue of Nature-Based Solutions for Urban Resilience.

Wold Economic Forum. 2021. Nature and Net Zero.

Wetlands International. 2020. Urban Wetlands. Compendium Guide in the Partners for Resilience.

WWF(World Wildlife Fund). 2021. Urban Nature Based Solutions-Cities leading the way.

공간적 지속가능성 과 컴팩트시티

김태형

CHAPTER 03

공간적 지속가능성과 컴팩트시티

I 도시 및 지역의 지속가능성과 개인의 행복

사람은 무엇으로 사는가? 톨스토이의 단편소설 제목이다. 아리스토텔레스로부터 사람의 근본적 존재 이유에 관해 탐구하기 시작했고 지금까지 나온 가장 보편적인 답은 행복(happiness)이다. 1970년대부터 행복을 연구하는 행복심리학 분야가 발전하면서 무엇이 행복을 늘리는지 집중하게 됐고, 레이어드는 선행연구를 집대성하여 7대 요인으로 정리했다.[1] 가족 등의 친밀한 관계, 재정 상황(소득과 부), 근로, 건강, 개인의 자유, 개인적 가치(신념), 커뮤니티가 그것이다.

사람과 달리 도시, 지역, 그리고 이를 일반화한 서식지(habitat)의 존재 이유는 지속가능성(sustainability)이다. 사람이 사는 도시와 지역의 지속가능성은 바로 위에서 말한 거주민의 행복을 유지, 증진하면서 달성될 수 있다. 도시 및 지역과 사람의 관계란 연못 등의 서식지와 그 안의 유기체(organism)와의 관계와 다르지 않다. 사람들은 거주지에서 행복하지 않거나 장래를 암담하게 느낀다면 살기 좋은 곳으로 이사하거나 결혼 또는 출산을 포기하게 된다. 이는 한국에서 지방소멸과 인구감소라는 중요한 사회현상으로 나타나고 있다. 이는 동물들이 서식지에서 생존하

---

1   행복은 삶의 만족도(life satisfaction)를 설문조사에서 주관식으로 물어 평가하는 경우가 일반적이다. 심리학에서는 행복을 주관적 웰빙(subjective well-being)으로 부른다. 주관적 웰빙과 객관적 웰빙을 합쳐 삶의 질(quality of life)로 정의할 수 있다.

기 어려우면 이주하거나 번식을 중지하는 것에 비유할 수 있다.

도시쇠퇴와 지방소멸, 그리고 이에 따른 도시재생을 신제품의 시장 출시와 지배력 부침에 비견할 수도 있다. 지역경제 분야에서는 버논의 제품수명주기이론을 적용하여 도시의 개발 및 쇠퇴까지를 설명하고자 하였다.[2] 도시의 인구와 경제적 활력이 시간이 지남에 따라 도입, 성장, 성숙, 쇠퇴기를 거친다는 이론이다. 도입부터 성장까지는 S자 그래프를 그리고 성숙부터는 역 S자를 보인다. 도시쇠퇴를 막기 위한 대표적인 활동이 도시재생이다.

본 편저의 다른 장과 절에서 지속가능성을 논의한다. 한편 도시와 지역에 국한해서는 그 안에 사는 거주민과의 관계를 강조해서 공간적 지속가능성(spatial sustainability)이라고 따로 부르고 아래에서 서식지와 유기체 간의 관계를 바탕으로 자세히 정의하고자 한다.

도시학, 지역학에서 지속가능성은 균형(balance), 용량(capacity), 적합성(fitness), 회복탄력성(resilience), 다양성(diversity) 측면에서 정의한다.[3] 이를 공간적 지속가능성의 5대 기둥이라고 부를 수 있을 것이다.

첫 번째 기둥인 균형은 본 편저를 포함해 논문과 책 대부분에서 정의하는 개념으로서 1987년 브룬트란트(Brundtland) 보고서에서 다룬 것이다. 즉 "미래세대가 필요와 염원을 달성할 수 있는 능력을 해치지 않고 현세대의 필요와 염원을 달성하는 것(to meet the needs and aspirations of the present without compromising the ability to meet those of the future)"을 말한다. 그리고 보고서의 공식 제목인 "우리 공동의 미래: 환경과 개발에 관한 세계위원회(Our Common Future: Report of the World Commission on Environment and Development)"에서도 등장한다. 정리하면 여기서 지속가능성은 현세대와 미래세대 간, 인간개발과 환경보전 간 가치의 균형, 평형상태(equilibrium)를 추구한다. 법적으로도 이 개념을 채택한다. 지난 2022년 1월 4일 제정되고 7월 5일 시행된 「지속가능발전 기본법」 제2조에 의하면 지속가능성이란

---

2   Markusen, Ann. 1985. Profit cycles, oligopoly, and regional development. Cambridge, MA: MIT Press.

3   Neuman, M. (2005). The Compact City Fallacy. Journal of Planning Education and Research, 25(1), 11-26. https://doi.org/10.1177/0739456X04270466

"현재 세대의 필요를 충족시키기 위하여 미래 세대가 사용할 경제·사회·환경 등의 자원을 낭비하거나 여건을 저하시키지 아니하고 이들이 서로 조화와 균형을 이루는 것"을 말한다.

위와 같이 균형 관점은 대체로 3E로 요약된다. 경제효율(economic efficiency), 환경복지(environmental welfare), 사회평등(social equity)의 머리글자를 딴 것이다. 그리고 이후에는 의사결정과정의 절차적 정의(procedural justice)를 강조하여 정치적 공정(political fairness)을 더한 3E+P로 정리한다. 주의할 것은 다시 말하지만, 지속가능성은 경제적 지속가능성, 환경적 지속가능성, 사회적 지속가능성, 정치적 지속가능성으로 따로 추구하고 발전시킬 수 없고, 이들 간의 조화를 강조한다는 점이다. 그러나 실제에서 이 균형 접근의 단점은 경제와 환경만의 균형을 강조하지, 나머지 사회평등과 절차정의를 간과한다는 데에 있다. 이 경우, 지속가능성은 절대 달성할 수 없다.

그림 3-1 **지속가능성: 균형 기둥**

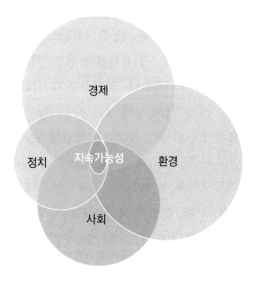

참고: 가운데 교집합은 균형 차원의 진실한 지속가능성을 나타내며, 주변의 네 개 원은 이와 무관하게 현실에서 적용할 때 무엇이 더 강조되고 있는지를 크기로 나타낸 것이다.

균형 관점의 지속가능성은 최근 ESG 열풍으로 나타나고 있다. ESG는 기업 경영상에서의 환경(environmental), 사회(social), 지배구조(governance) 건전성을 의미한다. 도시, 지역, 국가의 3E+P 요소 중 가장 앞의 경제는 회계상의 대차대조표(balance sheet)로 보고 나머지를 ESG로 평가하고자 하는 개념이다.

공간적 지속가능성의 두 번째 기둥은 (환경) 용량((carrying) capacity)이다. 환경계획, 생태학, 환경경제학 분야에서 채택하는 정의이다. 엘턴은 1927년 동물생태학 저서에서 환경용량을 "군집(population)을 지탱하는 능력을 해치지 않는 범위 내에서 서식지가 보유한 군집의 크기(a limit at which populations can be maintained by their habitat … without compromising their habitat's capacity to support that population)"라고 일컬었다. 그리고 국제자연보존연맹(International Union for Conservation of Nature)에서도 지속가능성을 "생태계의 환경용량 내에 살며 인간 삶의 질을 높이는 것(improving the quality of human life while living within the carrying capacity of supportive ecosystems)"이라고 말한다. 일반적으로 경제학적 관점에서는 소비(효용, 복지)가 시간이 지나도 감소하지 않는(consumption (utility, welfare) non-declining over time) 범위의 개발을 의미한다.

공간적 지속가능성의 셋째와 넷째 기둥은 비로소 유기체(organism)와 서식지(habitat) 간의 관계를 관찰한다. 여기서 유기체란 인간, 기술, 프로젝트, 도시구조 등(그리고 이러한 유기체의 활동)을 포괄한다. 적합성은 유기체가 어떤 서식지에 맞출 수 있는 정도(적합한 정도)이다. 적합성 차원으로 지속가능하지 않은 예로서 멸종위기종 서식지 근처에 쓰레기 매립지를 건설하는 개발행위를 들 수 있다. 슈마허는 1973년 저서, 「작은 것이 아름답다(Small Is Beautiful)」에서 지속가능하지 않은 적응의 예로서 선진국의 개발모형을 저개발국에 강제하는 것을 예로 들었다. 도시와 지역의 정치, 경제, 사회, 문화, 환경적 여건을 고려하지 않은 기계적인 프로그램 적응은 실패로 귀결된 예가 많다(네팔에 자본주의 경제를 들인 경우, 1990년대 금융위기를 겪으면서 IMF 체제를 일괄 도입한 경우 등).

한편 생물학에서는 적합성 차원의 개념으로 진화(evolution)와 적응(adaptation)을 사용한다. 특히 후자는 기후변화 및 인구감소 등의 환경적, 사회적 문제에 대응하는 방법으로서 기후변화를 늦추고, 인구를 부양하는 완화(mitigation) 전략과 함께 기후변화와 인구감소를 받아들이고 이에 맞추어 살아가는 프로그램으로서 강조되고 있다. 기후변화에 대한 탄소 포집, 활용, 저장 기술(CCUS, carbon capture, utilization, and storage), 그리고 인구감소에 대한 도시축소(urban shrinkage), 도시다 이어트(urban diet), 적정규모화(right-sizing) 전략이 대표적이다.

공간적 지속가능성의 넷째 기둥은 회복탄력성 또는 리질리언스이다. 이는 생태계, 커뮤니티 사회 등의 서식지가 유기체를 얼마나 잘 흡수할 수 있는지의 정도를 말하며, 서식지가 외부 충격을 받아도 건강을 유지할 수 있는 범위로 평가된다. 보통 보건학 분야에서 지속가능성으로 사용하는 개념으로서 면역(immunity) 및 회복력(recovery)으로 평가한다. 재난 분야에서 강조되고 있으며, 코로나19에 따른 경제적 영향에서 사회가 얼마나 잘 회복하는지 관점에서 부각하고 있다. 공실이 많은 시설이 있는 도시는 외부 스트레스에 느리게 반응하게 되고, 환경적으로 교란된 생태계는 이상기상 현상이 발생하면 회복 속도가 느리게 된다.

OECD는 회복탄력적 도시(resilient cities)를 미래의 경제, 환경, 사회, 제도적 쇼크를 흡수하고, 회복하고, 준비하는 능력을 갖춘 도시로 정의하고, 이런 도시는 결국 지속가능발전, 웰빙, 포용적 성장을 촉진하게 된다고 파악하였다.[4] 지속가능성 균형 관점에서와 같이 경제(economy), 환경(environment), 사회(society), 정치 거버넌스(governance) 관점에서 도시 회복탄력성을 평가하고 있다.

공간적 지속가능성을 구성하는 마지막 기둥은 다양성이다. 이는 윌슨의 1988년 저서, 「생물다양성(Biodiversity)」에서 처음 언급된 것으로 알려져 있다. 다양성은 서식지(생태계, 커뮤니티, 조직 등)에 있는 종(species)의 수로 파악할 수 있다. 그러나 단순히 기계적, 물리적 결합만으로 다양성을 달성할 수 없다. 공존을 위한 필수요건으로 유기체 간의 긍정적 지향성(disposition)을 전제로 한다. 다양성이 지속되는 사회에서는 개체 간 상호 적응(mutual adjustment)과 쌍방향 학습(reciprocal learning)이 발생한다.

다양성은 분야별로 다르게 지칭하거나 적용되기도 한다. 생물학, 생태학에서는 생물다양성 또는 종다양성이라는 용어가 사용된다. 도시계획에서는 인종다양

4　http://www.oecd.org/cfe/regional-policy/resilient-cities.htm

성, 소득다양성, 토지이용혼합, 직주근접이라는 개념으로 적용된다. 다양성과 통일성(uniformity) 간의 명과 암에 대한 비교, 평가가 이루어져, 현대사회에서는 전자가 사회적 건강을 강화하는 것으로 강조한다. 한국도 마찬가지이다. 예를 들어 「국기에 대한 경례」도 1972년부터 2007년 6월까지는 "나는 자랑스런 태극기 앞에 조국과 민족의 무궁한 영광을 위하여"라고 하여, 조국, 민족 등 동질성을 강조하였으나, 2007년 7월부터는 "조국과 민족" 대신 "자유롭고 정의로운 대한민국"이라고 변경하였다.

Ⅱ 어번스프롤(urban sprawl) 대 컴팩트시티(compact city)

OECD의 2018년 보고서, 「어번스프롤에 대한 재고: 지속가능도시를 향한 움직임」에 의하면 스프롤은 지속가능하지 않은 도시형태이다.[5] 스프롤은 저밀도 도시 확산 현상을 일컫는다. 불도저로 농지와 녹지를 밀어 거주지로 만드는 교외화(suburbanization)를 동반한다. 통행과 수송은 자동차에 의존하게 되며, 따라서 통근, 통학, 쇼핑, 여가 활동의 목적지에 대한 접근성이 낮다. 도시는 자동차 통행에 편리하도록 넓은 도로와 큰 구획(block)으로 대표되며, 통행의 속도가 빠르므로 보행자의 안전과 안락함이 위협받는다.

여러 통행 수단 중에 자동차가 교통수단으로서 우위를 차지하면 왜 도로가 넓어질까? 100명의 통근자가 있다고 가정하자. 만약 혼자 출퇴근한다면 자가용은 100대가 필요하다. 20명을 태운 버스라면 5대면 된다. 그만큼 자동차 도로가 필요 없게 되고, 따라서 도로 다이어트를 할 수 있어 녹지가 보존된다. 자전거도로나 보행로도 자동차 도로만큼은 필요가 없다. 〈그림 3-2〉는 10명이 통행하는 것을 가정하여 승용차, 버스, 보행자의 도로 점유 면적을 모식화한 것이다. 도로 대신 녹지가 들어서면 뉴욕의 센트럴파크, 런던의 하이드파크로 대표되는 도시공원

---

5   OECD (2018). Rethinking Urban Sprawl: Moving Towards Sustainable Cities, OECD Publishing, Paris. http://dx.doi.org/10.1787/9789264189881-en

에서와 같이 도시민들에게는 정서적 휴식 공간으로서 기능한다. 녹지는 소음을 줄이고, 산소를 생산하며 여름에는 폭염을 막는 등 다양한 편의를 제공한다.

그림 3-2 **교통수단별 도로 점유 면적**

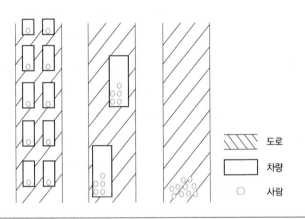

도로

차량

사람

서구의 도시는 산업혁명 시기부터 1950년대까지 급격히 발달하면서 각종 도시 문제를 발생시켰다. 런던 스모그로 대표되는 대기질 악화, 인구 급증에 따른 쓰레기, 오·폐수 처리 부족으로 인한 위생 및 보건 문제 등이다. 이러한 도시문제의 대안으로 발생한 개발 현상이 교외화이다. 도시는 경제적 활동의 공간으로 국한하고 가정 활동, 육아, 교육은 녹지로 둘러싸인 교외에서 해결하는 것이다. 도시문제의 해결방안으로 모색된 교외화가 문제를 발생시키게 된 시기는 1980년대부터이다. 서구사회에서 국가 경제의 성장이 둔화하고 이에 따라 교외의 마을까지 잇는 도로망의 건설, 그리고 전기, 가스, 상하수도의 연장이 제도적, 환경적으로 불가능하게 된 것이다.

교외화의 첫 번째 문제는 직주분리, 즉 직장 또는 학교와 주거가 분리하면서 통근 및 통학 거리가 멀어지면서 나타나는 연료 사용 증가 및 자동차 배기가스 증가로 인한 대기질 악화이다. 그리고 자동차 도로의 건설은 그 자체로 녹지에 비해 강우 시 홍수 피해 가능성이 크고, 여름에는 열섬 현상을 일으킨다. 도시에 비가 내리면 도로포장 때문에 땅에 스며들지 못하고 빗물이 표면에 흐르게 되는데, 녹지가 없으면 정화작용, 홍수 방지를 위한 빗물 저장 작용이 상실된다. 특히 교외화 심화에 따른 스프롤 현상은 직장이 있는 도시와 교외 주거지역까지 출퇴근 시간 심각한 교통체증을 일으켰다.

스프롤은 저밀도 개발의 물리적인 형태로 세 가지 양상을 띤다. 첫째는 기성 도시의 외곽부가 부동산 가격이 저렴한 주변부로 확장하여 횡적으로 발생하는 녹지 잠식형 개발(greenfield development)이다. 이는 방사형 스프롤(radial sprawl)이라고도 부른다. 둘째는 리본 스프롤(ribbon sprawl)이라고도 불리는 띠모양 개발(strip development)이다. 경제활동을 위해 빠르게 중심도시로 이동하기 위해 고속도로를 따라서 개발되는 형태이다. 마지막으로는 개구리 뜀뛰기 개발(leap-frog development) 또는 개구리 뜀뛰기 스프롤 형식으로 나타난다. 도시에서 벗어나 저렴한 가격과 유리한 녹지 접근성을 무기로 대규모 주거지 개발사업을 하여 나타나는 것이 일반적이다. 한국에서 자족도시로 성장하지 못한 수도권 주변 중소도시(베드타운)들이 이에 해당한다.

스프롤의 반대말이 컴팩트시티이다. 녹지 잠식형 주변부 저밀개발이 아닌 기성도시의 충전식(in-fill development) 고밀개발을 지향한다. 컴팩트시티라는 용어는 유럽과 영국에서 주로 사용되어 왔고, 미국에서는 대신에 스마트 성장(smart growth)으로 불리는 편이다.[6] 유의어로 신전통적 개발(neo-traditional development)이 있고, 건축과 도시설계에서는 뉴어버니즘(new urbanism), 그리고 교통계획에서는 대중교통지향형 개발(transit-oriented development, TOD)에서 컴팩트시티 개발형식을 지향한다. 여기서 신전통적 개발이란 개발과 경제활동이 주로 성벽으로 둘러싸인 장소에서 발생한 중세도시와 같은 개발을 추구한다는 뜻으로 붙인 이름이다. 15분 도시, 20분 도시도 컴팩트시티를 보행가능시간을 중심으로 구체화한 개념이다.

위와 같이 물리적 형태, 특히 밀도를 중심으로 스프롤과 컴팩트시티를 평가하는 방식은 주로 인공위성 영상을 통해 이루어진다.[7] 스프롤은 보통 도시지역에서 저밀

---

6   스마트도시(smart city)와는 다른 개념이다.

7   Tae-Hyoung Tommy Gim (2022) Analyzing the city-level effects of land use on travel time and CO_2 emissions: a global mediation study of travel time, International Journal of Sustainable Transportation, 16:6, 496-513, DOI: 10.1080/15568318.2021.1901163

지역의 비중으로 평가하고, 컴팩트 개발의 수준은 고밀지역의 인구밀도로 측정한다.

저밀도 스프롤 개발의 부정적인 영향에 대한 상징적인 그림은 도시별로 도시의 인구밀도(X)와 1인당 휘발유 사용량 또는 승용차 주행거리(Y) 간의 관계를 나타낸 그래프이다.[8] XY 관계는 매우 분명한 반비례, 즉 우하향하는 곡선을 그린다. 이 그래프는 각종 도서, 보고서, 논문에서 수천 차례 인용이 되면서 스프롤에 대한 경각심을 높이는 데에 기여하였다.

그런데 밀도를 중심으로 한 물리적 형태만으로는 도시개발의 지향점을 찾기 힘들다. 인구와 개발밀도를 증가시킴으로써 어떤 도시형태를 달성하고자 하는가? 이에 대해 도시계획학자, 특히 교통계획학자들은 컴팩트시티를 측정, 분석하는 선행연구들을 검토하여 3D로 정리하였고, 이후에는 5D로 확장되었다. (환경정책, 환경계획, 기후변화계획 등 다른 분야에서도 교통계획에서 발전시킨 5D 접근법을 사용해서 도시형태를 평가한다.) 3D는 밀도(density), 다양성(diversity), 도로 디자인(연결성) 및 도시설계(design) 요소에서 머리글자를 사용한 것이다. 5D는 여기에 대중교통 인접성(distance to transit)과 목적지 접근성(destination accessibility)을 더한 것이다.

밀도는 인구밀도, 가구밀도, 종사자밀도, 주거밀도 등으로 측정하고 사람이 살 수 없는 하천 등을 제외하고 평가한 순밀도와 이를 고려하지 않은 총밀도로 구분된다. 다양성은 토지이용의 다양성을 의미하며 전체 면적에서 주거, 업무, 상업, 공공, 녹지 등의 토지이용 면적이 균등한지 보는 토지이용균형(land use balance) 또는 엔트로피(entropy)와 한 지점과 이 지점을 연접하여 둘러싼 지점들 간의 토지이용이 얼마나 다른지 보는 토지이용복합(land use mix) 또는 이질성(dissimilarity)으로 구분된다. 나아가 주거지역에 얼마나 직장이 많은지 보는 직주균형(jobs-housing balance)도 다양성 지표에 해당한다.[9]

8　Peter W. G. Newman & Jeffrey R. Kenworthy (1989) Gasoline Consumption and Cities, Journal of the American Planning Association, 55:1, 24-37, DOI: 10.1080/01944368908975398

9　참고로 3D와 5D는 주거지 또는 업무지에서 측정되는데, 그 목적은 상이하다. 주거지에서 평가할 때는 직주균형을 향상하고 집 근처에서 일과 놀이(work and play)가 병행하도록 하는 데에 목적이 있다. 즉, 자기충족(self-contained) 커뮤니티를 형성하는 것이다. 반대로 업무지에서 평가할 때는 직장까지 접근성을 높이는 데에 목적을 둔다. 여기서 만약 주거지역을 대상으로 한다면 종사자밀도는 밀도를 평가하는 지표가 아닌 직주균형 차원에서 다양성을 평가하는 지표가 된다.

세 번째 D는 도로 디자인(연결성) 및 도시설계이다. 교통계획에서는 주로 도로 형태에 집중한다. 〈그림 3-3〉은 컴팩트시티의 도로 기하학과 어번스프롤의 도로를 보여준다. 예를 들어, 위쪽 그림에서는 출발지에서 목적지까지 가는 데에는 자기가 원하는 대로 가장 빠른 길을 갈 수 있어 자동차를 타기보다는 걷게 되고, 또 다른 길을 선택할 자유도 있다. 그러나 아래쪽 그림은 개별 주택이 뒤뜰도 갖출 수 있고 프라이버시도 잘 보장되는 특징이 있지만, 출발지에서 목적지까지 더 멀리 돌아가야 해서 시간이 오래 걸리고, 이렇게 되면 걷기보다 자동차를 타게 된다. 가운데 그림의 도로는 위쪽과 유사하지만, 구획(블록) 크기가 크다. 블록을 가로질러 갈 수 없고, 빙 둘러 가게 된다. 이러한 블록 형태는 자동차 통행을 위한

그림 3-3 촘촘한 그물망 격자형(fine-meshed grid) 도로 네트워크(상),
큰 구획(super block)의 도로 시스템(중),
구불구불한 막대사탕형 쿨데삭(lollipop cul-de-sac) 도로(하)

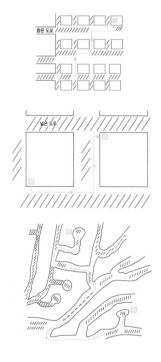

것이다. 블록을 둘러싼 도로는 넓고 길며, 신호등과 보행자에 의한 간섭도 적어 운전에 편하다. 따라서 도로 디자인 요소는 교차로의 수, 막다른 골목의 수, 블록 크기 등으로 평가하며, 이에 더해 보조지표로서 도시 내에서 도로의 총연장이나 총면적으로 평가하기도 한다. 과거에는 좁은 도로까지 잘 나타나 있는 대축척지도(large-scale map)를 연구자가 중립적으로 평가하기도 하였다. 한편 도시설계 분야에서는 주거지 근처의 시설이 얼마나 매력적인지를 평가하는 관점에서 설계 요소를 본다. 밀도와 다양성에 더해 품질을 평가한다는 점에서 도시형태를 평가하는 3D를 완성하는 것이다.

대중교통 인접성(proximity)은 보통 가장 가까운 대중교통 시설까지의 거리 또는 보행시간으로 측정한다. 미국, 한국 등에서 주기적으로 실시하는 가구통행실태조사에서 일반적으로 묻는 항목이다. 한편, 일반인이 부담 없이 걸을 수 있는 최대 거리인 보행가능거리(walkable distance) 내의 대중교통 시설의 수 또는 주거지역에서의 시설밀도를 평가하는 이용가능성(availability) 개념이 더불어 사용되기도 한다. 왜냐하면 가장 가까운 곳에 있는 버스정류장이나 지하철역이라고 해도 내가 가고 싶은 곳까지 가는 노선이 없다면 무용지물이고 다른 곳에 가거나 자동차를 탈 수밖에 없기 때문이다.

마지막 D는 목적지 접근성이다. 자동차 통행을 광역적으로 연구하는 논문에서는 도시의 중심지(중심상업지구, 도심 및 부도심 등)까지의 통행 시간 등으로 측정하고(예: 중력모형), 보행 연구에서는 근린의 주요 시설까지의 시간 및 거리로 측정한다. 접근성은 나머지 4D에 비해 측정이 어렵다는 한계가 있다.

여기서 접근성과 이동성(mobility) 간의 차이를 살펴야 한다. 레빈과 같은 교통학자는 접근성을 인접성(proximity), 도로 연결성(connectivity)과 이동성(mobility)의 함수로 보았다. 반대로 핸디를 포함한 교통계획 및 환경계획학자들은 접근성과 이동성을 구분하고 이동성이 인접성과 연결성으로 구성된 접근성을 해치는 상충관계에 있는 것으로 파악한다. 이들은 이동성을 차도, 자동차 관점에서 파악하여, 보도, 보행자 및 무동력 통행 관점의 접근성과 분리하고자 하였다.

그렇다면 5D가 서로 어떻게 역할을 하는가? 이들이 어떻게 기능하는지 구체적으로 다룬 연구는 부족하지만, 결국 다섯 요소의 중심은 접근성이라고 할 수 있다.[10] 즉, 나머지 요소들, 밀도, 토지이용 다양성, 도로 연결성 및 도시설계 요소, 대중교통 인접성 및 이용가능성은 목적지 접근성을 향상하는 부수적인 역할을 한다. 주거지 인근에 다양한 상업, 여가, 녹지 등 토지이용이 있으면 멀리 차를 타고 가지 않고 집 근처의 시설까지 걸어가서 이용하게 된다. 도로가 잘 연결되어 있으면 해당 목적지까지 길이 짧고 다양해지므로 차 대신 보행으로 이용하게 된다. 도시설계 요소는 쾌적성, 안전 등 도로와 보행지역이 얼마나 걷기 좋은지를 나타낸다. 그리고 해당 시설의 품질을 나타내는 데에도 사용된다. 단순히 과거 멀리 있던 시설들을 집 가까이 위치시키는 것만으로는 사람들에게 이를 이용하게 할 수 없고, 충분히 매력적인 대안이 되어야 하기 때문이다. 대중교통 인접성과 이용가능성을 높이면 여전히 멀리 있는 직장이나 상업, 여가 시설 등에 이동하는 데에 자가용을 이용하는 대신에 대중교통을 타게 된다.

마지막 밀도는 서구사회의 경우, 직접적으로 접근성을 높이는 요인은 아니라고 파악된다.[11] 밀도가 높으면 다양한 토지이용이 나타나고, 도로가 잘 연결되고 관리되며, 대중교통 시설도 인구를 부양하기 위해 설치된다. 즉, 밀도는 다른 D 요소들과 상관관계가 높으며, 더 측정하거나 정책적으로 관리하기 쉬우므로 의미가 있으며 그 자체로는 접근성 변화와 관계가 없는 대리변수(proxy)라는 것이다.

그러나 서울을 사례지역으로 한 연구에서는 밀도가 그 자체로 영향력을 가지는 것으로 나타난다.[12] 왜냐하면 교통체증은 차별적으로 동력교통에만 영향을 미치기 때문이다. 앞의 〈그림 3-2〉에서 보이는 것처럼 자동차는 도로에서 더 많은 면적을 차지한다. 교통량이 늘어나면 속도가 줄어드는 것은 대부분 자동차이다. 보행자가 늘어나도 보행 속도에는 크게 영향을 받지 않는다. 따라서 목적지까지 가는 데 걸리는 시간은 자동차 통행에서 특히 급격한 차이를 보이게 된다.

통행과 환경질에 영향을 미치는 컴팩트시티의 5D 요소 간의 상관관계를 공간

---

10   Tae-Hyoung Tommy Gim (2013) The relationships between land use measures and travel behavior: a meta-analytic approach, Transportation Planning and Technology, 36:5, 413-434, DOI: 10.1080/03081060.2013.818272

11   상게서

12   Gim, T.-H. T. (2018) Land use, travel utility and travel behaviour: An analysis from the perspective of the positive utility of travel. Papers in Regional Science, 97: S169-S192. doi: 10.1111/pirs.12239.

적 다중공선성(spatial multicollinearity)이라고 부른다. 여기서 다중공선성이란 인과 관계를 추정하는 통계적 분석에서 원인 변수 간에 상관관계를 갖는 경우를 일컫는다. 이러면 통계 결과에서 원인 변수들의 영향력이 과대 추정되는 경향이 있다. 이와 같은 다중공선성에 대한 해석은 크게 대립된다. 한 부류는 도시형태를 눈에 띄게 변화시키는 데에 오랜 시간이 걸리지만, 그 효과는 알려진 것보다 작아서 자동차 통행을 줄이고 환경질을 개선하기 위해 컴팩트시티를 건설하는 사업은 크게 의미가 없다고 주장한다. 반대로 다른 쪽에서는 5D 요소들 간에 상관관계가 높으므로 한 요소의 영향력은 작게 보이더라도 다른 요소들과 결합하여 크게 영향을 미치게 된다고 주장한다.

그런데, 여기서 주의할 점은 실제로 상관관계가 항상 높은가이다. 서울을 대상으로 하여 접근성 제고에 기여하는 나머지 4D(밀도, 토지이용 다양성, 도로 연결성, 대중교통 인접성)를 분석한 연구에서는 특히 토지이용 다양성이 다른 변수들과는 상

그림 3-4 **컴팩트시티 5D 요소 간의 관계**

관관계가 낮은 것으로 밝혔다. 예를 들어 대규모 택지개발에서 종종 도로망이 잘 연결되어 있고 대중교통도 이용하기 쉽게 설치하였지만, 상업, 여가, 공공 용도 등 다양한 토지이용의 입지를 간과한 경우가 이에 해당한다. 그렇다면 여전히 사람들은 멀리 도심에 떨어진 곳까지 이동하게 되고 이를 위해서는 불필요하게 자동차나 대중교통 등 동력 교통수단을 이용하게 될 것이다.

Ⅲ 아시아형 어번스프롤

초고밀의(hyper-dense) 아시아 도시는 컴팩트시티의 완성일까? 아시아 대도시, 서울, 도쿄, 베이징, 상하이, 홍콩, 자카르타에서는 도시 중심부로의 통근 압력이 강하지 않고, 또 출퇴근 시간대에 교통체증이 없을까? 그렇지 않다. 위에서 언급한 것처럼 컴팩트시티의 핵심은 접근성 증가에 있는바, 도시형태가 이를 뒷받침하고 있지 못 하기 때문이다.

아시아형 스프롤은 가구크기와 1인당 주거면적으로 평가할 수 있다. 미국, 호주 등의 서구 국가와 아시아 국가에서 스프롤 현상에 따라 나타나는 공통점으로서, 가구크기는 작아지지만 집은 점점 커지고, 이에 따라 1인당 주거면적이 늘어나게 된다. 〈그림 3-5〉와 〈그림 3-6〉에서 보이듯, 평균 가구크기와 1인당 주거면적은 서울 및 수도권이 컴팩트시티가 아니라 전형적이며 심각한 어번스프롤을 겪고 있음을 보여준다.

도대체 아시아 대도시와 같은 한정된 공간에서 어떻게 1인당 주거면적이 늘고 스프롤이 발생한다는 말인가? 정답은 수직적으로 발생하는 스카이 스프롤이다. 서구 국가의 스프롤이 횡적인 스프롤만을 집중적으로 평가한다면, 우리 사회는 종적인 스카이 스프롤을 평가해야 한다. 도심부에 위치한 고층의 상업용 빌딩, 택지개발로 인한 고층 아파트가 스카이 스프롤의 전형이다. 초고층 건물은 엘리베이터 사용, 통풍과 환기, 냉난방 등에 에너지 소비가 비효율적이고, 유지관리비가 더 많이 든다.

이에 더해 스카이 스프롤은 열섬(heat island) 현상 완화와 미세먼지 배출 저감에

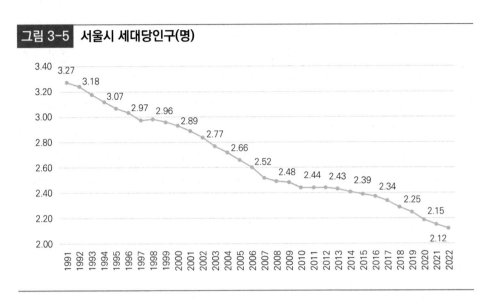

그림 3-5 서울시 세대당인구(명)

출처: 서울 열린데이터광장(https://data.seoul.go.kr/dataList/419/S/2/datasetView.do)

그림 3-6 수도권(서울, 경기, 인천) 1인당 주거면적(제곱미터

출처: 국토교통부 주거실태조사(https://www.index.go.kr/unify/idx-info.do?idxCd=4257)

도 부정적이다. 빌딩은 그 자체로 태양 복사의 흡수율이 높은, 즉 반사도(albedo)가 낮아 여름에 푹푹 찌는 열섬 현상을 일으킨다. 그리고 〈그림 3-7〉과 같이 도심의 높은 빌딩 숲은 열과 미세먼지가 바람을 타고 나가는 것을 방해한다. 산기슭의 아파트와 빌딩은 산에서 내려오는 시원한 산바람을 막아 도시를 뜨겁고 먼지가 많게 유지한다. 강변도 마찬가지다. 뜨거운 바람과 먼지가 건물들을 빠져나갈 틈이 없게 아파트와 건물들은 주로 강을 보고 나란히 서 있다. 즉, 한국의 도시개발 방식은 열섬 현상과 미세먼지 등 오염물질 제거에는 불리하게 반대 방향으로 나아가고 있다.

그림 3-7 스카이 스프롤의 영향: 미세먼지 배출 및 열섬 현상

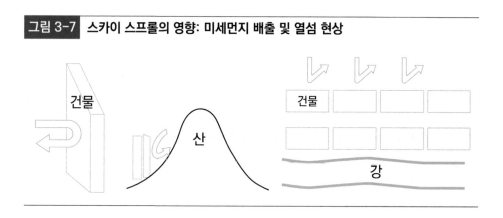

요약하면, 어번스프롤은 서구 국가인지, 한국을 비롯한 아시아 국가인지와 관계 없이 사람의 행복과 도시 및 지역의 지속가능성을 위협하는 현상이다. 도시의 외곽부는 횡적 스프롤, 내부는 스카이 스프롤의 형태로 나타난다. 즉, 어느 국가이든, 도시의 어느 위치이든 스프롤의 가능성을 가진다.[13] 환경질에는 주로 도로 확장, 자동차 통행 증가와 배기가스 배출, 에너지 사용 증가, 열섬 현상, 미세먼지 등 오염물질 정체, 녹지 감소 등과 관련되어 있으며, 이의 대안으로 컴팩트시티 개발을 제안할 수 있다.

---

13   자세한 내용은 Gim(2022) 참조

참고문헌

Gim, T.-H. T. 2013. The relationships between land use measures and travel behavior: a meta-analytic approach, Transportation Planning and Technology. 36: 5, 413-434, DOI: 10.1080/03081060.2013.818272.

____. 2018. Land use, travel utility and travel behaviour: An analysis from the perspective of the positive utility of travel. Papers in Regional Science. 97: S169-S192. doi: 10.1111/pirs.12239.

____. 2022. Analyzing the city-level effects of land use on travel time and CO2 emissions: a global mediation study of travel time, International Journal of Sustainable Transportation. 16: 6, 496-513, DOI: 10.1080/15568318.2021.1901163.

Markusen, A. 1985. Profit cycles, oligopoly, and regional development. Cambridge, MA: MIT Press.

Neuman, M. 2005. The Compact City Fallacy. Journal of Planning Education and Research. 25(1): 11-26. https://doi.org/10.1177/0739456X04270466.

Newman, P. W. G. & Kenworthy, J. R.. 1989. Gasoline Consumption and Cities, Journal of the American Planning Association. 55: 1, 24-37, DOI: 10.1080/01944368908975398.

OECD. 2018. Rethinking Urban Sprawl: Moving Towards Sustainable Cities, OECD Publishing, Paris. http://dx.doi.org/10.1787/9789264189881-en.

국토교통부 주거실태조사 https://www.index.go.kr/unify/idx-info.do?idxCd=4257.

서울 열린데이터광장 https://data.seoul.go.kr/dataList/419/S/2/datasetView.do.

OECD http://www.oecd.org/cfe/regional-policy/resilient-cities.htm.

한국 환경정책의
변화와 과제,
1960년대~2020년대

문태훈

CHAPTER **04**

CHAPTER
04

한국 환경정책의 변화와 과제, 1960년대~2020년대

I 서론

이 글의 목적은 1960년대부터 2020년대까지 한국 환경정책의 변화를 살펴보면서 그간의 공과와 앞으로의 과제를 생각해보는 것이다. 중앙정부 차원에서 환경정책은 1963년 공해방지법이 제정되고 보건사회부(이하 보사부)의 위생계가 환경담당 부서로 정해지면서 시작되었다. 그리고 1980년에는 보사부의 독립외청인 환경청으로, 1990년에는 환경처로, 그리고 1994년 환경부로 발전해 왔다. 올해 2023년은 우리나라 환경행정과 환경정책이 시작된지 60년이 되는 해이다. 사람으로치면 이순(耳順)의 햇수인데 사(事)와 리(理)에 모두 통달하는 앎의 경지에 이르는 때이다.

그동안 환경부는 양적인 면에서는 물론 질적인 측면에서도 많은 발전을 이루었다. 그러나 여전히 환경정책의 과제는 산적해 있고 갈 길은 오히려 더 멀어 보인다. 이 글은 1960년대부터 현재까지 통사적인 관점에서 환경정책의 변화를 1994년 환경부 이후 현재까지의 환경정책 변화를 중점적으로 살펴본다. 그리고 환경정책 변화의 큰 흐름을 찾고, 변화의 동인을 분석해보고, 앞으로의 과제를 짚어내고자 하였다.

연구방법은 주로 문헌분석과 기존데이터 분석에 의존하였다. 문헌분석은 환경행정과 환경정책 관련 기존 연구, 환경부처에서 발행한 환경보전, 환경백서를 비롯한 환경부 문헌, 언론보도, 전국경제인연합회(이하 전경련)와 전경련의 한국경제연구원에서 발행하는 기업측의 문헌, 환경민간단체의 관련 문건 등을 종합적으로 참조하였다. 기존데이터 분석은 환경보전, 환경백서, 환경통계연감 등에서 제공하고 있는 양적데이터를 이용하였다.

이 글의 구성은 한국 환경정책의 시작과 변화를 1994년 환경부 출범 전후로 나누어 설명하고, 환경부 출범후 부터는 10년 단위로 구분하되 정권별로 세분화하여 시기별, 정권별 환경정책의 흐름과 차이를 같이 설명하였다. 모든 정책이 그렇듯이 환경정책 역시 정치 경제적 변화와 세계 흐름의 변화에 크게 영향을 받으며 변화한다. 환경정책의 변화도 이러한 큰 맥락 속에서 파악하고자 하였다.

II 환경정책 관련 기존연구

행정학계나 정책학계의 환경행정이나 환경정책 관련 기존연구를 보면 우리나라의 환경정책을 통사적인 관점에서 고찰한 연구는 많지 않다. 환경정책의 변화를 1960년대 이후부터 1990년대 초반까지 정부-기업 간의 관계를 중심으로 살펴본 연구(문태훈, 1992, 1993), 1945년 이후 자연환경, 물, 대기, 폐기물, 환경교육. 민간환경운동 등 분야별로 현황, 법·제도·정책, 행정조직, 오염사고 등을 광범위하게 고찰한 연구(김광임, 1996), 환경정책의 발전이 정책분야별로 환경오염사건, 지방자치제도의 시행, 국제적 스포츠행사, 경제위기 등 어떤 요인에 의하여 주로 이루어졌는지를 중심으로 고찰한 연구(이정전·정회성, 2003), 1971년부터 2001년까지 산업화 과정에서 자원소비가 얼마나 많이, 그리고 어떤 양태로 일어났는지를 자원소비지표를 이용하여 분석하면서 한국경제의 지속가능성을 평가한 연구(오용선, 2003) 등이 있다.

그리고 2015년에는 1960년대 이후 환경행정과 환경정책의 큰 흐름과 세부 환경정책의 역사적 변동과 전망을 담은, 업데이트된 포괄적인 연구서가 출간되었다

(박순애 외 8인 공저, 2015). 논문으로는 1960년부터 2010년대 초반까지의 자연보전 정책 변화를 다룬 논문(문태훈, 2015), 외국 환경정책의 동향을 분석하고 이를 한국의 환경정책과제와 연계시키는 연구보고서(명수정·문현주 외, 2017), 빅데이터 분석을 이용하여 기후변화, 환경 관련 키워드의 변화추세를 분석하고 이를 기후정책, 환경정책 과제와 연계시키는 연구(최충익·김철민, 2018; 이천환·황한수 외, 2021), 정부 환경정책의 방향과 과제 등에 대한 연구(임동순·노상환, 2022, 문태훈 2021, 윤경준 2017) 등이 이루어지고 있다. 아쉬운점은 환경정책의 변화에 대한 장기적이고 통사적 관점에서의 연구는 여전히 부족한 편이고 더구나 최근까지의 환경정책 변화를 다루는 연구는 희소한 형편이다.

Ⅲ 1990년대 이전, 환경정책의 태동과 변화

1 공해방지법(1963년)

한국의 환경정책은 1963년 공해방지법이 제정되면서 시작하였다. 그러나 공해방지법은 시행을 위한 조직, 인원, 예산의 배정이 없는 상징적인 환경정책에 불과하였다(환경처, 1987; 문태훈, 1992). 당시 공해방지법의 제정은 경제개발을 위한 외국의 원조를 받기 위한 조건을 충족시키기 위해 급조한 공해방지법이었기 때문이었다. 보사부가 상징적인 공해방지 정책의 발전을 위하여 1968에 환경보호를 위한 종합계획을 마련하고(동아일보, 1968.5.27), 전국 공장지대에 대한 공해조사를 실시하고(조선일보, 1969.4.20), 공해배출업체를 도심 외곽지역으로 이전시키려는 등(조선일보, 1969. 4.20) 일련의 노력을 기울인 것은 사실이다. 그러나 보사부의 이러한 노력은 다른 정부 부처로부터 어떤 긍정적인 협조도 받지 못하였다(한국일보, 1969.2.6; 문태훈, 1992).

그러나 1970년대에 환경정책은 변화를 보이게 된다. 보사부는 1971년 공해방지법을 개정하는데, 이 개정법으로 보사부는 공해배출업소에 대하여 허가, 취소,

이전 등의 행정명령을 내릴 수 있는 권한을 가지게 되었고, 공해분쟁의 해결을 위하여 공해문제 중재위원회를 두도록 하였다. 그리고 공해방지 기술의 개발을 위하여 공해방지협의회를 신설하게 되있다. 이 법의 개정과 시행령으로 보사부는 이때부터 산업체에 대한 오염배출기준을 정하고 공해배출시설과 배출시설 주변에 대한 환경규제도 가능하게 되었다(환경청, 1986:83－84; 문태훈, 1992). 그러나 이러한 법과 정책의 변화는 실질적인 변화를 가져오지 못하였다. 산업체의 오염물질배출은 기준치를 훨씬 초과하여 배출되었고, 개선명령을 보사부가 내려도 개선명령은 준수되지 않았다. 울산공단에 입지한 대부분의 대형공장들은 공해방지 시설을 갖추고 있지도 않았고, 있다 하더라도 시설들을 가동하는 경우는 지역주민들이 공해로 인한 문제를 호소하고 주민 불만이 사회적 이슈로 부각될 때 뿐이었다(서울신문, 1971.1.23; 김성수, 1989:97; 동아일보, 1982.11.25; The Korea Times, 1975.10.15; 문태훈 1992)

2　환경보전법(1977년)

1960년대 중반에 환경문제가 사회문제화 되기 시작할 무렵, 보사부는 전국의 공해실태를 조사하고, 공해방지시설에 대한 감시를 강화하고, 관계기관의 협조를 얻어 공해문제의 해결을 위해 노력하는 등 상당한 관심을 기울였다. 그러나 보사부의 환경문제에 대한 관심은 다른 경제부처들로 부터 경제발전에 저해가 된다는 우려를 일으키게 되었고, 이러한 정부의 태도는 결국 '공해'라는 말조차 언급하는 것을 꺼리게 되는 분위기로 변하게 되었다(조선일보, 1971.1.6). 결국 공해문제에 대한 보사부의 관심은 다른 경제부처들의 경제문제에 대한 우려속에 자취를 감추게 된다. 이러한 분위기는 당시 보사부가 경제기획원에 7,800만 원의 환경예산을 요구하였다가 1,180만 원으로 삭감된 데서도 나타나고 있다(조선일보, 1971.1.6.; 문태훈, 1992).

보사부는 1974년 공해방지법을 개정하여 법령상의 미비점을 보완하고자 하였으나 관련부서－상공부, 건설부, 재무부－의 반대로 결실을 보지 못하였고(구연창, 1981;673), 1976년에는 공해백서를 출간하면서 공해문제의 심각성을 다시 제기하였으나 이 역시 별 효과를 거두지 못하였다(유인호, 1983:38). 정부의 공해문제에 대한 무관심은 환경관계 예산에서도 잘 나타나고 있다. 1975년 보사부의 환경관련 예산은 전체 예산에서 0.067%의 비중을 차지하고 있었다(환경청, 1986:79; 문태훈 1992).

그러나 1977년 초 박정희 대통령이 연두 기자회견에서 환경문제에 대한 관심을 표명하자(조선일보, 1977.1.13; 한국일보, 1977.1.13; 동아일보, 1977.1.12) 보사부는 새로운 환경보전법 초안을 만들게 된다. 이 환경보전법은 1977년 12월 31일에 선포되고, 1978년 7월 1일부터 효력을 발생하였다. 환경보전법은 "공해로부터 공중의 건강과 위생을 보호하고 환경을 적절히 보전함으로써 국민건강 증진에 기여함"을 동법의 목적으로 천명하였고, 환경기준, 환경영향평가, 정기적인 공해배출 감시, 공해문제가 심각한 지역에 대한 특별관리지역의 선정, 환경조사 등의 조항을 포함하고 있었다.

공해방지법과 환경보전법을 비교하면 환경보전법은 공해방지법에 비하여 포괄적인 환경보전의 의지를 담고 있다는 점에서 진보된 환경법이며 환경정책의 중요한 진전이라 볼 수 있다. 그러나 새로운 환경보전법의 제정만으로 환경정책의 실질적인 발전을 가져오지는 못하였다. 환경영향평가 제도는 도입되었으나 실질적인 집행책임이 여러 부처에 분산되어 있는 상태에서 보사부 장관과의 환경영향평가 사전협의는 형식적인 것이었고, 1978년 정부예산 중 환경관련 예산의 비중이 0.071%에 불과한 상태에서 환경정책의 집행력은 미약할 수 밖에 없는 상황이었다.

보사부는 환경보전법에 근거하여 1979년 1월부터 공해방지시설에 대한 조사를 시작하였다. 그러나 기업체들의 강한 반대와 재정적 지원 요구로 정부는 시중금리보다 낮은 저리의 재정지원 재원을 마련하였으나 중소기업은 물론 대기업들도 재정지원을 충분히 활용하지 않았다. 공해방지 설비를 갖추고 있는 기업들도 설비를 운영하지 않는 기업들이 많았는데 이는 공해방지 시설의 운영비보다 지역주민에 대한 손해배상액이 더 저렴했기 때문이었다(Kim, 1989:62; 문태훈, 1992).

3 환경청의 설립(1979년 5월 17일)

1979년 5월 17일, 박정희 대통령은 최규하 국무총리에게 환경보전을 담당할 정부부처의 신설을 지시하였다. "환경문제에 대한 각계의 다양한 의견은 환경문제에 대한 혼란만 야기시키고, 환경문제에 대한 산발적인 대처는 환경정책의 비일관성을 초래한다"는 것이 설치 지시의 기본적 이유였다(조선일보, 1979.5.18; 동아일보, 1979.5.18; 문태훈, 1992). 기업은 환경청의 설립에 특별히 반대하지 않았다. 이는 "분산되어 있는 환경정책 권한은 혼란을 야기시키고, 일관성이 결여된 환경정책이 시행되고 있어, 종합적인 책임과 집행권한을 가진 환경 전담기구의 설치"를 건의한 전경련의 건의서나(1971 전경련 사업보고서, 1972:72-74), "행정 및 기술적 지침을 통합하여 행정절차상의 복잡성을 감소"해 달라는 중소기업협동조합중앙회의 건의(중소기업협동조합중앙회, 1982:242)들을 수용한 조치였기 때문이었다(문태훈, 1992).

기업들의 반대가 없었던 것과는 대조적으로 보사부의 환경청 설립안은 다른 정부부처들로부터 강한 반발을 받게 된다. 보사부의 설립안에 의하면 교통부로부터는 차량관계 환경업무 7가지, 건설부로부터 8가지의 수질관련 환경업무를, 농수산부로부터는 토질오염에 관련된 2가지 환경업무를, 그리고 내무부로부터는 해양오염에 관계되는 20개에 해당하는 환경관계 업무를 환경청이 담당할 것으로 되어있고, 환경청은 610명의 인원을 가진 다섯개의 국과 한개의 실로 구성할 것을 제안하고 있었다. 그러나 관련부처들의 강한 반대로 환경관련 업무의 이전은 무산되었고[1] 환경청 조직도 3국과 1개 부서-기획조정국, 대기보전국, 수질보전국과 총무부-로 축소 조정되었다(환경청, 1980). 환경정책의 집행권한과 책임은 여전히 분산된 채 그대로 남게 되었다. 환경청은 보사부의 독립 외청으로 설치된 최초의 환경 전담부처였으나 환경관련 정책의 책임과 집행 권한은 여전히 분산된 문제점을 해결하지 못한 상태에서 출발하게 되었다(문태훈, 1992).

---

1 자연보호는 내무부가, 수질관리는 보사부가, 수량관리와 토지이용은 내무부가, 살충제는 농수산부가, 방사성 물질은 과기처가 그대로 관장하게 되었다(구연창, 1981:685-686).

4 1980년대의 환경정책

박정희 대통령 집권시기였던 1973년부터 시작한 정부주도의 과도한 중화학공업 정책추진으로 인한 한국 경제의 구조적인 취약성은 1970년대 말의 석유파동으로 극명히 문제점을 드러내기 시작했다. 이러한 경제적 문제점에 더하여 박정희 대통령 서거 이후 정치적 정통성을 결여한 채 출범한 제5공화국 전두환 정부는 정부의 시장개입을 축소하고 민주화를 진행시키며 안정성장을 강조하는 "정부주도 경제에서 민간주도 경제체제"로 정책기조를 전환하게 된다(World Bank, 1987; 경제기획원, 1984:55; 김기환, 1988:14; 문태훈, 1992). 환경문제와 관련하여 특기할 만한 사항은 5공화국에서 제정된 새헌법이 환경권 조항을 신설하였다는 점이다(헌법 제 33조).

환경청은 이러한 정책기조의 전환과 환경조항의 신설은 정부가 경제문제로 인하여 등한시하던 환경문제에 대한 시각을 근본적으로 바꾸어 환경문제를 적극적으로 해결해 나가겠다는 정부의지의 표현으로 보고 있다(환경청, 1987:24-25; 문태훈, 1992).

그러나 1992년에 시행한 면담에서, 전직 보사부장관은 "1980년대의 환경정책 역시 정부내의 지배적인 경제논리를 극복할 수 없었고, 기업들도 환경정책에 대하여 심하게 반대할 이유도, 환경정책을 충실히 지켜나가야 할 어떤 유인도 가지지 않았다"고 회고하였다. 같은 시기에 진행된 면담에서 상공회의소의 한 연구원도 "1980년대에 들어 환경청이 발족되었고, 환경보전법이 두차례나 개정되어 환경정책이 강화되었다고 하지만 환경규제가 기업들이 심각하게 생각할 정도로 엄격한 것이 아니었고, 새 정부가 환경보전을 위하여 경제를 희생시키지 않을 것이라는 점을 알고 있었기 때문에 강력한 5공화국 새정부에 구태여 심각한 반대를 제기할 필요가 없었을 것"이라고 보고 있었다(문태훈, 1992).

1980년대에 환경청은 환경보전법을 1981년, 1986년에 개정한다. 1981년 개정은 환경영향평가의 대상을 확대시키고, 공해방지시설 설치의무를 강화하는 것이었다. 그리고 배출부과금 제도와 환경오염방지기금 제도를 도입하였는데 이는 기업들이 그간 수차례 건의하던, 기업들의 경제적 부담을 경감시켜주는 방향의 환경법 개정이었다. 또, 대기환경기준과 수질환경기준의 배출허용 한도를 설정하였는데 여기서도 기업의 의견은 충실히 반영되고 있었다. 자동차 배기가스 규제를 위하여 카탈릭컨버터 설치를 의무화하자는 여론에 환경청은 자동차 생산비용의 증가와 기름값 상승요인을 이유로 자동차 배출가스 규제강화의 어려움을 주장하였다. 그리고 배출부과금 제도에서 배출부과금은 공해방지 시설의 운영비보다 낮게 책정되었다.

환경영향평가는 1977년 환경보전법에 의하여 처음 도입되어 1981년 3월부터 정부기관과 공기업에서 행하는 대규모 사업을 대상으로 제한된 범위 내에서 실시되었다. 그러나 사업지가 선정되기도 전에 기초계획에 대해서만 시행되었고, 타 정부부처는 환경영향평가를 일상업무에 추가되는 부가적인 업무로 생각하고, 사업계획의 조정과 필요한 사항의 요구를 환경청의 권한을 넘는 고유업무영역에 대한 간섭으로 생각하여 환경영향평가를 무시하는 일이 빈번하고, 비협조적이었다. 결과적으로 환경영향평가는 공식적인 절차만 만족시키는 데 급급하게 운영되었다(문태훈, 1992).

1986년의 환경보전법 개정은 1985년을 전후한 온산공해병 사건으로 공해문제에 대한 국민들의 비판이 고조된 상황에서 이루어졌다. 환경영향평가의 대상사업을 사기업에서 행하는 대규모사업으로 확장하고, 배출부과금 제도에 기본부과금을 도입하여 배출부과금 제도를 보완하고, 차량 생산시에 배기가스 검사결과를 첨부시키는 것 등을 골자로 하고 있었다. 그러나 전경련과 중소기업협동조합중앙회는 기본부과금제도의 도입을 반대하고, 자동차 배기가스 검사결과서의 첨부요건 철회를 주장하였다. 결국 환경보전법 개정안은 기본부과금 제도를 삭제하고, 자동차 배출가스 검사에 대한 의무조항을 완화시키고 국회를 통과하였다(1986 전경련 사업보고서, 1987; 문태훈 1992).

환경기준은 1980년대 후반에도 별다른 변화를 보이지 않았다. 자동차 배기가스에 대한 규제가 1987년부터 강화되었는데 이는 미국, 캐나다, 유럽에 자동차 수출을 위한 것이 주목적이었다. 환경기준의 집행은 미약하였다. 공해방지시설 운영비가 배출부과금을 상회하였기 때문에[2] 공해방지시설을 설치하고도 운영하지

---

2   예를 들면, 펄프산업의 경우 배출허용한도를 초과하는 1kg 분진당 부과금은 1,198원인데 비하여 1kg의 분진을 처리하는 공해방지시설의 처리비용은 1,500원이었다(조선일보, 1991.3.26).

않는 업체가 높은 비중을 차지하고 있었다.[3]

1986년 개정된 환경보전법으로 환경영향평가는 사기업에서 행하는 일정규모 이상의 사업에 대해서 환경영향평가를 실시하도록 대상이 확대되었다. 그러나 환경영향평가의 대상이 되는 사업들에 대해 기업체들은 관련 주무 경제부처를 통해 우회적으로 영향력을 행사하고, 다른 부처들은 비협조이고, 환경영향평가서 검토 후 수정요구는 법적 강제력이 없어 환경영향평가는 무력하였다(문태훈, 1992).

결과적으로 환경청은 환경문제에 대하여 미온적으로 반응하였고, 이는 결국 시민들이 환경단체를 스스로 조직하는 계기가 되었다. 기존의 환경단체와 더불어 공해문제성직자협의회, 환경운동연합의 전신인 공해반대시민운동협의회, 공해추방운동청년협의회, 이 둘이 통합된 공해추방운동연합 등 많은 환경단체들이 생겨나기 시작하였다(한국일보, 1987.5.31; 동아일보, 1987.6.4). 환경민간단체들은 환경청이 공해문제의 해결에 소극적일 뿐 아니라, "환경관련 정보를 숨겨 결과적으로는 공해를 유발하는 기업체들을 처벌하기보다는 보호해 주는 결과"를 가지고 오고 있다고 비판하였다(동아일보, 1987.6.5). 이러한 상황하에서 환경민간단체의 활동이 활발해지고 정부의 환경정책에 대하여 더욱 비판적이 된 것은 당연한 결과로 보인다(문태훈, 1992).

---

3 1987년 부산 검찰청은 53개 공해배출업소를 처벌하였는데 이 중 76%가 공해방지시설을 설치하고도 운영하지 않은 업체들이었다. 1989년 환경청이 실시한 전국 6,441개 공해배출업소에 대한 검사결과에 의하면 대기업이 중소기업보다 공해방지를 위한 노력에 있어서 낮지 않았다(문태훈, 1992).

IV 1990년대~2020년대 환경정책의 변화와 발전

1990년대 이후 2023년까지의 환경정책은 양적으로나 질적으로 많이 발전하였다. 특히 양적인 측면에서 환경부 조직과 예산은 비약적으로 확대되고 강화되었다. 1990년 기준으로 환경처[4]의 예산은 902억 원, 건설부, 산림청, 해운항만청, 수산청, 내무부 등 다른 부처의 환경관련 예산은 1,622억 원, 총 환경관련 예산은 2,524억 원이었다. 이 중 환경처 예산은 35%, 건설부의 환경관련 예산은 1,239억 원으로 총 환경관련 예산의 49%로 환경처보다 건설부의 환경관련 예산이 더 큰 비중을 차지하고 있었다. 그러나 2020년 총 환경관련 예산은 8조 7,983억 원, 환경부의 예산은 8조 5,699억 원으로 환경부 예산이 전체 환경관련 예산의 97%를 차지한다. 각 부처에 산재해 있던 환경관련 업무와 예산이 환경부로 집중된 것이다. 1990년~2020년 사이에 정부의 총 환경관련 예산은 약 35배가 증가하였는데 환경부 예산은 85배 증가하였다. 비슷한 시기에 정부예산은 1990년 27.4조에서 2022년 513.5조로 18배 증가하였다. 정부 전체의 예산 증가보다 환경예산이 훨씬 빠른 속도로 증가해온 것이다(국회예산정책처, 2020; 기획재정부, 2021; 환경부, 2022.1; 임동완, 2018). 환경부의 정원도 1990년 382명이었는데 2022년 환경부 정원은 2,704명으로 증가하였다. 30년 동안 환경부는 재정적, 인적 측면에서 비약적 성장을 해온 것이다(환경백서, 1990, 2020, 2021 각년도).

1990년대부터 현재까지의 국내외 정세의 변화와 환경관련 이슈의 변화를 개관하면 다음과 같다. 1990년대 이후 세계의 환경관련 논의는 급속히 발전하였다. 특히 1992년 브라질 리우정상회의 이후에 환경적으로 건전하고 지속가능발전(ESSD, Environmentally Sound and Sustainable Development)을 위한 논의와 이행노력이 확산되기 시작하였다. 특히 김영삼 대통령 시기(1993.3 – 1998.2)의 지방자치 시행과 지방의제21의 확산, IMF 재정위기(1998), 김대중 대통령 시기(1998.2 – 2003.2)의 IMF 재정위기의 극복 노력과 대통령 소속 지속가능발전위원회의 설치로 지속가능발전

---

4   1990년 1월 보사부 외청이던 환경청은 국무총리 소속 장관급 부처인 환경처로 승격되었다. 1994년 1월 김영삼 대통령 시기(1993.3–1998.2)에 환경처는 환경부로 승격되었다.

과 녹색성장 관련 논의가 환경정책의 새로운 장을 열게 되었다.

노무현 대통령 시기에(2003.2-2008.2) 추진된 국토균형발전정책으로 중앙정부 부처들이 세종시로 이전하여 행정중심복합도시가 만들어지고, 전국 각지에 기업도시, 혁신도시들이 건설되면서 국토균형발전과 수도권 집중을 억제하기 위한 정책적 노력이 크게 강화되었다. 그러나 2008년 미국발 세계 경제위기 이후부터 경제위기의 극복을 위한 경쟁력 강화가 강조되었고, 경제와 환경을 동시에 고려하는 녹색성장 관련 논의가 활발해지기 시작하였다.

이명박 대통령 시기에는(2008.2-2013.2) 세계금융위기를 극복하기 위하여 녹색성장을 역점 정책으로 추진하면서 녹색성장 관련 논의와 정책이 활발해졌다. 그러나 녹색성장 사업으로 가장 중점을 두고 추진한 4대강 사업은 숱한 찬반론의 대립과 4대강 사업에 대한 평가가 정권 때마다 변하는 모습을 보이고 있다. 4대강 사업의 공과에 대한 논쟁은 지금까지도 계속되고 있다.

박근혜 대통령 시기(2013.2-2017.3)에는 2015년 UN의 지속가능발전목표(SDGs, Sustainable Development Goals)가 2030년까지 달성을 목표로 하는 국제사회의 발전목표로 제시되었고, 같은 해 12월에는 1992년 이후 기후변화에 대응하던 교토체제를 대체하여 모든 UN 회원국가가 자발적으로 온실가스 감축에 동참하는 파리협약 체제로 전환되었다. 이에 따라 기후변화 완화와 적응에 대한 국제사회의 탄소중립과 녹색경제를 향한 논의와 이행이 더욱 강조되기 시작하였다. 그리고 중동호흡기증후군(MERS, Middle East Respiratory Syndrome)의 국내 전파로 인수공통전염병에 대한 준비와 대응의 중요성이 인식된 시기였다. 창조경제, 복지정책이 주된 국정과제로 추진되었고 환경문제도 환경복지 차원에서의 접근이 강조된 시기였다.

문재인 대통령 시기(2017.5-2022.4)는 평등·공정·정의사회가 강조된 이념적 시기였다. 중국 우한에서 시작된 코로나19 인수공통 전염병이 2020년 1월부터 한국과 전 세계로 확산되면서 코로나19로 인한 경기침체와 기후변화를 극복하기 위한 한국판 뉴딜정책이 2020년 7월에 선포되고 추진되었다. 부동산 3법의 시행으로 집값이 폭등하면서 "영끌" 부동산 매입이라는 신조어까지 나올 정도로 엄청난 사회적 경제적 문제를 야기하였다. 2019년부터는 중국발 미세먼지 문제가 극심한 월경대기오염문제를 야기하여 미세먼지대책이 강화되었고, 2020년 "2050 탄소중립" 목표가 선언되었다. 2022년에는 러시아의 우크라이나 침공으로 러시아 – 우크라이나 전쟁의 발발과 서방 민주국가들과 러시아와의 대결, 그리고 미 · 중 패권 갈등이 심화되고 있다. 여기에 유럽연합은 기후변화 대응과 지속가능한 발전을 위하여 그린뉴딜정책을 추진하면서 탄소국경조정체제(CBAM, Carbon Border Adjustment Mechanism)로 탄소국경세를 도입하고 있고, 미국은 인플레이션 감축법 (IRA, Inflation Reduction Act)을 중심으로 핵심 공급망 재편정책을 추진하고 있다. 이러한 변화는 서방 강대국 진영을 중심으로 기존의 신자유주의 자유무역 시스템과는 다른 흐름으로, 게임의 법칙을 변화시키는 새로운 국제정치와 무역질서로 재편되고 있다. 2020년 10월 탄소중립을 선언한 한국은 이러한 급격한 변화 속에서 생존하기 위한 정부역할과 정부정책의 중요성이 어느 때보다 커지고 있다.

1 1990년대 환경정책의 변화

1990년대는 신자유주의 경제발전 모델에 기반한 무역자유화의 흐름이 가속화되면서 자본, 기술, 인적사원의 국제석 자유 이동이 더욱 확대되고, 관세와 각종 규제가 완화되면서 국제무역에서 무한경쟁이 심화되는 시기였다. 한국에서 규제완화의 흐름은 난개발을 초래하면서 무분별한 토지이용이 초래하는 환경훼손이 심화되는 시기이기도 하였다. 1992년 브라질 리우 지구정상회의 이후 지속가능발전 논의는 세계적으로 확산되기 시작하였고 지방의제21의 수립과 이행에 민간환경단체(NGO)들이 주도적으로 참여하면서 시민참여가 대폭 확대되는 시기였다. 동시에 김영삼 대통령 정부에서 추진된 지방자치제도의 전면적인 시행은 지방자치와 분권화의 흐름을 촉진하였다. 지방의 자치단체장들이 주민선거로 선출되면서 지역경제를 활성화하기 위한 개발정책이 많아지고 난개발에 따른 환경훼손과 이에 대한 우려도 커지는 시기였다. 김영삼 대통령 시기였던 1997년부터 시작된 경제위기는 1998년 IMF 구제금융과 '금 모으기 국민운동' 등 범국민적 노력으로 극복되었으나 그 후유증은 아직도 남아있어 한국의 경제체질을 약화시키고 있다.

1990년대 환경정책은 노태우 대통령 시기에(1988.2 – 1993.2) 환경청이 국무총리실 소속의 장관급 부처인 환경처로 승격되고(1990년 1월), 같은 해에 환경정책기본법, 대기환경보전법, 수질환경보전법, 환경오염피해분쟁조정법, 소음진동규제법, 유해화학물질관리법 등 6개 환경관련 개별법이 제정된다. 환경정책의 기본적인 법체계가 구비된 것이다. 보수적 군부정치 시대에 환경정책의 제도적 기반이 종합적으로 마련되었다는 것은 아이러니하다. 그러나 이를 위한 환경부처의 지속적인 노력이 결실을 본것이라고도 할 수 있다.

김영삼 대통령 시기(1993.3 – 1998.2)에는 환경처가 환경부로 승격되는(1994.1) 조직상의 발전을 이루고, 환경영향평가법이 제정되고(1993.6) 같은 해 12월에 시행되고, 1994년에는 쓰레기 종량제가 도입되어 사전예방과 경제적 유인정책의 기반이 마련된다. 1994년 리우정상회의에서 채택된 의제21과 지방의제21이 국내에 소개되고 각 지방자치단체에서 지방의제21을 민간단체, 지방자치단체, 지방의회가 협력하여 작성하고 이행하면서 지방의제21은 전국적으로 확산되기 시작하였다. 1997년에는 환경부가 지방의제21 작성지침을 수립하는 등 환경정책에서 민간의 참여와 민관 협동의 기반이 만들어지게 되었다. 지방의제21은 그 이전까지 계획과 정책이 목표와 문제해결을 위한 합리적이고 종합적인 수단이라는 관점에서 비전과 목표설정을 위한 합리적 의사소통의 수단이라는 관점으로 변화하게 되는 중요한 계기가 된다. 1995년 최초의 지방의제21이 수립된 이후 한국의 지방의제21은 전국적으로 빠른 속도로 확산된다. 2010년 12월 기준으로 248개 지방자치단체 중 16개 광역지자체, 205개 기초지자체로 총 221개 지자체 중 거의 90%에 해당하는 지자체가 지방의제21을 수립하는 놀라운 성과를 이루며 국제사회에서 모범사례로 주목받기도 하였다. 지방별로 환경시민단체들이 중심이 된 반관반민의 지속가능발전협의회(이하 지속협)가 만들어지고 지속협이 지방정부와 협력하여 지속가능한 발전을 위한 '지방의제21'을 수립하고 이행하는 데 중심적인 역할을 하게 된다. 이러한 성과는 1994년부터 본격화된 지방자치제의 시행도 큰 영향을 미친 것으로 보인다. 정책결정과정에서 소외되던 주민과 민간환경단체들이 지방의제21을 지방정부와 협력하여 만들고 이행하게 된 것은 적어도 정책과 계획의 형성단계에서 민간의 의견이 실질적으로 반영될 기회를 일부나마 가지게 되었다는 점에서 중요한 의미를 가지는 것이었다.

2 2000년대 환경정책의 변화

새천년 2000년대를 맞이한 정부는 김대중 정부(1998.3 - 2003.2)였다. 김대중 정부는 김영삼 정부 시기에 닥친 IMF 재정위기 극복에 올인(All in)한 정부였다. 경제난을 극복하기 위하여 정부는 벤처 창업을 적극적으로 지원하기 시작하였다. 벤처 열풍이 불어 대학도 돈을 벌어야 한다는 분위기가 팽배하였고, 대학내 벤처창업센터가 생기기도 하였다. 많은 국민들이 IMF 재정위기 극복을 위하여 '금 모으기 운동'에 동참하면서 힘을 보태는, 세계 어느 나라에서도 찾기 힘든 모습을 보여주었다.

그러나 재정위기 극복과정에서 정부는 정부지출 증가를 통한 적극적 재정정책이 아니라 IMF가 강권한 산업합리화와 긴축재정을 받아들임으로서 수많은 기업들이 도산하였고, 기업과 은행 심지어 종자 산업체까지 외국에 매각되는 일이 빈번하였다. IMF 이후 한국의 경제구조는 변하였다. 청년실업률이 증가하고, 정부지출의 급격한 감소와 노동 유연화 정책은 수많은 실업자와 비정규직을 만들어내고, 정규직과 임시직이라는 노동시장의 2중 구조를 만들어내게 되었다. 지금까지도 노동시장의 2중 구조는 심화되고 있다.

김대중 대통령을 이은 노무현 대통령은(2003.2 - 2008.2) "참여정부" 기치하에 국토균형발전 정책을 강하게 추진하였다. 수도권 집중을 완화하고 국토균형발전을 위하여 수도를 세종시로 천도하려던 시도는 세종시에 수도의 행정기능을 이전시켜 행정중심복합도시를 건설하는 것으로 마무리되었다. 그리고 기업도시, 혁신도시를 건설하여 수도권의 연구원, 기업, 공기업 들을 지방의 혁신도시와 기업도시로 이전시키는 정책을 추진하였다. 그러나 참여정부 말기에 미국발 세계경제위기가 다시 닥치게 된다.

노무현 정부에 이어 정권을 맡은 이명박 정부는(2008 - 2013) 녹색성장을 미국발 경제위기를 극복하기 위한 정책으로 내세우고 2009년 2월, 저탄소녹색성장위원회를 대통령 소속위원회로 설치하고, 같은 해 7월에는 환경연구원(KEI)에 국가기후변화적응센터를 설립하였다. 2009년 7월부터는 대형 국책사업인 4대강 사업을 시작하여 불과 2년 3개월 만인 2011년 10월에 완공을 선언한다(4대강살리기 추진본부).

4대강 사업의 공과와 4대강 보의 유지여부는 정권이 바뀔 때마다 다르게 평가되고 있어 정부에 대한 신뢰도를 스스로 떨어뜨리는 결과를 빚고 있다. 녹색성장 정책에 대한 평가는 긍정적, 부정적 평가가 엇갈린다. 국제사회에서는 미국발 경제위기를 녹색성장 정책으로 선방한 나라로 평가한다. 그러나 부정적 평가는 4대강 사업에서 해당 지방자치단체와 지역기업들이 소외되었고, 하천 생태계를 파괴했을 뿐 아니라, 재생에너지 생산과 녹색성장 관련 일자리와 매출액이 늘어나지 않았고 탄소배출은 오히려 계속 증가해왔다는 점을 지적하고 있다.[5]

환경부와 환경관련 조직은 2000년대 초반 김대중 대통령 시기에 중요한 발전적인 변화가 있었다. 2000년에 대통령 소속 지속가능발전위원회가 설립되었고, 국토이용과 환경문제를 통합적으로 고려하기 위하여 환경부내에 국토환경보전과가 2001년 신설되었다. 2002년에는 산업단지내 대기오염물질 배출업소에 대한 지도단속업무를 지방으로 위임하고 4대강 환경감시대를 정규조직화하여 환경사범에 대한 특별사법 경찰기능을 강화하였다.

노무현 대통령 시기(2003.2 - 2008.2)에는 환경정책국이 환경정책실로 개편되어 협의 조정기능을 강화하였고, 유역환경청의 화학물질관리, 환경영향평가, 수질총량관리 기능 등을 강화하였다. 2003년에는 한반도 생태네트워크를 구축하여 적극적 생태계 보전정책을 확대하였다.

이명박 대통령 시기(2008.2 - 2013.2) 중 2008년 취임 후 2010년 이전까지 환경정책은 2008년에 저탄소 녹색성장 비전을 수립하면서 시작되었다. 2009년 7월에는 녹색성장 국가전략 및 5개년 계획을 수립 발표하고 동시에 4대강 사업을 추진하기 시작하였다. 2009년에는 녹색생활 확산을 위한 "Me First" 운동 등 국민인식제고 프로그램이 시행되었으며, 같은 시기에 건강영향평가제도가 시행되었다.

---

5 이명박 정부의 녹색성장책 추진 이후인 2014~2018년 기간에 재생에너지 보급량과 고용인원, 관련 산업동향을 보면, 재생에너지의 보급량은 늘었으나 신재쟁에너지 산업은 축소되었다. 동기간에 신재생 기업체수는 437개소에서 385개소로, 고용인원은 15,818명에서 13,885명으로 줄었으며, 매출액은 2015년 이후 감소추세로 2014년 98,226억 원, 2015-2018년 111,709억 원-99,671억 원, 투자액은 2014-2018년 사이에 8,704억 원에서 1,421억 원으로 감소하였다(고재경, 2020; 유승훈, 2020). 온실가스 배출도 지속적으로 증가하여 1990년 이후 IMF 기간(1997-1998), 금융위기(2008-2009) 제외 GHG는 지속적 증가하였다.

3 2010년대 환경정책의 변화

이명박 정부는 녹색성장 정책를 추진하면서 녹색성장기본법을 2010년 1월에 제정하고 2010년 4월부터 시행하였다. 대통령 소속 녹색성장위원회가 설치되고, 지속가능발전기본법은 일반법인 지속가능법으로, 대통령 소속 지속가능발전위원회는 환경부 소속 위원회로 격하되었다. 녹색성장을 포괄하는 상위 개념을 법제화한 지속가능발전기본법이 일반법으로, 수단적 성격을 가진 녹색성장이 녹색성장기본법으로 제정되고(2010.1) 녹색성장위원회가 대통령 소속 위원회로 설치되었다. 머리와 손발이 뒤바뀐 어긋난 위계의 법과 정책체계가 되어 한국의 지속가능발전 정책은 사실상 실종된 상태로 후퇴하게 되었다.

박근혜 대통령 집권시기(2013.2 - 2017.3)에는 2013년 3월 환경부와 국토부의 국토 - 환경 연계를 위한 제도화 방안에 대한 논의를 시작하여 환경친화적 계획기법 개발을 위한 중장기 계획을 수립하고, 저영향개발(LID, Low Impact Development) 기법을 도입하기 시작하였다. 2013년 5월에는 대기오염물질배출업소 감시단속 권한을 시·도로 이양하여 시·도에서 허가, 지도단속, 행정처분을 전담하게 되었다. 4대강 수질오염 총량관리체계를 구축하고(2013.6), 국립생태원을 충남 서천군에 개원하여(2013.12) 생태연구의 허브, 교육 및 전시의 장, 지역발전모델로 기능하게 되었다[6]. 2014년부터는 환경복지 차원에서 대형 폐기전 제품 무상방문 수거 서비스를 전국적으로 시행하였고, 2015년부터는 배출권거래제를 시행하고, 2016년에는 화학물질 관리법을 전면 개정하여 화학물질 관리정책을 강화하고 같은 해에 자원순환기본법을 제정하여 폐기물관리의 발전을 위한 중요한 기반을 마련하였다. 또, 오염물배출업소에 대한 규제정책을 전면 변경하는 통합관리에 관한 법률을 제정(2015.12)하여 2017년 1월부터 시행하여 일정규모 이상의 오염물질배출시설에 대하여 통합환경오염관리(IPC, Integrated Pollution Control)를 단계별로 적용하기 시작하였다. 동법은 기업이 지속적으로 요구하던 매체별, 개별적 오염물질 배출 허가와 규제부담을 대폭 경감시키고 통합적으로 허가·관리하게 하였고 법

---

6   국립생태원 홈페이지 https://www.nie.re.kr/nie/main/contents.do?menuNo=200174 2023.8.19.

적용의 대상범위를 2017년 1월 1일부터 2021년 1월 1일까지 단계적으로 확대해 나가도록 하였다.

문재인 대통령 집권 시기(2017.5 - 2022.4)에는 전반기는 중국발 미세먼지, 후반기는 코로나19에 총력으로 대응하는 시기였다. 2017년 7월 미세먼지 종합대책을 수립하여 먼지총량제를 시범 도입하여 추진하면서 12개 대형사업장 등에 대한 규제를 강화하였다. 2017년 6월에는 4대강 6개보를 개방하여 수질을 측정하고 보의 지속적 개방 여부를 판단하도록 하면서 4대강의 자연성 회복을 위해 노력하였다. 2018년 6월에는 미세먼지 환경기준을 강화하였고, 환경부의 30년 숙원사업이던 물관리 일원화를 물관련 3법(물관리기본법, 물기술산업법, 정부조직법)을 개정하여 달성하게 되었다. 2018년 12월에는 한국의 지속가능발전목표(K-SDGs)를 환경부 지속가능발전위원회에서 수립하여 이명박 대통령 이후 침체되어있던 지속가능발전 정책의 새로운 전기를 마련하였다. 2019년 8월에는 통합물관리정책의 추진기반 마련을 위해 국가물관리위원회, 유역물관리위원회가 구성되어 출범하게(2019.9) 된다.

환경문제에 대하여 국민여론은 호의적이지 않았다. 2018년 실시한 사회조사에서 82.5%의 국민들이 미세먼지로 인한 건강영향을 가장 우려하였고, 2019년 OECD가 발표한 삶의 질 지표(Better Life Index)에서 한국의 종합순위는 조사국 40개국 가운데 30위, 영역별로 사회적 관계, 환경영역에서 40위로 최하위를 기록하였다. 사회적관계 영역은 10점 만점에 0점, 환경영역은 OECD 최고수준의 초미세먼지 지표와 40개국중 29위인 수질지표로 10점 만점에 2.4점을 얻어 꼴찌를 기록하였다(세계일보, 2019.6.23).[7]

---

7   https://bit.ly/BLI_2019_S_KOREA

4 2020년대 환경정책의 변화

2020년대는 2020년 1월부터 중국발 코로나19가 국내로 전파, 확산되면서 사회 경제적으로 대면접촉 활동이 금지되고 온라인 교육과 회의 등 비대면 활동이 급속히 확산되면서 사람들 간의 직접적인 만남과 접촉이 급격히 축소되는 변화로 시작하였다. 이러한 변화는 거버넌스를 작동시키는 사회적 자본의 핵심인 신뢰, 협동, 가치의 공유를 치명적으로 축소시키는 변화였고, 결과적으로 협동적 거버넌스의 저변이 심각히 훼손되는 기간이기도 하였다. 코로나와 병행하여 극단적 기후변화 현상은 더 빈발해지고 IPCC 5차 보고서와 특별보고서에 따라 지구평균기온의 상승을 산업화 이전 대비 1.5℃ 이하로 억제할 것을 기후변화 대응 목표로 하게 된다. 이를 위하여 국제사회는 2050 탄소중립 달성을 목표로 하게 되고 한국도 이에 동참하고 있다.

문재인 정부는 코로나와 기후변화에 대한 종합적 대응책으로 한국판 뉴딜 종합계획을 2020년 7월에 발표하였다. 2025년까지 3대 분야 8대 프로젝트[8]에 총 73.4조원을 투자하고 65.9만개의 일자리를 창출하는 것을 목표로 하는 종합계획이었다. 그리고 2020년 10월에 2050 탄소중립을 선언하였다. 환경부는 2021년 3월 자연자원총량제를 도입하여 시행하였고, 2020년 12월에 하천관리를 환경부로 일원화하여 통합물관리체계를 완성하였다. 2021년 9월에는 기후위기 대응을 위한 탄소중립 녹색성장기본법을 제정하고 2022년 2월 25일부터 시행하였다. 동법의 시행에 따라 2050 탄소중립녹색성장위원회가 설치되어 탄소중립 사회로의 이행과 녹색성장 추진을 위한 주요정책과 계획 및 시행에 관한 사항을 심의하고 의결하게 되었다. 주요기능은 탄소중립사회로의 이행과 녹색성장 추진을 위한 기본방향의 수립, 국가비전과 중장기 감축목표, 국가기본계획등의 설정과 이행현황의 점검, 국가 기후위기 적응대책의 수립, 변경 및 점검, 국민이해증진과 홍보, 소

---

8   3대분야 8대과제-1. 도시공간생활인프라 녹색전환(국민생활과 밀접한 공공시설 제로에너지화, 국토해양도시의 녹색생태계회복, 깨끗하고 안전한 물관리체계구축), 2. 저탄소 분산형 에너지 확산(신재생에너지 확산기반 구축 및 공정한 전환지원, 에너지관리 효율화, 지능형 스마트그리드구축, 전기차 수소차등 그린모빌리티 보급 확대), 3. 녹색산업 혁신생태계구축(녹색선도 유망기업육성 및 저탄소 녹색산단조성, RD 금융등 녹색혁신기반 조성)

통, 국제협력 등이다.[9] 또, 동법의 시행에 따라 기존의 환경영향평가제도에 포함하여 전략환경영향평가나 환경영향평가를 실시할 때, 기후영향평가를 포함하여 시행하게 되었다.

한편 2022년에는 그동안 지속가능발전 분야의 숙원사업이던 지속가능발전기본법이 민주당 발의로 2022년 1월 4일에 제정되었고 기존의 지속가능발전위원회는 대통령 소속 국가위원회로 변경되었으며 동법은 2022년 7월부터 시행되었다. 그러나 대통령위원회로 격상된 지속가능발전위원회의 구성과 운영은 답보상태에 머물고 있다.

윤석열 정부의 재임기(2022.5-)는 현재 1년이 겨우 지나는 시점이라 환경정책과 그 변화를 평가하기에는 이르다. 그러나 현 정부가 처하고 있는 국제사회의 정치경제적 변화는 빠른 속도로 변하고 있다. 코로나19, 우크라이나-러시아 전쟁, 미·중 패권경쟁에서 촉발된 공급망의 안정적인 확보를 위한 미국의 인플레이션감축법(IRA)은 공정하고 자유로운 경쟁을 위하여 기업에 대한 정부의 모든 형태의 지원과 보조금을 금지하고 무역장벽을 없애던 자유무역시스템에서 미국 중심의 새로운 무역시스템으로 변하고 있다. 유럽연합(EU)이 탄소중립을 위한 탄소국경세를 도입하고, 수출제품의 제조과정에서 발생한 모든 공급망에서의 탄소 배출 정보를 제출케하여 EU의 탄소비용과의 차액을 탄소국경조정세로 부과하는 정책도 같은 맥락에서 이해할 수 있다. 국제적 정치경제구조와 자유무역의 틀 자체를 변화시키는 급변하는 새로운 경쟁질서 속에서 정부는 기업에 대한 적극적 지원이 불가피해지고 정부 정책에 대한 기업의 요구와 영향력은 커질 수밖에 없다. 공익을 위한 기업에 대한 규제나 민주적 통제는 약화될 가능성이 커지게 되고, 이러한 상황에서 공정하고 민주적인 정책결정이 어떻게 이루어질 수 있을지는 해결해야 할 중요한 과제가 될 것이다.

지금까지 1990년 이전과 이후 2023년까지 한국의 환경정책 변화를 설명하였다.

9 2050탄소중립녹색성장위원회는 2009년 저탄소녹색성장기본법에 근거하여 설치된 녹색성장위원회와 2019년 4월 미세먼지 문제해결을 위한 국가기후환경회의의 설치 및 운영에 관한 규정 제2조에 근거하여 설치된 국가 기후환경회의가 통합되어 2050 탄소중립위원회로 발족되었다. 이후 기후위기대응을 위한 탄소중립 녹색성장 기본법이 2021년 제정되면서 동법에 근거하여 법적 위상이 재정립되면서 2022년 설치되었다.

1990년대 이후부터 2020년대까지는 10년 단위로 구분하고 10년 기간 내에서는 정권별로 구분하여 시기별, 정권별 환경정책의 변화를 살펴보았다. 〈표 4-1〉은 지금까지의 내용을 정리한 것이다. 환경정책 수단의 변화를 명령강제방식, 경제적 유인책, 사전예방책, 적극적 환경창조 등으로 분류하여 변화의 흐름을 같이 정리하였다.

한국의 환경행정과 환경정책 변화의 흐름을 그림으로 표시하면 〈그림 4-1〉과 같다. 정책의 시간적 틀은 사후적 억제에서 사전적 예방, 미래지향적 창조적 정책으로 변하고 있고, 정책수단은 규제정책에서 경제적 유인책으로 그리고 자발적 참여와 협력적 정책, 그리고 분절적 단편적 정책에서 통합적이고 연계된 정책으로 발전하고 있다. 문제는 기능별로 세부화되고 부처간의 높은 칸막이 현상을 보이고 있는 현재의 정부조직과 기능은 융합적, 통합적, 협력적 행정과 정책의 제도적 정합성을 확보하기에는 너무나 부족하다는 점이다. 다른 한편으로는 2000년대 이후 탄소중립을 목표로 하고 있는 국제사회에서 EU의 탄소국경조정제도(CBAM)와 미국의 인플레 감축법(IRA)의 흐름은 특히 공급망에서 차지하는 중소기업의 비중이 클수록 정부의 적극적인 지원정책이 불가피해질 가능성이 커지게 되어 이에 대한 정부-기업 간의 관계가 정밀하고 공정하게 조정 될 필요가 있다.

한국 환경정책의 발전에 대하여 OECD 보고서는 전략환경영향평가의 도입, 대기와 수질기준의 강화, 배출권거래제의 도입, 높은 폐기물 회수율, 생산자책임재활용제도, 자원순환기본법(2016), 토양오염에 대한 강력한 책임제도, 녹색성장, 글로벌 녹색성장기구(GGGI) 설립, 녹색기후기금 유치(GCF), 환경정의, 생태계서비스 제도 기반의 확립 등을 높이 평가하고 있다. 그러나 온실가스 배출량의 증가, 에너지와 기후정책의 조정, 저탄소국가로의 전환, 대기오염으로 인한 조기사망자, 비점오염증가, 폐기물부문 순환경제로의 전환과 효율성개선, 생물다양성감소 및 훼손, 환경상품 및 서비스의 지역별 차이, 도로 교통량의 증가, EIA, SEA등 환경문제에 대한 시민참여와 정보접근권은 개선할 필요가 있는 것으로 평가하고 있다(OECD, 2017).

1960년대 이후 현재까지 한국 환경정책 변화를 살펴보면 국제적 변화, 대통령의 관심, 기업의 영향력, 관료정치, 환경관련 사고, 언론과 여론의 동향 등에 크게 영향을 받는 경향이 있다.

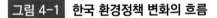

그림 4-1 한국 환경정책 변화의 흐름

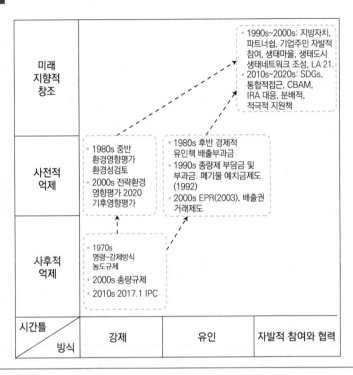

우선, 한국의 환경정책은 국제적 변화와 요구에 민감하게 반응하는 경향을 보여왔다. 이는 1967년 공해방지법의 제정, 1980년대 자유무역의 영향으로 인한 규제완화와 난개발, 1992년 리우정상회의 이후 지속가능발전의 국내보급과 지방자치단체들의 지방의제21 수립과 이행에서 보여준 높은 참여율, 1998년 IMF 금융위기, 2008년 국제금융위기의 극복을 위한 녹색성장 정책, 2015년 UN SDGs를 수용한 K-SDGs의 수립, 파리 기후변화협약을 적극적으로 수용한 한국의 2050 탄소중립선언(2022) 등에서도 잘 나타난다. 변화하는 국제흐름을 빨리 수용하는 것이 잘못된 일은 아니지만 국제적 변화 흐름의 근저에 놓인 가치와 구조적 변화를 충분히 우리에 맞게 소화하고 체화하지 못하는 상태에서의 표면적 수용은 정책의 내실과 이행력을 약하게 하는 원인이 되기도 하였다.

표 4-1 한국 환경정책의 변화

연대	1990년대		2000년대		2010년대		2020년대	
대통령 (제임기)	노태우 (89.2~93.2)	김영삼 (93.2~98.2)	김대중 (98.3~03.2)	노무현 (03.2~08.2)	이명박 (08.2~13.2)	박근혜 (13.2~17.3)	문재인 (17.5~22.5)	윤석열 (22.5~)
정치 경제적 환경	80s 세계화; 92 리우회의	세계화. 경제난 극복, 지식기반사회, 94 두 선매노오염사고, OECD가입, 95 지자체정가, 97 IMF금융 위기	새천년. 경제난 극복, 지식기반사회, 벤처열풍, IMF 후 경제구조 변화: 청 냉실업 증가, 비정규직 근로자 증가	참여정부 국토균형발 전, 정, 세종시 행정중심 도시, 기업도시, 혁신 도시	08 미국발 세계경제 위기, 녹색경제, 4대강 사업	창조경제, 14.4 세 월호 사고 15.2 메 르스 중동호흡기 중후군, 15.9 UN SDGs,15.12. 파리 협약, 17.3 탄핵	평등 공정 정의사회, 20.1 한국 코로나19 확산, 20.7 한국판 뉴 딜 종합계획 20.7.31 종합부동 산세법·법인세법·소득세법 등 부동산3법 시행 20.10. 2050 탄소중립선언 22.2 러-우크라 전쟁	탄소중립, ESGs, EU CBAM, 미국 IRA
환경 이슈	지속가능발전, 환경NGO 참여 활성화	지방자치와 환 경문제	국토환경공양의 보전과 적정활용, 친환경토지이용, 환경행정 선진화	지속가능발전, 친환 경토지이용, 생태계 보전, 유해화학물질, 먹거리안전	09 저탄소 녹색성 장; 12.9. 구미 휴브 글로벌불산불화수소누 출사고	환경복지, 기후변화 연화와 적응 온실가 스 감축	19 몽골 중국발 황사, 미세먼지, 여수산단 금호 GS 롯데 LG화 학 등 오염물질 배출조작, 21 그린 뉴딜. 21.5. P4G 정상회의 서울 선언	
환경 조직	90 환경처 (cf. 환경청 (1980.1, 최규하))	94 환경부	00 대통령 지속가 능발전위원회, 01 국토환경보전과 신설 02 4대강 환 경감시대 정규조 직화	03 교통, 보건, 화학 물질, 국토환경, 자원 순환 기능 신설 개편, 정, 화학물질관리 조 직화	09.4 KEITI 발족, 09.7 KEI 국가기후 변화적응센터 설치, 09 대통령 저탄소녹 색위 설치, 10 지속 위 환경부로, '10 지 질공원제도	13 국립생태원개원 14 화학물질안전원 설립	19 미세먼지특별대책위원회, 국가기후환경회의, 국가물관리 위원회, 유역물관리위원회 출 범. 21.5 탄소중립기본법 신설. 22.1.4 지속가능발전기본법 제 정. 지속위 대통령소속 위원회로 복원	2022.10.26 2050 탄소중립녹색성장위 원회출범

약어. KEITI 한국환경산업기술원 Korea Environmental Industry & Technology Institute. CBAM 탄소국경조정제도 Cross Border Adjustment Mechanism, EPR Extended Producers Responsibility 생산자책임재활용제도, ETS EmissionTrading System 배출권거래제도. IPC 통합환경관리 Integrated Pollution Control.

연대	1990년대		2000년대		2010년대		2020년대
대통령(재임기)	노태우 (89.2~93.2)	김영삼 (93.2~98.2)	김대중 (98.3~03.2)	노무현 (03.2~08.2)	이명박 (08.2~13.2)	박근혜 (13.2~17.3)	문재인 (17.5~22.5)
명령강제 환경정책	6개 환경관련 개별법	94. 국토이용관리 규제완화 95. 지방자치 지자체 조례에의한 별도의환경기준설정	01. 국토기본법, 국토이용및이용에관한 법률 02. 배출업소지도단속권 지방위임 02. EPR, ETS	03.12. 수도권대기환경개선에관한특별법제정 공포 04. 총량규제시행 수질총량부과제 07. 대기오염물질총량제도 08. 수질및 수생태보전법	11. 공공기관대기GHG 목표관리제, 석면피해구제법시행 12.1. 공공 폐기물 목표관리제	13.5. 대기오염물질배출 감시단속에관한 시도이양 13.6. 화평법제정(2015년 시행), 4대강 오염물질 총량관리제개 17.1. AICPF 시행(제정 15.12)[6]	17.7-12. 먼지총량제 시범도입, 12개 대형 사업장등규제 강화 17.6. 4대강6개 보 개방 18.3. 화학제품안전법 제정 18.6. 미세먼지환경기준강화,[2] 물관리일원화 3법 국회통과[3] 19.1. 환경정책기본법 개정 환경정의 20.9. 수돗물 위성관리 종합대책 마련 20.12. 하천관리 환경부로 일원화, 통합물관리체계 완성 21.3. 자연자원총량제 시행,
경제유인 환경정책		94. 쓰레기 종량제 도입, 협의기준 초과부담금 도입	02. EPR도입, ETS도입근거 마련(수도권대기환경개선특별법 상 지역배출허용총량제도입)	04. 친환경상품구매촉진 에관한법률	12. 5. 배출권거래제관련법률 제정(15.1. 시행)	16.7. 환경오염피해배상책임및구제에관한법률시행[5]	18.6. 물기술산업법 22.3. 탄소중립녹색성장기본법시행, 녹색산업 육성
사전예방 환경정책		93. EIA 법 97. 시도조례 EIA 대상확대	01. 환경교통재해등 에관한 영향평가법			13.3~11. EIASS[4] 개선 13.9. 장외영향평가제	22.3. 기후변화영향평가제도입(탄소중립녹색성장기본법시행), 온실가스감축인지 예산 제도
창조적 환경정책	93. 5년 단위 연 동계획~ 환경개선 중기종합계획 1차(1992~1996)수립추진	94. 지방의제 96. 환경친화기업 지정제도 97. 환경부 지방의 제21작성지침 수립		03. 백두대간보호에관한 법률06 제3차환경보전종합계획확정 시행 07. 지속가능발전기본법	10. 저탄소녹색 성장기본법 (시행10.4)	16.5. 자원순환기본법 제정	18.12. K·SDGs 수립, 2050 탄소중립 시나리오와 2030 국가 온실가스 감축목표(NDC) 마련 20.7. 그린뉴딜정책 발표, 25개 지역을 대상으로한 스마트 그린도시 시범사업[1]

주: 1. 청정대기 스마트 물산업, 기후·에너지, 생태서비스 산업에 집중적 투자, 그린뉴딜로 탄소중립 연대. 녹색유망 기업 420개사를 지원, 탄소중립 연구개발 등을 통해 녹색일자리 3만개를 창출 계획, 청정대기·수열 등 5대 녹색산업 클러스터 전략을 수립, 녹색 유망기업 대상으로 판로개척과 해외진출을 집중 지원, 녹색기술 혁신을 위해 5대분야0(에너지전환·감축·흡수·대체·기반기술 10대 과제 연구개발사업 기획·추진, 2. 연평균 35ug/m³, 연평균 15ug/m³으로 강화, 3. 물관리기본법, 물기술산업법, 정부조직법 등, 4. 환경영향평가정보지원시스템, 5. 환경책임보험제도 시행, 6. 환경오염시설의 통합관리에 관한법률 (AICPF, Act On The Integrated Control of Pollution-discharging Facilities)

국내의 정치경제적 변화에도 큰 영향을 받아왔는데 가장 절대적인 것은 대통령의 관심이었다. 대통령의 환경문제와 지속가능발전에 대한 관심의 정도에 따라 환경정책은 큰 영향을 받아왔다. 타 정부부처들의 반대와 비협조로 환경행정과 정책이 지지부지하던 시기에 박정희 대통령의 관심으로 환경청이 설립된 것이나, 김대중 대통령의 관심으로 대통령 소속 지속가능발전위원회가 설립된 것, 반대로 이명박 대통령의 지속가능발전에 대한 무관심과 녹색성장에 대한 관심으로 지속가능발전 정책이 후퇴하게 된 사례들을 보면 대통령의 관심과 지지가 정책변화와 성공에 결정적인 영향을 미친다는 것을 알 수 있다. 대통령의 정치이념과 비전은 정책의 좌우 균형을 서로 잡으면서 더 나은 상태로 발전해나갈 수 있는 좋은 기회가 된다. 그러나 정권 교체로 전임 정부의 정책이 개선되는 것이 아니라 단절되고 연속성을 가지지 못하게 되면 문제는 악화되고 정책의 개선은 더욱 요원해질 따름이다.

환경사건과 사고도 환경정책의 변화에 큰 영향을 미쳐왔다. 두산의 페놀사고, 구미공단의 휴브그로벌사의 불산사고, 여수산단 배출농도 조작사건(KBS 뉴스. 2019.4.19),[10] 가습기 살균제 사고,[11] 작업장 안전문제 등은 여론의 즉각적인 반응을 이끌어 내고 관련 환경정책의 변화로 이어지는 경우가 많다. 수많은 문제들 중에서 한정된 인력과 자원으로 모든 문제에 같은 강도의 정책적 노력을 기울이기는 불가능하다. 결과적으로 이슈가 되는 사회문제가 우선적으로 정책의제가 되고 정책적 개입이 시작된다. 그러나 국민 건강과 안전을 위한 환경정책은 우선순위를 가지고 지속적으로 추진되어야 할 것이다. 국민들의 변하는 수요를 잘 파악하면서 지속적으로 대응하고, 사건 사고에 신속히 대응하는 양면적인 역량이 시스템으로 구비되어 나가야 한다.

환경부 장관과 환경부 공무원들의 노력, 그리고 환경행정 시스템의 항상성 또한 환경정책의 변화와 발전에 큰 영향을 미친다. 예를 들면 배출권거래제를 환경정책에 도입하기 위하여 환경부는 10년 이상의 기간을 지속적으로 준비하고 진행시켜 정책을 완성하는 모습을 보여준다. 배출권거래제(ETS)의 도입 근거를 마련하

---

10 LG화학 한화케미칼 GS 칼텍스 남해화학 금호석유화학 롯데케미컬 등 https://news.kbs.co.kr/news/view. do?ncd=4183445 2023.8.26.

11 옥시RB, 한빛화학, 애경산업, SK케미컬, 이마트, 롯데쇼핑, SK이노베이션, 홈플러스, GD 리테일, LG생활건강 등 https://www.healthrelief.or.kr/home/content/stats01/view.do 2023.8.26.

기 위하여 환경부는 2002년부터 수도권 대기환경개선 특별법상 지역배출총량제 도입을 준비한다. 그리고 2003년 12월 특별법을 통하여 수도권 대기환경개선특별법상 지역배출총량제를 도입하고, 이를 바탕으로 2012년에는 배출권거래법을 제정하고, 2015년에 배출권거래제를 시행한다. 13년을 준비하고 진행하여 배출권거래제를 도입하고 시행하게 한 것이다.

대기업이나 중소기업, 그리고 이를 대표하는 경제단체들은 환경정책에 큰 영향을 미친다. 1990년 이전에 환경정책에 대한 기업의 영향력은 주로 전국경제인연합회나 중소기업협동조합중앙회 등의 경제단체 조직을 통하여 특정 환경정책에 대한 호불호를 분명하게 밝히고 환경정책의 변화에 반대의견을 제시하고, 이러한 건의들이 정부의 경제부처에서 받아들여지면서 환경행정과 환경정책이 약화되거나 변하는 경우가 많았다. 그러나 경제단체들이 설립하는 연구원의 연구들이 활발해지면서 기업들은 자유주의 시장경제 논리를 정교하게 발전시키고, 규제로 인한 비용 편익 분석 등을 근거로 경제와 산업정책은 물론 환경정책에도 많은 영향을 미치는 경향을 보인다. 예를 들면 통합환경관리제도(IPC)는 도입기에 기업들이 강하게 반대하는 모습을 보였으나 사실은 한국경제연구원이 2007년 발간한 규제개혁보고서에서는 규제비용의 절감과 규제로 인한 행정비용의 절감을 근거로 통합환경관리제도를 강하게 주장하고 있었고, 이러한 주장의 많은 부분이 반영된 통합환경관리시스템이 도입되어 운영되고 있다. 규제에 대한 기업의 입장은 1970년대나 2020년대나 일관되게 규제기관의 단일화, 규제완화, 규제비용의 감소로 압축된다. 정부와 환경부가 시장경제 논리에 입각한 기업들의 주장들에 대하여 시장실패나 공공이익에 기반한 정부의 새로운 역할과 정부의 정책 지평이 확대되지 않으면(Daly, 1991, 2014; Jackson, 2017; 칼레츠키, 2011; 레이워스, 2018) 현재의 정부정책과 각종 규제는 존재 이유를 설득할 수 없게 될 가능성이 점차 더 커지게 될 것으로 보인다.

언론과 국민여론도 환경정책의 변화에 큰 영향을 미친다. 그러나 국민여론 역시 환경정책이 얼마나 합리적이고 타당한 논거가 있는지, 건강과 생활 그리고 환경에얼마나 실질적인 도움이 되는가에 따라 우호적이기도 적대적이 될 수도 있는 것이다. 이제 규제개혁의 논리적·경험적 근거가 새로운 정부 역할의 필요성과 근거에 대한 논의와 병행되지 않고는 기업이건 국민이건 지지를 받는 환경정책으로 발전해나가기는 점차 더 힘들어질 것으로 보인다.

Ⅴ 환경정책의 과제와 발전방향

1 환경부처 조직과 환경정책 범주 – 제도적 정합성의 확보

환경정책의 과제와 발전방향은 크게 환경조직의 형태와 환경정책의 범주를 어디까지로 할 것인가와 관련된다. 지금까지 환경정책의 영역은 환경 및 건강상의 위해방지를 위한 오염물질 배출의 억제와 제거, 그리고 수질, 대기질, 생태계 등 환경질의 제고를 위한 정책과 행정영역에 머물고 있다. 그러나 오염물질의 배출이나 환경질의 악화는 환경정책 영역에서 발생하는 문제가 아니라 자원사용과 관리, 국토이용, 산업정책, 경제정책, 인구정책의 부산물인 경우가 대부분이다. 따라서 환경문제를 근본적으로 해결을 위해서는 환경정책의 범주가 최소한 자원사용량과 자원사용 방식의 조정에 영향을 미칠 수 있어야 하고, 나아가서는 경제성장 방식, 인구관리 정책과도 연계될 수 있어야 한다. 환경문제의 근원을 해결하는 정책으로 발전해야 한다는 것이다(문순홍, 1995, 〈그림 4-2〉 참조).

정책이 성공하기 위해서는 관련되는 다른 정책의 가치, 목표, 수단과의 일관성과 다른 부처와의 수평적 협력, 중앙-광역-지방 간의 수직적 협력이 중요하다. 바로 이러한 제도적 정합성의 문제가 정책의 성공을 위해 더욱 중요해 지고 있다. 해결해야 할 문제는 점점 더 복잡해지고 정책은 다른 여러 정책들과 더 긴밀히 연계되고 있기 때문이다. 현재의 관료 시스템은 분야별로 기능별로 고도로 분화되어 있고, 높은 배타적 영역주의로 수평적, 수직적 협력과 조정은 거의 불가능해 보인다.

이런 상황에서 정책과 정책, 타부처와의 협력과 제도적 정합성을 높이기 위해서는 대조적인 두가지 접근방식–프랑스와 미국–의 모델을 검토할 수 있다. 프랑스처럼 국토관리, 에너지관리, 교통, 주택, 기후 및 환경관련 기능들을 모두 통합하여 생태전환부로 개편하여 대부처 조직으로 운영하거나(김희석·이영성, 2021; 문태훈·김희석, 2022), 미국처럼 환경청이 강력한 규제기관으로 기능하면서 환경정책의 수직적·수평적 통합을 위한 다양한 프로그램을 개발하고, 백악관의 대통령 소속 환경질위원회(CEQ, Council on Environmental Quality)가 전략환경평가를 포함하

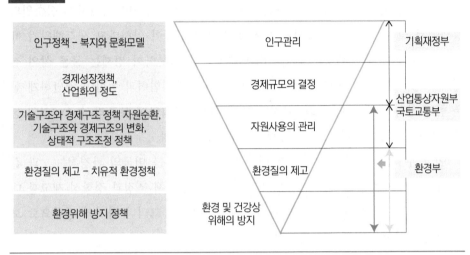

그림 4-2 | 환경정책의 위계와 범위

출처: 문순홍, 1995 참조

는 환경영향평가를 최종적으로 조정하여 부처간의 이견을 조정하고 통합해 나가는 두가지 모델을 생각할 수 있다.

프랑스는 경제관련 기능을 통합한 경제·재정·활성화부[12]와 환경관련 기능을 통합한 생태전환부를 2개의 대부처로 운영하고 있다. 그리고 대통령 직속의 생태방어회의는 국가가 시행하는 모든 정책이 기후와 생물다양성 보호원칙을 준수하는지를 확인하고, 회의를 최상위에 위치시켜 환경인식의 중대성을 반영하고 있다. 동시에 기후시민협의체를 설치하고 협의체 제안을 생태방어회의에서 논의하여 국민 의견이 권력 최상부의 결정에 직접 영향을 미칠 수 있는 구조가 마련되어 있다. 프랑스에서 생태전환부와 경제재정활성화부 두 부처를 제외한 다른 기능들은 소부처주의로 운영하고 있다. 예를 들면, 우리나라의 국토교통부에 해당하는 프랑스의 국토결합지자체부는 균형개발과 지자체 관련 정책만을 담당하는 소규모 부처로 기능하고 있을 따름이다(문태훈·김희석, 2022).

---

12 한국의 기획재정부, 산업통상자원부, 중소벤처기업부를 통합한 역할을 수행한다. 한국행정학회, 2021. 기후변화대응을 위한 제도간 정합성 연구. 박순애 문태훈외 10명. 환경부과제.

한국은 전통적으로 경제정책이 강한 우위를 지켜왔고, 복지정책의 중요성에 대한 인식도 빠른 속도로 커져왔다. 환경정책은 말은 하지만 여전히 우선순위의 정책에서 밀려나고 있다. 경제와 삶에 직접적인 연관이 약하다고 생각해왔기 때문이다. 그러나 환경문제는 이제 기후변화문제를 비롯하여 경제는 물론 삶의 질에도 가장 직접적인 영향을 미치고 있다. 부처간 정책협력과 통합이 지난하게 힘든 현재 상황에서 경제, 사회, 환경 3 부총리제를 도입하여 부총리 수준에서의 통합성과 정합성을 높이는 합의체제를 검토해 볼 수 있다.

이상 두 가지 접근방식에 대한 대안으로는 환경부를 미국의 환경청(EPA)과 같은 강력한 규제기관으로 기능하게 하고, 부처 간의 정책 조정과 정합성 제고를 대통령 소속의 지속가능발전위원회에 부여하는 것이다. 그러나 과거의 경험으로 보면 이러한 방식은 단명할 가능성이 크다.

2 생태적 한계용량의 설정과 생태적 한계를 유지하기 위한 환경정책

생태전략적 예방정책의 관점에서 보다 큰 차원의 환경정책을 개발해 나가기 위해서는 한국의 생태적 한계용량을 최대한 과학적으로 추정하고 사회적 동의에 기반한 총량목표를 정하고 그 범위내에서 인간의 존엄성을 충분히 보장할 수 있도록 수요를 충족시키는 환경정책으로 전환해 나갈 필요가 있다. 윌 스테펜 연구팀(Will Steffen, et al., 2015)의 "개발에 대한 가이드라인으로서 지구의 생명유지 시스템의 한계"(Planetary boundries)에 대한 연구, 케이트 레이워스(Kate Raworth, 2017)의 "도넛경제" 처럼 생태계가 허용하는 범위 내에서 인간의 수요를 적정하게 충족시키는 환경정책과 계획 역량을 향상시켜 나갈 필요가 있다. 2050 탄소배출제로를 향한 노력이 예가 될 수 있는데, 1.5℃ 이상의 기온 상승을 막아서 기후변화로 인한 파국적인 결과를 피하기 위한 국제사회의 노력 등이다. 필요 최소한의 인간 욕구보다는 더 높게, 그러나 생태계가 허용하는 한계 내의 범위에서 사회경제적인 활동을 지향하는 환경정책으로 전환되어 나갈 필요가 있다(〈그림 4-3〉 참조. Steffen et al., 2015; 레이워스, 2017)

그림 4-3 생태적 한계와 사회적 기초

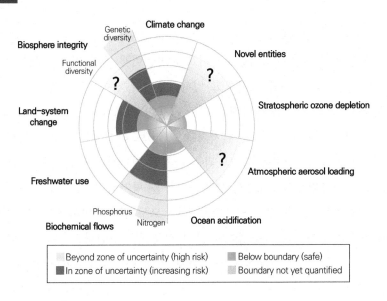

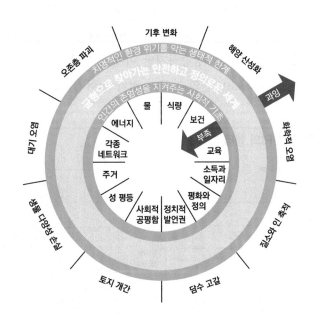

출처: Steffen, Will. et al., 2015(상); 레이워스, 케이트, 2016(하)

3 지속가능발전을 지향하는 참발전지수(GPI) 등 대안 지수의 활용

UN의 지속가능발전목표(UN SDGs, UN Sustainable Development Goals)에 따라 세계 각 국가들은 국가별 지속가능발전지표를 만들어서 매년 지표평가를 통하여 지속가능성의 정도와 추이를 평가하고 있다. 그러나 지속가능발전목표 지표 평가는 지속가능발전의 정도를 나타내는 데는 훌륭한 지표가 되겠으나 이를 경제성장과 직접 비교하기는 힘들다. 돈의 가치(원, 달러)로 환산되는 지표가 아니기 때문이다. 그리고 GDP는 시장에서 교환되는 가치만 평가하기 때문에 소득불평등, 가사노동, 교육, 자원봉사, 여가시간의 가치등을 평가하지 못하고 범죄비용의 증가, 오염제거비용, 교통비용, 의료비용 등은 모두 합산되면서 GDP를 크게 하고 있어 GDP의 상승이 지속가능성이나 삶의 질을 향상시킨다고 볼 수 없다는 문제가 지적되어왔다. 이런 한계점을 보완하기 위한 여러지표들이 제안되고 있는데 이중 참발전지수(GPI, Genuine Progress Index)는 이런 요구에 비교적 가깝게 접근하고 있는 대표적인 대안지수이다. 〈그림 4-4〉의 왼편 그림은 세계 부유국, 중진국, 개발도상국들의 평균 GDP와 GPI를 비교하여 나타내고 있는데 GDP를 종합한 평균적인 추세는 지속적으로 상승하지만 이에 상응하는 GPI는 GDP가 일정수준 이상을 넘으면 GDP와 GPI 간의 간극이 점차 멀어지다가 결국 GDP는 증가하

그림 4-4 GDP와 GPI의 행태

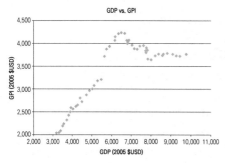
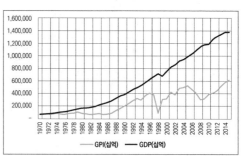

출처: Kubiszewskiet al., 2013(좌); 김경아, 2022; 김경아 · 문태훈, 2022(우)

는데도 GPI는 감소하는 패턴을 보여준다(Kubiszewski et al., 2013). 〈그림 4-4〉의 오른편 그림은 한국의 GPI와 GDP를 비교한 연구결과를 나타내고 있다. 한국에서 GDP와 GPI의 추세는 양자 간의 간극이 점차 더 벌어지는 현상이 나타나고 있다. GDP는 커지는데 GDP와 GPI의 간격은 점차 더 커지고 있는 추세를 보이고 있다 (김경아, 2022; 김경아·문태훈, 2022).

성장으로 인한 편익보다 비용이 더 커지는 시점에서 GDP와 GPI은 반대 방향으로 움직이기 시작한다. 성장할수록 편익보다 비용이 더 커지는 상태가 된다면 경제성장정책은 새로운 방향의 경제정책으로 전환될 필요가 있다.

VI 토론과 소결

개발을 위한 외국 원조를 받기 위해 1963년 보건사회부의 위생계로, 인원도 예산배정도 없는 영(zero)의 상태에서 출발했던 한국 정부의 환경조직과 환경정책은 지난 60년 동안 무한대의 양적·질적발전을 이루었다. 1963년 1인당 국민소득 US$110, 1964년 총수출액 US$1억불을 자랑스럽게 생각했던 한국은 2018년 1인당 국민소득 US$ 31,000, 2011년 수출입 무역규모 US$ 1조를 처음으로 돌파하는 위업을 달성하였다. 2009년에는 OECD의 개발원조위원회(DAC, Development Assistance Committee)에 가입하면서 원조를 받던 나라에서 유일하게 원조를 제공하는 국가로 발전하였다.

그러나 세상에 공짜는 없는 법이다. 우리는 성장의 업적에 상응하는 높은 비용을 이미 지불해 왔다. 그러나 앞으로 더 많은 비용을 지불해야 할 상황에 직면할 가능성이 매우 크다. 우리에게 가장 큰 문제로 나타나고 있는 시급히 해결해야 할 문제를 한가지만 꼽는다면 단연 합계출산율 0.78을 기록하고 있는 초저출산 현상이다. 종의 멸종위기는 남획과 서식지 파괴에서 시작된다. 인간은 여기에 한가지가 더 추가된다. 앞날에 대한 희망이다. 청년들이 처한 남획수준의 낮은 임금과 높은 근무량, 노동시장의 2중구조, 높은 경쟁력 요구, 좋은 일자리의 부족, 서식처 마련의 절망적인 어려움, 지역간 불균형의 심화, 미래에 대한 불안은 한국인을 세계에서 가장 빠른 멸종위기종으로 지목하는 상황에 이르게 하고 있다. 여기에 더하여 기후위기는 지금과 미래에 가장 큰 생존 위협으로 다가오고 있다.

국민의 뜻을 결집하여 표출할 수 있는 리더십은 실종되고, 존 스튜어트 밀이 말하는 개인의 역량을 발전시켜 자유의 범위를 증진시키는 좋은 정치나 토크빌이 추구한 사익보다 공공의 이익을 말하는 위대한 정치를(서병훈, 2017) 기대하기는 더욱 불가능해지고 있다. 이해관계로 얽힌 사회에서 산적한 문제들에 대한 해법은 없고 이익과 집단적 주장이 난무하고 협의는 없고 갈등은 고조되고 있다.

환경정책은 환경정책만으로 문제가 해결되지 않는다. 문제의 근원을 찾아 해결하려는 노력이 필요하다. 자연에 대한 경외심이 필요하고, 아직도 남아 있는 자연환경의 소중함에 대한 감사한 마음이 필요하다. 그리고 좋은 환경을 보존하여 미래세대도 누릴 수 있도록 협력과 연대가 필요하고, 시스템의 전면적 전환이 필요하다. 시스템 전환은 누구를 위한 시스템이 아니라 우리가 원하는 방향으로, 우리를 위한 시스템으로 전환해야 할 것이다. 이것은 정부가 해주는 것이 아니라 개인의 생각이 변하고 우리가 원하는 방향으로 같이 모이고 협력할 때 가능해지는 것이다. 이제 우리는 기존의 생각과 행동에 얽매이지 말고 모든 것으로부터 자유로워져야 한다. 그리고 우리가 원하는 행복한 미래를 생각하고, 이를 위해 스스로가 모두 변해야 할 때이다. 환경정책은 환경정책으로 그치지 않는다. 환경정책이면서도 환경정책의 범위를 넘어서는 미래의 비전과 목표, 방향을 제시하고 담론을 제공하고, 가치를 함께 공유할 수 있어야 환경정책도 한단계 더 발전할 수 있을 것이다.

참고문헌

고재경. 2020. 녹색성장 정책평가. 국가기후환경회의 제3차 국기비전포럼. 발표문.

구연창. 1981. "Legal Aspect of Environmental Protection in Korea" 환경법론. 서울:법문사.

국회예산정책처. 2020. 2020년도 예산안 분석종합. https://bit.ly/2020_Korea_Budget 2023.5.10.

기획재정부. 2021.12.3. 2022년 예산, 국회본회의 의결 확정. 보도자료. https://www.korea.kr/briefing/pressReleaseView.do?newsId=156484238.

김경아. 2022. 박사학위논문. 한국의 지속가능발전을 위한 참발전지수 연구 - 국가, 대도시의 GDP와 GPI 간의 격차 비교 중심으로 - 중앙대학교 대학원 도시계획부동산학과.

김경아 · 문태훈. 2022. 한국 대도시의 참발전지수 연구. 한국지역개발학회지 34권 2호. pp.1 - 26.

김광임. 1996.12. 한국의 환경50년사. 한국환경기술개발원.

김영신. 2014. 환경규제의 치명적 자만. KERI 칼럼. 한국경제연구원 KERI 2014 - 07 - 03.

김정수. 1980. 환경청 발족의 정책과정 연구. 석사학위논문. 연세대학교.

레이워스, 케이트(Kate Raworth). 2017. 도넛경제학. 홍기빈역. 학고재(2018).

명수정 · 문현주 · 신용승, 전호철 외. 주요국가 환경정책 트렌드 분석연구. KEI. 2017.

문순홍. 1995. "서론-지속가능한 사회를 향한 생태전략 시론". 도날드워스터 외 저, 문순홍 편역, 지속가능한 사회를 향한 생태전략. pp.7-38. 나라사랑.

문태훈. 1992. 한국환경보전정책: 정부-기업 관계를 중심으로-. 한국정책학회보. 창간호. pp. 165-193.

____. 2008. "한국환경정책의 변화와 과제 1963-2007" 한국정책학회보. 제17권3호.

____. 2008.8. "한국환경정책의 변화와 과제 1963-2007" (Evolution of Environmental Policy in Korea and It's Future Task, 1963-2007). 한국정책학회보. 제17권3호.

____. 2021. 지속가능발전, 기후변화대응과 탄소중립. 한국행정학회 동계학술대회 "차기정부에 바란다-환경" 라운드테이블 발표문.

____. 2022. 북챕터. "제15장 환경정책". 김순은, 송하진, 정용덕, 정해구외 23인. 한국의 지방자치 - 분권, 치리, 정책-. pp.342 - 369. 법문사.

문태훈 · 고재경. 2020. 시스템사고를 이용한 정책과 지속가능발전목표(SDGs)의 인과구조탐색 - 경기도 정책과제와 경기도 지속가능발전목표(G - SDGs)를 중심으로-. 한국시스템다이내믹스연구. 제21권. 제2호. pp.5 - 30.

문태훈 · 김희석. 2022. 3. 30. 기후위기 대응 환경정책과 환경거버넌스정합성제고를 위한 발전방향. 한국행정연구. 제31권 제1호. pp. 27 - 57.

박순애 · 김성배 · 나태준 · 문성진 · 문태훈 · 문현주 · 윤순진 · 정회성 · 조용성. 2015. 환경정책의 역사적 변동과 전망. 문우사.

서병훈. 2017. 위대한 정치. 책세상.

오용선, 2003. "자원소비지표를활용한한국 산업화과정에 대한 지속가능성평가". 한국정책학회보. 13(2).

유승훈. 2020. 포스트코로나 시대의 그린뉴딜: 에너지 믹스관점에서. 환경한림원제53차환경리더스포럼 토론문).

윤경준. 2017. 환경행정 거버넌스 개편방향. 차기정부 환경부문 현안과 정책과제 공동심포지움(2017.4.13) 대한상수도학회, 한국행정학회, 한국환경정책학회, KEI외 10개학회 공동주최.

이정전 · 정희성. 2003. "환경정책의 발달 동인; 정책의 창문이 어떻게 열렸는가?". 환경정책연구. 제2권 제1호. 통권2호. pp.1 - 30.

이천환 · 황한수 · 안세진 · 이은장. 2021. 기후변화와 녹색정책의 이슈 비교분석: 국내 정권시기별 텍스트 데이터 분석을 중심으로. 환경정책 제29권 제3호. 2021.9:1 - 47.

임동순 · 노상환. 2022. 차기정부의 환경정책 이슈 및 과제 설문조사. 한국환경정책학회 춘계학술대회 발표논문.

임동완. 2018. 국가및지방재정70년 주요변천사. 국회예산처 연구용역보고서.

전국경제인연합회. 2014. 국민이 누리는 산을 위한 정책방향.

최충익 · 김철민. 2018. 빅데이터 분석을 활용한 4차 산업혁명과 환경정책의 패러다임 탐색, 한국지역 개발학회지, 30:2, 25 - 46.

칼레츠키(Kaletsky, Anatole). 2011, 자본주의 4.0 신자유주의를 대체할 새로운 경제패러다임 (The Birth of New Economy), 위선주 역. 서울: 컬처앤스토리(원서출판 2010).

한국경제연구원(KERI), 전국경제인연합회(FKI). 2007. 10. 규제개혁 종합연구, 시장경제 창달과 국가경쟁력 강화를 위한 규제개혁 로드맵. 1권~8권.

환경부. 2022.1. 2022년도 환경부소관 예신 및 기금운용계획 개요.

____. 환경백서. 1990년~2021년각년도.

____. 환경통계연감. 1986-2021년각년도.

Daly, H. E., 1991, Steady-State Economics, (2nd ed.), Washington D.C, USA: ISLAND PRESS.

Daly, Herman E., 2014, From Uneconomic Growth to a Steady State Economy - Advances in Ecological Economics. Cheltenham, UK, Northampton, MA, USA: Edward Elgar Publishing Limited.

European Commission. 2019. 11.12. The European Green Deal.

Jackson, Tim, 2017 (2nd. ed.), Prosperity without Growth-Foundation for the Economy of Tomorrow, London and New York: Routledge Taylor & Francis Group: DOI: 10.4324/9781315677453.

Kubiszewski, Ida, Robert Constanza, Carol Franco, Philip Lawn, John Talberth, Tim Jackson, Camille Aylmer. 2013. Beyond GDP: Measuring and achieving global genuine progress. Ecological Economics93. pp.57 - 68.

Moon, Tae Hoon. 2006. "Sustainable Development in Korea, Key Issues and Government Response". International Review of Public Administration. Vol. 11. No. 1.

OECD. 2017. 대한민국 OECD 환경성과평가(요약본). Environmental Performance Reviews.

Steffen, Will. et al. 2015. Planetary boundaries: guiding human development on a changing planet. Science. 347:6223.

환경행정 60여 년 패러다임의 변화

박순애

CHAPTER 05

환경행정 60여 년 패러다임의 변화[1]

Ⅰ 환경행정 60년 회고를 시작하며

　복잡한 환경문제를 해결하기 위해서는 국무회의의 시민단체로 취급되는 환경부가 부처를 총괄하는 위치로 승격해야 한다는 주장은 정권이 바뀔 때마다 나오는 단골메뉴이다. 우리나라의 환경행정은 1960년대의 '위생' 행정에서 1970년대의 '반공해' 행정을 거쳐 1980년대에 들어서 '환경' 행정으로 정착되었다(허장 1998). 민주화와 더불어 시민단체 중심의 환경운동이 확산되었고, 1990년대 후반 환경단체는 진보 정치세력과 연대하여 산업화 과정에 내재되어 있던 각종 환경문제들을 제기하기 시작하였다. 환경문제가 정치·사회적 아젠다로 부각될 때마다 관련 환경조직은 재편되거나 새로운 부서 신설로 이어졌으며, 조직의 확대는 당연히 예산 사업을 수반함으로서 현재까지 환경행정은 성장 일로를 걸어왔다.

　2000년대 중반 대부분의 정부조직이 안정적인 형태로 자리를 잡았다면 환경행정은 여전히 유년기에서 청년기의 성장 속도로 커왔다고 할 수 있다. 물론 환경에 대한 국제적 관심도 이러한 환경부의 입지에 한몫을 한 것으로 볼 수 있다. 특히 파리협정 이후 신기후체제 패러다임으로 전환되고, 정부가 탄소중립에 대한 의지

1　본고는 환경정책의 역사적 변동(박순애 외 2015)의 1장 〈환경 패러다임 변화와 정책변동〉 일부를 수정·보완한 글임

를 천명하면서 환경행정이 국가정책에서 차지하는 비중과 역할은 더욱 중요해지고 있다. 그러나 환경운동의 정치적 특성으로 인해 환경행정의 발전이 단순한 상징적 발전인지 실질적 발전인지 또는 국가의 자발적 의지에 따른 것인가 국민들의 강력한 요구에 의한 것인가에 대해서는 여전히 논란이 되고 있다.

그러나 이러한 논란은 전 세계적으로 '지속가능한 발전'의 개념이 확산됨에 따라 경제성장과 환경 간의 긴밀한 관계 구축에 더욱 관심을 기울이는 것으로 대체되고 있다. 지속가능한 개발이 현 세대의 개발 욕구를 충족시키면서도 미래세대의 개발능력을 저해하지 않는 '친환경적인 개발'을 의미한다는 점에 비추어 봤을 때 개발과 환경 간 상호공생의 중요성을 인정하고 이들 간의 조화를 추구하는 것이 21세기를 살아가는 우리들에게 중요한 과제라고 할 수 있을 것이다.

이 글에서는 우리나라 최초의 환경법인 「공해방지법」이 제정된 1963년부터 지금에 이르기까지의 환경행정을 각 시기별 환경 패러다임에 입각해 분석하였다. 우리나라 환경행정 60여 년 역사를 3·4공화국의 정책형성기(1963-1980), 5·6공화국의 정책성장기(1981-1992), 김영삼·김대중·노무현 정부의 지속가능 발전기(1993-2007), 그리고 이명박·박근혜·문재인 정부의 녹색성장기(2008-2021)로 구분하여 각 시기별 환경담당 조직과, 법, 예산이 어떻게 변화해왔는지 살펴보고자 한다.[2]

---

2 환경행정(정책)의 발전 시기는 다양한 수준에서 논의되고 있다. 예컨대 OECD에서는 환경정책의 발전단계를 1970년대 사후처리적 환경관리 시대, 1980년대 사전예방적 환경관리 시대, 1990년대 지속가능발전 추구 시대, 2000년대의 통합전략 시대로 구분한다. 한편 정회성(2014)의 경우 「환경보전법」제정을 기준으로 1977년 이전의 '환경정책 태동기', 1977년 이후의 '환경정책 도입기', 1990년대 '환경정책 발전기', 2000년 이후의 '환경정책 확장기'로 구분하며(정회성 외 2014, 56), 박순애·이영미(2008)에서는 1970년대 '암흑기', 1980년대 '형성기', 1990년대 이후의 '성숙기 및 지속가능성 모색기'로 환경정책 발전 추이를 설명한다(박순애·이영미 2008).

Ⅱ 환경부 조직[3]

1 부속조직에서 환경처까지

1962년부터 경제개발5개년계획이 추진되는 가운데 1967년, 보건사회부 보건위생과를 환경위생과로 개편하고 공해계를 둠으로써 우리나라 최초의 환경 담당 부서가 설치되었다. 1970년에 다시 환경위생과를 3급에 해당하는 위생관리관으로 확대하면서 그 밑에 공해담당보좌관을 신설하였다. 4공화국 시기인 1973년 환경행정전담과인 공해과로 확대되었으며, 1975년에는 위생국을 환경위생국으로 개편하고 그 밑에 공해관리관(3급)을 두면서 수질보전과를 신설하였다. 또한 제4차 경제개발5개년계획을 추진하면서 1977년, 보건사회부에 국(局) 단위의 환경관리관(2급)을 신설하고, 그 밑에 과장급의 환경기획·대기보전·수질보전 담당보좌관을 두었다.

1980년 1월 환경정책을 전담하는 중앙행정기관으로 보건사회부 외청인 환경청이 설립되었다. 당시 환경청은 본청 246명과 국립환경연구소 93명을 포함하여 총 339명으로 3국1관20과의 모습을 갖추고 있었다. 또한 「환경측정관리사무소의 명칭, 위치 및 관할구역에 관한 규칙」에 의거, 환경오염도를 측정하고 측정자료를 관리하기 위한 조직으로 1980년 7월, 서울·춘천·대전·광주·대구·부산에 6개의 환경측정관리사무소가 설치됨으로써 환경청은 연구기관과 지방조직을 둔 중앙행정기관으로서의 형태를 갖추게 되었다.

5공화국 시기 1986년 10월에는 인구증가 및 경제성장에 따른 생활 및 산업 폐기물의 급속한 증가에 따라 폐기물관리국이 신설되었고 지방환경행정을 체계적으로 수행하기 위해 6개 지방환경지청(각 청별 3개과)이 정비되었다. 한편 6공화국에 들어와 행정개혁위원회에서 이해관계가 얽힌 환경정책의 원활한 조정을 도모하고자 환경청을 장관급 부서로 격상시키면서도 '부'가 아닌 '처'로 승격시킬 것을 대통령에게 건의하였다. 이에 환경청은 국무총리 소속하의 환경처로 승격되어 4국(환

---

3 환경부(2006a), 환경부(2010b), 환경부 홈페이지(www.me.go.kr) 참조

경정책국, 대기보전국, 수질보전국, 폐기물관리국), 1관(기획관리관), 23과에서 2실(기획관리실, 조정평가실), 4국(대기보전국, 수질보전국, 폐기물관리국, 시설기술국), 4관(공보관, 감사관, 비상계획관, 유독물질관리관) 31개과로 조직이 확대 개편되었다. 또한 지방환경지청이 지방환경청으로 승격되고, 국립환경연구원에 훈련부, 폐기물연구부, 자동차공해연구소가 신설되었다.

2 환경부로의 승격

김영삼 정부 출범 후 1994년 12월, 기존의 환경처가 총 정원 1,364명, 2실5국4관 35과를 갖춘 환경부로 승격되었고 5월에는 상하수도국이 신설되었다. 상하수도국은 낙동강 수질오염 사건을 계기로 정부의 수질관리 기능 일원화 방침에 따라 설치되었는데 건설부의 3개과(수도정책과, 하수도과, 수도관리과)와 보건사회부의 1개과(음용수관리과)가 이관됨으로써 재정비되었다.

한편 IMF 경제위기와 함께 작은 정부를 지향했던 김대중 정부에서는 대대적인 조직 및 인력 감축을 추진하였다. 그 일환으로 1998년에는 내무부의 자연공원과 국립공원관리공단을 환경부로 이관하고, 1999년 5월 민간 경영진단을 통해 2실5국 36과에서 1실6국3관33과로 환경부 조직을 축소 개편하였다. 이때 환경정책실이 환경정책국으로 축소되고 공보담당관과 환경조사과가 폐지되었으며 한강유역관리청이 신설되는 등 조직 개혁이 단행되었다. 또한 2001년~2002년에는 각 수계 수질개선특별법이 신설되고 사전예방기능을 중심으로 지방청 및 하부조직 개편이 이루어졌다.[4] 또한 2002년 10월 지방환경관서에서 담당하던 산업단지 내 환경오염물질 배출업체 관리업무를 시·도지사에게 위임하여 정원 86명을 지방자치단체로 이체하고 4대강 환경감시대를 정규 조직화함으로써 특별사법경찰 기능을 강화하였다.

노무현 정부에 들어와 2004년 3월 환경정책국이 환경정책실로 승격되었다. 또

---

4   구체적으로 2001년 5월 부산지역의 환경문제를 해결하기 위하여 낙동강환경관리청 산하 부산환경출장소가 신설되었고 2002년 1월 본부 수질보전국에 유역제도과가 설치되어 유역관리체계로의 전환이 이루어졌다.

한 각 오염매체별 관리를 통합하는 방향으로 대대적인 자체조직 개편이 이루어졌으며 환경영향평가체계의 정비를 위하여 환경정책국의 국토환경보전과와 환경평가과를 자연보전국으로 이관하고 3대강 수질오염총량관리를 위하여 수질총량제도과를 신설하였다. 그리고 2005년 7월에는 국립환경연구원을 국립환경과학원으로 변경하여 기존의 6부24과5연구소에서 6부23과6연구소로 개편하였으며, 2006년 2월 지방환경청에 환경평가과 · 화학물질관리과 · 수질총량관리과를 신설하였다. 2007년 8월, 환경부는 2실(정책홍보관리실, 환경정책실) 5국(자연보전, 대기보전, 수질보전, 상하수도, 자원순환) 4관(감사, 국제, 홍보관리, 재정기획) 41과로 구성되었으며 총 정원 1,744명 중 484명이 본부에, 1,260명이 소속기관에 배치되었다.

3 녹색성장기: 물환경 · 대기환경 · 화학관리 전담기구 설치

이명박 정부가 출범하면서 2008년 2월 환경부 본부 조직을 2실3국6관38과(3팀)로 개편한 데 이어 2009년 2월에는 조직의 간소화 및 운영 효율화를 위해 2실3국7관32과4팀1기획단으로 조정하였다. 또한 2011년 9월 낙동강생물자원관 설립을 위해 한시조직인 낙동강생물자원관추진기획단을 설치하였고, 2012년 1월에는 온실가스관리팀 및 환경보건관리과를 신설하여 온실가스 목표관리 및 석면피해구제 기능을 보강하였다. 한편 4대강 사업과 같은 국책과제를 추진하면서 환경 이슈에 대한 정부의 대응체계를 마련하여야 할 필요성이 더욱 커졌다. 이에 2012년 7월 4대강 수질관리 및 환경감시 기능을 수행하는 수질관리과를 본부에 신설하였고, 새만금사업지역 환경관리 기능 강화의 일환으로 전주지방환경청 기관명칭을 새만금지방환경청으로 바꾸며 기관장 직급을 4급에서 고위공무원단으로 상향 조정하였다.

박근혜 정부에서는 화학사고 예방대응체계를 구축하기 위해 2013년 9월 화학물질안전원을 소속기관으로 신설하고 화학전담기관이 없는 원주 · 대구지방청에 화학물질관리과를 설치하였다. 또한 2015년 1월에는 화학물질관리 강화와 화학사고 예방 · 대응 강화를 위해 본부의 화학물질과를 화학물질정책과와 화학안전과로 분리하고 6개 환경청의 화학물질관리과를 화학안전관리단으로 개편하여 현장관리 기능 강화를 도모하였다. 대기부문의 경우, 2014년 5월 국립환경과학원에 대기질통합예보센터를 신설하고 2015년 1월에는 배출권거래제도 시행을 위해 기후변화대응과를 마련하였다. 그 밖에 정책홍보팀과 환경감시팀을 설치하고 환경산업실증연구단지추진단 구성하였다. 2016년 7월에는 폐기물 재활용을 확대하고 유해성을 관리하기 위해 국립환경과학원 산하에 전담팀을 구성하였다. 또한 2017년 3월에는 생활화학제품, 미세먼지 전담조직을 만들고, 미래환경 분야 먹거리에 적극 대응하기 위하여 '기후미래정책국'을 신설하였다.

문재인 정부에서는 환경정의를 실천하고 지속가능성을 제고하기 위해 2018년 1월 자연환경과 생활환경을 두 축으로 국(局) 중심에서 실(室) 중심체계로 조직을 개편하였다. 구체적으로 국민의 안전한 생활환경 조성과 책임행정을 강화하기 위해 '생활환경정책실'을 신설하였으며, 자연보전·자원순환·환경경제 등의 총괄을 위해 환경정책실을 '자연환경정책실'로 개편하였다. 기후변화와 관련하여 기존 기후미래정책국을 '기후변화정책관'으로 개편하고, 기후전략과, 기후경제과, 국제협력과, 신기후체제대응팀을 그 아래 두었다. 2019년 5월에는 물 관련 업무의 통합적 관리 체계를 구축하기 위해 물통합정책국을 신설하였으며, 7월에는 국내 물산업을 육성하고 국제적인 경쟁력을 높이기 위해 환경공단에 물산업클러스터 운영단을 설치하였다. 또한 2021년 6월에는 2050 탄소중립 목표의 실현을 위해 기후탄소정책실을 신설하였다. 아울러 수자원을 효율적으로 관리하고 물 관련 부문 간의 기능적 연계성을 강화하기 위해 물관리정책실을 신설하고, 그 아래 물통합정책국, 물환경정책국, 수자원정책국을 두었다.

표 5-1 환경부 조직 변동 (1963년-2022년)

	환경행정 형성기 (1963-1980)		환경행정 성장기 (1981-1992)	
	3공화국	4공화국	5공화국	6공화국
조직	보건사회부 공해계	공해과	환경청(3국1관20과)	환경처(2실4국4관31과)
변동	환경담당 부서 신설	환경 전담과로 확대	• 폐기물 관리기능 추가 • 지방 환경조직체계 구축	• 환경문제의 부처 간 통합조정 필요성 대두

	지속가능 발전기 (1993-2007)		
	김영삼 정부	김대중 정부	노무현 정부
조직	환경부(2실5국4관35과)	환경부(1실6국3관34과)	환경부(2실5국4관41과)
변동	• 수계별 관리체계 구축 • 수질관리 일원화 • 상하수도국 신설	• 자연환경보전기능 이관됨 • 유역관리체계로 전환 • 사전예방 강화 위한 하부조직 개편	• 매체별 통합관리체계 구축 • 환경영향평가체계 변화 모색 • 생활환경으로 변화

	녹색성장기 (2008-2022)		
	이명박 정부	박근혜 정부	문재인 정부
조직	환경부(2실3국6관38과) → 2실3국7관32과4팀 1기획단으로 개편	환경부(2실3국7관38과)	환경부(3실3국9관44과)
변동	• 온실가스 목표관리 및 석면 피해 구제기능 보강 • 물환경 관리 기능 강화	• 정책홍보팀, 환경감시팀, 대기질통합예보 센터 신설 • 기후변화와 환경산업 하부 조직 개편	• 기능 중심의 실(室)체계 개편 • 물관리조직체계 개편 • 기후탄소정책실 신설

출처: 환경부(http://www.me.go.kr) '연혁' 재구성

Ⅲ 환경법[5]

우리나라의 환경법은 1963년 「공해방지를위한경찰법」에서 「공해방지법」이 독립됨에 따라 발전하기 시작하였다. 그러나 「공해방지법」은 전문이 21개조에 불과하여 규제범위가 협소할 뿐만 아니라 후속입법이 미비하였고 경제개발을 최우선적 과제로 인식하는 당시의 사회분위기 때문에 실효성을 거둘 수 없었다. 사실상 적극적 규제의 의미를 가진 환경법의 역사는 1977년, 종전의 「공해방지법」을 대체하기 위해 제정된 「환경보전법」과 함께 시작한다. 환경 관련 법령 제정은 1960년대 6개의 법률 제정을 시작으로 1970~1980년대 9개 그리고 1990년대 이후 다수의 법률이 제정되어 2023년 기준 현재 환경부가 관장하는 법령은 총 162개이며 이 중 법률은 총 77개에 이르고 있다(환경부 2022, 870).

2000년대까지의 우리나라 환경입법은 대중들의 주민운동과 환경보호운동을 토대로 환경법제가 조성된 일본, 미국과는 달리 전적으로 정부 주도하에 추진되었다는 점에서 전형적인 위로부터의 개혁에 해당한다(홍준형 2005, 52). 그러나 앞서 언급하였듯이 환경단체와 정치세력의 연대는 환경입법의 가능성을 열어주었고, 가습기살균제 피해구제를 위한 특별법이나 석면피해구제법 등 환경이슈와 정책수요에 따라 개별 법령들이 제정 또는 개정의 과정을 거치면서 보다 정교화되었다. 특히 〈표 5-3〉과 같이 환경 관련 규정이 여러 부처에 산재되어 있고, 환경의 범위가 매우 넓기 때문에 환경부가 단독으로 모든 환경정책을 관장하기보다는 부처 간의 적극적인 협력이 요구된다고 할 것이다.

1 환경법제 기반 마련

3공화국 시기에는 빠른 경제성장의 이면에 누적되어 온 환경문제에 대한 관심이 증가하면서 「공해방지법」, 「조수보호및수렵에관한법률」, 「독물및극물에관한법」,

---

5 환경부 홈페이지(http://www.me.go.kr) 및 당해 환경부 환경백서 참조

「오물청소법」, 「하수도법」, 「수도법」 총 6개 법률이 마련되었다. 한편 급속한 산업 화와 도시화가 이루어지면서 4공화국 때 환경문제가 심각한 사회문제로 대두되기 시작하였고 이에 1977년 「환경보전법」이 제정되었다. 이 법에서는 환경영향평가제 도, 환경기준, 산업폐기물처리제도를 새롭게 도입하는 등 공해 방지뿐 아니라 넓 은 의미의 자연환경 보호까지 포괄하여 현 세대와 미래 세대의 환경권을 보장하 고자 하였다는 점에서 기존의 「공해방지법」에서 진일보하였다. 그 밖에 1979년과 1980년에 각각 「합성수지폐기물처리사업법」과 「자연공원법」이 제정되었다.

1980년 헌법 개정 시에 환경권이 기본권으로 명문화되면서 5공화국 때부터 환 경법이 체계적으로 정비되기 시작하였다. 즉 「환경보전법」을 포함하며 일련의 법 개정이 이루어졌고 「환경오염방지사업단법」, 「환경관리공단법」, 「폐기물관리법」도 제정되었다. 또한 경제구조의 고도화로 환경문제가 심각해지고 피해 유형도 다 양해지자 오염분야별 대책법 제정이 불가피하다는 인식이 확산되었다. 이에 「환 경보전법」이 이른바 환경 6법이라 일컬어지는 「환경정책기본법」[6], 「대기환경보전 법」, 「수질환경보전법」, 「소음 · 진동규제법」, 「유해화학물질관리법」, 「환경분쟁조 정법」으로 분리됨으로써 환경법이 복수법 체계로 이행되었다(환경부 2013, 558). 또 한 「오수 · 분뇨및축산폐수의처리에관한법률」, 「자원의절약과재활용촉진에관한법 률」, 「폐기물의국가간이동및그처리에관한법률」 등 다수의 법률이 제정되었다.

2 친환경법제로의 도약

김영삼 정부와 김대중 정부 시기에는 정부조직 개편에 따라 「자연공원법」, 「조 수보호및수렵에관한법률」이 환경부 소관으로 이전되었다. 또한 독도를 비롯한 도 서지역의 생물다양성과 수려한 경관을 보전하기 위한 「독도등도서지역의생태계보

---

6 1991년 2월부터 시행된 「환경정책기본법」에서는 헌법상의 환경권에 근거하여 환경보전에 관한 국민의 권리 와 의무 및 국가의 책무를 명확히 하고 환경보전 시책의 기본 이념과 방향을 정하며 환경 분야별 개별법에 공 통으로 적용되는 사항을 규정하고 있다. 또한 환경기준, 배출허용기준, 영향권별 환경관리, 환경영향평가 등 에 관한 규정을 두는 한편, 환경오염에 의한 재산상의 피해에 대해서도 무과실책임을 인정하고 있다(홍준형 2005, 53).

전에관한특별법」, 한강수계의 수질개선을 위한 「한강수계상수원수질개선및주민
지원등에관한법률」이 제정되었고, 습지를 효율적으로 보전·관리하기 위한 「습지
보전법」도 마련되었다. 2002년에는 낙동강, 영산강, 금강의 수질 개선을 위하여
사전예방중심의 오염물질총량관리제도에 기반하는 「낙동강특별법」, 「영산강특별
법」, 「금강특별법」이 제정되었다.

노무현 정부가 들어선 2003년 이후에도 다수의 환경법이 새롭게 마련되거나
개정되었다. 2007년, 지속가능한 발전을 위한 법제 마련의 일환으로 「지속가능발
전기본법」이 제정되었고, 「수도권대기환경개선에관한특별법」, 「건설폐기물의재활
용촉진에관한법률」, 「백두대간보호에관한법률」, 「야생동·식물보호법」, 「악취방지
법」, 「남극활동및환경보호에관한법률」, 「문화유산과자연환경자산에관한국민신탁
법」, 「잔류성유기오염물질관리법」, 「전기·전자제품및자동차의자원순환에관한법
률」 등이 제정되었다.

3 경제와 환경의 조화

'녹색성장'을 새로운 국정기조로 제시한 이명박 정부에서는 지구온난화와 같은
환경이슈, 그리고 자원고갈 및 에너지 위기 등의 문제를 타개하기 위한 방안으로
신성장 동력 창출 필요성을 강조하는 가운데 경제와 환경의 조화 및 균형성장을 추
구하였다. 정부 출범 직후인 2008년에는 「환경보건법」을 제정하여 환경보건종합계
획, 환경유해인자의 위해성 평가 및 관리, 개발사업 건강영향평가, 국민환경보건
기초조사 및 어린이 활동공간·용품 대책 마련 등을 추진하였고(환경부 2010a, 8), 환
경교육을 체계적, 종합적으로 진흥·지원하기 위하여 「환경교육진흥법」을 제정하
였다. 또한 2009년에는 한국환경자원공사와 환경관리공단을 통합하여 한국환경
공단을 설립하는 「한국환경공단법」이 마련되었다. 이어서 2010년에는 「악취방지
법」, 「저탄소녹색성장기본법」, 2011년에는 「석면안전관리법」이 제정됨으로써 생활
환경권 구현을 위한 법적 기반이 구축되었다. 또한 「수도권매립지관리공사의설립
및운영등에관한법률」, 「문화유산과자연환경자산에관한국민신탁법」, 「환경분쟁조

정법」이 제정되었으며 기존의 「지속가능발전기본법」이 「지속가능발전법」으로 개정되면서 주요 내용이 「저탄소녹색성장기본법」으로 흡수되었다.

박근혜 정부는 2013년에 유럽연합의 신화학물질관리제도(REACH)를 수용하여 「화학물질의 등록 및 평가 등에 관한 법률」을 제정하였고, 「유해화학물질관리법」을 「화학물질관리법」으로 전면 개정하여 유해화학물질로부터 국민을 보호하고 공공보건 증진을 도모하고자 하였다. 한편 2013년에 「국립생태원의 설립 및 운영에 관한 법률」, 2014년에는 「환경오염피해 배상책임 및 구제에 관한 법률」,-2015년에는 「생물자원관의 설립 및 운영에 관한 법률」, 「환경오염시설의 통합관리에 관한 법률」, 「한국환경산업기술원법」을 제정하여 환경복지를 위한 토대를 구축하고 동시에 지속가능한 발전을 위한 기준을 마련하였다. 2016년에는 「자원순환기본법」, 「동물원 및 수족관의 관리에 관한 법률」, 「수자원의 조사·계획 및 관리에 관한 법률」, 「국립공원관리공단법」을 제정하여 생태계의 보전에 이바지하는 법적 시스템을 구축하였다. 이후 2017년에는 환경정의를 구현하는 법적 기제로서 「유전자원의 접근·이용 및 이익 공유에 관한 법률」과 「가습기살균제 피해구제를 위한 특별법」을 제정하였다.

문재인 정부에서는 2018년에 수자원과 관련하여 「물관리기본법」, 「물관리기술발전 및 물산업 진흥에 관한 법률」, 「댐 주변지역 친환경 보전 및 활용에 관한 특별법」을 제정하고, 국민의 건강을 보호하고 증진하려는 목적으로 「미세먼지 저감 및 관리에 관한 특별법」, 「생활화학제품 및 살생물제의 안전관리에 관한 법률」을 제정하였다. 이어서 2019년에는 「대기관리권역의 대기환경개선에 관한 특별법」, 2020년에는 「공공폐자원관리시설의 설치·운영 및 주민지원 등에 관한 특별법」, 2021년에는 「녹색융합클러스터의 조성 및 육성에 관한 법률」을 제정하여 여러 에너지 관련 분야의 법적 체계를 수립하였다. 특히 2021년 「기후위기 대응을 위한 탄소중립·녹색성장기본법」을 제정하여 세계 14번째로 탄소중립을 법제화하였으며, '탄소중립위원회' 설치 및 '온실가스감축인지 예산제'와 '기후변화영향평가'가 시행되면서 탄소중립 사회로의 전환을 위한 기틀을 마련하였다.

표 5-2 환경법 제정 현황 (1963년-2022년)

환경행정 형성기 (1963-1980)		환경행정 성장기 (1981-1992)	
3공화국	4공화국	5공화국	6공화국
· 공해방지법('63) – 폐지 · 조수보호및수렵에관한법률('67) – 폐지 · 독물및극물에관한법('63) · 오물청소법('61) · 하수도법('66) · 수도법('61)	· 환경보전법('77) · 자연공원법('80) · 합성수지폐기물 처리 사업법('79)	· 환경오염방지사업단법('83) · 환경관리공단법('83) · 폐기물관리법('86)	· 환경정책기본법('90) · 대기환경보전법('90) · 소음·진동규제법('90) · 수질환경보전법('90) · 자연환경보전법('91) · 환경범죄의단속에관한특별조치법('91) · 환경분쟁조정법('90) · 환경개선비용부담법('91) · 유해화학물질관리법('90) · 자원의절약과재활용촉진에관한법률('92) · 폐기물의국가간이동및 그 처리에관한법률('92)
지속가능 발전기 (1993-2007)			
김영삼 정부	김대중 정부	노무현 정부	
· 다중이용시설등의실내공기질 관리법('96) · 독도등도서지역의생태계보전에관한특별법('97) · 토양환경보전법('95) · 환경개선특별회계법('94) · 환경기술개발 및 지원에 관한 법률('94) · 폐기물처리시설설치촉진및주변지역지원등에관한법률('95) · 한국환경자원공사법('93) · 먹는물관리법('95)	· 한강수계상수원수질개선및주민지원등에관한법률('99) · 낙동강수계물관리및주민지원등에관한법률('02) · 금강수계물관리및주민지원등에관한 법률('02) · 영산강,섬진강수계물관리 및주민지원등에관한법률('02) · 습지보전법('99) · 환경·교통·재해등에관한영향평가법('99) · 수도권매립지관리공사의설립및운영등에관한법률('00)	· 지속가능발전기본법('07) · 악취방지법('04) · 수도권대기환경개선에관한특별법('03) · 남극활동및환경보호에관한법률('04) · 친환경상품구매촉진에관한법률('04) · 환경분야시험·검사등에관한법률('06) · 백두대간보호에관한법률('03) · 문화유산과자연환경자산에관한국민신탁법('06) · 야생동·식물보호법('04) · 잔류성유기오염물질관리법('07) · 가축분뇨의관리및이용에관한법률('06) · 전기·전자제품및자동차의자원순환에관한법률('07) · 건설폐기물의재활용촉진에관한법률('03)	

녹색성장기 (2008-2021)		
이명박 정부	박근혜 정부	문재인 정부
• 환경보건법('08) • 환경교육진흥법('08) • 한국환경공단법('09) • 석면피해구제법('10) • 2012세계자연보전총회지원특별법('10) • 악취방지법('10) • 친수구역 활용에 관한 특별법('10) • 저탄소녹색성장기본법('10) • 석면안전관리법('11) • 수도권매립지관리공사의 설립 및 운영등에관한 법률('11) • 문화유산과 자연환경자산에 관한 국민신탁법('11) • 생물다양성보전 및 이용에 관한 법률('12) • 인공조명에 의한 빛공해 방지법('12) • 환경분쟁조정법('12) • 지속가능발전법('12) • 온실가스 배출권의 할당 및 거래에 관한 법률('12)	• 화학물질의 등록 및 평가 등에 관한 법률('13) • 국립생태원의 설립 및 운영에 관한 법률('13) • 환경오염피해 배상책임 및 구제에 관한 법률('14) • 생물자원관의 설립 및 운영에 관한 법률('15) • 한국환경산업기술원법('15) • 환경오염시설의 통합관리에 관한 법률('15) • 자원순환기본법('16) • 동물원 및 수족관 관리에 관한 법률('16) • 수자원의 조사·계획 및 관리에 관한 법률('17) • 국립공원관리공단법('16) • 가습기살균제 피해구제를 위한 특별법('17) • 유전자원의 접근이용및 이익공유에관한 법률('17)	• 미세먼지저감및관리에 관한 특별법('18) • 생활화학제품 및 살생물제의 안전관리에 관한 법률('18) • 물관리기술 발전 및 물산업 진흥에 관한 법률('18) • 물관리기본법('18) • 댐 주변지역 친환경 보전 및 활용에 관한 특별법('18) • 대기관리권역의 대기환경개선에 관한 특별법('19) • 공공폐자원관리시설의 설치·운영 및 주민지원 등에 관한 특별법('20) • 녹색융합클러스터의 조성 및 육성에 관한 법률('21) • 기후위기 대응을 위한 탄소중립·녹색성장 기본법('21)

주: 괄호 안 연도는 제정일
출처: 환경부(http://www.me.go.kr) '환경법령', 환경부(2022) 재구성

　　환경부 이외의 타 부처가 소관하는 환경관련 법령은 70여 개 이상으로 파악되고 있으며 관련 부처도 15개 이상에 달한다(환경부 2022). 〈표 5-3〉과 같이 대기오염과 관련하여서 「자동차관리법」 등 12개 법률, 수질오염과 관련하여서는 「해양환경관리법」 등 9개 법률, 소음의 경우 「도로교통법」을 비롯한 5개 법률을 타 부처에서 소관하고 있다. 그리고 국토이용·공장설립·도시개발 등에 관련된 법규, 농업 관련 법규, 축산 관련 법규, 수산·항만 관련 법규, 산림 관련 법규 등도 환경정책과 관련된 조항을 담고 있다(정회성 2014, 79-80). 이처럼 환경 관련 규정이 여러 부처에 산재되어 있기 때문에 부처 간 정책방향을 조율하여야 하며 법령 입안 시 부처 간의 긴밀한 협조가 요구된다.

표 5-3 타 부처 소관 환경관련 법령

부문별	법령명
대기오염 관계	도로교통법, 자동차관리법, 원자력안전법, 원자력손해배상법, 석유 및 석유대체연료사업법, 에너지법, 건설기계관리법, 집단에너지사업법, 신에너지 및 재생에너지개발이용·보급촉진법, 오존층보호를 위한 특정물질의 제조규제 등에 관한 법률, 철도산업발전기본법, 항만지역등대기질개선에 관한 특별법
수질오염 관계	해양환경관리법, 지하수법, 하천법, 공유수면매립법, 골재채취법, 공유수면관리법, 온천법, 댐건설 및 주변지역 지원 등에 관한 법률, 소하천정비법
소음 관계	도로교통법, 학교보건법, 집회 및 시위에 관한 법률, 공항소음 방지 및 소음대책지역 지원에 관한 법률, 군용비행장·군사격장소음 방지 및 피해 보상에 관한 법률 시행규칙
일반	국토기본법, 국토의계획 및 이용에 관한 법률, 건축법, 도시공원 및 녹지 등에 관한 법률, 산업집적활성화 및 공장설립에 관한 법률, 공익사업을 위한 토지 등의 취득 및 보상에 관한 법률, 도시개발법, 산업입지 및 개발에 관한 법률, 택지개발촉진법, 수도권신공항건설촉진법, 신항만건설촉진법, 제주특별자치도 설치 및 국제자유도시 조성을 위한 특별법, 수도권정비계획법, 국제회의산업육성에관한법률, 도시 및 주거환경정비법, 주한미군 공여구역주변지역 등 지원 특별법, 주한미군기지 이전에 따른 평택시 등의 지원 등에 관한 법률, 광산피해의 방지 및 복구에 관한 법률, 동서남해안 및 내륙권 발전 특별법, 주택법
농업	농약관리법, 농어업인의 삶의질향상 및 농어촌지역 개발촉진에 관한 특별법, 농어촌정비법, 농지법, 동물보호법, 식물방역법, 농어업재해대책법, 친환경농어업육성 및 유기식품 등의 관리·지원에관한 법률, 간척지의 농어업적 이용 및 관리에 관한 법률 시행규칙
축산	축산법, 낙농진흥법, 초지법, 축산물 위생 관리법
수산·항만	수산업법, 어촌·어항법, 항만법, 수산종자산업육성법, 수자원관리법
산림	산림기본법, 사방사업법, 산지관리법, 산림교육의 활성화에 관한 법률
기타	기업활동 규제완화에 관한 특별조치법, 문화재보호법, 환경친화적 산업구조로의 전환촉진에 관한 법률, 광산보안법, 관광진흥법, 과학기술기본법, 광업법, 내수면어업법, 자연재해대책법, 경범죄처벌법, 대외무역법 등, 농어업재해대책법, 농업인의 안전보험 및 안전재해예방에 관한 법률

출처: 환경부 2013, 565-566 수정 보완

IV 환경부문 예산

우리나라 환경예산 통계의 시계열 편제는 아직 완성되지 못한 상태이다. 따라서 정책형성기의 경우, 환경청 발족 전후의 자체 예산 현황을 통해, 그리고 환경정책 주무기관이 환경처로 승격된 6공화국 이후의 경우, 중앙정부의 환경부문 예산 및 오염매체별 예산 현황을 통해 환경예산의 변화 추이를 살펴보기로 한다.

1 환경행정 형성기 및 성장기

1960-70년대 고도성장기에는 환경문제에 대한 인식이 미흡하였기 때문에 환경부문에 대한 정부의 투자가 거의 이루어지지 않았고 산업화를 위한 수자원 확충의 일환으로 댐 건설과 상수도시설 확충에 예산의 일부만이 지원되었다(노상환 1997). 당시 보건사회부 내의 환경 분야에 배정된 예산을 살펴보면 1976년 13억 원, 1977년 22억 원, 1978년 25억 원, 1979년 52억 원으로, 일반회계에서 차지하는 비중이 0.1%도 채 되지 않을 만큼 미미했다. 1980년 환경청이 발족되어 환경예산 규모가 확대되었지만 여전히 일반회계 대비 0.18% 수준에 머물러 있었다.

1970년대 후반 산업공해에 대한 관심이 높아지면서 1980년대 중반 무렵부터 환경부문 예산이 크게 증가하기 시작했다. 5공화국 시기에는 1983년 한강 수계의 환경보전을 위한 장기종합계획 마련을 위하여 조사사업이 실시되었고, 1984년 전국적인 환경보전장기종합계획이 수립됨에 따라 환경부 예산은 1984년 343억 원에서 1987년 671억 원으로 2배 가까이 증가하였다(노상환 1997). 한편 6공화국 시기인 1991년, 건설부의 하수처리장 업무가 인수되어 전년 1,172억 원에서 2,718억 원으로 예산액이 132% 증가하였지만 1992년에는 하수처리장을 비롯한 4개 사업의 지방양여금사업 전환에 따라 전년대비 49%의 예산이 삭감되었다.

표 5-4   정책형성기 예산현황 (1976년~1980년)

(단위: 억 원)

연도	1976	1977	1978	1979	1980
환경예산(A)	13	22	25	52	120
일반회계(B)	22,585	28,669	35,170	52,134	64,785
A/B(%)	0.06	0.08	0.07	0.1	0.18

출처: 노상환(1997) 재구성

2 지속가능 발전기: 수질환경 예산 급증

김영삼 정부 출범 이후 1994년, 환경부문 예산이 급격하게 증가하였다. 1994년에는 지상방수도 등 업무인수에 따른 이체증액 1,379억 원으로 인해 전년대비 150% 증가한 4,716억 원의 예산을 배정받았고 총 1,606억 원이 기획된 4대강 수질개선대책의 시행으로 인하여 예산액이 전년대비 43% 증가하였다. 이는 1995년에 환경처가 환경부로 승격됨에 따라 조직규모가 커진 데 따른 결과라고 할 수 있지만 무엇보다도 1994년의 낙동강, 영산강 수질오염사고로 인한 환경수요 급증이 주된 요인으로 작용한 것으로 풀이된다. 한편 4대강 수질관리개선대책 마련을 위해 1994년부터 1998년까지 4년간 총 1조 6천억 원, 연평균 4천억 원 수준의 투자가 계획되었는데, 1994년 환경부 예산액이 4,716억 원 수준이었음을 감안할 때 매우 큰 규모였다고 할 수 있다. 이에 따라 전체 정부예산에서 중앙정부 환경부문의 예산이 차지하는 비중은 1990년대의 1%대에서 1995년 2.39%로 크게 증가하였다.

노무현 정부에 들어와 2003년 노후수도관 개량 등 융자예산이 대폭 감소하고 동강생태계보전대책과 같은 신규지원 사업의 시행, 경기진작을 위한 1회 추가경정예산 편성에 따라 환경부는 전년도에 비해 다소 감소한 14,037억 원의 예산을 배정받았다. 그러나 2005년, 수질오염방지 지방양여금 사업이 환경부 소관 환경개선특별회계 및 농업특별회계 사업으로 전환되고 수도권대기개선대책 등 대기

분야 예산이 증가됨에 따라 예산액이 전년 대비 96.7% 증가한 2조8,557억 원으로 책정되었다.

환경부 예산은 상수도, 수질보전, 폐기물 관리, 대기 보전, 자연 보전, 환경기술 및 연구, 기타 환경관리 부문으로 나뉘어 편성된다. 오염매체별 예산 배분 현황을 살펴보면 2005년에는 수질오염방지 지방양여금 사업이 환경부 소관으로 변경됨에 따라 수질보전 예산이 크게 상승하였다. 한편 2006년부터 '환경기술 및 연구'와 '환경관리 기타'가 '환경일반' 항목[7]으로 통합되어 집행되고 있으며, 같은 해 상수도 관련 예산액이 급격히 증가한 이래 최근까지 상수도 부문에 가장 많은 예산이 투입되고 있다.

3 녹색성장기: 범환경 예산의 증가[8]

정부예산 및 국내총생산이 지속적으로 증가하는 가운데 이명박 정부에서는 환경부문 예산이 2008년 36,568억 원에서 2012년에 이르러 51,496억 원으로 약 40% 증가하는 추세를 보였다. 한편 오염매체별 예산 관련하여 상수도 및 수질관리 예산이 가장 큰 비중을 차지하고 있는데, 이 중 상수도의 경우 1997년 2,727억 원에서 2012년에는 23,444억 원으로 급격히 증가하였고, 대기보전, 자연보전, 환경연구 및 관리 기타에 관한 예산도 꾸준히 증가하는 추세를 보였다.

박근혜 정부가 출범하면서 환경부문 예산이 2013년에 54,187억 원으로 출발하였으나 2015년에 59,178억 원으로 상승하여 2017년까지 그 수준을 유지하였다. 오염매체별 예산에 있어서는 상수도 및 수질보전 부문의 예산이 가장 높은 비중을 차지하는 등 이전 정부의 예산 배분 현황과 유사한 양상이었다. 이는 해당 정부기간 내 지속적으로 이루어진 조류문제 대응을 위한 고도정수처리시설설치사업과 노후지방상수도 정비 사업 예산의 증가에 기인한 것이다. 한편 화학물질의 안전관리 관련 사업 추진 및 화학사고 안전 교육과 폐기물 관리 부문의 예산도 꾸준

---

7   '환경일반'에 해당하는 예산은 환경정책, 환경보건, 국제협력, 환경연구·교육, 기타 환경관리 부문에 지출된다.
8   환경백서(2022)를 참조하여 재구성

히 증가하는 추세를 보였다.

　문재인 정부에서 환경 부문 예산은 2018년 59,572억 원으로 지난 정부와 비슷한 양상을 보이다가, 2019년부터 가파르게 상승하기 시작하여 2021년 95,548억 원, 2022년은 10조 원이 넘는 예산을 편성하였다. 이는 2019년부터 수소연료전지차 및 전기자동차 보급과 충전 인프라 구축이 확대되면서 나타난 현상이다. 구체적으로 수소연료전지차는 2018년 298억에서 2019년 1,420억 원, 2020년 3,496억 원, 2021년에는 4,416억 원으로 증가하였다. 또한 전기자동차의 경우 2019년 5,402억 원, 2020년 8,002억, 2021년 1조 1,226억 원으로 급격하게 증가하였다. 이 밖에도 수자원과 관련한 식수원 개발, 하수관로 정비 등의 부문에 예산이 증가함에 따라 수자원 관리 부문의 예산이 꾸준히 증가하고 있음을 확인할 수 있다.

그림 5-1 **환경부문 예산 (1980년-2022년)**

(단위: 억 원)

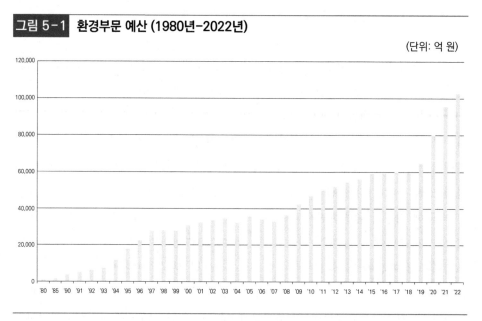

출처: 환경부 환경통계포탈(http://stat.me.go.kr) 및 환경부 환경예산과 예산제도(2022) 재구성

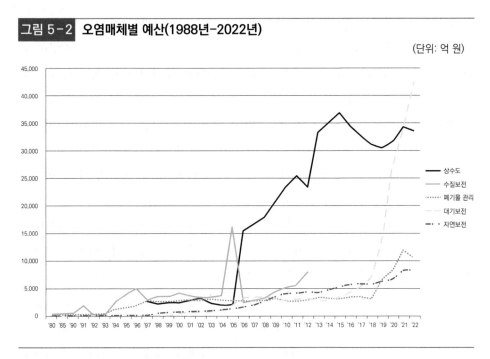

그림 5-2 오염매체별 예산(1988년-2022년)

(단위: 억 원)

주: 수질 보전 항목은 2013년 이후 상수도에 통합됨
출처: 환경부(2005a, 2007a), 환경부(www.me.go.kr) 재구성

V 결어

우리나라에서 환경 관련 이슈는 1960년대 전후 산업사회의 부산물로 등장한 대
기오염, 수질오염, 유해폐기물 처리에 관한 문제로부터 지속가능한 발전의 패러다
임으로 변화되어 왔다. 1960·70년대 '정책형성기'에는 환경문제가 오물처리 수준
의 위생문제로 다루어지다 본격적인 산업화로 인해 환경이슈가 공론화됨에 따라
정책의제로서 논의되기 시작하였다. 또한 1980년, 환경권이 헌법상 기본권의 하나
로 채택되면서 환경이 단순한 규제 또는 관리 대상이 아니라 국민의 권리 행사의
소재로서 그 개념이 확대되었고, 결과적으로 환경행정 주무관청의 지위가 격상되
었으며 환경법제가 보다 전문화되는 가운데 '성장기'로 접어들게 된다. 1990년대에

들어와 환경문제가 인류공동의 문제로 공론화되고 우리나라에서도 선진국형 환경문제가 대두됨에 따라 개발과 보전 간의 조화를 지향하는 '지속가능 발전기'로 이어진다. 이제는 우리나라도 환경과 경제의 선순환을 통해 시너지 효과 창출을 추구하는 탄소중립·녹색성장 환경레짐이 정책 설계의 기준으로 정착되고 있다.

특히 2000년대에 들어서면서 환경문제가 더욱 세분화되어 기후변화에 대한 범국가적인 대응, 지속가능한 발전을 위한 생태계 보전, 생태효율적인 산업 구조와 도시 공간구조의 마련, 건강한 생활을 위한 안전한 먹거리의 생산과 배분, 화학물질로부터의 안전성 확보 등이 주요 이슈로 제기되고 있다. 이명박 정부에서는 녹색성장을 강조하며 환경기술에 대한 기대와 관심이 높아졌으며, 박근혜 정부에서는 국민행복 시대에 부응하는 환경복지를 표방하였고, 문재인 정부에서는 환경정의와 탄소중립까지 환경행정의 범위가 확장되었다.

본 글에서는 우리나라 환경행정 60여 년 역사를 시기별 패러다임으로 구분하여 조직과 환경법, 예산측면에서 살펴보았다. 1960-70년대의 '형성기'에는 환경행정의 기반이 구축되었고, 환경부문의 조직 확대와 법제의 전문화가 본격화된 1980년대의 '성장기'에는 환경행정이 양적으로 성장하였다. 한편 환경문제를 인류 공동의 문제로 인식하면서 보전과 개발 간의 균형을 추구한 1990-2000년대의 '지속가능 발전기', 그리고 2000년대 후반에 들어와 환경을 경제·사회발전의 동력원으로 인식하는 패러다임을 수용한 '녹색성장기'를 거치면서 환경행정의 포괄범위는 더욱 확대되었다.

최근의 환경행정은 자연환경에 대한 이해와 관리 차원에만 머무는 것이 아니라 경제, 사회, 문화 등 다양한 영역과의 연계를 고려하여 설계되어야만 그 실효성이 높아지고, 글로벌 신기후체제에서의 행정 및 정책수요에 대한 대응성을 확보할 수 있다. 또한 '지속가능한 발전' 역시 시대적 변화와 사회적 요구에 맞게 조정되어야만 지속 가능할 수 있기에 우리나라 환경행정은 이러한 시대적 필요성에 대응함으로써 국가 및 사회 발전과 양립해왔다고 볼 수 있다. 나아가 우리나라 환경행정 60여 년을 넘어서는 이 시점에 2050년에는 글로벌 환경 청정국으로서의 대한민국 환경행정을 기대해본다.

참고문헌

김영평. 1991. 불확실성과 정책의 정당성. 고려대학교 출판부.

노상환. 1997. 환경예산과 정책목표. 한국환경정책평가연구원, 기본연구보고서.

박순애. 2001. 지속가능한 발전과 시민참여: 태도와 행동의 관계에 따른 전략적 접근. 도시행정학보. 14(2): 67-92.

박순애 · 이영미. 2001. 제2장 성장과 환경: 지속가능한 사회로의 진화. 박순애 · 윤순진 · 문태훈 외. 지속가능한 사회 이야기. 법문사.

_____. 2008. 조직학습 실패 사례를 통한 재난관리의 효과성 제고 방안: 해양 유류유출 사례를 중 심으로, 한국사회와 행정연구. 19(3): 25-53.

박순애 · 김성배 · 나태준 · 문성진 · 문태준 · 문현주 · 윤순진 · 정회성 · 조용성. 2015. 환경정책의 역사적변 동과 전망. 문우사.

심준섭. 2013. 새 정부의 과학기술, 정보통신 및 환경 에너지 정책 방향. 한국정책학회 The KAPS, 32:36-39.

정회성 외. 2014. 한국의 환경정책. 환경과 문명.

허장. 1998. 우리나라 환경정책의 형성과 발전에 관한 연구. 국토계획, 22(4): 221-241.

홍준형. 2005. 제2판 환경법. 박영사.

환경부. 2005a. 환경예산과 예산제도 2005. 환경부: 기획관리실.

____. 2010a. 이명박 정부 2년 환경정책 10대 뉴스와 발전방향. 환경부

____. 2010b. 환경30년사. 환경부.

____. 2011. 2012년도 환경부 소관 예산 및 기금 운용계획 개요.

____. 2014. 환경백서 2013. 환경부.

____. 2016. 2017년도 환경부 소관 예산 및 기금 운용계획 개요.

____. 2020. 2021년도 환경부 소관 예산 및 기금 운용계획 개요.

____. 2022. 2023년도 환경부 소관 예산 및 기금 운용계획 개요.

____. 2022. 환경백서 2022. 환경부.

환경부. http://www.me.go.kr

환경부 환경통계포털. http://stat.me.go.kr

자연자원의 현명한 이용, 지속가능한 지역발전

박창석

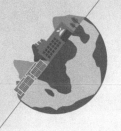

CHAPTER 06 자연자원의 현명한 이용, 지속가능한 지역발전[1]

Ⅰ 시작하며

1970년대 이후 우리나라는 압축적 개발과정을 거치면서 자연환경 훼손과 서식지 파편화, 생물다양성 감소 등의 문제를 경험하게 되었다. 이러한 문제에 대응하여 우리나라의 주요 지역을 자연환경보전지역으로 지정하여 관리하고 있다. 그렇지만 최근 들어 경제 여건의 성숙, 인구감소 및 고령화 등이 심화되면서 국토환경의 관리여건과 패러다임이 변화하고 있으며, 자연자원이 우수한 지역을 중심으로 자연환경과 보전과 지역활력 제고를 동시에 추진해야 하는 상황이다.[2] 기후위기 대응을 위한 자연자원에 대한 관심도 전 세계적으로 높아지고 있으며, 자연기반 해법을 모색하고 개발과정에서 훼손된 자연환경의 복원정책을 확대할 필요가 있다.

이러한 여건 변화를 고려하여 자연환경보전지역 확대에 주력하여 왔던 자연자원 관리정책을 자연환경 보전과 지역발전을 조화롭게 추진할 수 있도록 현명한 이용(wise use) 개념을 반영한 자연관리 패러다임으로 전환할 필요가 있다. 우수한

---

1 본 고(考)는 저자가 2009-2011년 동안 한국환경연구원에서 수행한 '국토자연자원의 현명한 이용전략 수립 연구'를 토대로 작성하였으며, 표와 그림과 내용은 해당 연구보고서에서 인용하였음을 밝혀둔다. 다만, 필요할 경우 관련 연구 등을 토대로 현행화하였다.

2 안종호 외, 2022, 뉴노멀 환경현안에 대한 중장기 환경정책 발굴 연구: 물ㆍ국토 부문. 한국환경연구원

자연환경을 가지고 있는 지역에 대해 지속가능 발전 요구를 채워주지 못한다면 그 지역의 자연환경 보전 정책에 대한 수용성은 낮을 수밖에 없고 지역간 불균형과 갈등 또한 심화될 우려가 높다.[3] 자연자원은 그 자체로서 사회·경제적 기능과도 밀접하게 연계되어 지역발전에 기여하고 사회적 빈곤을 줄일 수 있는 빈곤감소적 성장(propoor growth)의 핵심요소이자 지속가능발전목표(SDGs)를 달성하기 위한 중요한 수단이기 때문이다.[4]

이미 생물권보전지역이나 세계지질공원은 자연자원의 현명한 이용을 통해 지역발전을 도모하는 정책사례로 알려져 있다. 자연자원의 현명한 이용 역량과 지역 특성을 고려한 자연자원 활용전략이 지역발전에 중요하게 작용하고 있지만, 우리나라는 자연자원의 보전과 현명한 이용에 대한 정책적 관심은 상대적으로 낮은 실정이다. 자연자원에 대한 전근대적 자원관리방식 등으로 인해 자연자원의 관리와 이용에 효과적으로 대응하고 있지 못하다.[5]

따라서 자연자원 관리 패러다임의 변화를 인식하고 자연자원을 토대로 지속가능한 지역발전을 도모하는 동시에 새로운 환경가치를 창출할 수 있는 자원자원의 활용방안을 마련할 필요가 있다. 이를 위해, 자연자원의 개념과 특징, 자연자원의 현명한 이용 형태를 고찰하고 순천만을 대상으로 자연자원 활용이 어떻게 나타나고 지역발전과 연계되는지를 살펴보았다. 이를 토대로 자연자원을 기반으로 지속가능한 지역발전 방향을 모색해보고자 하였다.

---

3   안종호 외, 2022, 뉴노멀 환경현안에 대한 중장기 환경정책 발굴 연구: 물·국토 부문. 한국환경연구원

4   OECD, 2008, Natural Resources and Pro-Poor Growth: The Economics and Politics, DAG Guidelines and reference Series.

5   이순태, 2015, 자연자원의 관리와 이용에 관한 법제 연구. 한국법제연구원

Ⅱ 자연자원과 현명한 활용

1 자연자원 개념

일반적으로 환경은 자연자원과 생태계, 그리고 이들 사이의 상호작용으로 정의할 수 있다. 자연자연은 환경을 구성하는 하나의 요소가 되며, 여기에는 토지, 서식지, 어류, 야생 동·식물, 공기, 물, 지하수 등과 같은 생물 또는 비생물 자원을 포함한다. 자연자원의 유형은 크게 생물종, 토지·경관, 무생물로 구분할 수 있다. 법제적 측면에서 우리나라는 자연자원에 대해 정의하고 있지 않지만[6], 자연환경, 자연자산, 자연환경자산 등에 대해서 정의를 내리고 있다. 자연자산은 「자연환경보전법」 제2조에서 인간 생활이나 경제활동에 이용될 수 있는 유·무형의 가치를 가진 자연상태의 생물과 비생물적인 것의 총체로 정의한다. 자연자산은 ① 생산되지 않으며, ② 고갈되거나 훼손되면 쉽게 대체 또는 복원할 수 없고, ③ 생태계 필수 구성요소로써 훼손될 경우 생태계 서비스를 저하시키는 특징을 지닌다.[7]

이러한 자연자원은 인간 생활이나 복지(well-being), 경제적 활동 등에 직·간접적 영향을 주어 자산적 가치를 지닌 자연자산으로 바뀌게 된다.[8] 오늘날 자연자원은 그 자체로서의 존재가치와 더불어 조절가치, 문화적 가치, 경제적 가치 등 다양한 생태계 서비스를 통해 인간생활이나 복지, 경제적 활동을 지원하고 있어 자연자산으로 볼 수 있다. 자연자산은 인간의 삶을 영위하는 사회·경제적 시스템의 기반이 된다는 점에서 다른 자산보다 매우 중요하다.

---

6   자연자원이라고 하는 용어를 사용하고 있는 법률은 자연공원법뿐이며, 동법에서도 용어에 대한 정의는 없다. 김순태, 2015, 자연자원의 관리와 이용에 관한 법제 연구. 한국법제연구원

7   OECD. 2007. Measuring Material Flows and Resource Productivity. THE OECD GUIDE.

8   OECD, 2021, "Biodiversity, natural capital and the economy: A policy guide for finance, economic and environment ministers", OECD Environment Policy Papers, No. 26, OECD Publishing, Paris, https://doi.org/10.1787/1a1ae114-en.

표 6-1 자연자원의 유형

구 분	주요 내용	주요 사례
생물종	멸종위기에 처하거나 자연환경에서 서식하는 야생동식물(생물다양성)과 그 서식지를 의미	포유류, 어류, 식물, 미생물 등 생물다양성,멸종위기 야생 동·식물, 노거수, 천연기념물, 약용 및 식용 식물자생지, 동물서식지 등
토지·경관	생물학적 또는 물리적 생성과정을 거쳐 이루어진 토지와 경관, 생태계·경관의 복합 공간을 의미	하구역, 도서, 산림, 자연공원, 습지, 백두대간, 길, 다랭이논, 자연미관 등
무생물	생물 및 생태계 형성의 기반이 되는 물, 지형지질, 에너지 등을 의미	공기, 호수, 강물, 광물 및 지질, 화석, 자연동굴, 토양, 태양, 바람, 지열 등

2 자연자원 특징

자연자원은 어떠한 특징을 가지고 있을까? 자연자원의 경우, 예를 들어, 같은 소나무림이라고 할지라도 어디에 입지하고 있는 지에 따라 그 가치와 특성은 크게 달라질 수 있다. 이를 우리는 속지성(屬地性)이라고 부른다. 이러한 속지적 특성에 따라 자연자원은 지역성과 비경합성, 비가역성, 차별성의 특징을 보인다.

① 지역성 : 자연자원은 고유한 양(量)과 질(質)을 지니면서 자원이 존재하는 장소를 기반으로 향유되는 공간적 입지성을 지닌다. 복원, 창출 등을 통해 새로운 자원이나 가치의 되살리거나 창출은 가능하지만, 이 역시 지역을 기반으로 한다는 측면에서 지역 고유재 특성을 지닌다고 볼 수 있다.

② 비경합성 : 자연자원의 향유는 특정인의 전유물이 되지 않고 동시에 향유하더라도 추가 비용이 발생하지 않는다. 국립공원 등과 같은 아름다운 경치는 특정 개인을 배제하지 않고 아름다운 경치가 감소되지 않기 때문에 비경합성을 지닌다. 그러나 국립공원 이용자가 증가할수록 혼잡도가 증가하여 만족도가 감소하므로 자원에 따라 경합성의 정도가 달라질 수 있다.

③ 비가역성 : 훼손되면 원형 그대로 복원하기 어렵고 복원에 장기간의 시간과 노력이 필요하다는 점에서 비가역적 특성을 지니고 있다. 그래서 자연자원을 보전하고 훼손을 막을 수 있도록 하는 사전 예방 노력이 중요하다.

④ 차별성 : 자연자원은 자원 자체의 희귀성과 특성, 가치, 영향권역 등이 달라 이용 및 관리방안도 자원의 특성을 고려한 차별성을 필요로 하게 된다.

3 자연자원의 현명한 이용과 지역

3.1. 현명한 이용

현명한 이용(wise use)이라는 용어는 람사르 협약에서 처음 등장하였다.[9] 여기에서 현명한 이용은 습지 생태계를 유지하면서 인간에게 혜택을 주는 지속가능한 이용으로 정의한다. 습지의 현명한 이용에 대해서는 일정 시점에서 습지를 특징지우는 생태계의 구성요소, 프로세스, 편익서비스의 복합체를 의미하고[10] 현재 세대에게 최대한의 혜택을 주면서 다음 세대의 필요 수준도 잠재적으로 충족시킬 수 있는 범위 내에서 습지를 이용하는 것을 말한다.

현명한 이용은 습지에서 처음 사용되었지만 자연자원에 대해 폭넓게 사용되고 있다. 자원자원에 대한 현명한 이용(wise use)은 자연자원을 지속가능하게 활용하여 보전 가치를 유지·제고하면서 인간 생활과 복지, 경제적 가치를 위한 기회요인으로 활용하여 지속가능한 발전을 지향한다. 현명한 이용과 함께 현명한 보전(smart conservation), 생물권보전지역(MaB), 에코뮤지엄(ecomuseum) 등도 부각되고 있다. 현명한 보전은 개발과 보전의 이분법적 접근에서 벗어나 사전 대응, 체계적·종합적 접근, 다기능적 측면을 기반으로 개발과 보전의 통합을 위한 생태적 공간관리를 강조한다. 생물권 보전지역과 에코뮤지엄은 일정한 공간적 범역을 대상으로 자원 발굴, 주민 참여, 보전과 이용의 조화를 중요하게 고려한다. 이들은 모두 인간과 자연의 공존을 통해 지속가능한 발전을 지향한다는 공통점이 지니고 있다.

9 The Ramsar concept of "wise use", Ramsar Information Paper no. 7 (https://www. ramsar.org/sites/default/files/documents/library/info2007-07-e.pdf)
10 이순태, 2015, 자연자원의 관리와 이용에 관한 법제 연구. 한국법제연구원

표 6-2　현명한 이용과 관련 개념

구 분	지향	주요 특징
현명한 이용 (wise use)[11]	지속가능발전	• 지속가능한 발전의 틀에서 생태계 접근을 활용하여 생태적 특성의 유지를 도모하는 보전을 의미. 즉, 사회적 편익과 복지, 지속가능한 발전에 기여하는 범위 내에서 습지 등과 같은 자연자원의 이용을 추진 • 지역 및 지방, 국가, 국제적 수준의 다양한 이해당사자의 참여와 협력을 강조
현명한 보전 (smart conservation)[12]	생태적 공간관리	• 자원관리 및 계획, 보호에 중점을 두고 있음 • 주요 특징은 ① 사후처리보다는 사전대응, ② 체계적 접근, ③ 종합적 관점, ④ 다수의 광역행정구역을 고려, ⑤ 다기능적 접근, ⑥ 다차원적 고려 등을 강조 • 자연자원 및 환경을 고려한 보전과 개발의 통합적 접근을 중시하고 그린인프라(Green Infrastructure) 등 대표적 사례로 강조
생물권 보전지역(MaB)[13]	생물다양성과 경제발전, 문화가치의 균형	• 생물권 보전지역은 핵심지역, 완충지역, 전이지역으로 구분 • 생무르건 보전지역은 ① 보전이 필요한 생물다양성이나 생태계, 경관을 보선하고, ② 지속가능한 경제발전과 인간발전을 촉진하고, ③ 시범사업, 환경교육과 훈련, 연구와 모니터링 등을 통해 보전 및 발전을 촉진하는 지원기능을 지녀야 함
에코뮤지엄 (지붕 없는 자연박물관)[14]	자연유산의 보전과 육성, 그리고 지역사회 발전	• 에코뮤 지엄은 ① 공간적 측면에서 일정한 영역(지역)을 대상으로 하고, ② 수단적 측면에서 주민의 미래를 위해 주민 자신의 참가에 의한 관리활동을 촉진하며, ③ 내용적 측면에서 지역의 자연환경, 문화유산 등을 현지에 보전함을 지향

11　The changwon declaration on human wellbeing and wetlands. 2008.

12　Benedict, M and E. McMahon. 2002. "Green Infrastructure: Smart Conservation for the 21st Century" The Conservation Fund and Sprawl Watch Clearinghouse. pp.1-32.

13　http://www.unescomab.or.kr/v2/biosphere 및 UNESCO. 2002. 생물권보전지역: 인간과 자연을 위한 특별한 장소.

14　오하라 가즈오키. 1999. 에코뮤지엄으로의 여행, 카시마출판회

3.2. 자연자원의 이용 형태와 특징

자연자원에 대한 인식이 '보전'에서 '보전을 잘 할 수 있는 현명한 이용'으로 전환되는 이면에는 자연자원을 자산으로 보는 인식의 전환과 함께 자연자원에 대한 활용 수요가 자리잡고 있다. 경제성장을 목표로 급속히 발전하는 동안 많은 지역에서 자연환경이 사라지거나 훼손되었다. 이에 대응하여 자연자원을 잘 보전하고 복원하여 기후위기와 삶의 질을 풍요롭게 하고 자연자원이 지닌 가치를 지역발전과 연계시키고자 하는 노력도 확대되었다. 자연자원을 경제 성장의 원동력이고 지역발전과 빈곤을 줄일 핵심 요소이기 때문에[15], 현명한 자연자원 활용을 기반으로 지역 활성화를 도모한 사례들이 발굴하고 자연자원 활용사례와 전략들을 체계화하려는 노력들이 확대되고 있다.

자연자원의 이용은 임산물, 생태체험 등과 같이 실제 물품이나 서비스로 직접 시장에서 거래되어 경제적 가치를 창출하는 형태로 나타나기도 하고, 다른 재화의 이미지나 브랜드 가치를 상승시키는 외부효과를 유발시키는 형태로 나타나기도 한다.[16] 이를 토대로 자연자원의 이용은 직접 이용을 통해 경제적 가치를 창출하는 직접 이용과 자연 그대로의 이용 또는 외부효과를 고려하는 간접 활용으로 구분할 수 있다. 구체적으로 자연자원을 직접 이용하는 방식에는 자연 그대로의 상품개발, 자원 이용 상품개발 및 기업 입지, 축제 및 이벤트화, 체험상품화, 문화 콘텐츠화, 복원 및 창출에 따른 이용, 창조적 공간화가 포함된다. 자연자원의 간접 이용에는 자연 그대로의 이용, 경관관리, 지역 및 상품에 대한 브랜드화 등으로 구성된다.

---

15 OECD. 2008. Natural Resources and Pro-Poor Growth-The economics and polotocs. DAC Guidelines and Reference Series.

16 정휘 외, 2006. "산업화 측면에서의 농촌어메니티 자원의 활용성 평가" 「국토계획」 41(4): pp.157-169

표 6-3 자연자원의 이용 형태

구 분	활용 형태		활용 내용	주요 사례
직접 이용	자연 그대로의 상품개발		자연자원의 자연상태 그대로 거래하거나 상품화	• 자연물, 수석, 임산물, 웰빙숲(아토피) 등
	자연이용 상품 개발 및 기업 입지		자연자원이 다른 상품에 생산요소의 일부로 투입	• 공예품, 자연물, 토속음식 등을 시장에서 직접거래 • 웰빙 및 자연관련 상품 등에 생산요소로 투입 (향토주택 등) • 자연에 기반한 소규모 기업 지원(핀란드)
	축제 및 이벤트화		자연자원을 축제 및 이벤트로 활용	• 청정한 자연환경을 활용한 함평 나비축제 • 화천 산천어 축제, 메뚜기 축제 등
	체험상품화 (생태관광자원화)		체험 프로그램 등을 활용한 체험관광 자원화	• 생태관광, 갯벌체험 등의 체험 프로그램화 • 영화촬영지, 철새도래지 등의 탐방자원화
	문화 콘텐츠화		스토리뱅크, 청각자원, 경관자원 등의 문화 상품화	• 역사, 인물, 전설 등의 스토리를 영상물, 소설, 공연물의 소재로 활용, 이미지 제공 • 청각자원(새소리 등)을 모바일, 방송 등의 음원으로 활용 • 경관자원의 활용(달력, 배경화면 등)
	복원 및 창출에 따른 이용	자연 생태계 및 생물종의 복원	자연형 하천 조성 등을 통한 자연생태계의 복원을 통한 이용전략	• 화천 수달서식지 복원, 지리산 곰 복원 등을 통한 상품화 • 양재천, 안양천 등의 생태적 복원과 이용
		새로운 자연 자원 창출	자연자원을 새롭게 조성하거나 도입에 따른 이용전략	• 서천 생태원, 생물자원관 조성 • 함평 나비, 실개천 조성 등
	창조적 공간화		생태마을조성 등 자연자원을 활용한 지역 재창조	• 생태마을·생태주거지 개발 • 지역자연공원(프랑스) • 지붕 없는 자연박물관 조성(전북 진안) 등
간접 이용	자연 그대로의 이용		자연자원의 존재나 유지로 나타나는 효과	• 생물다양성, 홍수조절숲, 도시숲, 그린인프라 및 생태계 서비스 • 자연공원 및 한려해상국립공원
	경관 관리		양호하거나 우수한 자연경관을 바라보거나 인접하여 상품가치를 상승	• 국립공원, 습지 등 자연경관 • 경승지 주변의 숙박시설 • 안산시 광덕로·철로변 테마 공간 조성 • 부산 광복로 가로경관 토탈디자인 등
	브랜 드화	지역 브랜드화	지역 브랜드 이미지 형성에 활용(지리표시제)	• 프랑스의 지역자원공원(RNP) 라벨 • UNESCO의 라벨링 • 평창군(해피 700) 등
		상품 브랜드화	지역이나 지역 상품(농산물 등)에 자연자원 이미지 활용	• 친환경 이미지 등을 지역, 지역 상품에 활용 • 안성시의 안성맞춤 브랜드 등

3.3. 지역과 자연자원의 이용

일정한 지역에서 자연자원 이용이 이루어지는 과정을 살펴보면, 처음에는 자원을 발굴하고 지역의 가치와 선호를 토대로 핵심자원을 선정하고 활용하는 단계를 거쳐 점차 주변의 자원들을 서로 연계하거나 보완하면서 전체적으로 자연활용체계를 구축하면서 발전하게 된다. 이러한 자연자원 활용 형태는 고정되어 있는 것이 아니라 자원의 속성, 보전 및 이용 형태, 지역 역량과 선호 등에 따라 다양하게 나타날 수 있다. 지역에서의 자연자원의 이용형태를 살펴보면 크게 네트워크·연계 유형, 대체·보완 유형, 훼손·쇠퇴 유형으로 구분할 수 있다.

우선, 네트워크·연계 유형은 핵심자원과 연계되는 연계자원을 발굴하거나 다른 자원들이 핵심자원으로 발굴되면서 전체적으로 자원활용이 풍부해지고 다양해지는 형태이다. 이를 통해 지역의 발전과 활성화를 도모한다. 예를 들어, '갈대'라는 핵심자원에 '갈대축제'라는 연계 자원이 형성되었다가, 다시 '갈대축제'가 핵심자원으로 발전되면서 '갈대울타리 만들기'와 같은 주민소득 증대를 가져오는 연계자원과 '갈대 열차관광'과 같은 생태관광 관련 연계자원이 형성되면서 지역발전에 기여하는 경우이다. 독일의 뢴 생물권보전지역은 멸종위기에 처한 토종 양과 사과를 핵심자원으로 개발하여 뢴 양, 뢴 사과, 뢴 양모가공사업의 브랜드화를 추진하였고, 이를 통해 지역 소득과 초원생태계 보전에 기여하고 있다.

대체·보완 유형은 기존에 발굴된 핵심자원이 훼손되거나 가치를 상실하면서 연계자원이 핵심자원으로 대체하거나 다른 자원이 보완되면서 발전하는 경우이다. 일본 유후인은 한때 '온천'으로 유명한 마을이었지만 타 지역과의 경쟁에서 밀려나자, 온천을 즐기러 온 사람들의 여가시간을 위해 마련하였던 '영화'를 마을의 핵심자원으로 발전시켜 영화마을로의 차별화를 시도하였다. 이 마을은 '영화관 하나 없는 마을, 그러나 거기에는 영화가 있다'라는 독특한 타이틀을 내세우고 있다.

마지막으로 훼손·쇠퇴 유형은 기존에 발굴된 핵심자원이 과도한 이용이나 관리 부족 등으로 훼손되거나 가치를 상실하면서 자원에 대한 활용체계가 쇠퇴하여 지역에도 부정적 영향을 주는 경우이다. 핵심 자원을 훼손되는 과정에서 대체하거나 보완할 수 있는 지역 역량이나 지원이 부족하여 대체·보완유형으로 발전하지 못하는 경우에 나타나게 된다.

그림 6-1 **지역에서의 자연자원의 활용 체계 형성**

- 네트워크·연계 유형

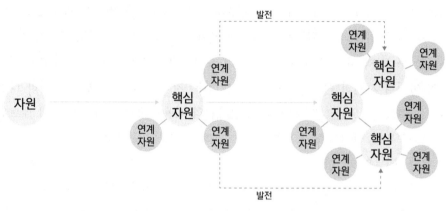

- 대체·보완 유형

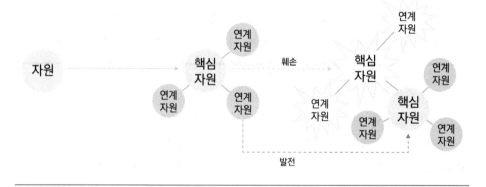

자연자원의 활용을 통해 지역발전과 활성화에 기여하는 측면을 살펴보면, 우선 자연자원을 보전·복원하고 체계적인 관리와 이용을 통해 쾌적하고 건강한 환경을 주민들에게 제공할 수 있다. 그리고 잘 보전되고 높은 가치를 지닌 자연자원은 지역민들에게 자긍심과 애향심을 고취시키며 방문객에게도 자연생태계에 대한 관심을 높일 수 있다. 마지막으로 자연자원을 통해 생태관광이나 자연환경 보호 관련 녹색직불제 등을 통해 지역소득 향상에 기여하고 지역내 자연자원의 가치를 경제적 가치로 전환시키는 역할을 수행할 수 있다.

Ⅲ 자연자원 이용사례와 특징: 순천만을 중심으로

1 일반 현황

순천만은 전남 순천시 대대동, 별량면, 해룡면 일원을 말하며, 우리나라에서 최대 흑두루미 월동지이자 철새 도래지이고 저어새, 큰고니, 개리 등 천연기념물 및 멸종위기종이 서식하고 있다.[17] 22.6㎢에 이르는 넓은 갯벌과 5.4㎢의 갈대밭 등이 분포하고, 짱뚱어, 갯지렁이류, 칠게, 맛조개, 새꼬막 등 연안 생태계의 보고(寶庫)로 평가된다. 순천만 주변에는 대대포구를 비롯하여 와온, 화포, 해룡 등의 여러 마을들이 위치하고, 마을 주민들은 순천만 갯벌생태계를 기반으로 하는 생활문화를 형성하고 농업과 어업 등에 주로 종사하고 있다.

그리고 순천만은 국가습지보호지역과 람사르 습지, 명승, 유네스코 생물권 보전지역, 순천 람사르 습지도시 등으로 지정되었다. 순천만에 면한 동천하구 습지는 생태계 보호구역, 국가습지보호구역, 람사르 습지로 지정되어져 있다. 순천만은 국가정원으로도 지정되었고 2023년 현재 국제정원박람회를 개최하고 있다.

그림 6-2 **순천만 자연자원 현황 : 갈대밭(좌), S자형 수로 및 원형 갈대군락(우)**

---

17 순천만 습지 홈페이지(https://scbay.suncheon.go.kr/wetland/story/0011/0002/)

2 순천만 자연자원의 이용형태

순천만에 대한 관련 문헌과 선행 연구 등을 토대로 자연자원과 이와 관련한 사회·문화자원을 조사하였는데, 갯벌, 겨울 철새, 원형 갈대군락, 갈대축제, 흑두루미, 짱뚱어, 동천, 용산전망대, 대대포구 등 43개 자원목록을 도출하였다. 이들 자원을 토대로 자원가치와 이용체계를 조사하고 지역발전과의 어떻게 연계되는지를 살펴보았다.

그림 6-3 순천만 자연자원 분포 현황

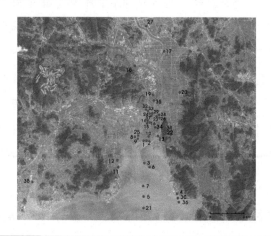

순천만이 보유하고 있는 자연자원의 가치를 살펴보기 위해 사회–생태 지도화(Social–Ecological Mapping) 방법론을 사용하였다. 이 방법론은 지역주민들이 자원에 대해서 어떻게 생각하고 활용하는 지를 토대로 가치를 측정하고 적응적 관리전략(resilience management)를 마련할 수 있다는 장점을 가진다.[18] 자연자원에 대한 가치는 연구목적이나 지역 특성에 따라 미적 가치, 생물적 가치, 경제적 가치, 교육적 가치, 위락 가치, 야생생태적 가치 등과 같이 다양하게 설정할 수

---

18 Alessa, et al., 2008, Social-Ecological Hotspots Mapping: A Spatial Approach for Identifying Coupled Social-Ecological Space, Landscape and Urban Planning 85(1):27-39

있다.[19][20][21]

　여기에서는 자원에 대한 보전 가치로써 경관적 가치, 생물 및 생태적 가치, 미래 가치를 설정하였고, 활용 가치로는 역사 및 문화적 가치, 관광 및 교육적 가치, 경제적 가치, 지역적 가치를 조사하였다. 앞서 도출된 43개 자원을 대상으로 각 자원에 대해 가치들을 주민인터뷰와 설문조사를 통해 조사하고, 이를 보전가치와 활용가치로 합산하였다. 다음으로 각 자원별로 보전가치와 활용가치의 평균을 기준으로 4개 사면으로 매트릭스(matrix)를 구성하고 사사분면 중 어디에 위치하는 지를 분석하였다.

　전체적으로 순천만의 주요 자원에서 갈대밭, 갯벌 등은 보전 및 활용가치 모두 상대적으로 우수한 자원으로 평가되었으며, 자연생태관, 장산갯벌 체험 등은 활용적 가치, 흑두루미를 포함한 겨울철새, 칠면초 군락 등은 보전가치가 높은 것으로 평가되었다. 절강, 뚝방길 등은 보전가치와 활용가치 모두 낮아 자원관리 방향과 활용 등을 고려한 개선 및 보완이 필요한 것으로 나타났다.

그림 6-4　순천만 자연자원의 보전가치-이용가치 매트릭스

높음	Ⅱ 사분면: 높은 보전가치, 낮은 활용가치 ⇒ 보전적 관리 (흑두루미, 칠면초 군락 등)	Ⅰ 사분면: 높은 보전가치, 높은 활용가치 ⇒ 보전적 이용 (갈대밭, 갯벌, 순천만 국제정원박람회 등)
보전 가치		
낮음	Ⅲ 사분면: 낮은 보전가치, 낮은 활용가치 ⇒ 개선 및 보완 (절강, 뚝방길, 와온해변 등)	Ⅳ 사분면: 낮은 보전가치, 높은 활용가치 ⇒ 이용적 관리 (자연생태관, 장산갯벌체험, 꼬막양식 등)
	낮음　　　　　　　　　활용가치　　　　　　　　　높음	

19　Hamann et al., 2015, Mapping social-ecological systems: Identifying 'green-loop' and 'red-loop' dynamics based on characteristic bundles of ecosystem service use, Global Environmental Change 34 (2015) 218-22

20　Dressela et al., 2018, Mapping social-ecological systems to understand the challenges underlying wildlife management, Environmental Science & Policy, Volume 84, 105-112

21　Rayers & Selig, 2020, Global targets that reveal the social-ecological interdependencies of sustainable development, Nat Ecol Evol 4, 1011-1019

다음으로 순천만이 보유한 다양한 자원들은 어떻게 서로 영향을 주면서 이용 혹은 보전가치를 강화하거나 재생산하는지를 살펴보았다. 이를 위해 중력모형 (gravity model)[22]을 활용한 네트워크 분석기법을 적용하여 보전 및 활용가치를 중심으로 하는 자원연계망을 도출하였다. 이러한 자원연계망을 토대로 보전 가치가 높은 자원들이 어떻게 서로 연계되는지를 파악할 수 있으며, 이를 토대로 자원과 자원간의 보전체계를 어떻게 마련해야 하는지 도움을 받을 수 있다. 활용가치가 높은 자원의 경우도 마찬가지이다.

구체적으로 순천만의 보전이나 활용을 위한 자원연계망 분석에서 '갈대군락'과 '갯벌', '짱뚱어', '흑두루미' 등의 자연자원이 공통적으로 나타나고 있다. 이들 자원은 순천만의 특성을 보여주는 보전의 대상이면서 탐방객이나 주민이 순천만을 이용하도록 하는 핵심 자원이기도 하다. 즉, 순천만은 갈대, 갯벌·습지, 겨울철새를 핵심자원으로 하고 이를 중심으로 다양한 자원들이 서로 연계되면서 보전하거나 이용하는 모습을 보여준다.

순천만의 핵심 자원인 갈대는 갈대축제로 발전되어 생태관광의 주(主) 소재로 활용되는 한편, 갈대베기와 같은 주민소득증대 대상으로 연계된다. 갯벌·습지 자원은 순천만 자연생태공원으로 연계되어 관광객의 생태적 교육 장소 및 경관 감상을 위한 장소로 활용되고, 자연생태공원 내에서 지역농산품(쥬스 등)을 판매함으로써 지역의 경제활성화에 기여한다. 순천만을 찾는 겨울철새, 특히 흑두루미는 순천만을 대표하는 자원으로 부각되고 순천시 시조(市鳥)로 상징화되어 나타난다. 경관농업은 철새의 먹이와 서식처 제공 역할을 수행하는 동시에 순천만 브랜드화를 촉진하고 환경가치 증진에도 긍정적인 영향을 미치고 있다.

---

22 중력모형은 경관조각 상호간의 면적이 크고 거리가 가까울수록 조각들 간의 이동은 증진되고 연결성도 좋게 나타나며 그 반대는 낮게 나타난다. 이러한 개념을 토대로 하여, 자원이 지니는 가치가 높을수록 그리고 자원 간의 거리가 가까울수록 연계성 지수가 높고 상호 연결되어 보전 혹은 활용 측면에서 중심적인 역할을 담당할 것으로 보았다.

그림 6-5 **순천만의 자연자원 이용체계를 보여주는 자원연계망**

● 보전 측면의 자원연계망

● 활용 측면의 자원연계망

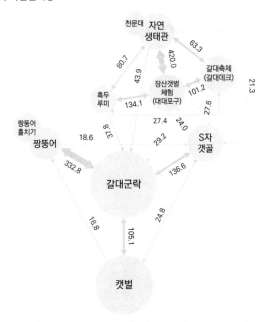

③ 지역발전을 위한 자연자원의 활용체계

앞서 살펴본 순천만 자연자원의 가치와 연계망을 토대로, 각 자원들과 연계자원들이 지역발전에 어떻게 기여하는지를 살펴보았다.[23] 순천만의 경우, 갈대와 갯벌·습지, 겨울철새 등과 같은 핵심자원을 중심으로 다른 자원들이 서로 연계되면서 일자리, 경제적 수익, 환경가치 제고 등 지역발전에 기여하는 것으로 나타났다.

우선, 순천만을 대표하는 핵심자원의 하나인 갈대는 갈대군락과 갈대소리, 갈대축제와 연결되고, 갈대베기와 같은 소득증대 사업, 문화콘텐츠, 생태관광을 거쳐 일자리와 경제적 수익을 창출하는 데 기여하는 것으로 판단된다. 갯벌·습지의 경우 S자 갯골, 자연생태공원, 람사습지, 절감·동천, 국제습지센터 등과 연계되면서 지역농산물 판매, 습지복원, 환경교육, 친환경 이미지 제고 등으로 연계되고, 경제적 수익과 일자리, 환경가치 창출 등의 효과를 보인다. 겨울철새는 흑두루미를 중심으로 먹이 및 서식처 제공, 전신주 제거, 경관농업 등을 거치면서 환경가치 증진과 경제적 수익 창출에 기여하는 효과를 나타냈다.

전체적으로 순천만의 자연자원은 갈대와 갯벌·습지, 겨울철새를 중심으로 생태관광, 축제 및 이벤트화, 문화콘텐츠화 등의 직접 이용과 경관농업 등 경관관리, 브랜드화, 자연 그대로의 이용 등을 통해 경제적 가치와 환경가치를 창출하고 지역발전에 기여하는 것으로 판단된다.

---

[23] 이를 위해 자연자원과 관련 자원이 지역발전에 미치는 영향을 관련 문헌과 담당자 등을 토대로 조사하고 정리하는 과정을 거쳤다.

그림 6-6 | 순천만의 현명한 이용과 지역발전의 관계

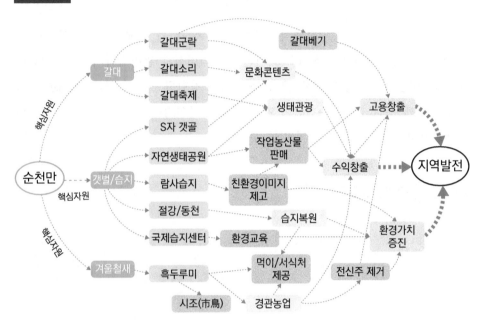

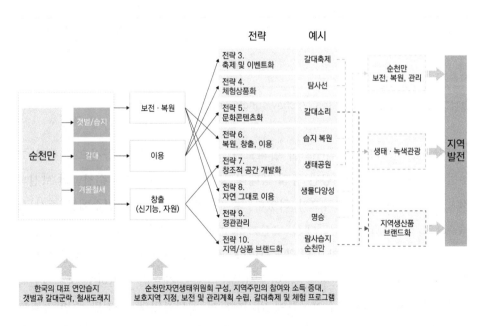

4 지속가능한 자연자원 활용을 위한 기반 구축

순천만 자연자원을 보전하면서 지역발전을 촉진하기 위해서는 지역의 물리적 기반이 도시공간구조가 생태적으로 전환되고 리더십과 관리체계 구축, 주민참여 활성화, 자원조사 및 관리 기반 구축 등도 함께 강화될 필요가 있다. 이러한 기반 구축이 함께 추진되어야 순천만이 지닌 고유한 자연자원을 보전하고 자연자원의 현명한 이용 역시 지속가능하게 만들 수 있다.

그림 6-7 순천만 공간구성 체계

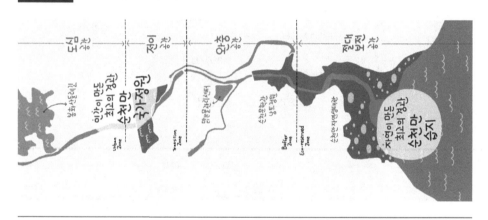

출처: 순천만 습지 홈페이지(https://scbay.suncheon.go.kr/wetland/)

우선, 순천시 도시공간구조를 살펴보면, 순천만을 핵심보전공간으로 두고 그 주변으로 완충공간, 전이공간 등의 생태적 공간구조로 계획하여 순천만의 보전과 지속가능한 관리를 도모하고자 하였다. 순천만으로 흐르는 동천수계를 중심 생 태축으로 설정하고, 순천만에서 도심까지 이어지는 공간을 절대보전공간, 완충 공간, 전이공간, 도심공간으로 구분하였다. 특히, 순천만을 절대보전공간으로 보 전하기 위해서 탐사선 선착장 등 이용시설을 완충공간으로 이전하고 국제정원박 람회와 국제습지센터는 전이공간에 입지하도록 계획하였다. 순천만 주변 개발행 위 규제를 위한 지침을 마련하고 국제습지센터 조성예정지를 순천만에서 도심 쪽으로 5km 떨어진 지역으로 선정하였다. 또한 핵심보전지역과 이용가능지역 내에 훼손되거나 가치가 저평가되어 있는 습지 및 폐염전에 대한 복원사업을 추진함으로써 순천만의 생태적 가치 증진 및 자원화에도 기여하고자 노력하고 있다.

순천만의 자연자원 활용을 지속가능하게 이끌고 있는 가장 중요한 요인은 리더십과 관리체계의 구축이다. 추진주체의 보전 의지와 리더십 그리고 순천만의 효율적 관리 및 활성화를 위한 일원화된 관리조직 구축을 토대로 지역 주민과 전문가로 이루어진 순천만자연생태위원회를 구성하였고 환경운동연합과 국제습지연대, 교육청 등과 교류·협력체계를 구축하여 순천만의 보전과 이용의 기틀을 마련하였다. 이러한 과정을 통해 핵심 자연자원과 연계 가능한 자원을 발굴하였다.

다음으로, 순천시의 브랜드화 추진에 따른 지역사회의 소득증대와 주민참여 활성화도 중요한 요인이다. 대부분의 보호지역에서와 같이 순천만도 보전 활동 초기에는 핵심지역 보호를 위한 시설 정비, 상업 및 주거시설 이전, 농경로 폐쇄 등으로 주민들과의 마찰이 발생하였다. 그러나 지속적인 주민인식 증진과 협력기반 마련을 위해 노력하였고 갈대베기와 갈대울타리 만들기, 축제 관리 등과 같은 주민참여 활동으로 주민인식의 변화와 소득 향상이 나타났다. 순천만의 친환경 이미지 상승으로 순천만 미나리, 갈대쌀 등의 농산품 판매가 증가하였다. 또한 철새 서식지 조성과 친환경농업 브랜드화를 위한 경관농업을 추진하고 전신·통신주 철거 등을 위해 영농지원단을 운영하는 등 지역주민이 순천만 보전 및 이용에 큰 역할을 담당하도록 유도하고 있다.

마지막으로 순천만은 자연자원을 브랜드화하는 동시에 자연자원의 생태적 가치를 확보하고 유지하기 위한 자원조사 및 관리 기반도 함께 구축하고 있다. 기초자원조사, 철새현황조사 등 생태자원 관리와 조사·연구사업을 수행함으로써 자원 인벤토리를 구축하고 생태적 가치의 유지 관리 활동을 활발히 하고 있는 점 또한 중요한 사항이다. 이러한 관리 체계 강화와 함께 사유지에 대한 조치, 자원을 활용한 경제적 가치 확대, 지역생산품의 인증제(라벨링) 등은 지속적인 개선과 확대 노력이 요구된다.

Ⅳ   자연자원 기반의 지속가능한 지역발전

자연자원의 보전 및 이용이 지역의 경제적 가치를 창출하고 지역주민의 삶의 질을 향상시킨다고 보는 시각에는 자연자원에 대한 현명한 이용이 자연자원의 보전에 기여할 수 있다는 사고에 기반을 두고 있다. 같은 자연자원 일지라도 자원 자체의 희귀성과 특성, 가치 등은 지역마다 고유한 속성을 반영하여 차이가 나타날 수 있고, 지역의 고유한 자연자원을 차별화시킴으로써 지역 활성화를 위한 촉진제로 활용할 수 있다. 예를 들어, 경남 남해군의 다랭이마을은 다랭이 논을 활용한 축제 및 체험 프로그램을 마련하여 농촌관광마을의 모델로 평가되며, 일본의 야쿠시마 생물권 보전지역은 해당 지역에서 생산되는 농·어산물을 지역 브랜드화하여 지역경제 활성화의 주요 수단으로 활용하고 있다.

자연자원에 기초한 지역발전은 크게 도입기→성장기→성숙기→재도약기 등의 단계를 거치면서 발전한다. 구체적으로 도입기에서는 자연자원에 대한 수요가 발생하면서 활용할 수 있는 자연자원을 발굴하는 단계이다. 그렇지만 자연자원 활용에 대한 지역사회의 인식이 부족할 수 있고 자원과 지역사회를 어떻게 연결할 것인가 하는 기본방향을 설정하는 데도 상당한 시간이 걸릴 수 있다. 자연자원 특성에 맞는 현명한 이용전략을 수립하는 과정은 초기 단계인 만큼 전략 선택의 폭이 다양하지 않을 수 있고, 따라서 자연자원 가치와 특성을 고려한 신중한 검토와 접근이 요구된다.

성장기에는 자연자원에 대한 수요와 경제적 가치도 함께 증가하는 기간으로, 자연자원의 특성을 고려한 보전 및 이용전략을 마련하고 전략 수행을 위한 노력들이 이루어지게 된다. 지역사회 이외에 많은 사람들에게도 알려지는 시기이기도 하다. 다음으로 성숙기는 많은 수요자들이 자연자원의 활용 시스템을 경험하면서 새로운 수요를 창출하거나 유지하지만 시간이 지날수록 성장추세는 둔화되는 경향을 보인다. 성숙기에는 기존에 발굴된 자원 외에 새로운 추가 자원이나 연계 자원의 발굴이 요구되며, 자연자원 외에 주변의 역사·문화자원들과 서로 연계하는 방안 등을 다각적으로 모색하기도 한다.

쇠퇴기는 자연자원이 고갈·훼손되거나 수요자의 기호 변화, 지역역량의 쇠퇴, 자원의 보전 및 이용전략의 실태 등으로 인해 수요와 이익이 감소하는 시기이다. 재도약은 새로운 핵심자원이나 수요층을 발굴하여 자원의 활용체계가 다시 강화하거나 새로운 시장을 개척하는 경우이다.

그림 6-8	**자연자원 기반의 지역발전 단계와 특징**

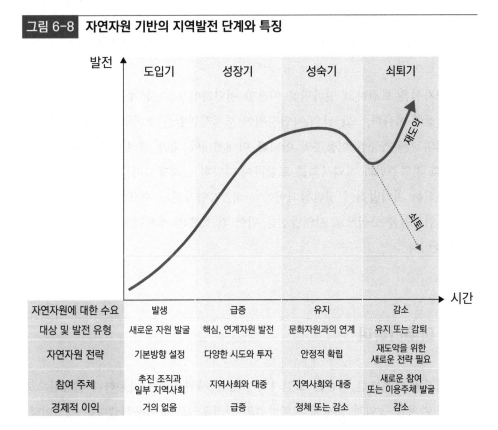

자연자원에 대한 수요	발생	급증	유지	감소
대상 및 발전 유형	새로운 자원 발굴	핵심, 연계자원 발전	문화자원과의 연계	유지 또는 감퇴
자연자원 전략	기본방향 설정	다양한 시도와 투자	안정적 확립	재도약을 위한 새로운 전략 필요
참여 주체	추진 조직과 일부 지역사회	지역사회와 대중	지역사회와 대중	새로운 참여 또는 이용주체 발굴
경제적 이익	거의 없음	급증	정체 또는 감소	감소

지역에 따라서는 도입기에서 성장기로 발전하지 못하는 경우도 나타날 수 있고, 때로는 도입과 동시에 성장할 수도 있다. 성숙기에 이르기 전에 쇠퇴기로 접어드는 경우도 있을 것이다. 지역에서 자연자원을 토대로 성장기와 성숙기로 발전하기 위해서는 자연자원을 보전하고 현명하게 이용할 수 있는 체계적인 전략

마련이 필수적이다. 자연자원의 현명한 이용는 자연자원 보전과 함께 가야 한다. 그렇지만 자연자원의 보전으로 인한 부정적 영향이나 갈등을 줄이는 보완대책이 필요한 경우가 많다. 호주의 경우 국토의 70%가 사유지로 높은 비율을 차지하고 있어 규제 및 단속 중심의 자연자원 관리정책으로는 자연자원의 보전이 어려운 상황이었다. 이에 보호지역의 사유지를 대상으로 경제적 인센티브 제도를 도입한 유도형 보전정책을 실시하였다. 그 결과 보전에 대한 동기부여가 전혀 없던 사유지 토지소유주들의 태도가 변화하였고 지역의 보전 효율이 증진된 것으로 나타났다.

자연자원을 보전하고 얼마만큼 이용할 것인가에 대한 문제는 쉽게 결정할 수 있는 대상이 아니다. 오늘날의 자연자원이 경제자원임을 보여주는 여러 사례들은 현 세대의 지속가능한 이용뿐만 아니라 미래세대에 대한 고려도 요구하고 있다. 무엇보다 지역주민과 지역사회를 포함하여 다양한 이해당사자들 간의 상호협력이 기반이 되는 지역발전이 뒷받침되어야 하며, 자연자원의 수요에 대한 파악과 더불어 자연자원을 중심으로 지역발전을 위한 긴 호흡의 체계적인 전략이 마련되어야 할 것이다.

Ⅴ 마무리하며

자연자원의 현명한 이용은 보전가치가 높은 자원을 지속가능하게 활용함으로써 보전 가치를 높임과 동시에 지역발전의 기회요인으로 이용하겠다는 개념이다. 동시에 지역발전과 새로운 국토환경 가치 창출이라는 측면에서 중요한 가치이기도 하다. 이를 구체화할 수 있도록 지역에서 자연자원의 현명한 이용을 위한 단계별 고려사항과 기본방향을 제안하면서 마무리하고자 한다.

지역의 자연자원을 발굴하고 다양한 전략 모색을 통해 지속가능한 자원이용 원칙을 토대로 최대한 활용하며 지역발전을 도모할 수 있는 체계를 갖추어야 한다. 자연자원의 현명한 이용을 통한 지속가능한 지역발전을 위해서는 자원 발굴, 자연

표 6-4 지역에서 자연자원 현명한 이용을 위한 단계별 고려사항

1단계	자원 발굴	• 우리 지역의 자연자원은 무엇인가? - 기존 문헌자료 수집 - 지역전문가 인터뷰, 현장조사 등을 통한 새로운 자원 탐색과 발굴
		• 우리 지역만의 차별화된 자원은 무엇인가? - 지역 유형화 자료 분석 - 자원활용 트렌드 분석
		• 종합적인 자원 인벤토리 구축 및 매핑
2단계	자원 연계	• 활용잠재력이 있는 핵심자원은 무엇인가? - 지역사회 및 전문가 설문조사 등을 통한 핵심자원 발굴 - 자원의 속성, 활용방향 및 가치 분석
		• 자원과 자원은 어떻게 연계할 것인가? - 점, 선, 면 자원 간 연계방안 마련 - 자원간 연결성 지수 및 연계망 분석
		• 핵심자원 – 연계자원 간 자원연계망 구축
3단계	자원 활용	• 자원 유형별 개별전략은 무엇인가? - 각각의 자연자원별 보전전략 및 활용전략 모색 - 직접가치, 간접가치로 구분한 이용가치별 활용전략 수립
		• 자원과 자원 간의 연계전략은 무엇인가? - 자연자원 외에 사회·문화·시설자원 등 통합적 고려 - 각각의 자원 가치를 향상시킬 수 있는 연계활용전략 수립
		• 지역과 지역 간의 연계전략은 무엇인가? - 거리와 시간성, 주변 자원과의 지역권을 도입한 권역간 자원연계 전략 수립
4단계	평가	• 지역발전을 위한 시범모델사업은 성공적인가? - 시범모델사업의 객관적 평가와 피드백 시스템 마련 - 시범모델사업의 효과 분석 시스템 마련 - 도입기, 성장기, 성숙기로 이어지는 일련의 발전과정 검토

연계, 자원 활용, 평가의 4단계를 거치도록 하고, 지역발전을 위한 시범모델사업을 마련하고 그 성과를 토대로 확대할 필요가 있다. 자연자원의 현명한 이용은 지역의 자발적 역량으로 지역 전체적인 현명한 자연자원 이용계획이 수립될 수 있도록 하는 것이 바람직하다. 그리고 지역 역량이 미흡하거나 강화할 필요가 있을 경우에는 계획수립을 위한 초기 단계부터 정부의 지원이나 전문가의 개입이 필요하다. 전문가는 지역이 스스로 사업을 수행할 수 있도록 유도하는 과정에 집중하고 객관적인 평가 및 관리 시스템을 마련하여 가이드라인으로서의 역할을 수행하여야 한다.

자연자원의 현명한 이용을 위해서는 보전가치가 높은 자연자원을 잘 보전하고, 보전을 전제로 자역활성화를 도모하고 자발적이고 적극적인 참여와 법 제도적 기반 구축 등이 요구된다.

① 보전가치가 높은 자연자원은 우선적으로 보전하거나 복원한다.

생태적 가치가 우수한 핵심자원을 보전하고 복원함으로써 지역의 환경가치를 증진시킨다. 자연자원의 보전·복원은 지역의 경제, 문화, 사회를 풍요하게 하는 기회자원으로 작용할 수 있다. 자연자원에 기초한 지역발전을 이끄는 요인으로 자연자원의 생태적 가치 확보 및 유지는 무엇보다 중요하다.

② 자연자원의 보전을 전제로 한 지역발전과 활성화를 도모한다.

잘 보전된 자연자원은 지역의 경제 활성화를 도모할 수 있는 최적의 자산으로 새로운 환경가치를 창출함으로써 지역의 경제적 소득을 향상시킬 수 있다. 자연자원의 가치를 합리적으로 평가·활용함과 동시에 자연자원 보전 및 이용에 대한 참여가 경제적 가치로 연결되는 자연－경제 순환시스템 기반을 구축하여야 한다.

③ 지역사회의 자발적이고 적극적인 참여와 협력을 필수로 한다.

자연자원 전략의 활성화를 위해서는 중앙 및 지방정부, 전문가, 지역주민, 시민단체, 기업, 기타 관련기관 등 지역사회의 자발적이고 적극적인 참여와 협력이 필요하다. 자연자원에 대한 지역의 자긍심 고취와 지역 활성화를 위한 주민 참여 기반 체계를 필수적으로 계획하고 실천하여야 한다.

④ 자연자원의 현명한 활용을 위한 법·제도적 기반을 강화한다.

지역의 소중한 자연자원을 보전·관리하고 현명하게 활용하기 위한 법과 제도를 정비하고, 자연자원의 훼손과 손실을 유발하는 각종 개발계획과 토지이용 등을 사전에 방지하기 위한 매커니즘을 마련하여야 한다. 법·제도적 개선은 자연자원의 보전 및 이용을 지속적으로 활성화하면서 지역의 참여를 유도, 촉진할 수 있는 기반을 마련하고, 합리적 재원조달, 자연자원 보전에 대한 경제적 보상 시스템, 자연자원의 침해정도에 따른 경제적 불이익을 줄 수 있는 제제수단 등이 강화되도록 해야 한다.[24]

---

24 이순태, 2015, 자연자원의 관리와 이용에 관한 법제 연구. 한국법제연구원

참고문헌

안종호 외. 2022. 뉴노멀 환경현안에 대한 중장기 환경정책 발굴 연구 : 물ㆍ국토 부문. 한국환경연구원.

오하라 가즈오키. 1999. 에코뮤지엄으로의 여행. 카시마출판회.

이순태. 2015. 자연자원의 관리와 이용에 관한 법제 연구. 한국법제연구원.

정휘 외. 2006. 산업화 측면에서의 농촌어메니티 자원의 활용성 평가. 국토계획 41(4): 157-169.

Alessa, et al. 2008, Social-Ecological Hotspots Mapping: A Spatial Approach for Identifying Coupled Social-Ecological Space. Landscape and Urban Planning 85(1):27-39.

Benedict, M and E. McMahon. 2002. "Green Infrastructure: Smart Conservation for the 21st Century" The Conservation Fund and Sprawl Watch Clearinghouse. pp.1-32.

Dressela et al. 2018. Mapping social-ecological systems to understand the challenges underlying wildlife management. Environmental Science & Policy. Volume 84: 105-112.

Hamann et al. 2015. Mapping social-ecological systems: Identifying 'green-loop' and 'red-loop' dynamics based on characteristic bundles of ecosystem service use. Global Environmental Change 34 (2015) 218-22.

OECD. 2007. Measuring Material Flows and Resource Productivity. THE OECD GUIDE.

____. 2008. Natural Resources and Pro-Poor Growth: The Economics and Politics. DAG Guidelines and reference Series.

____. 2021. Biodiversity, natural capital and the economy: A policy guide for finance, economic and environment ministers, OECD Environment Policy Papers. No. 26. OECD Publishing, Paris. https://doi.org/10.1787/1a1ae114-en.

Rayers & Selig. 2020. Global targets that reveal the social-ecological interdependencies of sustainable development. Nat Ecol Evol 4: 1011-1019.

The Ramsar concept of "wise use", Ramsar Information Paper no. 7 (https://www. ramsar.org/sites/default/files/documents/library/info2007-07-e.pdf).

UNESCO. 2002. 생물권보전지역: 인간과 자연을 위한 특별한 장소.

유네스코 http://www.unescomab.or.kr/v2/biosphere.

순천만 습지 https://scbay.suncheon.go.kr/wetland/story/0011/0002/

도시의 회복력을
높이는 물순환

변병설

CHAPTER 07

도시의 회복력을 높이는 물순환[1]

I 머리말

기후변화 등 지구환경변화와 도시화로 인해 침수, 폭염 등 다양한 도시문제가 발생하여 인명 및 재산 피해가 발생하고 있다. 특히 집중호우는 우리나라에 도심 홍수 문제를 발생시키고 있다. 이에 대한 대책이 전통적인 수단에 의존하고 있으며 각 대책 간의 연계도 미흡하여 피해를 저감하고 관리의 효율성을 확보하기 곤란한 실정이다. 사후 관리적이고 물리적인 관리방식보다는 지역의 취약성과 회복탄력성(Resilience)을 파악하여 위기를 관리하는 전략이 필요하다.

기후변화가 야기하는 불확실성과 위험성의 증가는 위기 대응에서 회복 역량을 보유한 지역이 자체적으로 대응하는 능력, 즉 지역이 스스로 회복탄력성을 갖추는 것이 보다 중요해지고 있다. 지역은 위기의 대상이며 대응 주체로서 과거에 위험들을 경험하면서 스스로 학습을 통해 자기조직화하는 능력(self-organization)과 적응 능력(adaptive capacities)을 향상시키는 것이 필요하다. 지역의 여건에 따라 충격에 대응하고 회복하는 차이를 나타내는 회복탄력성 개념을 도입하여 피해를 예방하고 사회적인 손실을 최소화할 필요가 있다.

본 글에서는 수자원에 중점을 두어 도시의 회복탄력성을 높일 수 있는 방안을

---

1   본 글은 필자가 2020년 연구책임자로 참여한 환경부 과제 '회복탄력성 기반 쾌적한 도시 구축방안 연구*'의 내용을 발췌하여 정리한 것임

강구하고자 한다. 수자원과 관련하여 회복탄력성을 증감시키는 도시의 속성들은 무엇인지, 그리고 어떤 요인이 어떻게 도시 물순환 회복탄력성 형성에 영향을 미치는지를 살펴보고자 한다.

Ⅱ 기후변화리스크와 폭우

세계경제포럼은 매년 경제, 사회, 환경, 지정학, 사회, 기술 등 5개 부문의 글로벌 리스크를 선정한다. 2020년 글로벌 리스크는 기상이변, 자연재해 등 주로 환경 이슈가 상위권에 분포하고 있다. 지난 2015년 주요 리스크는 지정학적 이슈가 상위권을 차지하였는데, 5년 사이 환경 문제가 최상위권에 분포하고 있어 시급성과 심각성이 높아졌음을 알 수 있다.

2020년 글로벌 리스크의 발생 가능성이 가장 큰 5대 요인으로 극심한 기상이변, 기후대책 실패, 자연재해, 생물다양성 손실, 도시환경재해 등 환경부문 리스크가 선정되었다.

경제적, 사회적, 기술적, 환경적, 지정학적 요인은 밀접하게 연결되어 있다. 즉 정치적, 경제적, 사회적 요인은 환경적 요인에 직간접적으로 영향을 미친다. 부문 내 연관뿐 아니라 타 부문 위험과도 높은 상호연결성을 보이는 것은 기후변화 대비를 위한 다양한 부문에 대한 고려와 글로벌 협력의 중요성이 커지고 있음을 나타낸다.

최근 한반도의 기온과 강수 변동성은 전 지구적인 온난화 현상 및 장기적 기후변동성의 직접적인 영향을 받고 있다. 한반도는 폭염일수, 열대야 일수, 여름일수와 같은 고온 관련 극한지수는 증가하고 있다. 우리나라는 2023년 6월과 7월에 발생한 폭우로 매우 큰 피해를 입었다. 6월 초·중순 엘니뇨의 영향으로 북상하기 시작한 정체전선으로 중부지역에 집중호우를 발생시켰고, 6월 하순부터 본격적으로 폭우의 영향을 받기 시작했다. 경북 예천과 문경은 집중호우와 산사태로, 충북 오송은 지하차도가 침수되어 많은 인명피해를 발생시켰다. 최근의 극심한 폭우를 고려할 때, 향후 국지적 폭우는 계속될 것으로 예상되는 바, 자연재해에 대응하는 회복탄력적 도시를 만드는 것이 절실하다.

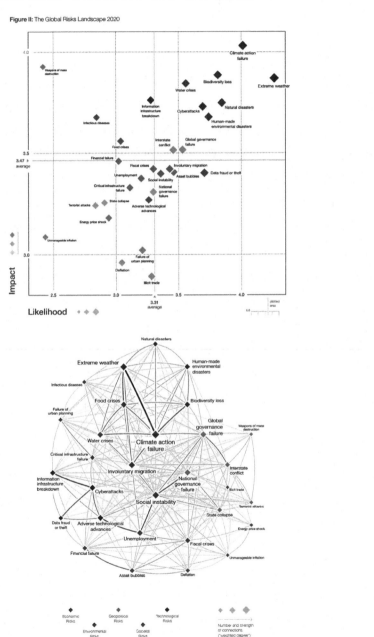

| 그림 7-1 | 2020년 글로벌 리스크 및 주요 리스크 간 상호연계성 |

출처: World Economic Forum, 2020, The Global Risk Report

Ⅲ 회복탄력적 도시

1 회복탄력성 개념

회복탄력성이라는 용어는 물리학, 수학 분야에서 스트레스 이후에 본래의 상태로 되돌아가는 물질과 시스템 자체의 능력을 가리키는 데 기인한다. 예를 들어, 용수철과 같이 외부의 힘을 받은 물체는 변화나 변형을 겪고 난 뒤 본래의 상태로 되돌아가게 된다. 이러한 힘을 물체의 회복탄력성으로 표현한다. 물체뿐만 아니라 생태계, 인간, 경제, 사회와 같이 특정 구조를 가진 시스템도 이러한 복원적 힘을 갖는다. 이 능력은 시스템의 여러 가지 특성에 따라 달라진다.

회복탄력성(resilience)을 간단히 설명하면, 외부 충격과 급작스러운 상황에 잘 대처하는 능력이다(Folke et al., 2002). 이러한 회복탄력성 단어의 어원은 라틴어 'resilio'로 이 단어의 사전적 의미는 '다시 뛰어오르다/되돌리다(jump back)'이다. Holling(1973)은 회복탄력성을 외부 교란에 대한 생태시스템의 작용을 설명하면서 이 개념을 처음으로 활용하였고, 이후 스트레스를 받은 시스템이 원래의 상태로 회복하고 되돌아가는 능력을 설명하게 되면서 좀 더 비유적인 의미로 정치, 사회, 심리학 등 여러 학문에서 응용, 발전되어 왔다. 또한 회복탄력성의 '다시 회복됨 (bouncing back)'의 의미는 재난 분야에서 재난의 영향을 받은 시스템의 극복 과정을 설명하는데 유용하게 활용되어 왔다.

Holling(1973)은 회복탄력성 개념을 처음 학계에 소개한 학자로 생태계에서의 외부 교란과 균형 회복을 회복탄력성으로 설명하였다. 초기에 회복탄력성은 engineering resilience로 본래의 상태로 회복되는 속도로서의 시스템 기능이 중요시 되었다(Folke, 2006). 이후 회복탄력성은 환경, 심리학, 경제학, 경영학, 공학 등 많은 분야에 응용되고 확산되었다.

본 글에서는 회복탄력성 개념을 '커뮤니티가 갑작스러운 위험에 대해 스스로의 위기 극복 역량을 갖추는 것'으로 보고, 회복탄력성을 갖는다는 것은 재난이 발생하기 이전에 대응하는 여건을 갖추는 것과 재난이 발행한 후 회복해 나아가는 능력까지를 포함하는 것으로 본다. 구체적으로 수재해를 사전에 예방하기 위한 방안으로 물순환 측면에서의 회복탄력성(resilience) 개념을 적용하고자 한다.

2 재난 회복탄력성

재난관리에서 회복탄력성이 핵심적인 개념으로 자리잡기 시작한 것은 2005년 International Strategy for Disaster Risk Reduction 회의 이후부터라고 할 수 있다. 허리케인 카트리나와 같은 극단적인 재난들이 세계 곳곳에서 빈번해지면서 재난분 야에 새로운 접근방법이 필요하다는 인식이 생기게 되었고, resilience 개념은 새로 운 관리 프레임워크로 적용되게 되었다. 1981년 Timmerman이 처음으로 자연재해 분야에 회복탄력성 개념을 사용한 이래로 재난관리 분야에서 회복탄력성 개념은 활발하게 적용되고 있다(Timmerman, 1981; UNISDR, 2005; Cutter et al., 2008; Norris et al., 2008). 기존에는 재난으로부터 손실을 완화하는 데 중점을 두었다면, 재난 회 복탄력성은 지역 자체의 대응력과 회복력을 강조하였다.

위험과 재난관리 분야에서 대부분의 정의는 회복탄력성을 "다시 회복하 는 bounce back" 일반적인 능력으로 기술하면서 역량을 강조한다. 예를 들어, Adger(2000)는 회복탄력성을 커뮤니티가 외부 스트레스와 disturbance에서 생존할 수 있는 능력으로 설명하였다. 재난 회복탄력성은 지역이나 시스템이 외부 자극 으로부터의 충격을 극복할 수 있는 잠재적인 능력이고, 과거의 경험으로부터 학 습되고 발전해 온 상태까지를 가리킨다. 자연재해를 입은 지역은 그 충격을 흡수 하여 피해를 최소화시키고, 외부의 조력 없이 스스로 피해로부터 회복할 수 있어 야 한다. 외부로부터 복구에 대한 도움을 받기 위해서는 피해 파악, 자원 동원 등 에 시간이 더 필요해지고, 이 시간이라는 변수는 피해를 입은 지역에 보다 큰 피 해를 초래할 수 있게 한다. 그러므로 지역 자체가 재난 회복탄력성을 갖는 것이 중요하다. 이것이 재난 분야에서 회복탄력성을 강조하는 이유이다.

최근의 재난관련 연구의 관심은 점차 공동체가 외부의 도움을 거의 받지 않고 도 스스로 극복할 수 있는 역량을 갖추는지에 집중되고 있다. 재난 관리에서 충격 을 흡수하고 재난으로부터 회복하면서 부정적인 영향을 다루는 커뮤니티의 역량 을 강조하는 회복탄력성 개념은 재난 대응의 새로운 대안 틀로서 주목을 끌고 있 다. 본 글에서는 폭우로 인한 도심지역의 침수피해를 사전에 예방하는 등 물순환 측면에서의 회복탄력성 개념을 적용하고자 한다.

3 회복탄력도시

자연재해는 자연으로부터 기인하지만 인간의 삶에 피해를 줄 때 재난이 된다. 무인도에 집중호우가 내리는 것은 자연현상에 불과하지만, 인구가 밀집되어 있는 도시지역에 집중호우가 내리게 되면 커다란 재난으로 이어진다. 이처럼 지역이 어떠한 상태인지에 따라 재난의 영향의 크기가 다를 뿐 아니라 지역이 어떠한 여건을 가지는지에 따라 충격에 잘 대응하고 회복하는지가 결정된다.

회복탄력도시는 물리적 환경, 사회, 경제적인 측면이 모두 고려되어야 한다. 각 도시가 직면한 문제와 도시가 가지고 있는 잠재력을 바탕으로 서로 보완해줄 수 있는 상호작용이 필요하다. 이러한 개념에 입각해서 물순환을 촉진하고 회복하는 것에 주안점을 두고 물리적 환경을 어떻게 개선하고, 사회 거버넌스와 재정적 지원 및 제도를 어떻게 만들어야 하는지 살펴보는 것은 중요하다.

단기적인 지표만으로 도시의 성공을 가늠하기 어려운 시대가 되어가고 있으며, 장기적인 안정성과 경쟁력의 측면에서 도시를 바라보아야 하는 시각이 필요하다. 회복탄력도시는 이런 시각을 정립하는 데 도움이 될 수 있다. 회복탄력성에 입각하여 물순환의 취약성과 적응력을 파악하고 그에 대비하는 장·단기적인 계획을 수립하는 것이 바람직하다.

기존 물관리 시스템이 설계 당시에 고려하지 못한 기후변화로 인한 피해에 직면해 있다. 이제 높아진 불확실성을 고려해 대응가능한 방식으로의 전환이 필요하다. 외생적 변화에 대한 다양한 미래 시나리오에 현재 도시의 상태를 대입해 어떤 부분이 기후변화 영향에 취약한지 파악할 수 있어야 한다. 예상되는 기후변화에 대비하여 현재 시점에서의 적극적이고 종합적인 물순환 정책을 수립하는 것이다. 고비용의 에너지에 의존하기보다는 자연의 힘을 이용한 저비용의 물순환 시스템으로의 전환이 필요하다. 대규모의 수송 및 처리에 입각한 현재의 집중형 시스템이 아닌 도시 차원의 분산형 시스템으로 발전할 필요성이 있다.

자원의 적절한 배분, 제도적 수용용량에 대한 체계를 잡고 운영하면서 위험을 줄여 나가야 한다. 도시에 사는 사람들은 누구나 기본적인 안전을 보장받을 수 있어야 하며, 경제와 주거 등 다양한 부문에서 안전성을 유지하도록 해야 한다. 사회, 환경, 경제 등 모든 관계는 연결되어 있으며, 도시민들은 거주지에서 안전함을 누릴 수 있도록 회복탄력도시를 조성하는 것이 시급하다.

Ⅳ 선진국의 대응

1 네덜란드의 델타프로젝트

네덜란드는 국토가 대부분 해수면보다 아래에 위치함에 따라 발생할 수 있는 해수침투와 이에 따른 물공급에 미칠 영향 등을 고려하여 2009년부터 6년마다 국가물계획을 수립하고 있다. 국가물계획은 기후변화와 인구·경제·투자 등을 고려하는 지속가능한 물관리를 추구하고 있으며, 수질, 홍수예방, 홍수방어 등을 목표로 제시하고 있다. 이러한 국가물계획은 델타프로그램(Delta Project)의 초기 골격을 제시하는 등 네덜란드 물관리 정책의 근간으로 활용되고 있다. 네덜란드 정부는 '하천을 되살리는 것, 홍수와 더불어 사는 것, 유역과 도시의 재생'을 목표로 2015년에 21세기 신물관리정책을 추진하였으며, 이에 따라 기존 하천 안쪽의 작은 제방을 터서 홍수 시 주변 농경지가 물에 잠기게 하여, 기후변화로 인한 대형 홍수피해를 줄이고자 생태계를 이용해 홍수예방을 하고 있다.

델타사무국의 주도하에 중앙정부와 지방자치도시, 물위원회, 비즈니스공동체, 연구원 등은 해수면 상승과 우기의 토양유실로 인한 삼각주 보호, 기온상승에 의한 가뭄 대비 담수의 충분한 공급 등을 목적으로 델타프로젝트(Delta Project)를 시행하고 있는데, 이 프로젝트는 해수면 상승에 대비한 홍수방어 계획, 댐의 안전기준 및 설계 강화, 해수면 상승에 취약한 8개 해안지역의 지정 및 연결성 강화, 라인강 범람에 대비한 여유공간(room for water) 확보, 홍수다발지역 정비사업, 해안지역의 모래유실 방지 등의 내용을 포함하고 있다.

델타프로젝트는 국가 차원의 주제별 3개 하위프로그램과 광역 차원의 지역별 6개 하위프로그램으로 구분되는 총 9개의 하위프로그램으로 구성되어 있다.

표 7-1 델타프로젝트의 주제별 · 지역별 하위프로그램

구분	하위프로그램	내용
주제별 (국가차원)	홍수 안전	기후변화 대비 다양한 홍수 안전기준 마련
	담수공급	미래 물 부족 대비 담수공급 방안 마련
	신건설과 재구조화	기후변화 대비 기반시설 및 기존 도시 정비
지역별 (광역차원)	해안	해수면 상승에 대비한 모래 공급 및 보충과 해안개발
	웨덴 해안지역	생태계 모니터링
	남서 삼각주 지역	삼각주 보호, 과잉공급 물저장, 염수배출
	드레스덴지역	물 계획을 고려한 공간개발과 장기적인 홍수 안전 및 지속적 담수공급
	유역권	물 저장 공간 마련 및 보전
	이지셀미여지역	다목적 댐 건설

출처: 심우배 · 김걸 · 한우석 · 구형수, 2011. 도시재생라이브러리

　'델타프로젝트 2018'에서는 공간적응(spatial adaptation)의 중요성을 강조하고 있다. 2050년까지 적용되는 기후와 물 관련 복원력의 강화를 위한 공간적응 장기 계획을 수립하였다. 이 계획에서는 하천 흐름, 열 스트레스 위치 등 기후 및 공간적 특성을 고려하여 가뭄 해결과 홍수피해 저감을 위한 다양한 공간계획적 대책을 마련하였다. 공간적응에 대한 목표를 달성하기 위해 지역의 취약성 분석, 목표 설정, 기후에 대한 회복력 강화 등 분석(analysis), 장기목표(ambition), 행동(action)의 3가지 접근법을 채택하였다. 이 모든 과정은 중앙정부 및 지방정부에서는 전문 기관, NGO, 지역주민 등 다양한 구성원의 참여로 장기적인 계획을 수립하고 있다.

　건축물 차원의 공간적응 전략으로는 옥상 녹화, 침투를 용이하게 있는 타일, 자갈밭 등이 있으며, 커뮤니티 차원에서는 식물조성, 빗물활용, 소규모 저류지 등이 있다. 광역 차원으로는 학교, 관공서, 주차장, 도로 등 공공시설물뿐만 아니라 하천 등의 주변 자연환경과 방재시설물 등을 종합적으로 고려한 공간적응 전략을 계획하였다.

2 덴마크 코펜하겐

코펜하겐은 이전부터 홍수가 빈번히 일어나긴 했지만, 지난 2011년에 극심한 홍수가 발생하면서 위험성이 더욱 증가하였다. 이에 대해 덴마크는 대규모 홍수를 일시적인 홍수로 여기지 않으며 대책을 강구하기 시작했다. 그 대책으로 Cloudburst Concretization Mesterplan을 수립한다.

코펜하겐 Cloudburst Concretization Mesterplan은 도시의 회복탄력성을 위한 공원, 광장, 도로, 도시운하, 녹색길 조성 등 도시의 전반적인 계획이며 모두 하천과 발트해로 배출될 수 있게 연결되어 있다. 이 계획은 홍수 관리와 수질에 대한 주요 문제를 해결하는 동시에 도시 환경과 시너지 효과를 창출하고자 하는 것이다. 클라우드버스트 도로, 공원, 광장 등 "클라우드버스트 툴박스"는 역동적이고 다기능적인 기초 시스템을 제공한다. 인프라는 이동성, 레크리에이션, 건강 및 생물 다양성과 같은 필수적인 도시 서비스를 포함하며, 장기적으로는 회복력과 경제적 부양을 보장하는 전략적이고 실현가능한 접근 방식을 채택한다.

그림 7-2 코펜하겐 클라우드버스트 툴박스

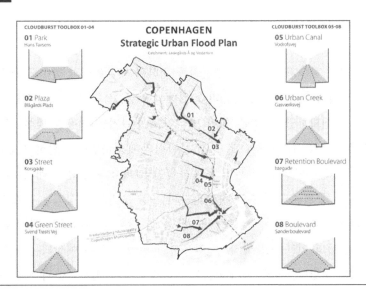

출처: 코펜하겐시

도시 시스템은 Flood Zone(범람구역)과 Safety Zone(비범람구역)으로 나누어 조성하여 외부공간을 이용하는 시민들의 안전을 최대한 확보하고, 물길을 안전하게 유도함으로써 도시의 홍수피해를 최소화하고자 하였다.

코펜하겐의 도시계획가들은 기후변화에 대비하여 해안가에 위치하고 있어 취약할 수밖에 없는 해수면 상승의 문제와 향후 예상되는 초강력 태풍에 대비하기 위하여 2100년을 위한 도시 디자인을 수립하였다. 이 계획은 기후변화에 대비하여 도시의 빗물제어능력을 크게 향상시키는 것이 주된 목표다. 계획팀은 현재까지 볼록한 가로(convex street)와 건물들 사이의 소공원(pocket park), 호수 준설작업 등을 디자인 해법으로 제시하고 있다.

볼록한 가로는 폭풍이나 홍수로 인해 넘쳐흐르는 물을 빠르게 해안가로 흘려보내는 수로 역할을 한다. 소공원은 여름의 뜨거운 태양열을 흡수하여 폭염으로부터 시민들을 보호하고, 폭풍과 같은 집중호우 때는 빗물을 저장하는 용도로 활용된다. 이는 한꺼번에 많은 양의 빗물이 볼록한 가로로 갑작스럽게 흘러들어가는 것을 지연시킬 수 있다. 준설작업을 통해 바닥이 더 깊어진 호수는 예전보다 더 큰 빗물 수용능력을 지니게 될 것이다.

3 독일 베를린과 함부르크

베를린 시는 지속가능한 도시 물관리를 위하여 빗물관리와 하수도 관리를 연계하였으며, 도시의 전체적인 빗물관리를 위해서 건물, 블록, 유역 단위에서 물순환, 이용, 처리를 계획하였다. 기존 처리 방식인 우수관거를 이용한 빗물 처리방식을 빗물 발생원에서의 처리 방식으로 도시 물관리의 패러다임을 전환하고 있다.

빗물관리 – 하수도 시스템 관리 연계사업인 KURAS 사업은 미래의 인구증가와 기후변화로 인해 기존의 우수와 하수관거의 용량 초과로 예상되는 문제를 통합적 관리로 해결하고자 하였다. 건축물, 도시, 유역 단위의 유기적인 연계를 통해 빗물 관리 기술들의 인프라를 확장 및 활용하여 미래 발생이 예상되는 요구를 충족할 수 있도록 하였다. 학계, 산업계, 지자체의 다양한 전문가들의 지속적인 참여를 통해 KURAS 사업은 베를린의 비점오염을 포함한 빗물관리에 대한 전문성을 축척하고 있다.

포츠다머플라츠 단지 곳곳에 우수저장 및 정화를 위한 생태연못을 조성하였는데, 생태연못은 기존 생태하천과 연계함으로써 평상시에는 빗물 이용 및 저류에 활용하고, 수용 초과량은 단지 외부로 유출한다. 생태하천을 중심으로 수로가 대상지 전체에 연결되어 있는데, 이를 통해 모든 지표수가 생물학적 정화과정을 거쳐 습지 및 생태공원 등에 재활용됨으로써 도시의 지속가능성을 유지하고 있다.

포츠담 광장에 있는 소니센터는 빗물 재이용시설로 유명하다. 보도블록 중간중간에 빗물을 받아서 간단한 여과를 거쳐 호수나 수세식 화장수의 세척수로 사용한다. 지붕으로부터 배수되는 빗물은 지하의 콘크리트 저장조에 모인다. 저장된 빗물은 광장 사무실 빌딩에서 화장실이나 소변기 및 야외 오락시설 용수로 이용된다. 또한, 사무실 빌딩의 화재를 대비하여 소화 용수로도 저장된다. 비상용 저장조가 차게 되면 나머지 물은 합류 하수 시스템으로 유출된다.

다음으로 함부르크의 정책을 살펴본다. 함부르크는 지역적으로 침수 위험도가 높고 기후변화로 인한 이상기후와 강우 패턴의 변화로 겨울철 강수량이 증가하고, 개발 행위로 인한 불투수면이 늘어남에 따라 기존 도시 배수체계에도 큰 부하가 발생하게 되면서 도시 침수 문제가 있다.

이에 함부르크 주정부 도시개발환경국은 기후변화에 따른 도시 침수와 하천 생태계의 파괴에 대응하기 위해 함부르크 상하수도 사업본부와 함께 기후변화 대응형 도시 빗물 인프라 구축 계획을 수립하였다. 기후변화 대응형 빗물관리 인프라 프로젝트는 미래의 기후변화에 대응하기 위하여 도시의 물관리 인프라를 보강 및 재구축하는 것을 목적으로 하고 있으며, 물관리 기술을 포함하여 도시 공간계획과 제도적인 조치를 모두 포함하고 있다. 이 계획은 기후변화에 따른 영향 내에서도 현재 도시의 배수체계가 제공하고 있는 안락한 도시 기반 기능을 유지한 채, 자연의 하천 생태계도 보호하는 동시에 도시의 홍수도 저감하는 혁신적인 방안을 모색하고 있다. 이를 위해 가장 최신의 물순환 관리 기술을 총망라하는 물관리 기술들과 도시 및 공간계획과의 연계를 통해 변화된 외부공간과 계획시설에 대한 적합한 제도적인 조치 및 방안을 마련하고 있다.

| 그림 7-3 | 다양한 주제도의 중첩에 의한 도시계획 요소 연계 |

RISA – Rain InfraStructure Adaption

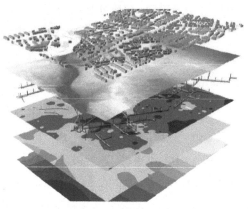

Buildings/ build areas
sealed areas

Digital Terrain Modell

Sewer System (RW / SW)

Infiltration Capacity

Geology

Groundwater Level

출처: 함부르크주

    독일 함부르크는 식수공급 및 하수처리 분야의 약 150년의 경험을 바탕으로 기후변화와 에너지 문제에 대하여 수자원 분야에서의 방안 마련을 위한 노력이 추진되고 있다. 'Hamburg Water 2018'은 지역별 기후, 경제, 수행능력, 문화, 도시의 기능 유형 등을 고려하면서 서로 다른 해결방안의 결합을 통한 에너지 자립에 대한 목표를 갖고 있다.

    그 첫 번째 실천 사례가 바로 'Hamburg Water Cycle(HWC) Jenfelder Au'이다. 엔펠더 아우의 단지계획의 물관리 계획이 이미있다. 빗물은 단지 외부로 유출 되지 않고 분산식 빗물관리 개념을 적용하여 '침투 – 증발 – 저장 – 이용'을 위해 단지 내 자연 연못을 조성하고, 폭우로 인한 홍수를 예방하기 위해 일부는 혼합 관거를 통해 자연정화가 될 수 있도록 하고 있다.

V 물순환 적용방안

1 그린인프라 조성

미국환경보호청은 그린인프라를 "커뮤니티가 건전한 수자원을 유지하고, 다양한 환경적 편익을 제공하며, 지속가능한 커뮤니티를 지탱하기 위해서 선택할 수 있는 접근법이라고 설명한다. 그린인프라는 빗물을 하수관으로 처리하는 단일 목적의 회색인프라(gray infrastructure)와 달리 빗물이 떨어지는 지역에서 빗물을 관리하기 위해 식생과 토양을 사용하며, 건조 환경내로 자연적 과정을 통합함으로써 강우관리뿐 아니라 홍수완화, 대기질 관리 등 다양한 편익을 제공할 수 있다. 이러한 기법은 자연의 토지와 물의 상호 연결된 네트워크로서 서식처 코리더와 수자원을 보호할 수 있다. 커뮤니티와 근린차원에서 그린인프라는 불투수 면적을 줄이고 걷기에 좋은 환경을 제공한다. 부지차원에서 그린인프라는 수목, 식물 등의 자연식생을 사용하여 대상지의 강우유출수를 관리하며 레인가든, 투수성포장, 옥상녹화, 침투플랜트, 수목여과상자, 빗물저장에 도움이 된다. 따라서 그린인프라는 기존의 저영향개발에 비해 지역에서부터 도시, 단지, 건물, 가로까지 더욱 광범위한 규모에 걸쳐서 다차원적으로 적용할 수 있는 개념이다.

도시 물순환 관리 전략으로서 그린인프라는 저영향개발과 같이 빗물이 떨어진 지역에서 증발산, 침투, 저류 등으로 대부분의 빗물이 처리되는 자연의 수문학적 방식을 모사하는 것이다. 따라서 강우를 처리하는 데 있어 자연의 수문학 방식을 모사한 그린인프라는 기본적으로 증발산, 침투, 저장, 재사용의 방식으로 개념화될 수 있다(김승현, 2014).

CNT와 American Rivers에서 2010년 공동으로 연구한 보고서, The Value of Green Infrastructure: A Guide to Recognizing Its Economic, Environmental and Social Benefits 에서는 그린인프라를 "빗물이 떨어진 지역에서 이를 저장하고 침투시켜 강우유출수를 저감하고 주변 하천의 건강성을 향상시키기 위한 옥상녹화, 수목, 레인가든, 투수성포장과 같은 분산식 강우관리시스템의 네트워크로 정의한다(WEFTEC, 2010).

이에 기초하여 그린인프라의 유형을 옥상녹화, 수목식재, 생태저류와 침투시설, 투수성포장, 빗물 저장으로 나누고, 이들이 각각 제공할 수 있는 강우유출수 저감, 에너지 사용 저감, 대기질 향상, 이산화탄소 저감, 대기열섬효과 완화, 지역거주성 향상, 서식처 제공, 공공교육의 기회 제공 등의 다차원적 편익에 대하여 분석하였다. 분석 결과에 따르면 옥상녹화와 가로수 등의 그린인프라는 식생을 통해 이산화질소, 오존, 이산화황 등 대기 중의 오염물질을 제거하여 대기질을 향상시키고, 증발산을 통해 주변의 대기온도를 낮춰 도시열섬현상을 완화시켜 에너지 사용을 저감시키며, 열섬으로 인해 질병이 발생하는 경제적 비용을 절감시킬 수 있다. 또한 도심지에 공원과 녹지공간을 제공함으로써 도시민의 건강을 향상시키고, 수목과 식생은 대기 중에 배출된 이산화탄소를 흡수하여 온실가스를 저감시키는 등 사회적, 환경적, 경제적 편익을 제공할 수 있다.

그림 7-4 그린인프라의 유형에 따른 다차원적 편익

Benefit / Practice	Reduces Stormwater Runoff: Reduces Water Treatment Needs	Improves Water Quality	Reduces Grey Infrastructure Needs	Reduces Flooding	Increases Available Water Supply	Increases Groundwater Recharge	Reduces Salt Use	Reduces Energy Use	Improves Air Quality	Reduces Atmospheric CO$_2$	Reduces Urban Heat Island	Improves Community Livability: Improves Aesthetics	Increases Recreational Opportunity	Reduces Noise Pollution	Improves Community Cohesion	Urban Agriculture	Improves Habitat	Cultivates Public Education Opportunities
Green Roofs	Yes	Yes	Yes	Yes	No	No	No	Yes	Yes	Yes	Yes	Yes	Yes	Maybe	Yes	Yes	Yes	Yes
Tree Planting	Yes	Yes	Yes	Yes	No	Yes	No	Yes	Yes	Yes	Yes	Yes	Yes	Yes	Yes	Maybe	Yes	Yes
Bioretention & Infiltration	Yes	Yes	Yes	Yes	Maybe	Yes	No	No	Yes	Yes	Yes	Yes	No	Maybe	Maybe	No	Yes	Yes
Permeable Pavement	Yes	Yes	Yes	Yes	Maybe	Yes	Yes	Yes	No	No	Yes	No	No	No	No	No	No	Yes
Water Harvesting	Yes	Yes	Yes	Yes	Yes	No	No	No	No	No	No	No	No	No	No	No	No	Yes

Yes ● Maybe ◐ No ○

출처: The Value of Green Infrastructure: A Guide to Recognizing Its Economic, Environmental and Social Benefits, 2010.

2 도시물순환법 제정

도시와 연계된 물관련 법률은 개별 법률에 일부 조항으로 산재해 있으며, 각 부처의 고유기능 등을 고려하여 환경부와 국토교통부 그리고 농림축산식품부(농업용수), 행정안전부(방재·안전), 해양수산부(연안·하구), 산업통상자원부(수력발전) 등 다수의 부처가 물 관련 업무를 나누어 수행하고 있다. 국내 물 관련 법률 중 도시와 연계된 주요 법률은 국토교통부의 「하천법」, 환경부의 「물환경보전법」, 「물의 재이용 촉진 및 이용에 관한 법률」, 「4대강 수계법」 등 4개 법률이다.

「하천법」은 하천의 지정·관리·사용 등에 관한 사항을 규정함으로써 하천의 적정한 관리를 목적으로 한다. 국토교통부의 수자원 보전·이용 및 개발 기능의 환경부 이관에 따라 하천법에서도 '하천 공간' 관리는 국토교통부의 소관이며, '수자원·수량' 관리 업무는 환경부로 이관되었다. 현행 「하천법」은 제외지 중심의 이용과 관리, 홍수방어 중심의 대응책 수립이 이루어지고 있어 수변 개발이나 수변환경의 신중한 관리·규제가 충분히 이루어지기에는 한계가 있다. 또한 국토교통부와 환경부의 업무가 이원화되어 있어 하천 공간의 효율적인 업무추진 방안을 구축하기 위한 논의가 필요하다.

「물환경보전법」은 하천·호소 등 공공수역의 물환경을 적정하게 관리·보전하는 것이 목적이며, 「물환경보전법」은 비점오염저감시설 설치 등 보다 사전 예방적이고 비점오염 관리기능 중심의 수질관리 정책 목표를 제안하고 있는 한편, 수질오염을 방지하기 위한 기본법 및 일반법으로서의 성질을 지니고 있다.

「물재이용법」은 물의 재이용을 촉진하여 물 자원의 효율적 활용 및 수질에 미치는 해로운 영향 저감을 통한 물 자원의 지속가능한 이용 도모를 목적으로 한다. '물의 재이용'을 빗물, 오수(汚水), 하수처리수, 폐수처리수 및 발전소 온배수를 물재이용시설을 이용하여 처리하고, 그 처리된 물을 생활, 공업, 농업, 조경, 하천유지 등의 용도로 이용하는 것으로 정의한다. 물 재이용을 위한 국가와 지방자치단체의 책무, 물 재이용 기본계획과 관리계획의 수립, 물 재이용시설(빗물이용시설, 중수도, 하·폐수처리수 재이용시설 및 온배수 재이용시설 등)의 설치·관리 등에 관하여 규정하고 있다.

「4대강 수계법」은 「한강수계 상수원 수질개선 및 주민지원 등에 관한 법률」, 「낙동강수계 물관리 및 주민지원 등에 관한 법률」, 「금강수계 물관리 및 주민지원 등에 관한 법률」, 「영산강·섬진강수계 물관리 및 주민지원 등에 관한 법률」 등을 총칭한다. 수계의 수질 보전이 목적이며 수질에 미치는 영향이 크다고 인정되는 지역을 수변구역으로 지정·고시하여 오염원 입지 제한 및 토지매수, 녹지 조성 등 친환경적 관리를 통한 수질개선을 추진한다. 수변구역으로 지정 후 특별한 관리방안이 없이 규제 위주의 모니터링만 수행하는 형태로 관리가 이루어지고 있어 특정 위해행위 발생을 예방하거나 저감할 수 있는 근본적인 대책이 미흡한 실정이다.

물의 순환적인 성격으로 물에 대한 관리는 복잡하기 때문에 분절화된 물순환 정책들을 총체적인 관점에서 통합 연계 관리하기 위한 법제정이 필요하다. 물순환 전반에 대해 통합적으로 관리할 수 있는 개별법이 부재한 상황에서 지자체는 저영향개발 및 물순환 시설 설치 등을 촉진하기 위하여 물순환 관련 조례를 별도로 세우고 있으며 물순환과 관련된 규정이 각각의 물 관련 개별 법령에 산재해 있다. 따라서 통합 법령인 (가칭)「도시물순환법」 제정을 통하여 물순환 체계 구축을 위한 정책 및 사업을 종합적·체계적으로 추진한다. 여러 부처의 기능을 아우르고, 정책 수립의 근간이 되도록 하여 물순환 사업을 정착시키고 안정화하는 것이 필요하다.

중앙정부 주도의 획일적인 적용이 아닌 각 도시의 특성을 고려하여, 물순환과 관련한 업무를 보다 적극적으로 수행할 수 있는 법체계를 마련하는 것이 필요하다. 물 관련 사업이 중앙정부의 기본구상에 따라 추진되고 관련 예산도 국고보조금의 비중이 크기 때문에 지자체의 역할이 미흡한 실정이다. 또한 도시가 자체적으로 수립하기 어려운 사업은 추진이 보류되거나, 추진이 쉬운 특정사업에 편중하는 문제를 해결할 필요가 있다. 따라서 (가칭)「도시물순환법」 제정을 통하여 도시의 적극적인 물순환 업무 수행을 촉진한다. 도시 차원의 물관리는 각 관할구역의 고유한 특성을 물순환 관리 계획 및 이행에 고려할 수 있다. 또한 장기적인 수량과 수질 계획, 자료수집, 분쟁 조정, 부문과 이해관계자 간의 정책 조정 및 참여를 용이하게 한다. 물순환 회복에 필요한 관리비 문제와 자연성 훼손 우려 증가, 물사용 관련한 권리를 행사하는 이해당사자 간 문제를 해결하고, 도시 전반의 물순환 네트워크를 구축하여 스스로 자생능력을 가진 도시로 성장할 수 있도록 한다.

3 도시물순환 인증제

저영향개발 관련 인증제도로 녹색건축 인증에 관한 규칙, 친환경건축물의 인증에 관한 규칙, 신재생에너지 이용 건축물인증에 관한 규칙, 건축물 에너지효율 등급 인증에 관한 규칙, 수도용 자재와 제품의 위생안전기준 인증 등에 관한 규칙 등이 있다. 현재 다양한 저영향개발 관련 사업이 전국적으로 진행 중이나 품질 인증, 시설의 표준화, 사업 평가 및 유지관리 등을 총괄할 수 있는 인증제도는 미비한 실정이다.

도시물순환을 전국적으로 활성화하기 위하여 지방자치단체의 물순환 사업을 촉진하고, 개발사업자가 물순환성을 공간설계에 반영하도록 유도해야 한다. 물순환 향상을 위한 기초조사, 종합분석, 추진전략, 부문별 계획 등 통합적이고 일관된 계획을 수립하고, 관련 물순환시설들을 계획 목표에 따라 설계할 수 있는 제도적 장치가 필요하다. 따라서 국가기관 등과 같은 인증된 공신력 있는 기관으로부터 사전·사후 검토 및 심의를 받고, 인증 시 다양한 혜택을 받을 수 있도록 도시물순환 인증제도를 도입한다.

도시물순환 인증은 인센티브, 보조금 등 관련정책과 함께 시행한다. 인증 범위를 설정하고 인증기준 고시, 인증기관, 인센티브 등에 관한 사항을 포함하도록 관련법·제도를 정비하고, 물순환 총량관리 및 지역분산화 관리 등에 대한 연구를 수행한다.

인증의 평가항목은 기존연구의 구성, 물순환 선도도시 평가분야와의 정합성을 고려하여 3개의 분야별 대분류를 구성한다. 평가분야(대분류)는 '물의 침투성', '물의 친수성', '물의 활용성'으로 나눌 수 있으며, 분야별로 평가항목들을 구성한다.

도시물순환 인증 시 세금 및 부담금 감면, 보조금 지원, 등급에 따른 용적률 완화 등의 인센티브를 지원한다. 물순환 시설 적용에 대해 지방세 일부를 감면할 수 있으며, 계획 혹은 설계 시 개발자가 신청하는 수수료를 감면하는 등 세금감면 인센티브를 제시할 수 있다. 또한 인증 등급에 따른 금융지원, 개발 프로젝트에 적용비율에 따라 건설 보조금을 지원할 수 있다. 일정비율 이상의 물순환시설을 설치할 경우 용적률에 대한 인센티브 역시 제시할 수 있다. 전체 빗물 유출 용량에 의한 억류된 유출 용량의 비율에 따라 용적률 인센티브를 제시하거나, 인증 등급에 따라 차등적으로 인센티브를 적용할 수 있다.

표 7-2 도시물순환 인증제 평가지표(안)

대분류	소분류	지표명
물의 침투성	흡수	생태면적률
		불투수면적비율(인공지반 비율)
		침투형시설(생태주차장, 침투도랑, 침투측구, 침투트렌치, 빗물가든, 옥상정원, 투수성 포장, 투수블럭 등)
	여과	식생시설(식생수로, 수목여과박스, 수변완충대, 통로화단 등)
		모래여과징치
물의 친수성	저류	저류지·유수지
		습지면적률
		호소면적률
	친수	하천유지유량 비율
		하천 수질·오염도(하천생활환경기준 수질등급)
		실개천, 자연형하천
물의 활용성	물이용 편의성	하수처리율(점, 비점오염원 처리시설)
		하수처리 보급률
		수처리 잠재능력
		LID 보급률(면적률)
		수자원정보 스마트화율(계측장비 온라인화)
	재이용	하수(물)재이용률
		중수도재이용률
		지붕집수시설
		빗물저장탱크

4 개발행위허가 시 도시물순환 사전협의제 시행

토지를 대상으로 하는 개발행위는 한번 이루어지고 나면 회복하기가 어렵고 인구와 산업이 밀집해 있는 도시에서는 개인의 토지이용행위가 주변지역의 사회·경제·환경 등에 미치는 영향이 크기 때문에 이에 대한 관리가 필요하고 이를 실현시키기 위한 도구가 개발행위허가제라 할 수 있다.

개발행위허가제는 개발과 보전이 조화되게 유도하여 국토관리의 지속가능성을 제고하고, 토지에 대한 정당한 재산권 행사를 보장하여 토지의 경제적 이용과 환경적 보전의 조화를 도모하며, 계획의 적정성, 기반시설의 확보여부, 주변 경관 및 환경과의 조화 등을 고려하여 허가여부를 결정함으로써 난개발을 방지하고 국토의 계획적 관리를 도모하는 제도이다. 개발행위허가의 대상은 도시지역과 관리지역, 농림지역, 자연환경보전전지역에 따라 규모별로 차등적으로 규정하고 있다.

개발행위허가제는 전 국토의 개발을 사전에 심사하여 무분별한 소규모 개발을 방지하기 위한 것으로 지방정부에게 매우 큰 재량권을 부여하는 제도다. 이는 운용에 있어서 고도의 전문성이 요구되는 도시계획관리 수단이라 할 수 있다. 이에 따라 개발행위가 일정 규모 이상이거나 보전용도의 용도지역에 입지할 경우에는 도시계획위원회의 심의를 받도록 하고 있다.

이러한 개발행위에 대해 도시물순환 사전협의제도가 필요하다. 도시 내에서는 인구의 증가와 경제 및 사회활동 영위를 위해 개발사업이 지속적으로 발생하고 이로 인해 도시가 확장되고 있다. 도시의 확장은 녹지의 감소와 불투수면의 증가를 야기하고 이로 인해 하천유량 감소, 홍수피해의 증가, 수자원 및 하천수질관리의 어려움이 발생하고 있다. 특히, 기후변화에 따른 기온상승과 국지성 호우 등이 가중되면서 도시재해 및 환경문제가 발생하고 있다. 이러한 문제를 해결하기 위해서는 물순환을 고려한 개발이 이루어져야 하지만, 현재의 우리나라 제도에서는 다음과 같은 한계가 있다.

첫째, 개발행위에 대한 허가 기준에서 물순환을 고려하는 것이 부족이다. 건축물의 건축에 대한 개발행위는 허가 과정에서 수목과 우량농지 등의 자연환경과 역사·문화자원, 수질·소음 등의 생활환경에 대하여 심의를 하고 있지만 물순환의 건전성 확보 및 회복에 대한 고려가 없는 실정이다. 개발행위허가의 심의기준과 개발행위운영지침의 검토사항에서도 물순환과 관련한 내용은 부재한 상태이다.

둘째, 소규모 개발사업에 대해 물순환 측면에서의 규제 장치 미흡이다. 환경영향평가 및 소규모 환경영향평가의 대상이 되는 비교적 대규모의 개발사업은 공원·녹지의 조성과 생태면적률 확보, 저영향개발(LID) 기법의 적용 등을 통해 물순환에 대한 기초적인 평가가 이루어지고 있지만, 개발행위허가 대상이 되는 건축물의 건축에 대해서는 별도의 규제 및 관리 없이 개발이 이루어지고 있어, 소규모 개발사업에 대해 물순환 회복을 위한 제도적 유도 장치가 절실한 실정이다.

셋째, 도시물순환을 고려한 개발의 적용은 사후검사보다는 사전협의가 필요하다. 자연재해대책법에서는 개발사업 등을 시행하거나 공공시설을 관리하는 자는 우수유출저감대책을 수립하고 우수유출저감시설을 설치하도록 하고 있으며, 물의 재이용 촉진 및 지원에 관한 법률은 개발사업에 대하여 빗물이용시설을 설치하도록 하고 있다. 하지만 이러한 제도는 준공공사 또는 사전승인을 할 때에 우수유출저감시설 기준과 빗물이용시설의 기준과의 적합 여부를 검사하는 것이다. 이러한 개발이 완료된 이후에 시행하는 사후검증은 제도의 실효성을 담보하기 어렵다. 따라서 개발사업 수립 단계에서 저영향개발을 적용하도록 유도하고 이를 전제로 허가를 해주는 사전협의제도가 필요하다.

현재 다수의 지자체에서는 물순환 악화에 따른 문제를 도시계획적 차원에서 해결하기 위해 선도적으로 물순환과 관련한 조례를 제정하고 개발사업에 대한 사전협의제를 도입하고 있다. 하지만, 도시개발에 따른 불투수층의 증가는 일부 도시에 국한된 것이 아니라 우리나라 도시 전체의 과제이며 나아가 국가의 물환경과 관련한 문제라 할 수 있다. 따라서 도시 및 국가의 물순환 회복과 물환경 건전성을 확보하기 위해서는 건축물의 개발행위에 대하여 사전 예방적 차원에서 물순환 회복을 반영할 수 있는 도시물순환에 대한 사전협의 제도가 필요하다.

참고문헌

강부식. 2018. 도시물순환 정책사례 및 평가기준 고찰, 한국수자원학회, 물과미래 51(12): 4-22.

강정은 외. 2012. 기후변화 적응형 도시구현을 위한 그린인프라 전략 수립.

고태규·이원영. 2012. 저지대 홍수피해 적마을 위한 도시계획기법 연구, 서울도시연구 제13권 제4호 pp.287-300.

국토연구원. 2014. 지속가능한 지역 회복력 진단과 활용 방안 연구.

기상청. 2018. 한반도 기후변화 전망분석서.

기상청. 2020. 지구온난화 1.5℃ 특별보고서해설서.

김길복. 2019. 지속가능한 빗물관리를 위한 강우유출수 부담금 도입방안 검토, 상하수도학회지 제33권 22호 pp.103-110.

김승현. 2014. 도시 물순환 관리를 위한 빗물 그린인프라스트럭쳐 실천전략에 관한 연구, 서울대학교 박사학위논문.

김승현·조경진. 2015. 도시물순환 회복을 위한 그린인프라 계획 및 설계에 관한 연구.

김원현. 2012. 도시홍수조절을 위한 공동주택단지 내 빗물운영기법 도출: 독일사례를 중심으로, 국토연구 제73권, pp.227-244.

국토교통부. 2020. 국토의 계획 및 이용에 관한 법률.

박창열·박원배 외. 2016. 물순환 선도도시 사업추진을 위한 기본연구, 제주연구원.

반영운. 2020. 도시 물순환 계획 및 시설 인증제도 도입방향.

법제처. 2012. 기후변화 대응을 위한 지속가능한 물관리 법제에 관한 연구.

심우배·김걸·한우석·구형수. 2011. 도시재생라이브러리.

이가을·변병설. 2020. 지자체 역량이 재난 회복탄력성에 미치는 영향 분석: 17개 광역자치단체를 중심으로, 한국환경정책학회, 28(4): 239-262.

이범훈·장동민. 2018. 생태기반형 도시재생의 계획지표 및 특성에 관한 연구-독일 함부르크와 덴마크 코펜하겐 사례를 중심으로, 한국산학기술학회, 19(10): 158-166.

이진희 외. 2014. 저영향개발(LID) 기법의 환경영향평가 적용 방안.

전은영·변병설. 2017. 기후변화에 대응하기 위한 커뮤니티 리질리언스 평가지표 개발과 적용, 국토지리학회, 51(1): 47-58.

정진홍. 2010. 도시 물순환 건전성 증진을 위한 연구 동향.

주용준 외. 2014. 소규모 사업 저영향개발 적용을 위한 제도 도입방안 연구, 한국환경공단.

한우석 · 강건국. 2017. 네덜란드와 독일의 기후변화에 대응한 도시계획 정책과 시사점, 도시재생라이브러리.

환경부. 2017. 저영향개발기법 도입을 통한 물순환 선도도시 선정 및 조성방안 연구.

Adger, W. N. 2000. Social and Ecological Resilience: Are They Related? In: Progressin Human Geography, 24, 347-364.

Cutter, S. L., Barnes, L., and Berry, M. et al. 2008. A place-based model for understanding community resilience to natural disaster. In: Global Environmental Change, 18, 598-606.

Folke, C., Carpenter, S., Elmqvist, T. and Gunderson, L. et al. 2002. Resilience and Sustainable Development: Building Adaptive Capacity in a World of Transformations. In: A Journal of the Human Environment, 31(5): 437-440.

Folke, C. 2006. Resilience: The Emergence of a Perspective for social-ecological systems analyses. In: Global Environmental Change, 16, 253-267.

Holling, C. S. 1973. Resilience and Stability of Ecological Systems.

Norris, F. H., Stevens, S. P., Pfefferbaum, B. and Wyche, K. F. et al. 2008. Community Resilience as a Metaphor, Theory, Set of Capacities, and Strategy for Disaster Readiness. In: American Journal of Community Psychology, 41(1-2): 127-150.

Timmerman, P. 1981. Vulnerability, Resilience and the Collapse of Society: A Review of Models and Possible Climatic Applications. Toronto: Canada University of Toronto.

UNISDR. 2005. Hyogo Framework for Action 2005-2015: Building the Resilience of Nations and Communities to Disasters. In: The Final Report of the World Conferenceon Disaster Reduction, January, Kobe, Hyogo, Japan.

WEF. 2020. Global Risks 2020.

기후위기시대, 탄소중립정책과 기후적응정책

윤순진

CHAPTER 08

기후위기시대,
탄소중립정책과 기후적응정책

기후변화는 이제 전 세계적 관심의 대상이 되었다. 1992년 브라질의 리우 데 자네이로에서 열린 유엔환경개발회의에서 기후변화협약(United Nations Framework Convention on Climate Change, UNFCCC)이 채택된 지 만 30년도 더 지난 오늘, 기후변화는 더욱더 심각하게 진행 중이다. 2015년에 파리협정(Paris Agreement)을 통해 국제사회는 지구 평균 온도가 산업화 이전 온도(1850~1900년 사이 평균 온도)에 비해 2℃보다 훨씬 아래, 더 노력해서 1.5℃를 넘지 않도록 하기로 합의하였다. 그리고 2018년 기후변화에 관한 정부간 협의체(Inter-governmental Panel on Climate Change, IPCC)가 지구온난화 1.5℃ 특별보고서를 통해 산업화 이전 온도 대비 1.5℃를 넘지 않아야 하며 이를 위해서는 2050년까지 탄소중립(Net-zero)을 달성해야 한다고 권고한 이래 기후위기 대응을 위한 탄소중립은 국제사회의 새로운 규범이 되었다.[1] 이후 기후위기의 심화와 함께 탄소중립 달성을 위한 주요 국가들의 움직임이

---

1   2019년 5월부터는 기후변화라는 용어 대신 기후위기(climate crisis)란 용어를 사용하는 빈도가 점점 늘고 있다. 영국의 유력 일간지인 가디언(The Guardian)이 2019년 5월 17일에 게재한 글("Why the Guardian is changing the language it uses about the environment")에서 기후변화라는 말 대신 기후위기나 기후비상(climate crisis), 기후붕괴(climate breakdown)란 용어로 대체하겠다고 선언하면서부터이다(홍종호·윤순진, 2022). 가디언 지에 따르면 기후변화란 용어는 변화의 방향성이나 속도가 어떠한지를 드러내지 못함으로써 기후 과학이 드러내고 있는 기후체계 변화의 심각성과 대응의 긴급성을 충분히 전달하지 못한다. 오히려 다소 "수동적이고(passive) 온건한(gentle)" 느낌을 주기에 비과학적이라 지적하였다. 즉, 기후 재앙의 실체를 제대로 담아내어 우리가 처한 상황을 과학적으로 보다 정확하게 드러내기 위해서는 한층 더 강력한 언어가 필요하다고 피력하였다(The Guardian, 2019). 지구온난화(global warming) 대신 지구 가열화(global heating)란 용어를 사용할 필요 또한 제기하였다. 뒤에서 살펴보겠지만 IPCC는 여전히 "기후변화"란 용어를 사용하고 있다.

구체화되면서 기후위기문제는 환경문제의 영역을 넘어 경제영역으로 확장되었다.

그간 기후변화는 어떻게 진행되어 왔으며 그에 대한 국내외 반응과 정책은 어떻게 수립되고 변화되어 왔을까? 이 장에서는 기후변화의 특성을 이해하고 이를 해결하기 위한 국내외 기후변화정책의 변화과정과 현황을 살펴볼 것이다.

I 기후변화의 등장 배경과 특성

1 기후변화의 현황과 원인

세계 여기저기에서는 물론이고 국내에서도 호우와 홍수, 태풍, 폭염, 가뭄, 한파, 열대성 저기압 등 극단적인 기상현상으로 다양한 피해가 발생하고 있다. 기후변화가 원인으로 지목되고 있다. 기후변화란 말 그대로 오랜 기간 일정하게 유지되어 온 기후 패턴이 변화되는 현상을 일컫는다. IPCC는 제6차 평가보고서(The 6th Assessment Report, AR6)를 통해 대기권과 해양권, 빙권, 생물권에서 광범위하고 급속한 변화가 일어나고 있다고 강조하면서 대기와 해양, 육지의 온난화가 '인간 영향'에 의한 것이라는 점은 이론의 여지 없이 명백하다(unequivocal)고 단언하였다. IPCC의 AR6에 따르면, 지구 평균 온도가 지속적으로 상승해서 2011~2020년 사이 10년 동안 산업화 이전(1850~1900년)에 비해 1.09(0.95~1.20)℃ 상승하였으며 그 결과 해수면 또한 1901년에서 2018년 사이에 평균 20cm 상승했다(IPCC, 2021).

2023년 7월에 세계기상기구(World Meteorological Organization, WMO)가 발표한 「2022년 전 세계 기후 현황(The State of Global Climate 2022)」에 따르면 기후변화 관련 요소들이 모두 새로운 기록을 갱신하여 최고치 또는 최저치를 기록하였다. 2022년 세계 평균 기온은 산업화 이전에 비해 1.15℃ 상승하였고 기후변화를 야기하는 원인물질인 3대 주요 온실가스인 이산화탄소, 메탄, 아산화질소 농도는 보고서 발표 당시 전 세계 통합 수치를 구할 수 있는 가장 최근 연도였던 2021년에 관측 사상 최고치를 기록하였다. 빙하의 누적 두께 손실은 1970년 이후 거의

30m에 달했는데 IPCC에 따르면 1993년~2019년 사이 전 세계 빙하는 6000Gt 이상 소실되었다. 해양에서도 주목할만한 변화가 나타났다. 해양 열 함량이 2022년에 관측 사상 최고치를 기록했고 전 지구평균 해수면은 계속 상승하여 2022년에 새로운 최고치를 경신했다. 전 세계 평균 해수면 상승률은 위성 기록의 첫 10년인 1993–2002년 사이 연평균 2.27mm 상승했고 2013–2022년 사이 10년 동안에는 이전 10년의 두 배가 넘는 연평균 4.62mm를 기록하였다. 해양에 녹는 CO_2가 늘어나면서 CO_2가 바닷물과 반응하여 해양 표층수의 산성화가 초래되었다. IPCC의 AR6에서는 매우 높은 확신으로 현재 해수면 산성도(pH)가 최소 지난 26000년 동안 가장 낮다고 언급하였다. 하지만 이러한 기록은 앞으로 지속적으로 경신될 것으로 전망되고 있다.

　기후변화는 무엇 때문에 일어나게 된 것일까? 간단하게 말하자면, 대기 중 온실가스(Greenhouse Gases, GHGs) 농도가 높아져서 오랜 기간 일정하게 유지되어 왔던 온실효과(Greenhouse effect)가 과도하게 일어남으로써 지구 평균 기온이 상승하는 지구온난화가 야기되고 그 결과 기후체계가 교란되었기 때문이다. 태양으로부터 지구에 도달하는 짧은 파장의 태양 복사에너지는 일부 구름에 반사되기도 하지만 70% 이상이 대기를 통과하여 지구 표면에 흡수된다. 지표에서는 에너지 균형을 유지하기 위해 긴 파장의 적외 복사에너지를 방출하는데 대기 중 온실가스가 적외 복사에너지의 일부를 흡수함으로써 그런 작용이 없을 때에 비해 지표 온도가 상승하게 된다. 이를 온실효과라 부른다. 온실효과가 없다면 지표면 온도가 평균 −18℃ 정도로 낮아서 지구에 생명체가 살기에 적합하지 않았을 수도 있다. 하지만 대기 중 온실가스 농도가 점점 증가하면서 온실효과가 더 많이 발생하여 지구온난화가 야기되고 그에 따라 대기와 해류의 흐름이 바뀌면서 장기간 유지되어 왔던 기후체계가 교란됨으로써 기후변화로 이어진 것이다. 기후변화를 야기해서 줄이기로 국제사회가 약속한 온실가스에는 이산화탄소(CO_2), 메탄(CH_4), 아산화질소(N_2O), 수소불화탄소(HFCs), 과불화탄소(PFCs), 6불화황(SF_6)이 있으며 2013년부터는 3불화질소(NF_3)도 포함된다.

2 온실가스의 배출원인 인류의 사회경제활동

그렇다면 온실가스 농도는 왜 높아진 걸까? IPCC는 AR6에서 '인간의 영향 때문에' 대기와 해양, 육지가 온난해지고 있는 것이 명백한 사실이라고 하면서, 현재 진행되고 있는 기후변화는 인간의 사회경제활동의 결과인 데 대해 광범위한 과학적 동의가 이루어졌다고 단언한다. 이미 2007년 IPCC는 AR4에서 20세기 중반 이후 관측된 지구 평균 온도 상승은 '인위적으로' 발생한 온실가스 농도 증가에 의한 것이라 결론 내렸다. AR6에서도 IPCC는 산업혁명이 시작된 1750년경부터 관측된 온실가스 농도 증가와 그로 인한 대기와 육지, 해양의 온난화가 '인간 영향'인 것이 '명백하다(unequivocal)'고 강조하였다. 현 인류가 살고 있는 지질시대는 충적세(Holocene) 제4기에 해당하지만 산업혁명 이후 시대를 인류세(Anthropocene)라 불러야 한다는 주장이 갈수록 힘을 얻고 있다.[2] 석탄을 동력으로 했던 산업혁명을 통해 화석연료에 기초를 둔 탄소문명이 전개되면서, 또한 과학기술의 빠른 성장에 따른 산업화와 기계화의 진전을 통해, 인류는 보다 많은 편리와 안락, 쾌적함을 누리게 되었지만 결국 기후변화라는 문제를 마주하게 된 것이다.

온실가스 가운데서도 가장 중요한 기체는 전체의 75%를 차지하는 CO_2이다. 비중만 높은 것이 아니라 CO_2는 대기로 배출된 후 분해되는 데 걸리는 시간이 길어 오랜 기간 온실효과를 야기하고 산업혁명 이후 본격화된 화석연료 연소를 지속하는 한 줄일 수 없기 때문이다. CO_2 최대 배출원은 석탄, 석유, 천연가스를 뭉뚱그려 일컫는 화석연료다. 화석연료를 연소하면 화석연료 안에 있던 탄소가 공기 중의 산소를 만나 이산화탄소가 되면서 에너지를 발생시킨다. 따라서 에너지

2　인류세란 인류가 수동적으로 지구에 영향을 받기만 하는 존재에서 대기권, 수권, 빙권, 생물권 등 지구 시스템에 영향을 미치는 존재가 되었다는 의미를 담은 용어이다. 일군의 인류세 주창자들은 자연상태에 존재하지 않았던 인공 방사성 물질이 지구에 등장하게 된 핵실험이 일어난 1945년을 인류세의 시작으로 보기도 하지만 갈수록 대기의 공기 조성이 바뀌고 그에 따라 기후변화가 진행되기 시작한 산업혁명기를 인류세의 시작으로 보기도 한다. 인류세란 용어는 1980년대 초반에 석회암 학자 유진 스토어머(Eugene Stoermer)가 새로운 지질시대로 인류세란 용어를 만들어 제시할 때는 크게 사회적 주목을 끌지 못하다가 노벨화학상을 수상했던 대기화학자 폴 크루첸(Paul J. Crutzen)과 함께 새 천년이 시작된 2000년에 "The Anthropocene"이란 에세이를 발표하면서 의미 있는 개념으로 수용되기 시작하였다. 특히 기후변화의 진행은 인류가 지구 대기권에 심각한 영향을 미쳐서 기후체계를 변화시킨 상황을 보여줌으로써 인류세의 중요한 가늠자로 제시된다.

를 얻기 위해 화석연료를 태우면 반드시 이산화탄소가 발생한다. 화석연료 가운데서도 동일 열량을 얻을 때 가장 많은 이산화탄소를 배출하는 것은 석탄이라 석탄화력발전소는 온실가스 배출량 저감을 위한 우선 감축대상이 된다. 또한 이산화탄소는 철강과 시멘트, 석유화학산업 등의 산업공정에서 발생하기도 하고 산림 벌채와 산불, 화산 폭발 등에서도 발생한다. 18세기 중반에 시작된 산업혁명 이래 산업화를 추진해온 인간 활동으로 인해 대기 중 이산화탄소 농도가 50% 이상 증가한 것이다. 〈그림 8-1〉은 산업혁명 이래, 특히 2차 대전 후 세계적으로 산업화가 보다 활발하게 진행되기 시작한 1950년대 이래 대기 중 이산화탄소 농도의 수직 상승이 자연변동에 의해서는 설명되지 않는다는 사실, 즉 인간 활동이 지구 기후에 미치는 영향을 명백하게 보여준다.

그림 8-1 **대기 중 CO_2 농도 변화**

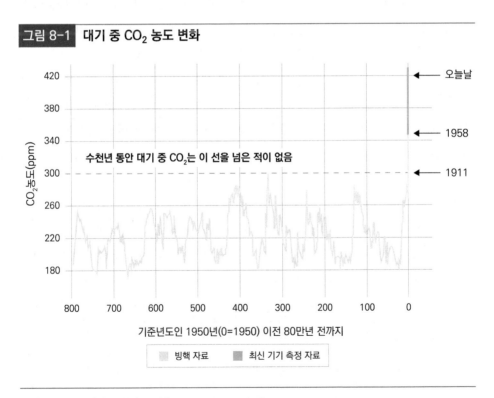

출처: NASA 홈페이지(https://climate.nasa.gov/)

온실가스는 온실효과를 한 번 야기하고 분해되어 사라지는 것이 아니라 대기 중에 누적적으로 체류하면서 분해되기 전까지 온실효과를 지속적으로 야기한다. CO_2는 평균 50~200년 정도 대기 중에 머무른다(IPCC, 2007). IPCC의 AR5에 따르면 그 중 최소 15%는 1000년 가량 체류한다. 대기 중 CO_2 농도는 산업혁명이 시작된 1750년대 중반까지 약 280ppm이었으나 2023년 현재 422ppm으로 1.5배나 증가하였다.[3] 미 해양대기청(National Oceanic and Atmospheric Administration, NOAA)과 항공우주국(National Aeronautics and Space Administration, NASA)에 따르면 지난 80만 년 동안 대기 중 이산화탄소 농도는 300ppm을 넘은 적이 없었다(〈그림 8-1〉 참조). IPCC는 현 CO_2 농도가 적어도 과거 2백만 년 동안 가장 높은 수준이라 말한다.

최근 들어 집중적인 관심의 대상이 된 온실가스는 전체 온실가스의 18% 정도를 차지하는 CH_4다. CH_4는 천연가스를 포함해서 화석연료 추출이나 운반과정, 유기물의 부패나 분해 과정, 농업과 축산 과정에서 주로 배출된다. CH_4는 대기 중 체류 기간이 9-12년으로 짧은 반면 지구온난화 잠재력(Global Warming Potential, GWP)이 CO_2보다 월등히 크다.[4] 예전에는 100년 동안의 지구온난화 잠재력(GWP100)을 사용해서 CH_4의 GWP가 21이라 하였다. 하지만 IPCC의 AR6에 따르면 20년 동안의 GWP20은 86으로 추정된다. 따라서 CH_4의 빠른 감축이 온실효과 저감에 효과적이다. 2021년 미국 주도로 국제 메탄서약이 체결되어 참가국들은 2030년까지 2020년 메탄 배출량의 30% 이상을 줄이기로 했지만 목표 달성이 쉽지만은 않다. 메탄은 특히 식생활과 긴밀히 연결되어 변화가 쉽지 않기 때문이다. 축산, 특히 반추동물인 소의 트림이나 분뇨에서 많이 배출되는데 인류의 쇠고기 소비는 갈수록 늘고 있다. 또한 한국인의 주식인 쌀 생산 과정에서도 메탄이 발생한다.

---

3 ppm은 parts per million의 약자로 '백만 분의 1'이란 뜻인데 CO_2 농도 422ppm은 건조한 공기 백만 분자당 CO_2 분자가 422개 있음을 의미한다. CO_2의 대기 중 농도 측정값은 지상에서 8~12km 상공에 있는 지구 대기 층인 대류권 중부에서 측정한 것으로 1958년부터 하와이의 마우나 로아에서 측정하기 시작하였다.

4 지구온난화지수란 온실가스의 대기 중 잔류 시간과 열적외 복사 흡수의 상대적 효율을 결합한 것이다(IPCC, 2007). 온실가스의 복사 특성을 기초로 현재 대기의 온실가스 단위 질량의 복사강제력을 일정 기간에 대해 적분한 후 CO_2의 복사강제력(Radiative Forcing)과 비교한 지수다. 복사강제력이란 어떤 한 인자가 지구-대기 시스템에 들어오는 에너지와 나가는 에너지의 균형을 변화시키는 영향력을 측정한 것인데, 잠재적 기후변화 메커니즘으로서 그 인자의 중요도 지수이다. IPCC(2007)의 복사강제력 값은 산업화 이전인 1750년 수준에 대한 변화량이며 1㎡당 와트(W/㎡)로 표현한다.

3대 주요 온실가스 중 또 다른 하나는 총 온실가스의 4%를 차지하는 N_2O이다. N_2O는 대기에 유입되면 최대 125년을 존속하는데 GWP100이 310으로 CH_4보다 높다. 세계 농업에서 배출되는 N_2O 양이 70%에 달할 정도로 농업이 주요 배출원이다. 식량 증산을 위해 사용하는 질산 비료와 가축 분뇨에 의해 주로 발생한다. 질소 기반 비료가 질화균이나 탈질균과 같은 미생물에 의해 변화되는 과정에서 생기기 때문이다. 식량 생산 감소 없이 N_2O를 감축하는 것이 관건이다.

그 외 F가스라 불리는 불소를 포함하는 온실가스가 있다. HFCs, PFCs, SF_6, NF_3를 말한다. 이 기체들은 애초 자연상태에서는 존재하지 않았지만 인류가 산업화 과정에서 에어컨과 냉장고 등에 쓰이는 냉매와 반도체, 디스플레이, 2차 전지 등 산업분야 제조공정의 발포제, 세정제, 분사제 등으로 사용하기 위해 인위적으로 합성해서 만든 것이다. F-가스류는 총 온실가스 배출량 중 2% 정도로 비중은 낮지만 GWP가 CO_2의 수천~수만 배에 달한다는 문제가 있다. 한 때 성층권의 오존층을 파괴해서 몬트리올 의정서를 통해 줄이기로 한 염화불화탄소(CFCs)를 대체하기 위해 만들었으나 GWP100이 수천에서 수만에 달하는 온실가스로 기후변화를 야기하는 데 일조하고 있다. 이러한 온실가스 배출의 가스별 배출량 비중과 변화를 요약하면 〈그림 8-2〉와 같다.

그림 8-2 가스별 온실가스 배출량 변화 추세

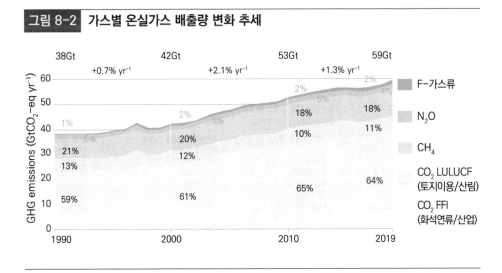

출처: IPCC-WG3, AR6: Mitigation

　　결국 인간의 모든 사회경제활동이 원인이 되어 기후변화가 야기되고 더욱 심화되고 있는 것이다. 〈그림 8-3〉이 보여주듯이, 인간이 살아가는 데 필수적인 3요소인 의식주와 더불어 이동이 온실가스 배출을 모두 수반하기에 이러한 삶을 지탱해주고 있는 산업구조와 생활양식 모두를 변화시키지 않으면 안 된다. 화석연료를 벗어난 이용 에너지원의 변화와 에너지 사용행태의 변화, 나아가 생활양식의 변화 없이는 CO_2를 포함한 온실가스 감축은 가능하지 않다. 이렇듯 기후변화를 야기하는 원인 물질인 온실가스 배출 감축 활동을 완화(mitigation)라 부른다. 하지만 이제 완화활동만으로 기후변화에 대응하는 것은 부족하다. 앞서 기술했듯 온실가스는 대기 중에 유입되면 상당기간 대기 중에 존속하면서 지속적으로 온실효과를 야기한다. 따라서 지금 당장 산업화 이전 수준으로 온실가스 배출량을 줄인다 해도, 이미 대기 중 누적되어 있는 온실가스의 온실효과로 인해 강도는 낮아질지언정 일정 기후체계로 수렴되기까지 기후변화는 꾸준히 진행될 수밖에 없다.

그림 8-3 ｜ 최종 수요부문 직접 배출과 간접 배출 구성

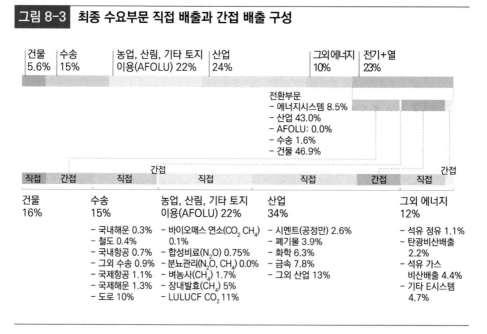

출처: IPCC-WG3, AR6: Mitigation

이런 이유로 인해 '적응(adaptation)'이 갈수록 중요해지고 있다. 적응이란 "실제 혹은 예상되는 기후변화 결과에 대한 자연계와 인간계의 취약성을 감소시킬 대책"을 통해 '회복력(resilience)'을 키워가면서 긍정적 기회를 최대한 활용하는 활동을 말한다(IPCC, 2007). 기후변화문제의 심각성에 대한 논의가 시작되던 1990년대에는 그동안 크게 주목받지 못하였던 적응이란 개념이 갈수록 사회과학이나 정책 분야에서 대단히 대중적이고 중요한 위치를 차지하게 되었다. 사실 국제기후변화 협상 초기에는 적응에 대한 관심이 상대적으로 저조했다. 기후변화 영향의 불확실성이 큰데다 충분한 과학적 연구 성과가 축적되어 있지도 않았기 때문에 적응이 정책 의제가 되기 어려웠다(유정민·윤순진, 2015). 게다가 초기 협상에서는 온실가스 배출 감축이 중요한 관심사로 적응을 대응 방안으로 중요하게 다루게 되면 기후변화 진행을 당연시함으로써, 완화활동을 소홀히 할 수 있다는 우려가 있기도 했다. 완화 관련해서 감축 목표 설정과 국가 간 감축의무 배분이 중요하게 다뤄졌기 때문에 적응을 중요 의제로 삼을 경우 완화만으로 부족하다는 사실을 인정하는 패배주의로 흐를 경향을 차단하고자 하였다(Schipper, 2011). 하지만 온실가스 배출이 증가함으로써 이제 일정 수준의 기후변화 진행은 불가피한 현실이 되었기에 보다 적극적인 적응 노력이 필요해졌다.

3 기후변화문제의 특성

환경문제는 일반적으로 영향 범위가 넓고 원인 발생과 결과 간에 시간 차이가 있는데다 원인이 복합적으로 작용해서 문제가 야기되는 경우들이 많기에 원인을 밝혀내기가 쉽지 않다. 그래서 시의적절한 발견과 해결이 쉽지 않다는 특성이 있다(정선양, 2001). 기후변화는 이러한 환경문제의 일반적 특성을 공유하면서 그런 특성이 보다 강화되는 경향성을 보이기도 하고 또 다른 특성이 추가되기도 한다(윤순진, 2009, 2022 참조 재정리). 기후변화가 가진 특성을 정리해보면 다음과 같다.

첫째, 과학적 불확실성(scientific uncertainty)(Meadowcroft, 2009)이 높다. 온실가스의 대기 중 농도 증가와 온난화 또는 기후 변화 정도의 관계나 지역별 기후변화

영향, 기후체계의 생태계 영향과 생태계 민감도 등에 대한 과학적 성과들이 축적되면서 불확실성의 정도가 낮아지긴 했지만 여전히 불확실성을 제거하지 못하고 있다. 지구 체계(earth system)에 존재하는 핵심 생태계 지점들은 각기 다른 급변점 (tipping point)을 가지고 있는데(Lenton, et al., 2019; McKay, et al., 2022), 주요 생태계 지점들은 상호영향을 주고받는 것으로 밝혀지긴 했으나 그러한 상호작용으로 어떠한 결과가 어떤 양상으로 진행될지 아직도 불확실하다. 하지만 IPCC가 여섯 차례의 기후변화 평가보고서를 통해 그간의 과학적 성과를 검토 종합하면서 과학적 발견에 대한 전 세계적 동의와 합의는 커져 가고 있다. 앞으로도 지속적인 과학적 탐구를 통해 불확실성이 갈수록 줄어들 것으로 전망된다.

둘째, 문제를 야기한 원인 행위가 시작될 때부터 문제가 문제로 인식되기까지 걸리는 시간의 지체효과(delay effect)가 다른 환경문제보다 더 크다(Stirling, 2001). 산업혁명 이후 온실가스가 점점 더 많이 배출되기 시작했지만 20세기 후반에서야 비로소 '문제'로 다루어졌기 때문이다. 물론 산업혁명기부터 1950년대 이전까지의 온실가스 배출량은 상대적으로 크지 않았기에 문제로 인식하는 데 어려움이 있었지만, 오염물질 배출 후 문제로 인식되기까지 걸리는 시간이 상당히 길다는 점은 여전히 사실이다. 이러한 지체효과 때문에 기후변화를 야기한 책임을 묻기가 쉽지 않다. 어디서부터 책임을 물어야 할지 모호하며, 문제 발생의 원인 행위자들이 더 이상 생존하지 않는 경우도 있어 책임을 묻기가 어려워진다. 이는 세대간 형평성 문제를 야기한다. 이러한 긴 시간 지체효과는 문제 발생 인지 측면에만 해당하는 게 아니라 문제 해결과도 연결되어 있다. 기후변화 대응정책이 추진된다 해도 정책 결과가 단기간에 체감되지 않기 때문에 정책결정자들의 선거 주기나 임기가 길지 않고 교체가 빈번한 상황에서 기후 변화 관련 정책이 다른 정책에 앞서 우선순위를 갖기 어려운 측면이 있다.

셋째, 온실가스의 배출원이나 배출지역과 그로 인해 유발되는 피해를 입는 지역이나 집단이 다른 데서 오늘 불평등, 불공정의 문제를 수반한다. 가령 대부분의 대기오염의 경우 오염물질이 배출된 지역에서 보다 심각하게 오염 피해를 겪는다. 하지만 온실가스는 일단 배출된 후 대기 중에 유입되고 나서 온실효과를 유발하기에, 과도한 온실가스 배출로 기후재난이 야기된다 해도 기후재난 노출 지역이나 집단이 배출집단이나 지역과 동일하지 않은 문제가 발생한다. 더욱 문제가 되는 것은 산업화과정을 통해 온실가스를 더 많이 배출한 국가나 집단이 오히려 그런 배출로 인한 산업화를 통해 더 나은 경제적 기술적 지위를 점함으로써 기후변화의 악영향이나 피해에 오히려 덜 취약하다는 점이다. 이러한 불일치는 '기후정의(climate justice)'에 대한 요구로 나타나며, 온실가스 배출 감축 목표 설정을 둘러싸고 국내외적으로 갈등을 야기한다.

넷째, 온실가스가 어디에서 배출되었건 전 지구적 영향은 동일하다. 이러한 특성으로 인해 모든 지역이나 국가의 한계감축 비용이 같지 않은 상황에서 보다 감축비용이 저렴한 지역이나 국가에서 우선적으로 줄이는 것이 보다 효율적이란 논리가 성립한다. 이는 온실가스 감축을 위해 배출권 거래제와 같은 시장기제가 도입될 수 있는 근거로 작용한다.

다섯째, 기후변화문제는 지구환경문제로 모든 국가의 참여 없이는 해결이 가능하지 않다. 한 국가의 온실가스 배출이 전 지구적인 파장을 유발하기에 국제사회는 이 문제를 공동의 노력으로 해결하기 위해 기후변화협약 아래 레짐을 형성하여 접근해오고 있다. 온실가스 감축은 국가들 간에 경제적으로나 정치사회적으로 연계된 문제이기에 지구적 차원에서 개별 국가들의 노력을 조정해나가는 것은 상당히 도전적인 과제가 된다. 한 국가의 대응행동은 해당 국가의 정책 의지와 역량과 연계되어 있지만 국제사회의 요구에 부응해야 하는 측면 또한 존재해서 국제적인 요구와 국내적인 요구 간에 차이가 발생할 수도 있으며 그러한 차이를 조율해야 하기에 상당히 도전적이다.

여섯째, 기후변화문제는 환경문제로 단순화할 수 없다. 이제 기후변화는 경제문제로 확장 또는 전환되었다. 특히 배출권 거래를 기초로 하는 탄소시장 형성으로 온실가스 감축기술의 개발과 보유가 탄소시장에서의 경쟁력을 좌우하고 이는 각 산업활동에 있어 고용주는 물론 피고용자들에게도 영향을 미친다. 또한 뒤에서 기술할 기후위기 대응을 위한 탄소중립사회로의 전환으로 사라지거나 줄어드는 일자리가 있고 새롭게 만들어지는 일자리도 있다. 이러한 변화는 기업이 입주한 지역의 경제에도 영향을 미친다. 따라서 크게는 각 국가의 산업구조 재편이 얼마나 원활하게 이루어지는지, 각 경제주체가 얼마나 효과적으로 이러한 전환에 대응하는지, 어떤 부문이나 업종에 종사하는지가 경제상황에 영향을 미치며 사회구성원들 간에 상당히 다른 이해관계를 만들어낸다. 이 때 중요하게 요구되는 개념이 '정의로운 전환(just transition)'이다. 기후위기 대응을 위한 전환의 과정에서 아무도 뒤에 남겨지지 않도록, 모두가 일정한 사회적 안전망의 보호를 받아 생계가 위태롭지 않도록 배려 받고 보호되어야 한다.

일곱째, 대개의 환경오염물질은 산업활동에서 주로 배출되는 것과 달리 온실가스는 우리 생활 전반에서 발생한다는 차이점이 있다. 즉 인간 삶의 세 요소인 의식주와 함께 이동이 주요한 배출원이다. 따라서 대부분의 환경문제의 경우 오염 물질을 배출하는 해당 산업체의 저감활동이 핵심적인 반면, 기후변화의 경우에는 특정 산업의 온실가스 배출이 상대적으로 높기는 하지만 산업체만이 아니라 사회 내 모든 구성원들의 일상활동 또한 배출원이기에 모든 구성원의 참여 없이는 문제 해결이 어렵다. 정도의 차이는 있지만 모든 사회구성원의 거의 모든 일상활동들이 온실가스 배출원이기에 전 사회, 전 지구적 관심과 실천이 기후변화 해결에 필수적이다.

마지막으로, 일곱 번째 특성과 연결되는 문제로 기후변화 대응은 기술적 처치와 정책적 변화를 포함해서 보다 넓게 현재의 삶의 양식을 본질적으로 바꾸지 않으면 해결하기 힘든 문제다. 온실가스는 인류 역사에서 가장 편리하고 안락하며 쾌적한 현대적 삶을 가능하게 한 산업화를 통해 배출된 것이다. 지난 두 세기에 걸쳐 추진해온 산업화로 소위 탄소문명이 만들어졌고 국가간 집단간 차이에도 불구하고 인류사에 있어 가장 풍요로운 물질적인 삶을 구가할 수 있게 된 것이다. 하지만 이는 기후변화라는 문제를 수반하였다. 기후변화의 파국적 영향으로부터 우리의 생명과 안전을 지키기 위해서는 탄소문명의 유지와 확장을 위해 마련해온 제도와 법, 조직은 물론 행동패턴과 사고방식을 바꿔야 한다. 요구되는 사회적 범위(societal reach)가 상당히 포괄적이기에(Meadowcroft, 2009), 기존의 거버넌스체제로 대응해가는 데 한계가 있다. 이러한 변화는 사회갈등을 야기할 가능성이 크므로 다양한 경제적 기반과 이해관심을 반영하여 사회적 합의와 공감대 위에 변화를 만들어갈 수 있도록 보다 다양한 사회구성원들이 기후변화 대응을 위한 정책 결정과정에 폭넓게 참여할 필요가 있다.

Ⅱ 신기후체제와 국제규범이 된 탄소중립

1 신기후체제 등장까지 국제기후협상의 역사

국제사회가 기후변화에 관심을 가지고 공동 대응을 약속한 지 만 30년이 지났다. 1988년 세계기상기구(World Meteorological Organization, WMO)와 유엔환경계획(United Nations Environmental Programme, UNEP)은 각국 정부가 기후정책을 개발하는 데 사용할 수 있는 과학적 정보 제공을 목적으로 공동으로 IPCC를 설립하였다. IPCC는 수천 명의 과학자들로 구성되었는데, 설립 이래 기후변화의 과학적 근거와 기후변화의 영향과 미래 위험, 적응과 완화를 위한 정책 선택지에 대해 정기적인 평가를 제공해 오고 있다. 자체 연구를 수행하는 방식을 통해서가 아니라 매해 발표되는 수천 편의 과학 논문을 평가하여 타당하고 신뢰할만한 내용들을 바탕으로 하면서 공개적이고 투명한 검토 절차를 거쳐 5~8년 주기로 평가보고서를 발간해왔다. IPCC는 3개 실무단(Working Group I, II, III)으로 구성되어 있다. 제1실무단은 기후변화의 과학적 기초에 대해, 제2실무단은 기후변화 영향과 적응, 취약성에 대해, 제3실무단은 기후변화 완화에 대해 평가보고서를 펴낸다. 세 실무단의 평가보고서를 묶어서 종합보고서(Synthesis Report, SR)가 발표된다.[5] 〈그림 8-4〉에 제시된 것처럼 이제까지 여섯 차례에 걸쳐 발간된 기후변화 평가보고서를 기초로 기후변화 대응을 위한 국제사회의 중요한 합의가 도출되었다.

1992년 브라질의 리우 데 자네이로에서 유엔환경개발회의(United Nations Conference on Environment and Development, UNCED)가 열렸다. 이 회의에서 국제사회는 1990년에 발표된 IPCC의 제1차 평가보고서(First Assessment Report, FAR)를 바탕으로 기후변화가 진행 중이기에 국제사회가 함께 대응노력을 해나가야 한다는 공통된 인식을 공유하면서 유엔기후변화협약(United Nations Framework Convention on Climate Change, UNFCCC)을 채택하였다. 협약 당사국들은 '공통적이지만 차별화된 책임(Common But Differentiated Responsibility, CBDR)' 원칙과 '능력

---

5 1차 평가보고서는 다른 평가보고서와 다소 다르다. 1차 보고서는 '기후변화에 대한 과학적 평가'와 '기후변화 영향평가', 'IPCC 대응전략'이란 이름으로 발간되었다. 이후 1992년에 종합보고서 보완판이 발표되었다.

그림 8-4 IPCC의 평가보고서 발간과 기후변화 협상의 진행

IPCC 설립	1988	
1차 평가보고서(FAR)	1990	
	1992	유엔기후변화협약 채택
	1994	UNFCCC 발효
2차 평가보고서(SAR)	1995	
	1997	COP3 교토의정서 채택
3차 평가보고서(TAR)	2001	
	2005	교토의정서 발효
4차 평가보고서(AR4) 노벨 평화상 수상	2007	
	2008	교토의정서 제1차 공약기간(5년)
	2012	
AR5-WGI	2013	교토의정서 제2차 공약기간(8년)
AR5-WGII, III, SR	2014	
	2015	COP21 파리협상 채택
	2016	COP21 파리협상 발효
지구온난화 1.5°C 특별보고서	2018	
	2020	
AR6-WGI	2021	신기후체제 이행/COP26 글래스고 기후합의
AR6-WGII, III	2022	COP27 샤름 엘 셰이크 이행계획
AR6-SR	2023	

에 따른 부담(Respective Capability, RC)' 원칙에 따라 역사적 배출책임의 경중과 부담 능력을 고려해서 협약 당사국들을 부속서 Ⅰ국가(Annex Ⅰ parties)와 비부속서 Ⅰ국가(Non-Annex Ⅰ parties)로 구분된다. 대체로 부속서 Ⅰ국가는 OECD 국가들과 경제이행국들(Economies in Transition, EIT)이며, 비부속서 Ⅰ국가는 개발도상국가들에 해당한다. 모든 당사국들은 온실가스 배출통계 보고, 온실가스 배출 감축정책과 조치 시행, 온실가스 흡수원 보호와 확대 활동을 수행하고 국가보고서(National Communication)를 제출하는 일반 의무를 지지만, 부속서 Ⅰ국가들은 2000년까지 1990년 수준으로 온실가스 배출을 안정화해야 하는 특별 의무를 지도록 했다.

50개 이상의 당사국 비준으로 UNFCCC가 1994년 발효되고 이듬해인 1995년부터 매해 당사국총회(Conference of Parties, COP)를 열어 국제기후변화협상이 진행되고 있다. UNFCCC는 느슨한 수준의 기본협약이라 1997년 교토에서 열린 COP3

에서 부속서 I 국가들에게 의무감축목표를 부과하는 '교토의정서(Kyoto Protocol)'가 채택되었다. 부속서 I 국가들에게 2008년부터 2012년 사이 5년 동안 1990년 배출량 대비 평균 5.2% 감축하도록 의무를 부과하였다.[6] 개별 부속서 I 국가들의 감축목표는 CBDR과 RC 원칙에 따라 1990년 배출량 대비 8% 감축에서부터 10% 확대까지 다양하게 결정되었다. 교토의정서는 55개국 이상의 비준과 비준국의 배출 총량이 세계 전체 배출량의 55%를 넘어야 한다는 까다로운 발효조건으로 인해 2005년에야 발효되었다. 이후 국제기후협상은 교토 이후(Post-Kyoto)를 의제로 하여 진행되었다. 세계 총 온실가스 배출량이 지속적으로 증가하고 있어 선진국들의 배출 감축만으로는 부족하다는 문제의식이 공유되면서 개도국들의 참여 방안에 대한 논의가 진행되었다. 2007년 COP13에서 발리 로드맵(Bali Road Map)을 채택해서 선진국과 개도국이 모두 참여하는 교토 이후 체제를 2009년까지 도출하기로 합의하였다.

하지만 2009년 코펜하겐에서 개최된 COP15에서 2012년 이후 교토의정서를 대체해서 법적 구속력을 가지고 선진국과 개도국 모두를 참여시키는 새로운 협약 채택에 실패한 채, 코펜하겐 합의문(Copenhagen Accord)을 도출하는 데 그쳤다. 코펜하겐 합의문에서는 산업화 이전 대비 지구 평균온도 상승 2℃ 이내 억제, 개도국 기후변화 대응을 위한 선진국의 단기 및 장기 재원 조성, 이를 위한 녹색기후기금(Green Climate Fund, GCF) 설립 등을 주요 합의 내용으로 담았다. 온도 상승 억제 2℃ 목표는 1990대 중반부터 EU 국가들이 주장하다가 2007년 IPCC의 AR4에서 다루어진 후 코펜하겐 합의문에 담기게 되었고 2010년 COP16의 칸쿤합의(Cancun Agreement)에서 보다 분명하게 공식화되었다.

---

6 2008년부터 2012년은 애초에는 교토의정서 의무이행기간이라 불렸으나 2012년 이후에 적용될 새로운 법적 구속력을 가진 협약 채택에 실패함으로써 교토의정서 체제가 연장되었다. 이후 2011년 COP17에서 채택한 더반 플랫폼(Durban Platform)을 통해 교토의정서 적용 기간을 2020년까지 연장하고, 2020년 이후 선진국과 개발도상국 모두가 참여하는 신기후체제를 출범시키기로 하였다. 2012년 COP18에서 채택한 도하 개정안(Doha Amendment)에서도 2020년까지로 교토의정서 체제를 연장하고 선진국과 개도국이 함께 적용 받는 신기후체제 합의안을 2015년까지 마련하기로 하였다. 그 결과 〈그림 8-4〉에 제시된 것처럼 2008~2012년 5년은 교토의정서 제1차 공약기간으로, 2013~2020년은 교토의정서 제2차 공약기간으로 부르게 되었고 1990년 대비 평균 18%를 줄이기로 하였다. UNFCCC 부속서 I 국가들(43개국) 가운데 미국(교토의정서 미비준)과 캐나다(교토의정서 탈퇴), 일본·뉴질랜드·러시아 등 5개국은 교토의정서 제2차 공약기간에 참여하지 않았다. 결국 제2차 공약기간 참가국들의 총 배출량은 1990년 전 세계 배출량의 15%에 불과했다.

이후 2011년 COP17의 더반 플랫폼(Durban Platform), 2012년 COP18의 도하 개정안(Doha Amendment), 2013년 COP19의 바르샤바 메카니즘(Warsaw Mechanism), 2014년 COP20의 기후행동을 위한 리마 요청서(The Lima Call for Climate Action) 등의 합의를 거치며 2015년 COP21에서 선진국들만이 아니라 개도국들도 기후변화 대응에 적극 참여하기로 하고 처음으로 온도 상승 억제 목표에 합의한 '파리협정(Paris Agreement)'을 채택하게 되었다. 파리협정을 통해 개도국을 포함한 모든 당사국들은 세계가 가진 탄소예산(carbon budget)이 한정되어 있다는 인식을 공유하면서 산업화 이전에 비해 지구 평균 온도 상승을 2℃보다 훨씬 낮게(well below) 유지하기로, 더 나아가 1.5℃까지 억제하기 위해 노력하기로 하였다. 당사국들은 파리협정 채택 이전과 이후에 2030년까지 자발적으로 달성할 INDCs나 NDCs를 제출하였다.[7] 파리협정은 55개국 이상 비준, 비준국의 온실가스 배출량이 세계 온실가스 배출량의 55% 이상이라는 발효조건을 2016년 10월 5일에 충족하여, 30일 후인 2016년 11월 4일 공식 발효하였다. 2021년부터 세계는 새롭게 열린 신기후체제(New Climate Regime)에 진입하게 되었다.

2 파리협정의 의의와 특징

파리협정으로 2021년부터 신기후체제가 열렸다. 이전의 교토의정서와 파리협정은 목표와 관심의 범위, 감축 의무 국가의 범위, 목표 설정 방식, 목표 불이행시 징벌 여부, 목표 설정 기준, 대응의 지속가능성, 행위자의 범위 등에서 차이가 있다.

우선 국제기후협상에서 최초로 온도 목표에 합의하였다. 교토체제에서는 선진국들에게만 의무 감축목표를 부여했기 때문에 전 지구적 감축목표가 존재하기 어려웠다. 하지만 파리협정에서는 지표면 평균 온도 상승을 산업화 이전 대비 2℃ 이내, 더 노력해서 1.5℃ 이내로 억제한다는 지구 온도 목표를 설정하였다.

둘째, 선진국만이 아니라 개도국도 감축 목표 설정 방식은 다를지라도 지구 온

---

7   INDCs는 Intended Nationally Determined Contributions의 약어로 파리협정 이전에 제출한 2030년 국가 배출 감축 목표를 일컫는다.

도 목표 달성에 참여한다. 부속서 I 국가들은 교토의정서 제1차 공약기간에 달성해야 할 평균 감축목표인 1990년 대비 5.8%를 초과 달성하였다.[8] 교토의정서 체제에서 선진국들은 기준연도 대비 절대량 감축을 취했는데 파리협정으로 열린 신기후체제에서도 선진국들은 동일한 접근을 취하는 반면 개도국들은 대체로 배출 전망치 대비나 탄소집약도 감축 등의 방식을 취한다. 상황이 열악한 최빈개도국이나 군소개도국의 경우 부문별 정책 목표를 수립해서 제시하는 방식을 취하기도 한다.

셋째, 목표 설정 방식에 있어서도 교토의정서에서는 협상을 통해 개별 국가의 감축 목표를 설정하는 하향식(top-down) 방식을 취했으나 파리협정에서는 선진국과 개도국들이 자발적으로 국가별 결정 기여(Nationally Determined Contributions, NDCs)를 제출해서 지키도록 하는 상향식(bottom-up) 방식을 취한다. 목표 미달성 시 교토체제에서는 다음 공약 기간에 1.3배의 감축 의무를 추가 부과하는 징벌(penalty)이 있었지만 신기후체제에는 징벌조항이 없다. 대신 정보의 투명한 공개와 이행점검이라는 평가를 통해 목표 불이행의 책임을 물을 수 있다. 목표 설정 기준의 경우 교토의정서에서는 언급이 없으나 파리협정은 새로운 목표가 과거 목표보다는 더 강화되어야 한다는 '진전 원칙(Principle of progression)'을 따른다. 후퇴 금지(No backsliding)와 마찬가지다.

넷째, 기존 교토의정서에서는 완화에 초점을 맞춘 반면 파리협정에서는 완화와 적응을 동등하게 다룬다. 이제 더 이상 완화만으로는 인류의 생명과 안전을 지키기 어렵기 때문이다. 또한 재원과 기술 이전, 역량 배양, 투명성까지 6대 분야를 포괄적으로 다룬다. 국가별 배출 통계(inventory)와 NDC는 UNFCCC 홈페이지

---

8   UNFCCC 이행부속기구(Subsidiary Body for Implementation, SBI)의 제41차 회의에 제출된 "1990~2012년 국가 온실가스 인벤토리 자료"에 따르면, 부속서 I 국가들의 2012년 온실가스 배출량은 1990년에 비해 토지이용, 토지이용변화 및 임업(Land Use, Land Use Change and Forestry, LULUCF)을 포함할 경우 평균 16.2%가 감소하였고 LULUCF를 포함하지 않을 경우에도 10.6%가 감소한 것으로 나타났다. 2008~2012년 사이 평균을 내더라도 감축 목표를 달성하였다. 부속서 I 국가 가운데서도 전 사회주의국가였던 경제이행국들에서 LULUCF를 포함할 경우 49.7%, LULUCF를 포함하지 않을 경우 38.1%가 감소하여 비경제이행국들(Non-EIT parties)에서 각각 0.3%와 1.9% 증가했음에도 부속서 I 국가 전체 목표가 달성된 것이었다. 비경제이행국 개별 국가 수준에서 호주(+31%)나 아이슬란드(+26.3%), 뉴질랜드(+25.4%), 스페인(+20.1%), 포르투갈(+13.1%), 일본(+8.8%), 미국(+4.3%), 오스트리아(+2.5%) 등 달성하지 못한 경우도 있었지만 영국(-25.2%), 독일(-24.8%), 덴마크(-24.1%), 스웨덴(-20.8%), 프랑스(-11.4%) 등은 목표치 이상을 달성하였다.

에 모두 공개되어 있어 개인이든 단체든 관심이 있는 누구라도 모든 자료를 열람하고 적절한 기준으로 각국 NDC의 적절성이나 이행 정도에 대해 평가할 수 있으며 그러한 결과를 공개할 수 있다. 이러한 작업을 통해 '이름 불러 창피 주기(naming and shaming)'나 '이름불러 칭찬하기(naming and praising)'가 가능하다. 세계자원연구소(World Resource Institute, WRI)나 기후행동추적자(Climate Action Tracker), 저먼워치(German Watch) 등 국제 연구기관이나 비정부기구, 비영리단체 등이 이러한 활동을 전개하고 있다.

다섯째, 교토체제에서는 의무이행 기간을 설정해둬서 그 기간 이후가 불확실해서 체제의 지속가능성이 담보되기 어려웠으나 신기후체제에서는 종료시점 없이 지속적으로 목표를 강화해 나가고 이행을 점검하게 함으로써 오히려 지속적인 대응이 이루어질 수 있다. 파리협정에 따라 5년마다 당사국들의 NDC가 1.5℃와 2℃ 목표에 부합하는지 검토하는 글로벌 이행점검(Global Stocktake)을 가진다. 2023년에 처음 실시한 후 매 5년마다 실시한다.

여섯째, 교토체제에서는 국가가 주요 행위자이면서 다른 주체들의 활동을 명시적으로 언급하지 않았지만 신기후체제에서는 NGO, 기업, 지방정부(도시) 등 보다 다양한 행위자들이 논의와 활동에 참여하도록 권고하고 있다. 이러한 두 체제의 차이를 정리하면 〈표 8-1〉과 같다.

신기후체제에서 채택한 자발적 기여방안 수립 방식에 대해서는 실효성을 두고 비판이 많았다. 하지만 투명성의 원칙이 작동하고 있고 이행점검이란 절차가 있으며 진전 원칙에 따라 지속적으로 NDC를 강화해 가는 보완적인 장치들이 존재한다. 의무 감축 목표를 교토체제처럼 하향식으로 배정할 때 기준 수립을 위한 논의가 상당한 시간을 요하며 어떤 기준으로 정하든 모두가 합의하기 어려운 것이 사실이다. 또한 이러한 융통성 있는 접근은 선진국과 개도국 모두의 참여를 이끌기 위해 불가피한 측면이 있으며 교토의정서 제2차 공약기간에 참여하지 않은 부속서 I국가들이 5개국으로 실효성 있는 결과를 만들어내기 어려웠던 경험 또한 고려된 것이다. 관건은 이러한 절차와 방식을 통해 지구 탄소 예산을 벗어나지 않고 온도 목표를 얼마나 잘 달성할 수 있을 것인가이다. UNFCCC 분석에 따르면 국가들이 2015년 파리에서 열렸던 COP21 개최 전에 제출한 INDC를 모두 달성할

표 8-1 교토체제와 신기후체제 비교

교토체제: 교토의정서	구분	신기후체제: 파리협정
온실가스 배출량 감축 (1차: -5.2%, 2차*: -18%)	목표	2℃ 목표 1.5℃ 목표 달성 노력
주로 온실가스 감축에 초점	범위	감축+적응, 재원, 기술 이전, 역량 배양, 투명성 포함
주로 선진국	감축 의무국가	모든 당사국
하향식	목표 설정 방식	상향식
징벌적(미달성시 다음 공약 기간에 1.3배 추가)	목표불이행시 징벌 여부	비징벌적(non-punitive)
특별한 언급 없음	목표 설정 기준	진전원칙
공약기간에 종료 시점이 있어 지속가능한지 의문	지속가능성	종료시점을 규정하지 않아 지속가능한 대응 가능
국가 중심	행위자	NGO, 기업, 지방정부 등 다양한 행위자 참여 독력

주: 부속서 I 국가들 중 미국(교토의정서 미비준), 캐나다('12.12월 교토의정서 탈퇴), 러시아, 일본,
뉴질랜드는 제2차 공약기간 불참
출처: 환경부, 2016, 교토의정서 이후 신기후체제 파리협정 길라잡이

경우에도 지구 평균 온도는 산업화 이전 대비 최소 2.7℃에 달할 것으로 전망되었다. 보다 적극적인 감축 목표 설정과 이행이 관건인 것이다.

3 국제 규범이 된 탄소중립 목표와 2030 국가 감축 목표

3.1. 탄소중립 목표에 대한 세계적 합의

파리협정에서 언급한 1.5℃ 목표는 과연 적절하고 달성가능한 것일까? UNFCCC는 파리협정 채택 후 1.5℃ 목표의 과학적 근거를 마련하고 1.5℃ 목표의 영향과 감축경로 등을 평가하는 특별보고서 작성을 IPCC에 정식으로 요청하였다(request). 이에 IPCC는 3년 후인 2018년 〈지구온난화 1.5℃ 특별보고서〉를 작

성하고 제48차 총회를 통해 만장일치로 채택하였다. IPCC는 2℃는 1.5℃에 비해 보다 심각한 영향을 미칠 것으로 평가하고 2100년까지 산업화 이전 대비 1.5℃로 전 지구 평균 온도 상승을 억제하기 위해서는 2050년까지 탄소 순배출량이 0이 되는 탄소 중립(Net Zero)을 달성해야 한다고 권고하였다. 이 목표 달성을 위해서 는 2030년까지 2010년 대비 이산화탄소 배출량을 45% 감축해야 한다고 제안하였 다. 그리고 이러한 목표 달성은 과학적으로는 가능한데, 중요한 것은 정치적 의지 와 실천이라고 언급하였다.

그림 8-5 1.5℃와 2.0℃ 온난화가 발생했을 때의 영향 비교

출처: 기상청, 2020, 〈지구온난화 1.5℃ 특별보고서〉

탄소중립(Carbon Net-zero 또는 Carbon Neutrality)이란 단순하게는 이산화탄소 배 출량과 흡수량을 동등하게 함으로써 대기 중 추가 배출량을 0이 되도록 하는 것 을 의미하지만 이미 배출된 이산화탄소를 흡수하는 것은 쉽지 않다. 따라서 이산 화탄소 배출량을 최대한 줄이고 그래도 배출된 이산화탄소를 흡수함으로써 순 배 출량을 0으로 만들어야 한다.[9] 이산화탄소 흡수는 조림이나 재조림, 갯벌과 습지,

---

9 엄밀히 말하자면 탄소중립은 대표적인 온실가스인 이산화탄소의 순배출량을 0으로 한다는 말로, 총 온실가스 의 순배출량을 0으로 하는 것은 기후중립(Climate Neutrality)이라 한다. IPCC는 탄소중립은 2050~2052년 사이에, 기후중립은 2063~2068년 사이 달성을 권고하였다. 하지만 일반적으로 지구온난화지수를 반영해서 온실가스 배출량을 이산화탄소 톤으로 환산하기에 탄소중립이란 개념을 이산화탄소가 아니라 온실가스 전체 를 대상으로 적용한다.

해양 등 최대한 자연을 기반으로 하는 것이 필요한데 그래도 흡수하지 못하는 이산화탄소는 탄소포집이용저장(Carbon Capture, Utilization and Storage, CCUS) 기술 같은 인위적인 과학기술을 통해 제거한다.[10]

2018년 IPCC가 1.5℃ 지구온난화 특별보고서를 발표 후 세계 여러 국가들에서 탄소중립을 선언하고 나섰다. 세계 최초로 탄소중립을 선언한 국가는 스웨덴으로, IPCC 특별보고서 발표 이전 해인 2017년에 2045년 탄소중립을 선언하고 이를 법제화하였다. IPCC 특별보고서 발표 이후에는 2019년 3월에 EU 의회가 2050년 탄소중립을 선언하였고 6월에는 G7 국가 가운데 최초로 영국이 2050년 탄소중립을 선언하고 법제화하였다. 2019년 9월에는 안토니오 구테흐스(António Guterres) 유엔사무총장이 유엔 기후행동 정상회의(UN Climate Action Summit)를 소집하여 2050년 탄소중립을 통한 파리협정 달성을 촉구하고 나섰다. 이 회의는 "행동"이란 단어를 내건 최초의 유엔 기후변화 회의로, 77개 국가, 10개 지역, 100개 도시가 2050년 탄소중립을 선언하였다. 또한 2019년 12월 "행동해야 할 시간(Time for ACTION)"을 핵심의제로 내건 마드리드의 COP25를 거치며 많은 국가들이 탄소중립 선언에 동참하였다.

특히 2020년에 코로나 대유행(COVID-19 Pandemic)을 겪기 시작하면서 국제사회는 기후변화와 전염병이 긴밀하게 연결되어 있다는 사실에 주목하게 되었다. 코로나19로 경제가 후퇴하자 경기 회복과 기후변화 대응이라는 두 과제의 동시해결 전략으로 탄소중립을 채택하는 국가들이 늘어났다(윤순진, 2021). EU는 2019년 12월 코로나19 대유행 이전에 2050 탄소중립을 선언하면서 그린 딜(Green Deal)을 경제성장과 탄소중립 달성 전략으로 내걸었고 2021년 6월에는 2050년 탄소중립 목표에 법적 구속력을 부여하는 유럽기후법을 채택하였다. 2020년 9월 세계 최대 온실가스 배출국인 중국의 2060년 탄소중립 선언에 이어 10월에는 일본과 한국의 2050년 탄소중립 선언이 있었다. 세계 2위 온실가스 배출국인 미국에서는

---

10 CCUS는 우선 대량으로 이산화탄소가 배출되는 석탄발전소나 철강, 시멘트, 석유화학 등 산업공정 등에 적용할 수 있다. 사실 CCUS 기술의 적용보다 석탄발전소는 조기 폐쇄가 바람직하며 산업공정은 기술 개발로 공정 자체를 전환하는 게 필요하다. 또한 포집된 이산화탄소는 심지하나 심해 등 지질학적 안정성이 있는 곳에 저장해야 하는데 그런 공간은 지구 전체에 그렇게 많지 않다. 저장된 이산화탄소가 누출할 위험도 무시할 수 없기에 사후적으로 CCUS 기술을 사용하기보다 사전적으로 배출량을 줄이는 노력이 더 중요하다.

대선후보였던 바이든 대통령이 2050년 탄소중립을 공약으로 제시하였고 2020년 11월 당선인 신분으로 2050 탄소중립이 포함된 바이든 계획(Biden Plan)을 발표하였다. 바이든 대통령이 취임 직후 취한 첫 행정 행위는 트럼프 전 대통령이 탈퇴한 파리협정으로의 복귀 서명이었다. 이후 탄소중립과 경제성장, 사회적 불평등 해소를 목표로 하는 그린 뉴딜(Green New Deal) 추진에 나섰다. 영국 글래스고에서 COP26이 열리기 직전인 2021년 10월 말까지 136개 국가들(135개국+EU)이 탄소중립을 선언하였다. 세계 온실가스 배출의 88%, 전 세계 GDP(ppp)의 90%, 전 세계 인구의 85%가 탄소중립 선언에 동참한 것이다.

UNFCCC가 발효된 이듬해 1995년부터 매년 열렸던 COP이 코로나 대유행으로 2020년에는 열리지 못했다. 2021년 영국 글래스고에서 COP26이 열렸고 글래스고 기후 합의(Glasgow Climate Pact)가 결정문으로 채택되었다. 글래스고 기후 합의에서는 IPCC의 〈지구온난화 1.5℃ 특별보고서〉와 2021년 AR6-WG1 보고서를 기초로 지구 온도 목표를 1.5℃로 한정하는 데 대한 합의가 이루어졌다. 그리고 이는 2022년 샤름 엘 세이크 이행계획에서도 다시 한 번 확인되었다. 이제 2℃가 아니라 1.5℃가 달성해야 할 온도 목표가 되었으며 이를 위한 2050 탄소중립이 국제사회의 규범이 되었다.

3.2. 2030 국가 감축 목표 상향

1.5℃가 지구 온도 목표가 되고 이를 위한 탄소중립에 국제사회의 합의가 이루어지면서 파리협정 채택 전후에 제출된 2030년 NDC를 상향하는 움직임이 진행되었다. 탄소중립 논의가 자리 잡기 이전에 제출된 예전 2030 NDC로는 2050 탄소중립을 달성하는 것이 가능하지 않기 때문이다. 영국은 COP26 개최국으로서 2020년 12월 초 1990년 대비 57%였던 2030년 감축목표를 68%로 상향 발표하였고, EU는 12월 중순에 1990년 대비 40%에서 55% 감축으로 상향하였다.

2021년 들어 2030 NDC 상향 움직임이 보다 가속화되었다. 계기는 미국의 바이든 대통령이 2021년 지구의 날을 맞아 4월 22~23일 양일간 화상회의 방식으로 개최한 세계 기후정상회의(Leaders Summit on Climate)였다. 회의에 참석한 40개국

정상들은 2050년 탄소 중립 목표를 재확인하고, 1.5℃ 온도 목표에도 공감대를 형성하면서, 이미 2030 NDC 상향안을 발표했던 영국과 EU은 물론 다수 국가들이 상향된 2030년 NDC를 발표하였다(〈표 8-2〉참조). 다만 배출 1,3,4위국인 중국과 인도, 러시아는 소극적 반응을 보였다. 중국은 이미 2019년에 발표했던 2030년 탄소 배출 정점과 2060년 탄소 중립 목표를 재천명하였고 인도와 러시아는 상향 목표는 제시하지 않고 국제사회 협력을 강조하는 데 그쳤다. 2050 탄소중립을 이미 선언했던 한국은 상향된 2030 NDC를 2020년 연말까지 유엔에 제출하고 공적 금융으로 더 이상 해외 석탄발전에 지원하지 않는다는 방침을 발표하였다.

표 8-2 주요국의 상향 2030 NDC와 탄소중립 목표

	2030년 NDC				탄소중립	
	기준 년도	기존	상향	기준년 대비 연평균 감축률	선언시점	중립 시기
영국	1990	57%	68% (2035년 78%)	2.81%	2019.06	2050
EU	1990	40%	55%	1.98%	2019.12 (2021.03)	2050
미국	2005	26~28% (2025년 목표)	50~52%	2.81%	2020.11	2050
캐나다	2005	30%	40~45%	2.19%	2019.10	2050
일본	2013	26%	26%	3.56%	2020.10	2050
한국	2018	26.3%	40%	4.17%	2020.10	2050

주: 한국의 상향 2030 NDC는 세계기후정상회의가 아니라 COP26에서 발표됨(후술할 예정).

하지만 기후행동추적자(Climate Action Tracker)라는 국제 비영리단체에 따르면 〈그림 8-6〉과 같이 상향된 2030 NDC도 1.5℃ 목표를 위한 2050년 탄소중립에 여전히 미치지 못하는 수준이다. COP27이 열렸던 2022년 11월까지 UNFCCC에 제출된 2030 NDC에서 예상되는 2030년 배출량 수준과 현재 정부 조치 수준, 파리 협정의 1.5℃ 온도 제한을 위해 달성해야 할 감축 수준 사이에는 상당한 격차가 남아 있다. 1.5℃ 호환 경로의 벤치마크 배출량은 2030년에 27$GtCO_2e$이다. 이 수준과 2030 NDC과의 배출량 차이는 2030년에 19~22GtCO$_2$e이며, 현재 정책 및 조치와의 배출량 차이는 23~27GtCO$_2$e이다. 이는 각각 '목표 격차'와 '실행 격차'라 할 수 있다. 현재의 정책과 행동이 유지될 경우 2100년까지 온도 상승폭은 2.7℃에 달할 것으로 전망되나, 상향 2030년 목표가 달성되거나 이 목표 외에 제시된 선언들이 달성된다면 각각 2.4℃와 2℃에 이를 전망이다(CAT, 2022).

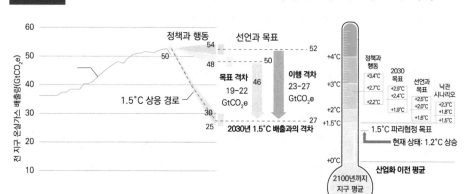

그림 8-6 상향 2030 NDC와 1.5℃ 목표와의 격차(좌)와 예상 지구 평균 온도(우)

출처: Climate Action Tracker 홈페이지

유엔은 COP26 개최 전에 국가 단위 외에 전 세계 비국가 주체들(non-state actors)이 탄소중립 활동에 참여하는 기후 리더십을 촉구하기 위해 2020년 6월부터 "0으로의 경주(Race to Zero)"라는 전 세계 캠페인을 주도하였다. 2050년 탄소중립 달성과 2030년까지 전 세계 탄소 배출량 절반 수준으로 감축이라는 목표에 도시와 지역, 기업, 투자자, 대학 등이 참여하도록 독려하는 것이다. 2023년 8월 현재 총 12,562개 주체들이 참여하고 있다. 도시 1,147개, 대기업 2,763개, 중소중견기업 6,624개, 대학교 1,165개, 금융 기관 662개, 주나 광역지자체 49개 등이다.

탄소중립을 위해 일반적으로 제시되는 10가지 주요 대안은 〈그림 8-7〉에 제시된 것처럼 석탄 발전소 모두 폐쇄, 에너지 효율 개선과 재생에너지에 대한 투자, 단열 강화를 위한 건물 리모델링, 산업공정이 주요 배출원인 시멘트·플라스틱·철강산업의 탈탄소화, 내연기관차로부터 전기차로의 전환, 대중교통 확대, 항공과 선박부문 탈탄소화, 흡수원 유지와 확대를 위한 산림 파괴 중단과 토양 회복, 식품 손실과 폐기물 줄이기, 채식 위주 식단으로 육식 줄이기 등이다(WRI, 홈페이지). 이러한 10가지 대안을 어떻게 빠르게 달성하는지는 정부 정책과 관련 기술 개발, 사회 구성원의 인식 개선과 실천 노력에 달려 있다.

그림 8-7 **탄소중립 사회를 위해 온실가스를 줄이는 10가지 대안**

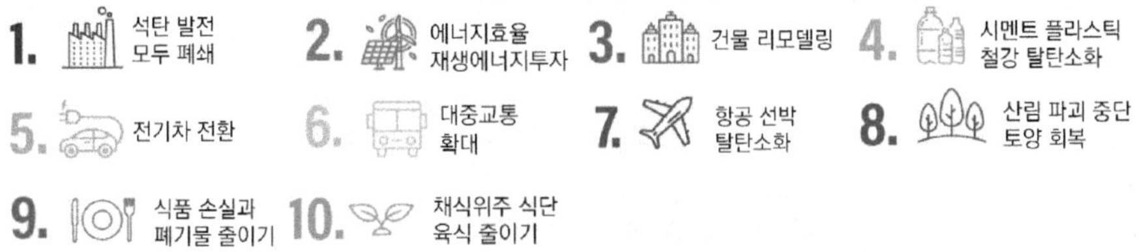

1. 석탄 발전 모두 폐쇄
2. 에너지효율 재생에너지투자
3. 건물 리모델링
4. 시멘트 플라스틱 철강 탈탄소화
5. 전기차 전환
6. 대중교통 확대
7. 항공 선박 탈탄소화
8. 산림 파괴 중단 토양 회복
9. 식품 손실과 폐기물 줄이기
10. 채식위주 식단 육식 줄이기

Ⅲ 한국의 탄소중립정책과 기후적응정책

1 한국의 온실가스 배출 추세와 부문별 배출

한국의 온실가스 배출은 세계적인 수준이다. 〈그림 8-8〉에 제시된 것처럼, 현재까지 가장 높은 배출량을 기록한 해는 2018년으로 727백만 톤(CO_2-eq)을 기록하였다. 한국의 기준연도인 2018년 온실가스 배출량은 연료 연소로부터 기인하는 CO_2 배출량으로는 세계 8위, 총 온실가스 배출량으로는 세계 11위 국가, OECD 국가 가운데 5위였다. 인구 비중이 세계 인구의 0.7%인데 온실가스 배출량 비중은 1.51%로 온실가스 배출 비중이 두 배 이상 더 많았다. 1990년에 292.1백만 톤을 배출한 이래 한국의 온실가스 배출은 꾸준히 증가해서 2018년에 정점을 찍었는데 1990년의 124.9%, 약 2.5배에 달했다. 1997년 IMF 경제위기를 겪으면서 1998년에 큰 폭으로 온실가스 배출량이 감소된 후 1999년부터 증가세를 회복하였

다. 2018년에 배출 정점을 찍은 후 2019년에 701.2백만 톤으로 감소하였고 2020
년에는 코로나19에 따른 경기 침체로 656.2백만 톤으로 떨어졌다(온실가스종합정보
센터, 2022). 하지만 2021년에는 경기부양을 통해 경제가 살아나면서 다시 678.1백
만 톤(잠정치)으로 다소 증가하였다가, 2022년 배출량은 2023년 7월 환경부 발표
온실가스 잠정 배출량에 따르면 2021년에 비해 3.5% 감소한 654.5백만 톤으로 예
상된다(환경부, 2023).

그림 8-8 한국의 총 온실가스 배출과 부문별 배출 추세

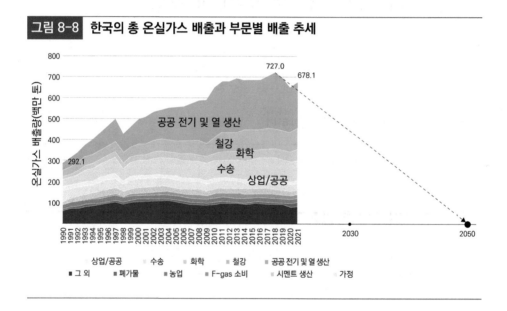

2018년의 부문별 직접 배출량을 살펴보면, 전환 부문이 286.4백만 톤(36.9%)으
로 가장 많고, 그 다음이 산업(260.8백만 톤, 35.9%), 수송(98.1백만 톤, 13.5%), 건물
(52.1백만 톤, 7.2%), 농축수산(24.7백만 톤, 3.4%), 폐기물(17.4백만 톤, 2.4%), 기타 부
문(5.5백만 톤, 0.8%) 순이다(환경부, 2023). 전력 소비에 따른 간접 배출량으로 한다
면 산업 부문 배출이 392.9백만 톤으로 절반 이상(54.0%)을 배출한다. 산업부문에
서는 철강, 석유화학과 석유정제, 시멘트, 반도체·디스플레이 순으로 배출량이
높다. 한국이 에너지 집약적인 제조업 비중이 높은 산업구조를 가지고 있어서 산
업부문 배출 비중이 다른 국가들에 비해 높은 편이다.

부문별 배출량과 배출 비중이 다른데다 부문별 특성이 달라서 국가 온실가스 감축목표 달성에 있어서 어느 부문이 얼마나 감축할지는 상당히 민감한 문제이다. 부문별 감축 잠재량과 감축 비용을 고려해서 감축 목표를 설정하지만 감축 목표 설정에는 사회적 합의와 공감대 형성이 중요하다. 이를 위해서는 기후위기의 심각성과 탄소중립으로의 사회 전환에 대한 국민 인식이 제고될 필요가 있으며 다양한 이해당사자들이 이러한 목표 설정과정에 의미 있고 충분하게 참여할 필요가 있다.

2 한국의 2050 탄소중립과 상향 2030 NDC 수립과정과 내용

2.1. 한국의 2050 탄소중립 선언 과정

한국은 2020년 10월, 문재인 전 대통령이 국회 예산안 시정 연설에서 처음으로 2050 탄소중립을 선언하였다. 2050 탄소중립 선언은 그 이전에 있었던 여러 사회적 논의 절차와 공론화를 기초로 한 결과물이었다. 모든 UNFCCC 당사국들은 파리협정 규정에 따라 2020년 말까지 장기저탄소발전전략(Long-term low greenhouse gas Emission Development Strategies, LEDS)을 유엔기후변화협약에 제출해야 했다. 한국 정부는 2019년 초부터 LEDS 수립에 나섰는데, 우선 민간 전문가 의견을 충분히 수렴해서 반영하기 위해 각계 전문가가 참여하는 사회비전포럼을 출범시켰다. 사회비전포럼에는 정부, 산업계, 시민사회 등 각 분야 추천을 받은 69명의 기후·에너지 전문가들이 참여하였다. 전력, 산업, 건물, 수송, 비에너지(농축수산·산림·폐기물)의 5개 분야별 분과(51명)와 청년분과(5명)로 총 6개 개별 분과(56명)를 구성하고 모든 분과를 포괄하는 총괄분과(13명)를 두었다. 기후변화가 미래세대에게 더 큰 영향을 미친다는 인식을 기초로 2050년 미래상에 대한 청년 의견을 반영하기 위해 그간의 다른 정부 위원회나 포럼과 달리 청년분과를 두었다. 포럼 지원조직으로 국책연구기관 소속 연구원들로 구성된 기술작업반을 둬서 온실가스 감축 시나리오별 결과를 제공 받도록 했다.

1년 여의 논의를 거쳐 이 포럼에서는 LEDS 시나리오에 2050 탄소중립 시나리오를 포함해서 제시하였는데 2050 탄소중립 시나리오가 포함되는 데는 국가비전 대토론회와 청년분과의 제안이 중요하게 작용하였다. 이 시나리오들이 담긴 LEDS 초안을 토대로 2020년 6월부터 7월까지 2개월 간 전국민 대상 온라인 설문조사와 여론조사기관의 전문적인 설문조사, 5회의 전문가 심층 토론회, 온라인 국민 토론회 등이 진행되었다. LEDS 비전에 대한 설문조사에서 2050년 탄소중립 사회 지향에 응답자의 91%가 동의하였고, 88%가 탄소중립에 소요되는 비용부담에도 동의하였다.

LEDS 초안을 토대로 공론화가 진행되는 동안에 지방자치단체들의 탄소중립 선언이 이어졌다. 6월 5일 환경의 날에는 225개 기초지방정부가 기후위기비상선언을 선포했고 7월 7일에는 17개 광역지자체들이 탄소중립을 선언하였다. 7월 14일에는 정부가 한국판 뉴딜 종합계획을 발표하였다. 이후 9월 24일에는 국회에서 기후위기 비상대응 촉구 결의안을 97.7%의 찬성률로 의결하였다. 이런 과정을 거쳐 마침내 10월 28일 문재인 전 대통령은 국회 연설을 통해 2050년 탄소중립을 선언하였다. 12월 7일, 관계부처 합동으로 「2050 탄소중립 추진 전략」을 발표하였고 10일에는 전체 국민을 대상으로 '2050 탄소중립 비전'을 선포하였으며 30일에는 LEDS를 UN에 제출하였다.

2.2. 2050 탄소중립위원회 출범과 2050 탄소중립 시나리오 및 상향 2030 NDC 수립

2050 탄소중립을 실현하기 위해서는 세부 전략을 수립할 필요가 있으며 이를 위해서 정부는 2020년 12월 2050 탄소중립 시나리오 마련 계획을 발표하였다. 탄소중립 시나리오는 탄소중립이 실현되었을 때의 미래상과 부문별 전환과정을 전망한 것으로, 부문별 세부 정책 방향과 전환 속도 등을 가늠하는 나침반 역할을 할 수 있다. 2050 탄소중립 시나리오란 여러 전제를 달리하며 그려보는 '2050년 미래상의 예측'으로 법적 구속력이 있지는 않으나 탄소중립 달성을 위한 중간목표인 2030년 NDC와 중장기에너지계획을 비롯한 관련 후속 계획 수립, 온실가스 감축기술 개발 지원 방향, 전환 속도 등 부문별 세부정책에 대한 방향성을 제시하는 큰 밑그림이라 할 수 있다. 2050년까지는 짧지 않은 시간이 남아 있는 만큼 국내

외 경제·사회 상황과 기술개발·상용화 속도 등 정책 여건 변화를 고려해서 일정 기간마다 경신할 필요가 있다.

정부는 2050 탄소중립 시나리오 수립을 위해 2021년 1월부터 11개 부처가 추천한 45개 국책연구기관 소속 전문가로 기술작업반을 구성하여 운영하였다. 기술작업반은 전환, 산업, 수송, 건물, 농축수산, 폐기물, 흡수원, CCUS, 수소의 9개별 분과에 총괄분과로, 총 10개 분과 72명으로 구성되었으며 온실가스종합정보센터가 총괄하였다. 기술작업반은 2050년 경제·사회 전망, 국내외 최신 정책·기술개발 동향, 기존 에너지기본계획 등의 정부계획을 기초로 감축 잠재량을 분석하고 관계부처와 협의하면서 감축 수단별 쟁점 등을 조정해서 기술작업반 시나리오(안)를 마련하였다.

이런 작업이 진행되는 동안 2021년 5월 29일에 탄소중립 정책의 수립, 이행, 평가 등을 총괄하는 최고 거버넌스 기구로 대통령 소속의 '2050 탄소중립위원회(이하 탄중위)'가 출범하였다. 탄중위는 민관합동 거버넌스 기구로 출범 당시에는 대통령령을 근거로 하였으나 이후 세계에서 14번째로 탄소 중립을 법제화한 '기후위기 대응을 위한 탄소중립녹색성장 기본법(약칭 탄소중립기본법)'이 2021년 9월 24일에 제정되고 2022년 3월 25일에 발효된 후 명칭이 '2050 탄소중립녹색성장위원회(이하 탄녹위)'로 바뀌었다. 탄중위(제1기 탄녹위)는 당연직인 18개 중앙행정기관(15개 부처와 금융위원회, 방송통신위원회, 국무조정실)의 장과 대통령 위촉 민간위원 77명에, 국무총리와 민간공동위원장 2인 등 총 97명으로 출범하였다. 위촉직 민간위원은 기후, 에너지, 경제, 산업, 노동, 기술, 교육, 국제협력, 갈등관리 등 분야별 전문가들과 시민사회(환경·에너지·기후변화·종교·교육·소비자·협동조합 등), 청년, 산업, 노동·농민 등 사회 각계 대표들이었다. 탄중위 내에는 기후변화, 에너지혁신, 경제산업, 녹색생활, 공정전환, 과학기술, 국제협력, 국민참여 등 8개 분과위원회들 두었다.

탄중위는 2021년 5월 말 출범 후 6월에 기술작업반 시나리오를 제출받아 약 두 달간 총 54회의 분과위원회와 전문위원회 회의(총괄기획위 4회, 분과위 30회, 전문위 20회)를 통해 두 개의 기술작업반 시나리오에 대해 검토하고 논의한 후, 8월 5일에 세 개의 시나리오로 구성된 2050 탄소중립 시나리오 초안을 발표하였다. 이후

표 8-2 2050 탄소중립 시나리오 초안(좌)과 최종안(우)

구분	2018년	2050년 배출량 (단위: 백만톤 CO_2eq)		
		1안	2안	3안
총 배출량	727.6	Net-Zero		
국내 순배출량	686.3	25.4	18.7	0.0
감축률(%)	–	96.5%	97.4%	100%
전환	269.6	46.2	31.2	0.0
산업	260.5	53.1	53.1	53.1
수송	98.1	11.2 (-9.4)	11.2 (-9.4)	2.8
건물	52.1	7.1	7.1	6.2
농축수산	24.7	17.1	15.4	15.4
폐기물	17.1	4.4	4.4	4.4
탈루 등	5.6	1.2	1.2	0.7
흡수원	-41.3	-24.1	-24.1	-24.7
CCUS	–	-95.0	-85.0	-57.9
수소	–	13.6	13.6	0.0

구분	부문	2018년	2050년	
			A안	B안
배출량 (백만톤 CO_2eq)		686.3	0	
분야별 배출	전환	269.6	0	
	수송	98.1	2.8	
	수소	–	0	
	탈루	5.6	0.5	
	산업	260.5	51.1	
	건물	52.1	6.2	
	농축수산	24.7	15.4	
	폐기물	17.1	4.4	
흡수 및 제거	흡수원	-41.3	-25.3	
	CCUS	–	-55.1	-84.6
	직접공기포집	–	–	-7.4

이해당사자 단체 및 기관들과 분야별 협의체를 구성해서 간담회를 진행하고 탄소중립시민회의의 숙의과정, 공개적인 온라인 시민토론회 등을 거쳐 A안과 B안 두 개로 구성된 시나리오 최종안을 마련하였다. 2050 탄소중립 시나리오 초안과 수정안은 〈표 8-2〉와 같다.

2050 탄소중립 시나리오 수립 작업과 함께 2030 NDC 상향 작업도 진행되었다. 발효 전이긴 했지만 탄소중립기본법 제8조 1항에 2030년 온실가스 배출량이 2018년 대비 35% 이상의 범위에서 대통령령으로 정하는 비율만큼 감축해야 한다는 규정이 있었기에 이를 기준으로 작업이 이루어졌다. 탄중위는 2021년 9월 중순에 정부가 제출한 정부안에 탄중위 수정의견을 담아 2018년 대비 40% 감축이라는 2030 NDC 상향안 초안을 수립하고 이를 기초로 9월 중순부터 사회적 논의를 진행하며 의견을 수렴하였다. 이후 10월 18일 탄중위 전체회의 심의와 10월 27일 국무회의 심의를 거쳐 탄중위 수정 안이 2050 탄소중립 시나리오와 상향 2030 NDC로 확정되었다. 상향 2030 NDC는 COP26 정상회의에서 문재인 전 대통령이 국제사회에 발표하였다.

유엔에 보고된 상향 전 2030년 NDC는 2017년 대비 24.4% 감축하는 것이었다. 이를 배출정점으로 예상되는 2018년 기준으로 전환하면 26.3% 감축이었으나 상향 NDC는 40% 감축으로 대폭 높았다. 탄소중립기본법에서 규정한 35% 이상 감축을 지키면서 현 배출량은 물론 역사적인 배출량이 많은 국제사회의 책임 있는 당사국으로서의 책임성과 이행가능성을 동시에 고려한 결과였다. 또한 탄소중립으로 가는 세계적 흐름에 뒤처지지 않아야 국민경제가 건강하게 유지될 수 있다는 점도 고려되었다. 〈표 8-3〉에 제시된 것처럼 부문별 감축 목표는 해당 부문의 감축 잠재량을 고려하여 설정되었다. 전환부문의 감축목표가 가장 높은데 이는 석탄화력발전을 빠르게 줄여나가면서 재생에너지를 확대해나가는 것을 주요 내용으로 하였다. 산업부문의 경우 다른 부문에 비해 상대적으로 감축목표가 낮은데 이는 산업부문의 저감 잠재력을 고려하면서 설비 교체에 비용과 시간이 필요하고 온실가스 저감 공정 개발에 시간이 걸리며 고용 노동자들에 대한 정의로운 전환이 필요하다는 점을 고려한 것이었다. 2030년까지 시간이 많이 남아 있지 않은 상황이라 35.4% 이상의 감축은 국내 감축에 주력해서 달성하되 국제협력을 통한 국외 감축도 활용하도록 열어두었다. 이 때 지켜야 할 전제는 개발도상국의 배출량이 지속적으로 증가하고 있는 현실에서 국외 감축이 개도국 국민의 삶의 질을 향상시키면서 온실가스 배출량을 최소화하여 협력 당사국의 지속가능한 발전과 지구 전체 온실가스 배출 감축에 기여하는 것이다.

표 8-3 상향 2030 NDC와 부문별 감축 목표

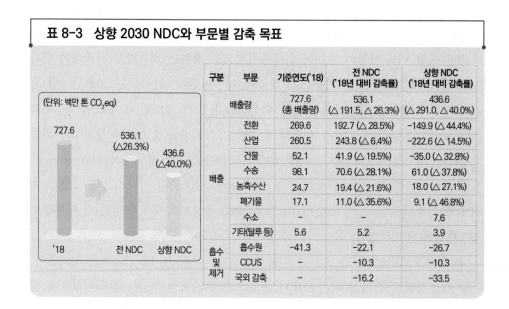

구분	부문	기준연도('18)	전 NDC ('18년 대비 감축률)	상향 NDC ('18년 대비 감축률)
	배출량	727.6 (총 배출량)	536.1 (△191.5, △26.3%)	436.6 (△291.0, △40.0%)
배출	전환	269.6	192.7 (△28.5%)	-149.9 (△44.4%)
	산업	260.5	243.8 (△6.4%)	-222.6 (△14.5%)
	건물	52.1	41.9 (△19.5%)	-35.0 (△32.8%)
	수송	98.1	70.6 (△28.1%)	61.0 (△37.8%)
	농축수산	24.7	19.4 (△21.6%)	18.0 (△27.1%)
	폐기물	17.1	11.0 (△35.6%)	9.1 (△46.8%)
	수소	-	-	7.6
	기타(탈루 등)	5.6	5.2	3.9
흡수 및 제거	흡수원	-41.3	-22.1	-26.7
	CCUS	-	-10.3	-10.3
	국외 감축	-	-16.2	-33.5

(단위: 백만 톤 CO_2eq)

727.6 → 536.1 (△26.3%) → 436.6 (△40.0%)

'18   전 NDC   상향 NDC

3 탄소중립녹색성장 기본계획과 새로운 2030 NDC 달성계획

3.1. 그간의 기후변화 대응 계획들

현재 우리나라 탄소중립 관련 정부 계획은 탄소중립기본법에 따라 탄소중립녹색성장 기본계획으로 수립된다. 현재에 이르기까지 여러 차례에 걸쳐 대응 계획들이 수립되어 왔다. 한국은 1993년 12월 기후변화협약 가입하고 나서 교토의정서가 도입된 이듬해인 1998년 4월 김대중 정부에서 국무총리를 위원장으로 하는 기후변화협약 관계장관회의 등 기후변화협약범정부대책기구를 구성하고 국무총리실에 기후변화 대응을 위한 실무조직을 두었다. 실무조직으로 1998년에는 산업심의관실(1명)을 두었고, 2007년 6월에 기후변화대응 T/F(6명)를 두었다가 12월에 기후변화대책기획단(29명)을 두었다. 「기후변화협약 실무대책회의」에서 세 차례에 걸쳐 3년을 계획기간으로 하는 종합대책을 수립하여 기후변화협약범정부대책기구 또는 기후변화협약대책위원회에서 심의 의결하였다. 1998년 12월에 기후변화협약대응 제1차 종합대책(1999~2001)을 수립하여 기후변화협약범정부대책기구에서 의결하였고 2001년 기후변화협약대책위원회로 명칭이 바뀐 범정부기구는 2002년 3월에 기후변화협약대응 제2차 종합대책(2002~2004)을, 2005년 2월에는 기후변화협약대응 제3차 종합대책(2005~2007년)을 심의 의결하였다. 제3차 종합대책(2005~2007)은 2005년 2월 16일로 예정된 교토의정서 발효에 대비하여 지구온난화문제에 대응하기 위한 국제적 노력에 적극 동참, 온실가스 저배출형 경제구조로의 전환을 위한 기반 구축, 기후변화가 국민생활에 미치는 부정적 영향 최소화를 목표로 제시하였다. 하지만 대책기구와 대책명에서 알 수 있듯이 제3차 종합대책에 이르기까지 정부 대응은 기후변화 자체가 아니라 '기후변화협약'에 대한 대응에 보다 관심을 두었다. 그럼에도 불구하고 국내 온실가스 감축 목표를 설정하고 이를 이행하는 방안을 마련하는 데까지 나아가지 못했다.

참여정부(노무현 정부) 막바지인 2007년 12월에는 제4차 종합대책이 확정 발표되었다. 이 때부터는 기후변화협약이 아니라 기후변화에 대응하는 것으로 초점을 이동하면서 정부위원회 명칭도 기후변화대책위원회로 변경하고 '기후변화 제4차 종합대책'으로 명칭을 달리하여 발표하였으며 수립 대상기간도 기존의 3년에서 5년으로 확대하였다. 교토의정서 의무이행기간이 2008~2012년으로 5년이란 점을 반영한 조치였다. 당시에는 교토의정서 체제가 연장될 것을 예상하지 못했기 때문에 교토의정서 공약기간(제1차)이 끝나는 2012년 이후 우리나라가 온실가스 감축의무를 지게 될 경우에 대비해서 국내 기반을 강화해 나가는 것을 주 목적으로 하였다(국무조정실 기후변화기획단, 2007). 그간의 대응에 대해 중장기전략과 목표가 부재하고 성과관리가 미흡하며 적응 및 연구개발에 대한 투자가 미흡했다고 평가하면서 종전의 3년 단위 단기 실행계획에서 탈피해서 교토의정서 효력이 만료될 것으로 예상되는 2012년까지의 기간을 대상으로 하는 5개년 계획으로 수립하였다.

2008년에는 새로 출범한 이명박 정부에서는 2008년 9월에는 제5차 기후변화대책위원회에서 '기후변화대응 종합기본계획(2008~2012년)'을 확정하였다. 이 종합계획에서는 "저탄소 녹색성장"과 "성숙한 세계 국가"라는 새로운 국가비전 아래 "범지구적 기후변화대응 노력에 동참하고 녹색성장을 통한 저탄소사회 구현"을 기후변화 대응 비전으로 제시하였다. 기존의 기본계획이 감축목표를 제시하지 못하여 산업계와 국민의 불확실성을 해소하지 못했고 에너지 다소비형 산업구조 및 업계의 부담 등을 감안하여 소극적 대응에 그쳤으며 기후변화의 부정적 영향을 최소화할 수 있는 적응 방안 수립이 미흡했고 국제사회의 기후변화 대응에 대한 동참노력이 부족했다고 평가하였다(기후변화대책기획단, 2008). 2012년 이후 교토 이후 체제에서 한국이 온실가스 의무감축국에 포함될 것을 예상하고 적극 대응해 나가야 함을 명시하였다. 2008년 12월에는 제6차 기후변화대책위원회를 열어 기후변화대응 종합기본계획 후속계획으로 「세부이행계획」, 「기후변화대응 국가연구개발 중장기 마스터플랜」, 「국가 기후변화 적응 종합계획」을 심의·확정하였다.

2009년부터 한동안 기후변화 대응 계획은 녹색성장 관련 계획에 포함하여 추진되었다. 2009년 1월에는 저탄소녹색성장 기본법 정부안을 입법예고한 후 이명박 정부는 그해 7월에 녹색성장 국가전략 및 녹색성장 5개년 계획(2009~2013년)을 수립하였다. 녹색성장 5개년 계획은 녹색성장 국가전략을 효율적·체계적으로 이행하기 위한 중기전략으로 5년마다 수립하도록 되어 있었다. 그리고 11월에는 2020년까지의 국가 중기 감축목표를 배출 전망치 대비 30% 감축으로 확정하였다. 2010년 4월에 「저탄소녹색성장기본법」이 제정·시행되었고 2012년 1월에는 온실가스 다량 배출사업장을 대상으로 연도별 감축목표를 부여·관리하는 「온실가스·에너지 목표관리제」가 시행되었으며 2012년 5월에는 시장기반 온실가스 감축제도인 배출권거래제를 2015년부터 시행하기 위해 「온실가스 배출권의 할당 및 거래에 관한 법률」이 제정되었다. 2010년 6월에는 체계적인 국가 온실가스 통계·정보관리와 국가 감축목표 설정 지원 등을 위해 「온실가스종합정보센터」가 설립되었다. 이명박 정부에서 저탄소 녹색성장을 비전으로 내세웠지만 2010~2013년 간 배출실적을 보면 감축경로를 따라가기는 커녕 배출 전망치보다도 많이 배출되었다.

박근혜 정부 들어서도 기후변화 대응 관련 제2차 녹색성장 5개년 계획(2014~2018년)을 수립하였다. 그리고 COP21이 파리에서 열리기 전인 2015년 6월 말에 2030년까지 배출 전망치 대비 37%를 감축한다는 2030 INDC를 발표하고 UN에 제출하였다. 이를 분명히 하기 위해 「저탄소녹색성장기본법」 시행령을 개정하여 2030년 37% 감축목표를 반영하였다. 2016년에는 '2030년 국가온실가스 감축목표 달성을 위한 기본 로드맵'을 마련하여 부문별 감축 계획을 제시하였고, 같은 해 11월 4일 파리협정에 비준함으로써 2015년에 제출했던 2030년 INDC는 NDC로 등록되었다. 또한 박근혜 정부에서는 파리협정 채택과 비준으로 열리게 된 신기후체제 출범에 대비하기 위해 2016년 12월에 제1차 기후변화대응 기본계획(2017~2036년)을 수립하였다. 「기후변화대응 기본계획」은 법정계획으로 20년의 기간을 대상으로 5년마다 수립·시행하도록 규정되어 있다(저탄소녹색성장 기본법 제40조). 당시 정부는 기존의 관련 계획이 감축정책 실현에 중점을 둔 데 비해, 1차 기후변화대응 기본계획은 감축과 함께 기후변화 적응과 국제협력 등을 총망라한 첫 번째 종합계획이라는 의미를 부여하였다.

문재인 정부 들어서 2018년에는 '2030년 국가 온실가스 감축목표 달성을 위한 기본 로드맵 수정안'을 마련하고, NDC를 갱신하여 UN에 제출하였다. 파리협정 제2조의 장기온도목표 달성을 고려하여 2030년까지 2017년 국가 온실가스 총 배출량(709.1MtCO$_2$eq) 대비 24.4%를 감축하는 것으로 하였다. 절대값 유형의 감축목표가 보다 예측 가능하며 투명하기 때문이었다. 신규 석탄발전소 건설 전면 금지 등의 노력을 통해 국내 감축 비중을 증가시킨 감축목표였다. 또한, 2019년 12월에는 저탄소 녹색성장 기본법 시행령을 개정하여 국가 온실가스 감축목표를 법제화하여 확실성을 부여하였다. 아울러 문재인 정부에서는 2019년 10월 제2차 기후변화대응 기본계획(2020~2040년)을 조기 수립하였다. 2018년 7월에 국내 감축분을 상향(25.7% → 32.5%)해서 수립한 '2030 국가 온실가스 감축 로드맵'의 감축목표와 이행수단 등을 반영하기 위해서였다. 이미 제1차 기후변화대응 기본계획에 2차 계획시기를 온실가스 감축목표(NDC) 제출, 국제탄소시장 메커니즘 결정, 2030 온실가스 감축 이행로드맵 수립 등에 대한 중간 점검을 통해 신기후체제가 가시화되는 2020년을 기준시점으로 하여 조정할 수 있다고 계획한 데 따른 것이었다. 제2차 기후변화대응 기본계획은 신기후체제에 대비하기 위해 온실가스 감축, 기후변화대응 기술 개발, 기후변화 적응 등 전 부문을 포괄하는 내용을 담았다.

3.2. 제1차 탄소중립 녹색성장 기본계획의 내용

탄소중립기본법 제7조에 따르면 정부는 2050년까지 탄소중립을 목표로 하여 탄소중립 사회로 이행하고 환경과 경제의 조화로운 발전을 도모하는 것을 국가비전으로 한다. 같은 법 제10조에 의하면 정부는 제3조에 규정한 기본원칙에 따라 국가비전 및 중장기감축목표 등의 달성을 위하여 20년을 계획기간으로 하는 국가 탄소중립 녹색성장 기본계획(이하 국가기본계획)을 5년마다 수립·시행하여야 한다. 국가기본계획은 탄소중립·녹색성장의 최상위 계획으로서 정책의 비전을 설정하고 거시적 관점에서 국가 온실가스 감축 목표와 기후변화 적응 등 하위계획의 원칙과 방향을 제시하며 에너지 등 관련 계획은 국가기본계획과 정합성을 가져야 한다. 국가기본계획에는 2030 온실가스 감축목표(2018년 대비 40% 감축)를 이행하기 위한 연도별·부문별 감축목표가 포함되어야 하며 탄녹위 위원장은 국가기본계획의 추진 상황과 주요 성과를 매년 정성·정량적으로 점검하고, 그 결과 보고서를 작성하여 공개하여야 한다. 환경부장관이 국가기본계획의 수립·시행 등에 관한 업무를 지원하며, 국가기본계획을 수립하거나 변경하는 경우에는 탄녹위 심의 후 국무회의의 심의를 거쳐야 한다.

탄소중립기본법 제3조에서 규정하고 있는 탄소중립 사회로의 이행과 녹색성장을 추진하는 데 있어 지켜야 할 기본원칙은 다음과 같다:

① 미래세대의 생존을 보장하기 위하여 현재 세대가 져야 할 책임이라는 세대 간 형평성의 원칙과 지속가능발전의 원칙에 입각한다.

② 범지구적인 기후위기의 심각성과 그에 대응하는 국제적 경제환경의 변화에 대한 합리적 인식을 토대로 종합적인 위기 대응 전략으로서 탄소중립 사회로의 이행과 녹색성장을 추진한다.

③ 기후변화에 대한 과학적 예측과 분석에 기반하고, 기후위기에 영향을 미치거나 기후위기로부터 영향을 받는 모든 영역과 분야를 포괄적으로 고려하여 온실가스 감축과 기후위기 적응에 관한 정책을 수립한다.

④ 기후위기로 인한 책임과 이익이 사회 전체에 균형 있게 분배되도록 하는 기

후정의를 추구함으로써 기후위기와 사회적 불평등을 동시에 극복하고, 탄소중립 사회로의 이행 과정에서 피해를 입을 수 있는 취약한 계층 · 부문 · 지역을 보호하는 등 정의로운 전환을 실현한다.

⑤ 환경오염이나 온실가스 배출로 인한 경제적 비용이 재화 또는 서비스의 시장가격에 합리적으로 반영되도록 조세체계와 금융체계 등을 개편하여 오염자 부담의 원칙이 구현되도록 노력한다.

⑥ 탄소중립 사회로의 이행을 통하여 기후위기를 극복함과 동시에, 성장 잠재력과 경쟁력이 높은 녹색기술과 녹색산업에 대한 투자 및 지원을 강화함으로써 국가 성장동력을 확충하고 국제 경쟁력을 강화하며, 일자리를 창출하는 기회로 활용하도록 한다.

⑦ 탄소중립 사회로의 이행과 녹색성장의 추진 과정에서 모든 국민의 민주적 참여를 보장한다.

⑧ 기후위기가 인류 공통의 문제라는 인식 아래 지구 평균 기온 상승을 산업화 이전 대비 최대 섭씨 1.5도로 제한하기 위한 국제사회의 노력에 적극 동참하고, 개발도상국의 환경과 사회정의를 저해하지 아니하며, 기후위기 대응을 지원하기 위한 협력을 강화한다.

윤석열 정부에서는 탄소중립기본법에 따라 국가 탄소중립 녹색성장 기본계획을 수립하여 2023년 4월 10일 최종 확정하였다. 2022년 8월부터 연도별 · 부문별 감축목표 수립을 위해 감축 · 흡수를 포함하여 10개 부문별로 연구기관 · 전문가 등으로 구성된 범부처 기술작업반을 운영하여 기초작업을 하였다. 10월에는 제2기 2050 탄소중립 · 녹색성장 위원회가 출범하고 책임있는 실천, 질서있는 전환, 혁신주도 탄소중립 · 녹색성장을 3대 정책방향으로 하는 '탄소중립 · 녹색성장 추진전략'을 수립하였다. 11월부터는 NDC 이행로드맵과 기본계획 수립을 위한 관계부처 협의체 회의와 분야별 협 · 단체, 대 · 중소 기업 단체, 철강 · 석유화학 등 기업체, 지자체 등을 대상으로 이해관계자 의견수렴에 나섰으며 2023년 2월부터 관계부처 협의체를 통해 국가 기본계획 정부안 초안을 마련하였다. 아울러 2월에는 탄녹위의 4개 분과(온실가스 감축 분과, 에너지 · 산업 전환 분과, 공정전환 · 기후적응 분과, 녹색성장·국제협력 분과)에서 국가전략 및 기본계획 정부안에 대한 민간위원 검토작업을 진행하였다. 그리고 온·오프라인을 병행한 대국민 공청회와 이해관계자 토론회·간담회를 추가 진행하여 〈표 8-4〉처럼 결정하였다.

표 8-4 2030 NDC의 수정된 부문별 감축 목표와 연도별 감축 목표

(단위: 백만 톤)

구분	부문	2018년 배출량	2030 목표 기존 NDC(2021.10)	2030 목표 수정 NDC(2023.3)
	합계	727.6	436.6 (40.0%)	436.6 (40.0%)
배출	전환	269.6	149.9 (44.4%)	-145.9 (45.9%)
	산업	260.5	222.6 (14.5%)	-230.7 (11.4%)
	건물	52.1	35.0 (32.8%)	-35.0 (32.8%)
	수송	98.1	61.0 (37.8%)	61.0 (37.8%)
	농축수산	24.7	18.0 (27.1%)	18.0 (27.1%)
	폐기물	17.1	9.1 (46.8%)	9.1 (46.8&)
	수소	–	7.6	8.4
	탈루 등	5.6	3.9	3.9
흡수·제거	흡수원	-41.3	-26.7	-26.7
	CCUS	–	-10.3	-11.2
	국외 감축	–	-33.5	-37.5

부문	2018	2023	2024	2025	2026	2027	2028	2029	2030
합계	686.3	633.9	625.1	617.6	602.9	585.0	560.6	529.5	436.6
전환	269.6	223.2	218.4	215.8	211.8	203.6	189.9	173.7	145.9
산업	260.5	256.4	256.1	254.8	252.9	250.0	247.3	242.1	230.7
건물	52.1	47.6	47.0	46.0	44.5	42.5	40.2	37.5	35.0
수송	98.1	93.7	88.7	84.1	79.6	74.8	70.3	66.1	61.0
농축수산	24.7	22.9	22.4	21.9	21.2	20.4	19.7	18.8	18.0
폐기물	17.1	15.1	14.7	14.1	13.3	12.5	11.4	10.3	9.1
수소	(-)	3.4	4.1	4.8	5.5	6.2	6.9	7.6	8.4
탈루등	5.6	5.1	5.0	5.0	4.9	4.8	4.5	4.2	3.9
흡수원	-41.3	-33.5	-31.3	-28.9	-30.4	-29.1	-28.3	-27.6	-26.7
CCUS	(-)	–	–	–	-0.4	-0.7	-1.3	-3.2	-11.2

제1차 국가 탄소중립 녹색성장 기본계획에서는 2030 NDC는 2021년에 수립한 상향 목표인 2018년 대비 40% 감축을 그대로 유지하되 부문별 감축 목표를 조정하였다. 배출 관련해서는 전환부문의 배출을 더 줄이고 수소 이용을 늘리면서 산업부문 감축률을 3.1%p 낮은 11.4%로 설정하였다. 흡수·제거 관련해서 탄소포집이용저장 기술과 국제감축을 더 확대하는 것으로 계획하였다. 제1차 국가기본계획에서는 전환부문의 경우 상향 2030 NDC에서보다 신재생에너지 비중은 기존계획의 30.2%에서 21.6%로 8.6%p 줄이고 원자력 발전 비중은 23.9%에서 32.4%로 8.5%p 확대하는 것을 주요한 내용으로 하였다. 이러한 전원 구성 변화에 대해서는 사회적 합의가 충분히 형성되지 않아 여전히 논란이 있다. 또한 국제 감축을 통한 배출 감축 확대에 대해서도 국내 감축에 주력하지 않는다는 비판이 제기되었으며 산업부문 감축 목표 축소는 국제적인 탄소중립 사회로의 전환에서 오히려 국내 산업계에 잘못된 신호를 줌으로써 산업 경쟁력을 떨어뜨릴 수 있다는 우려가 제기되었다. 또한 연도별 감축 목표에 있어 현 정부 임기(2023~2027년) 내 연평균 감축률은 2%(누적 감축량 4890만 톤)인 데 비해 차기 정부(2028~2030년) 연평균 감

축률은 9.3%(1억4840만 톤)로, 차기 정부로 감축 부담을 미루었다는 비판이 제기되었다.

3.3. 탄소중립 달성을 위한 정책 수단

기후 완화, 더 나아가 탄소중립을 위한 대표적인 정책수단은 다양하다. 정책수단은 크게 명령강제적 규제, 경제유인적 규제, 자발적 협약, 정보 제공 등으로 크게 구분할 수 있는데 기후 완화, 탄소중립을 위한 정책수단도 마찬가지로 이렇게 분류할 수 있다. 명령강제적 규제의 대표적인 사례는 온실가스 에너지 목표관리제(이하 목표관리제), 단열 기준 규제, 신·재생에너지 이용 의무화 등이다. 목표관리제는 온실가스 다배출 업체를 관리업체로 지정하고, 온실가스 배출량에 대한 절감목표를 정부와 해당 업체가 협의해서 설정한 후 이행실적을 검증·관리하는 제도를 말한다. 2010년부터 시행해 왔는데, 2022년 3월 이후 온실가스 배출량 연평균 총량이 50,000톤 이상인 업체나 15,000톤 이상인 사업장이 대상이다. 단열 기준 규제란 건축물의 에너지 절약 설계기준에서 제시된 단열재를 써야 하고 건축물 설계시 단열 기준을 충족하도록 한 것이다. 공공기관이 신축 또는 증·개축하는 연면적 1,000m² 이상의 건축물에 대하여 예상 에너지 사용량의 일정 비율(2011년은 10%부터 시작해서 2022~2023년 현재 32%, 두 해마다 2%씩 늘려서 2030년 40% 이상으로 상향) 이상을 신·재생에너지로 의무적으로 공급하도록 하는 제도를 말한다.

탄소중립기본법에 따라 마련된 '기후변화영향평가'와 '온실가스감축인지 예산제'도 명령강제적 규제 수단에 해당한다. '기후변화영향평가'는 온실가스를 다량으로 배출할 것으로 예상되는 계획 및 개발사업에 대해 전략환경영향평가나 환경영향평가를 실시할 때 기후변화에 미치는 영향이나 기후변화로 인하여 받게 되는 영향을 분석·평가하도록 한 제도이다(탄소중립기본법 제23조). 2022년 9월 25일부터 제도가 시행되었는데, 전략환경영향평가 대상 중, 중·장기 기후변화 영향(감축·적응)이 높은 10개 분야가 제도 대상이다(환경부, 2023). 계획이나 개발사업을 준비하는 단계부터 계획 수립권자나 사업자가 온실가스 감축 방안과 기후위기 적응방안을 마련하도록 하기 위해 도입되었다. '온실가스감축인지 예산제'란 국가

예산과 기금이 기후변화에 미치는 영향을 분석하고 이를 국가와 지방자치단체의 재정 운용에 반영하는 제도를 말한다(탄소중립기본법 제24조). 2023년 회계연도부터 국가 재정에 이 제도가 적용되었다. 국가 재정사업에 따른 온실가스 배출량을 정량화해서 제시함으로써, 온실가스 감축효과가 높은 사업은 재정투자를 확대하고 감축 효과가 낮은 사업은 감축효과를 높이는 방향으로 재정정책 방향을 전환하도록 유도하는 것을 목적으로 한다(환경부, 2023).

경제유인적 규제의 대표적인 예는 탄소세와 배출권 거래제이다. 탄소세는 탄소를 함유한 제품이나 물질 등에 포함된 탄소의 양에 따라 세금을 부과하는 것인데 아직 우리나라에서는 도입하지 않았다. 배출권 거래제는 온실가스를 배출하는 사업장이나 기업을 대상으로 배출권을 할당하고, 서로 간에 남거나 부족한 배출권을 거래할 수 있도록 한 제도다. 일반적으로 정부가 배출 총량을 결정하고 그 안에서 사업장이나 기업에게 배출권을 할당하는 총량 거래(cap and trade) 방식을 취한다. 우리나라는 2015년에 도입해서 배출권거래 1차 계획기간(2015~2017)과 제2차 계획기간(2018~2020)을 지나 3차 계획기간(2021~2025) 중에 있다. 적용 대상은 계획기간 4년 전부터 3년간 온실가스 배출량 연평균 총량이 125,000톤 이상인 업체나 25,000톤 이상 사업장으로, 관리대상물질은 6대 온실가스이다. 제3차 계획기간의 할당대상업체는 총 684개로, 우리나라 온실가스 배출량의 약 73%를 차지한다.

자발적 협약은 에너지를 생산·공급·소비하는 기업 또는 사업자 단체가 정부와 협약을 체결, 온실가스 감축노력을 공동으로 추진하는 제도다. 기업은 에너지절약과 온실가스 배출감소 목표 설정, 추진 일정, 실행방법 등을 제시한 후 이를 이행하고 정부는 실행 결과를 모니터링·평가하고 자금과 세제지원 혜택을 준다. 우리나라에서는 목표관리제 도입 전에 기업이 능동적으로 기후변화에 대응할 수 있도록 하기 위해 규제보다 느슨한 자발적 협약 방식을 취했다. 플라스틱 폐기물 회수·재활용 관련 자발적 협약도 있다. 폐기물부담금 대상이 되는 플라스틱 제품·재료·용기의 제조·수입업자(사업자단체 포함)가 환경부 장관과 폐기물 회수·재활용에 관하여 자발적 협약을 체결하고 플라스틱 폐기물을 회수·재활용하면 폐기물부담금을 면제하는 제도를 말한다. 재활용이 촉진되므로 결국 온실가스 배출을 줄이고 기후 완화에 기여하게 된다.

최근에는 기업들이 기후위기 완화, 탄소중립을 위해 자발적 참여를 선언하고 기후행동에 나서기도 한다. 대표적인 사례가 RE100 캠페인이다. RE100은 재생에너지 전기(Renewable Electricity) 100%를 줄인 말로 기업 활동에 필요한 전력을 100% 태양광과 풍력 등 재생에너지로 생산된 전기를 사용하겠다는 자발적인 글로벌 캠페인이다. 재생 가능한 전기로 전 지구적 전환을 가속화하는 것을 RE100의 사명이라 내세우면서 2040년까지 탄소 없는 전력망(carbon free grids)을 구축하는 것을 목표로 한다. RE100은 '탄소정보공개프로젝트(Carbon Disclosure Project, CDP)'와 다국적 비영리기구 '더 클라이밋 그룹(The Climate Group)'이 파트너쉽을 맺어서 주도한 캠페인으로 2014년에 시작되었다. 2023년 8월 현재 400개가 넘는 세계적 기업들이 참여하고 있으며 한국 기업들도 30개 이상 참여 중이다. 소비자들이 그런 기업을 원하고 있기에 시장에서 좋은 이미지를 가짐으로써 소비자 선택에 대해 경쟁력을 높이기 위해 이러한 캠페인에 참여한다. 하지만 이는 참여기업만의 문제가 아니다. 형식은 자발적이지만 사실은 RE100 선언 기업들이 협력업체들에게도 RE100을 요구하고 있기에 내용적으로는 완전히 자발적이라 보기 어렵다. 또한 법적 규제 대상이 아닌 기업들이 자발적 탄소시장(Voluntary Carbon Market, VCM)을 통해 온실가스 감축 활동을 수행해서 얻은 탄소 크레딧을 거래하는 시장을 만들어 참여하기도 한다.

정보 제공은 소비자가 에너지 효율적이거나 탄소 배출이 적은 제품을 선택할 수 있도록 정보를 제공하는 것이다. 대표적인 예가 에너지 효율등급제나 고효율 인증제, 대기전력표시제, 탄소성적표지제 등이다. 에너지 효율등급제는 1등급부터 5등급까지 효율 수준이 다른 제품들을 식별할 수 있도록 효율등급 마크를 부착한다. 고효율 인증제는 효율이 높은 제품들에 대해 고효율임을 표시해주고 대기전력 표시제는 기준에 미달하는 제품에는 경고라벨이 표시되어 확인이 쉽도록 한다. 탄소성적표지제는 제품과 서비스의 생산과 수송, 유통, 사용, 폐기 등의 과정에서 발생하는 온실가스 배출량을 제품에 표기해서 소비자가 알 수 있도록 하는 제도이다. 법적으로 강제하는 인증제도가 아니라 기업의 자발적 참여에 의한 임의적인 인증제도로서, 소비자에게 정보를 제공하는 정책수단이다. 1단계 탄소배출량 인증, 2단계 저탄소제품 인증, 3단계 탄소중립제품 인증의 세 단계로 구성되어 있다. 정보 제공 방식의 경우 소비자가 단일 제품에 대한 정보만이 아니라 제품들 간 비교가 가능하도록 비교표를 제공하기도 한다.

그림 8-9 단계별 탄소성적표지

탄소배출량 인증(1단계) 저탄소제품 인증(2단계) 탄소중립제품 인증(3단계)

4 기후변화적응 기본계획

기후위기가 진행되면서 적응에 대한 관심이 높아지고 적응 필요성이 갈수록 커지고 있다. 현재 탄소중립기본법 제2조에서는 IPCC의 정의와 마찬가지로 기후위기 적응을 "기후위기에 대한 취약성을 줄이고 기후위기로 인한 건강피해와 자연재해에 대한 적응역량과 회복력을 높이는 등 현재 나타나고 있거나 미래에 나타날 것으로 예상되는 기후위기의 파급효과와 영향을 최소화하거나 유익한 기회로 촉진하는 모든 활동"으로 정의하고 있다. 정부는 같은 법 제38조에 따라 국가의 기후위기 적응에 대한 대책(이하 "기후위기적응대책")을 5년마다 수립하여 시행하고 기후위기적응대책과 적응대책 세부시행계획의 추진상황을 매년 점검하고 결과 보고서를 작성해서 탄녹위의 심의를 거쳐 공개해야 한다. 시·도지사, 시장·군수·구청장은 지방 기후위기 적응대책을 5년마다 수립·시행해야 하며(제40조), 기후위기 영향에 취약한 시설을 보유·관리하는 공공기관 등 대통령령으로 정하는 기관("취약기관")도 공공기관 기후위기적응대책을 5년마다 수립·시행하고 매년 이행실적을 작성하여야 한다(제41조).

　우리나라 최초의 기후변화 적응 관련 계획은 2008년 12월에 수립된 "국가 기후변화 적응 기본계획"이다. 2007년 5월에 열렸던 제3차 기후변화대책위원회에서 국가 기후변화 적응 마스터플랜 수립이 결정되었고 2008년 9월에 확정된 "기후변화대응 종합기본계획"에 국가 기후변화 적응 종합계획(마스터플랜) 수립을 명시한 데 따른 조치였다. 국가 기후변화 적응 기본계획은 국가 적응정책의 비전과 방향을 제시하는 국가 기본계획이자 당시 국가 장기 비전으로 제시되었던 '저탄소 녹색성장'의 주요 행동계획이란 성격을 지녔다. 계획기간은 단기로는 2009~2012년, 중장기로는 2013~2030년으로, 총 2009~2030년을 대상으로 하였다.

　이후 「저탄소 녹색성장 기본법」이 수립되고 제40조를 토대로 "기후변화 대응 범지구적 노력에 적극 참여, 규제·시장·기술 활용으로 온실가스 감축 달성, 기후변화로 인한 영향 최소화"라는 기후변화 대응의 기본 원칙에 따라 20년을 계획 기간으로 하는 「기후변화 대응 기본 계획」을 5년마다 수립·시행하게 되었다. 2016년에 제1차 기후변화 대응 기본계획(2017~2036), 2019년에 제2차 기후변화 대응 기본계획(2020~2040)이 수립되었다. 5년 단위 계획임에도 제2차 기본계획이 2019년에 조기 수립된 것은 2018년 7월에 수립된 2030 국가 온실가스 감축 로드맵의 감축 목표와 이행수단을 반영하기 위함이었다. 이 기본계획들에 기후변화의 감시·예측·영향·취약성 평가 및 재난 방지 등 적응에 관한 사항이 담겨 있었다.

　이 '기후변화대응 기본계획'과 함께 녹색성장 5개년 계획의 하위계획이자, 광역·기초지자체 기후변화 적응대책 세부시행계획의 상위계획으로서 수립된 것이 국가 기후변화 적응대책이다. 「저탄소 녹색성장 기본법」 제48조 제4항에 따라 5년 단위로 국가 기후변화 적응대책을 수립하게 되었는데 기후 적응 관련 계획이 법정 계획이 된 것이다. 국가 기후변화 적응대책은 관계 중앙행정기관의 장들이 협의하여 합동으로 수립한 후 녹색성장위원회의 심의를 거쳐 수립하였다. 국가 기후변화 적응대책으로 2010년에 제1차(2011~2015), 2015년에 제2차(2016~2020), 2020년에 제3차(2021~2025) 대책이 마련되었다. 이제까지의 국가 단위 기후변화 적응계획의 연혁을 정리하면 〈표 8-5〉와 같다.

표 8-5 국가 단위 기후변화 적응계획 연혁

	국가 기후변화 적응대책				기후변화 대응 기본계획	
	종합계획 ('08.12)	제1차 ('10.10)	제2차 ('15.12)	제3차 ('20.12)	제1차 ('16.12)	제2차 ('19.10)
계획 기간	'09~'30	'11~'15	'16~'20	'21~'25	'17~'36	'20~'40
비전	기후변화 적응을 통한 안전사회 구축 및 녹색 성장 지원	기후변화 적응을 통한 안전사회 구축 및 녹색 성장 지원	기후변화 적응으로 국민이 행복하고 안전한 사회 구축	국민과 함께하는 기후안심 국가 구현	이상기후에 안전한 사회구현 ※ 총괄 비전: 효율적 기후변화 대응을 통한 저탄소 사회 구현	– ※ 총괄 비전: 지속가능한 저탄소 녹색사회 구현
목표	– 단기 (~'12): 종합적이고 체계적인 기후 변화 적응역량 강화 – 장기 (~'30): 기후변화 위험 감소 및 기회의 현실화	–	기후변화로 인한 위험 감소 및 기회의 현실화	– 2℃ 지구 온도 상승에도 대비하는 사회 전 부문의 기후탄력성 제고 – 기후감시·예측 인프라 구축으로 과학기반 적응 추진 – 모든 적응 이행주체가 참여하는 적응 주류화 실현	–	기후변화적응 주류화로 2℃ 온도 상승에 대비
체계	1. 기후변화 위험평가 체계 구축 2. 6개 부문별 기후변화 적응 프로그램 추진 (생태계, 물관리, 건강, 재난, 적응산업·에너지, SOC) 3. 국내외 협력 및 제도적 기반 확보	〈7대 부문〉 1. 건강 2. 재난/재해 3. 농업 4. 산림 5. 해양/수산업 6. 물관리 7. 생태계 〈적응기반대책〉 1. 기후변화 감시 및 예측 2. 적응산업/에너지 3. 교육·홍보 및 국제 협력	〈4대 정책〉 1. 과학적 위험 관리 2. 안전한 사회 건설 3. 산업계 경쟁력 확보 4. 지속가능한 자연 자원관리 〈이행기반〉 5. 국내외 이행 기반 마련	〈3대 정책〉 1. 기후리스크 적응력 제고 2. 감시·예측 및 평가 강화 3. 적응 주류화 실현 〈핵심 전략〉 기후탄력성 제고 취약계층 보호 시민참여 활성화 신기후체제 대응	1. 과학적인 기후변화 위험관리 체계 마련 2. 기후변화에 안전한 사회건설 3. 지속가능한 자연자원 관리	1. 5대 부문 기후변화 적응력 제고 2. 기후변화 감시·예측 고도화 및 적응 평가 강화 3. 모든 부문 ·주체의 기후변화 적응 주류화 실현

출저: 관계부처 합동, 2020, 제3차 국가 기후변화 적응대책(4쪽); 자료 추가하여 재구성

탄소중립기본법 제정으로 지방(17개 광역 지자체와 226개 기초 지자체)·공공기관 (62개소) 적응대책 의무화, 기후변화 감시·예측·평가 정보체계 운영 등 구체적 적응시책이 강화되었다. 또한 기후위기적응대책과 적응대책 세부시행계획 추진상 황을 매년 점검하고 결과 보고서를 작성해서 발표해야 한다. 기후변화 적응 총괄 부처는 환경부로 5년마다 국가기후위기적응대책 수립 과정 전반을 총괄하고, 매 년 추진되는 이행현황 점검과 종합평가를 주관한다. 이를 위해 환경부는 2022년 에 기후변화 적응업무를 총괄하는 전담부서로 기후적응과를 신설하였다. 적응대 책에는 현재 총 17개 부처가 참여하고 있으며, 각 부처는 적응대책의 세부시행계 획을 수립·이행하고, 이행현황을 제출한다(〈그림 8-10〉 참조). 한국환경연구원과 국립환경과학원에 적응 전문기관으로 국가기후위기적응센터가 설치되어 운영 중 에 있다.

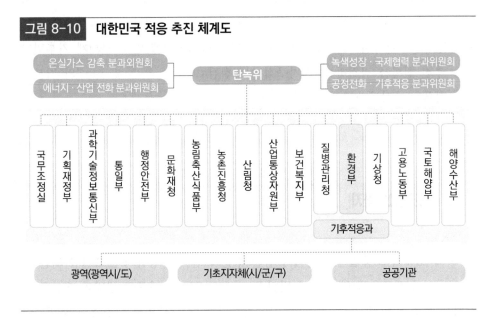

그림 8-10 대한민국 적응 추진 체계도

출처: 대한민국정부, 2023, "대한민국 기후변화 적응보고서"

정부는 제3차 국가 기후변화 적응대책을 통해 그간 국가 기후변화 적응대책의 이행력을 확보하였고 사회 전부문에 걸쳐 기후변화 적응을 주류화할 수 있는 기반을 마련하였으며 국제적 위상을 제고하고 대응 기반을 구축했다고 평가하였다. 하지만 기후변화 적응 확산을 위한 체계적 기반이 여전히 미흡하고 기후변화 위험(risk)을 고려한 적응대책 발굴에 미흡하며 대책 이행·점검평가에 대한 국민 체감도를 충분히 반영하지 못했다는 점에서 한계가 있었다고 평가하였다. 무엇보다 여러 차례 적응 관련 계획을 세웠음에도 불구하고 제대로 이행되지 않음으로써 극단적인 기상 현상이 발생했을 때 기상재난에 따른 인명의 손실이나 재산 상의 피해가 여전하고 때로는 증가하는 양상을 보이고 있어 보다 적극적인 이행과 이행 점검으로 적응 역량을 높여 나갈 필요가 있다.

정부는 2023년 3월 말, 〈대한민국 기후변화 적응 보고서〉를 UNFCCC 사무국에 제출하고 4월에 국문과 영문본으로 발간하였다. '대한민국 기후변화 적응보고서'는 2015년 합의된 파리협정에 근거를 두고 UNFCCC 사무국이 각 당사국에 적응보고서 제출을 권고함에 따라 '2050 탄소중립녹색성장위원회' 심의를 거쳐 작성 완료 후 제출하였다. 이보고서는 기후변화 적응 관련 우리나라가 국제사회에 제출한 첫 번째 보고서로, UNFCCC 사무국에서 파리협정에 따라 전세계 기후변화 대응 추진 현황을 점검하는 '전지구적 이행점검(Global Stock Take, GST)'의 기본자료로 활용될 예정이다.

Ⅳ 도전과 과제

이제 2050 탄소중립은 선언이나 담론 수준을 넘어 달성하지 않으면 안되는 국제 규범이자 생존을 위한 목표가 되었다. 기후위기는 그 자체로 생명과 재산을 위협하는 물리적 위험(physical risk)이지만 기후위기 대응을 위한 탄소중립 사회로의 전환은 전환위험(transition risk)을 내재하고 있다. 탄소문명을 유지 확장하기 위해 마련해서 운영해온 다양한 제도와 법, 정책이 바뀌어야 하고 현 경제산업의 구조와 내용 또한 바뀌어야 한다. 나아가 그런 문명을 통해 편리함과 안락함, 쾌적함

을 누리며 살았기에 대부분의 사회구성원들이 가진 생각과 태도, 행동, 생활양식
이 바뀌어야 한다. 세계적으로 진행되고 있는 이러한 전환을 제대로 이뤄내지 못
한다면 그것은 물리적 위험 못지 않게 많은 사람들의 생계와 생존을 위험에 빠뜨
리게 된다.

  기후변화는 지구환경문제다. 그렇기 때문에 국제 사회 구성원 모두의 참여와
실천이 필요하다. 그리고 바로 이러한 이유는 산업화를 먼저 추진하면서 더 많은
역사적 역사적 배출 책임이 있으면서도 바로 그 산업화의 과정을 통해 자본과 기
술을 축적해온 선진국들이 여러 가지 탄소 규제 조치를 취하는 것을 정당화한다.
"탄소 사다리 걷어차기"라는 비판이 있지만 시간과 속도는 다를지라도 탄소중립
으로 모든 사회가 나아가지 않는다면 전 지구적 기후위기로부터 모두가 안전할
수 없기 때문이다. 따라서 여러 국가들에서는 기후위기 대응을 위해, 또는 기후위
기 대응을 명분으로, 다양한 정책수단이 도입되고 있으며 이러한 정책수단은 그
국가만이 아니라 다른 국가들과 역외 기업들에게도 영향을 미친다.

  EU의 탄소국경조정제(Carbon Border Adjustment Mechanism, CBAM)가 대표적이
예다. EU에서는 2005년부터 배출권 거래제(EU-ETS)를 시행해오고 있어서 EU 역
내 기업들은 이산화탄소 배출에 비용을 지불해왔다. 하지만 다른 국가들에서는
배출권 거래제가 도입되지 않은 경우들이 대부분이고 도입한 경우라도 배출권
의 가격이 다름으로써 EU 역내외 기업들의 탄소 배출 비용 부담에 차이가 발생하
고 역내 기업들이 역외로 공장을 이전하고자 하는 동기를 가질 수 있게 된다. 따
라서 EU는 기업들 간 공정경쟁과 탄소누출(carbon leakage) 방지를 명분으로 역외
기업들에 대해 탄소 비용 부담의 차액을 요구하게 된다. 탄소 배출이 높고 수출
의존도가 높은 한국 산업에 이러한 변화는 직접적인 위험요인으로 작용할 수 있
다. 국가 단위에서만이 아니라 기업들의 자발적 전환 움직임도 세계 시장에 변화
를 가져오고 있다. 대표적인 예가 앞서 본문에서 기술한 RE100다. RE100 참여
는 기업의 자발적 움직임이지만 그런 참여 기업들에 부품을 수출하는 한국 기업
들에게는 RE100 가입이 '(겉으로는) 자발적이지만 (내용으로는) 비자발적인' 목표가
되고 있다. 또한 블랙록이나 네덜란드 연기금 운용사 APG 등 세계적인 투자사들
은 투자기업들에 대해 단기적인 재무적 가치가 아니라 비재무적 가치를 중시하는

ESG(Environment, Social and Governance, 환경·사회·지배구조) 경영을 요구하면서 탄소 배출기업에 대한 투자 철회를 공언하고 있다. 이제 ESG 정보공시가 의무화되고 있어서 ESG 경영은 기업의 지속가능성을 위한 필수 요소가 되고 있다. 2023년 6월 국제회계기준(International Financial Reporting Standards, IFRS) 재단 산하 국제지속가능성기준위원회(International Sustainability Standards Board, ISSB)가 ESG 공시 기준을 발표하였다. 우리나라도 2025년을 시작으로 2030년까지 ESG 공시가 의무화된다. ESG에 있어서 온실가스 배출량과 재생에너지 사용량이 E 영역의 중요한 기준이 되고 있어서 기업의 기후위기 대응 노력이 더욱 중요해지고 있다. 투자사들은 또한 '환경적으로 지속가능한 경제활동'의 범위를 정한 녹색분류체계(Green Taxonomy)'를 고려하여 투자 여부를 결정하는 양상을 보인다. 이렇듯 기후위기 상황에서 세계 경제질서가 변화를 겪고 있다. 이러한 변화는 국민 경제에서 수출이 35% 전후로 높은 비중을 차지하고 있는 우리 경제에 직접 영향을 미치기에 기후위기는 이제 경제위기로 전환되고 있다.

하지만 위기는 위험과 기회가 결합된 말로 기회도 포함한다. 기후위기는 자연의 부양능력을 뛰어 넘는 방식으로 진행해온 에너지 이용과 산업화, 생활양식에 기인한다. 산업혁명 이후 이제껏 만들고 유지해온 탄소문명을 벗어날 수 있는 탈탄소사회로의 전환은 또 다른 가능성을 품고 있다. 자연과 상생하면서 새로운 경제적 기회와 일자리 기회가 열릴 수 있기 때문이다. 탄소중립에 제대로 대처하지 못한다면 해당 사회와 기업은 상당한 어려움을 겪게 되겠지만 탄소 배출을 줄일 수 있는 방안과 기술을 개발한다면 세계 시장을 선점함으로써 경제적 이익을 누릴 수 있다. 무엇보다 그런 접근으로 세계 온실가스 배출을 줄일 수 있다면 세계 탄소중립에 기여할 수 있다.

전환 과정에서 '기후정의'와 '정의로운 전환'을 실현하기 위해 노력해야 할 것이다. 탄소중립기본법에는 기후정의를 "기후변화를 야기하는 온실가스 배출에 대한 사회계층별 책임이 다름을 인정하고 기후위기를 극복하는 과정에서 모든 이해관계자들이 의사결정과정에 동등하고 실질적으로 참여하며 기후변화의 책임에 따라 탄소중립 사회로의 이행 부담과 녹색성장의 이익을 공정하게 나누어 사회적·

경제적 및 세대 간의 평등을 보장하는 것"으로 정의하고 있다. 또한 정의로운 전환은 "탄소중립 사회로 이행하는 과정에서 직·간접적 피해를 입을 수 있는 지역이나 산업의 노동자, 농민, 중소상공인 등을 보호하여 이행 과정에서 발생하는 부담을 사회적으로 분담하고 취약계층의 피해를 최소화하는 정책방향"이라 정의하였다. 전환의 과정이 그 누구도 뒤에 남겨 두지 않는다는 원칙을 지키며 지금의 불평등 상황을 더욱 심화하지는 않도록 해야 할 것이다.

이제 우리는 탄소중립을 향한 출발선을 겨우 지났다. 계획은 수립했지만 그 계획이 충분하지 않다는 비판으로부터 자유롭지 않다. 하지만 그 계획조차 제대로 이행할 수 있을지조차 불확실하다. 이제는 더는 2050 탄소중립이 가능할지를 물을 게 아니라 어떻게 달성할지 그 방법을 고민하고 실행해야 한다. 탄소중립을 위한 비용이 너무 크다는 1차원적 발상에서 벗어나서 탄소중립을 하지 못했을 때, 전환에 실패했을 때의 비용에 관심을 가져야 한다. 전 세계는 에너지 절약과 효율 개선으로 에너지 소비를 줄이면서 재생에너지를 확대하는 방향으로 빠르게 전환해 가고 있다. 식생활이 온실가스 배출에 미치는 관심이 높아지면서 채식 인구도 점차 늘고 있다. 폐기물 배출량을 줄이고 플라스틱 사용량을 줄이기 위해 순환경제를 지향하고 있다. 보다 적극적인 탄소중립 정책과 기후적응정책을 통해 신속히 대응하는 것이 큰 손실과 피해를 줄일 수 있을 뿐 아니라 오히려 산업적 기회를 얻을 수 있다는 사실을 기억해야 할 것이다.

참고문헌

관계부처 합동. 2023. 「탄소중립 · 녹색성장 국가전략 및 제1차 국가 기본계획 요약(중장기 온실가스 감축 목표 포함)」.

＿＿. 2021. 「제3차 국가 기후변화 적응대책(2021 - 2025)」 세부시행계획.

＿＿. 2020. 「제3차 국가 기후변화 적응대책(2021 - 2025)」.

＿＿. 2019. 「제2차 기후변화대응 기본계획」.

＿＿. 2016. 「제1차 기후변화대응 기본계획」 종합본.

＿＿. 2015. 「제2차 국가 기후변화 적응대책(2016 - 2020)」.

＿＿. 2010. 「저탄소 녹색성장 기본법 시행에 따른 국가 기후변화 적응대책(2011 - 2015)」.

국무총리실 기후변화기획단. 2008. 「기후변화대응 종합기본계획」.

국무조정실 기후변화대책기획단. 2007. 「새로운 전환: 기후변화 제4차 종합대책(5개년 계획)」.

기상청. 2020. 「지구온난화 1.5℃ 특별보고서」 해설서.

기후변화협약대책위원회. 2006. 「기후변화협약 대응 제3차 종합대책」.

김정해 · 조성한 · 윤경준 · 이혜영 · 김도균. 2009. 「기후변화대응을 위한 정부대응체계 구축: 녹색거버넌스 구축을 중심으로」. 한국행정연구원 KIPA 연구보고서 2009-14/경제 · 인문사회연구회 미래사회협동연구총서 2009 - 06 - 47.

대한민국정부. 2023. 「대한민국 기후변화 적응보고서」.

온실가스종합정보센터. 2022, 2022 국가 온실가스 인벤토리.

외교부. 2015. 「알기 쉬운 기후변화협약」.

유정민 · 윤순진. 2015. "전환적 기후변화 적응에 대한 비판적 고찰," 「환경정책」 23(1): 149 - 181.

윤순진. 2022a. "8장 기후위기 탄소중립 시대의 기후 거버넌스," 박미옥 외, 『환경정책론』, 서울: 윤성사: 373 - 421.

＿＿. 2022b. "7장 기후위기와 기후시민의 역할: 이미 늦었을지도, 아직은 늦지 않았을지도," 유네스코한국위원회 기획, 『아주 구체적인 위협』, 서울: 동아시아: 291 - 326.

＿＿. 2009. "기후변화 대응을 둘러싼 사회 갈등 예방과 완화를 위한 거버넌스의 모색" 「국정관리연구」 4(2): 125 - 160.

＿＿. 2002. "기후변화와 기후변화정책에 내재된 환경불평등," 「ECO」, 2: 3 - 26.

정선양. 2001. 『환경정책론』 박영사.

탄소중립위원회. 2021. 2050 탄소중립 시나리오.

홍종호 · 윤순진. 2022. "제8장 환경과 평화: 지속가능발전과 기후변화를 중심으로," 김범수 외, 『평화학이란 무엇인가: 계보와 쟁점』, 서울: 서울대출판부: 265-302.

환경부. 2023a. 환경백서 2022.

___. 2023b. " 2022년 온실가스 잠정배출량 전년보다 3.5% 감소한 6억 5,450만 톤 예상, 환경부 보도자료 (2023.7.25.).

___. 2022. 『파리협정 함께 보기』.

___. 2016. 『교토의정서 이후 신기후체제 파리협정 길라잡이』.

환경부 외. 2008. 『국가 기후변화 적응 종합계획』.

Crutzen, Paul and Eugene Stoermer. 2000. "The "Anthropocene"," IGBP Newsletter 41: 17-18.

IPCC. 2007. Synthesis Report of the IPCC Fourth Assessment Report (AR4).

___. 2023. Synthesis Report of the IPCC Sixth Assessment Report (AR6).

___. 2022. Climate Change 2021: Mitigation.

___. 2021. Climate Change 2021: The Physical Science Basis.

Lenton, Timothy M., Johan Rockstrom, Owen Gaffney, Stefan Rahmstorf, Katherine Richardson, Will Steffen & Hans Joachim Schellnhuber. 201. "Climate tipping points-too risky to bet against," Nature, 14016: 187-192.

McKay, David I. Armstrong, Arie Staal, Jesse F. Abrams, Ricarda Winkelmann, Boris Sakschewski, Sina Loriani, Ingo Fetzer, Sarah E. Cornell, Johan Rockström, Timothy M. Lenton. 2022. "Exceeding 1.5℃ global warming could trigger multiple climate tipping points," Science 377: 1-10.

Meadowcroft. 2009. "Climate Change Governance," the World Bank Policy Working Paper 4941 (of The World Bank).

Schipper, Lisa, 2011, "Conceptual History of Adaptation in the UNFCCC Process," in Schipper, E. Lisa F. and Ian Burton (Eds.), Adaptation to Climate Change. New York, NY: Earthscan, 359-376.

Stirling, Andrew. 2001. On Science and Precaution in the Management of Technological Risk. European Commission Joint Research Centre.

UNFCCC. 2014. "National greenhouse gas inventory data for the period 1990-2012," Forty-first session of Subsidiary Body for Implementation.

WMO [World Meteorological Organization]. 2023. State of the Global Climate 2022

도시설계와 환경/탄소중립

이건원

CHAPTER 09

도시설계와 환경/탄소중립

Ⅰ 서론

펜데믹(Pandemic)으로 일컬어지는 전 세계적으로 그 유래를 찾아보기 어려웠던 사태가 점차 잦아들고 있음에도 전 세계적으로, 기후변화를 중심으로 한 환경적인 이슈에 대한 관심이 점차 커지고 있다. 이미 몇 년전부터 전지구적으로 폭염, 폭우, 가뭄 등의 현상이 여름과 겨울을 가리지 않고 나타나고 있기 때문이다. 이러한 극단적인 기후변화에 대한 피해가 점차 자주 더 커지고 있다는 점이 문제이다. 이러한 극단적인 기후변화는 특정 지역에 국한하여 사람들의 삶과 죽음을 가르기도 하며, 넓은 지역 또는 권역의 경제적 터전을 뒤흔들어 놓기도 하고 있다. 이와 같이 기후변화가 가지고 오는 직·간접적 영향은 더 이상 우리가 무시할 수는 없는 수준에 이른 것으로 보인다. 이에 대해 전세계적으로 탄소중립, 기후중립 등을 국가의 아젠다로 선언하고 이를 지키기 위한 노력을 경주하고 있는 현실이다.

이러한 환경에 대한 인류의 관심이 시작된 시기는 1960년대로 거슬러 올라갈 수 있다. 대체로 이 시기부터 현재 우리가 경험하는 삶의 모습이 실체화되기 시작한 것으로 생각된다. 이 시기에는 20세기 초중반의 양차 세계대전의 비극 이후, 인간성에 대한 자기 성찰이 본격적으로 시작되기 시작했으며, 경제대공황(1929~1941년)의 충격에서 세계 경제가 회복을 넘어 부흥을 일구어내기 시작한 시기이기도 하다. 이를 바탕으로 대의 민주주의와 자유가 보장되며, 개개인은 상당한 수준의 자유를 경험할 수 있게 되었다. 이 시기에 마이홈(my home), 마이카(my car) 등의 개념과 대량생산 대량소비의 시대가 도래하게 된 것이다.

그러나 1970년대 이후 상황은 조금씩 변하였다. 경제대공황에서 회복되던 경기는 두 차례의 오일쇼크(1973년, 1978년)로 인해 다시 급속하게 침체되었고, 세계 경제는 쌍둥이 적자라 불리는 더블딥(Double Deep)에 처음으로 직면하였다. 이러한 상황 속에 일부 사람들은 20세기 초 생태사회학자들이 지적하였듯이, 결국 인간은 유전적으로 내재된 원초적 조건인 자연법칙에서 벗어날 수 없는 것이 아니냐는 위기의식을 가지게 되었다. 이 시점에서 인류는 인간중심적 사고(Anthropocentrism)에서 자연환경과 생태, 미래세대를 함께 바라보는 생태주의적 사고(Ecocentrism)를 시작하게 된다. 화석연료 고갈이 예견되면서 인류의 방만한 에너지 사용을 경계하였고, 지속가능한 개발(ESSD. Environment Sound and Sustained Development)을 추구하자는 목소리가 사회 각계에서 다양하게 제기되었으며, 현재와 미래 세대를 위한 준비가 필요하다는 자각도 시작되었다.

이러한 배경 속에서 등장한 지속가능성(Sustainability)은 현재까지도 우리 사회를 대표하는 패러다임으로 자리하고 있다. 마이클 맨(Michael Mann)의 하키 스틱 차트 (The Hockey Stick)를 증명하듯 지구의 평균온도는 〈그림9-1〉과 같이 꾸준히 상승하고 있다. 이러한 상황에서 지속가능한 개발, 지속가능성의 추구는 우리 인류가 살아가고 있는 인공 터전인 도시와 건축에서도 기존의 방식에 대한 반성으로 시작되었다. 실제로, 우리 선조들이 자연에 순응하는 건축행위를 한 것과는 반대로 우리는 자연을 우리의 건축행위에 순응하도록 해왔다. 마이카의 등장으로 개인의 이동과 활동반경은 극대화되었고, 움직이는 개인의 공간으로 여겨지던 현대 기술의 정수 중의 하나로 일컬어지던 자동차는 환경파괴의 주범으로 인식되기 시작했다. 우리 도시의 외연은 끊임없이 확장해나갔고, 그 어떤 가치 보다도 부동산 투자와 이익의 환수라는 가치가 우선시 되어 왔다. 이러한 도시 및 건축계획 방식과 다른 접근 방식이 필요하다는 주장이 학계를 중심으로 등장하기 시작한 것이다.

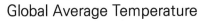

그림 9-1 전 세계 평균 기온의 연평균, 5년 단위 변화

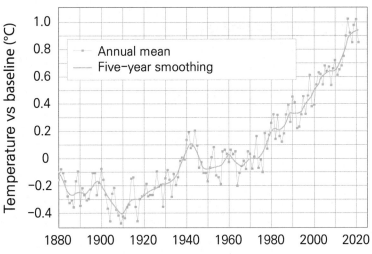

출처: NASA. 2021. World of change: Global Temperatures

기후위기 현상을 대응하기 위해서 기후완화의 측면에서 기후위기의 주범으로 지목된 탄소의 저감 및 상쇄를 위한 노력의 일환으로 탄소중립(Net Zero), 기후중립(Climate Neutral) 등이 논의되었다. 또한, 기후적응의 측면에서 회복탄력도시 모델(Resilience City), 전환도시(Transit Town) 등의 모델이 논의되기 시작했다. 도시 및 건축계획 분야에서 기후대응을 위한 이러한 노력은 기존의 친환경 건축, 생태도시 및 생태건축, 녹색도시 및 녹색건축, 저탄소 또는 무탄소 도시 등의 연속선 상에서 놓여 있다.

우리 역시 이러한 국제적인 상황에서 자유로울 수 없다. 국내 온실가스 배출량은 1990년 2억 9,210만 톤에서 2020년 6억 5,620만 톤으로 124.7% 이상 증가[1]하였고, 〈그림 9-2〉에서 볼 수 있듯이 꾸준히 증가하고 있다. 이러한 배출량은 2020년 기준으로 세계 10위 수준으로, OECD 회원국 중 5위[2]이다. 특히, 국가별

---

1   온실가스종합정보센터(2022), 국가 온실가스 인벤토리(1990-2020) 요약 자료, p.1
2   International Energy Agency(2021) Greenhouse Gas Emissions from Energy Data

온실가스 감축을 위한 노력을 대표하는 기후변화대응지수(CCPI, 2023)가 60개 평가 대상국 중 57위로 아직 갈 길이 멀다는 것을 알 수 있다.[3]

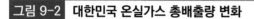 대한민국 온실가스 총배출량 변화

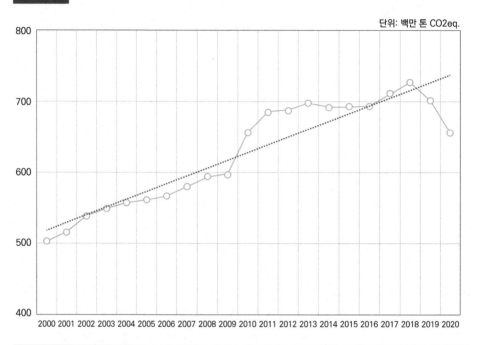

단위: 백만 톤 CO2eq.

출처: 온실가스종합정보센터 홈페이지(http://www.gir.go.kr)

특히, 더 미시적으로 살펴보면, 문제는 더욱 심각하다. 기초지자체를 기준으로 2015년과 2020년의 온실가스 배출량 변화치를 도식화한 〈그림 9-3〉에서 볼 수 있듯이, 주로 수도권 남서부와, 충청남도 북서부권역을 중심으로 온실가스 배출량이 20% 이상 증가하였다. 이는 여전히 지속되고 있는 신도시 개발, 산업단지 조성 등과 관련이 깊다. 또한, 이들 지역은 대부분 자동차 수단 분담률이 80% 내외를 보일 정도로 자동차의 의존도가 극심하다. 건축물의 단열 기준 등의 강화로, 단위 면적당 에너지 소비량만 감소되었을 뿐, 오히려 대규모 건축행위로 총 에너

3　Germanwatch&Climate Action Network(2023), CCPI 2023 Report, p.7

지 소비량은 증가하고 있는 추세이다. 우리의 도시와 건축에 대한 관점이 바뀌지 않고서는 탄소중립 사회로의 전환은 요원한 상황인 것이다.

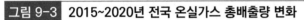

그림 9-3 2015~2020년 전국 온실가스 총배출량 변화

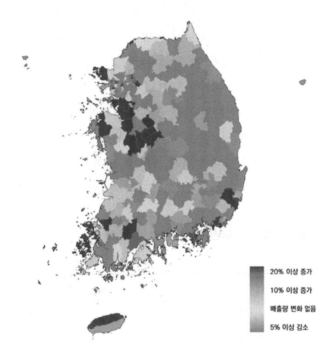

20% 이상 증가

10% 이상 증가

배출량 변화 없음

5% 이상 감소

출처: 온실가스종합정보센터 기반 저자 작성

Ⅱ 탄소중립도시의 개념과 관련된 이론적 배경

1 도시계획 이론의 변화와 지속가능성 논의

탄소중립 도시의 용어적 원류는 녹색도시, 생태도시, 지속가능한 도시, 저탄소 도시 등에서 찾아볼 수 있지만, 역사적으로 그 이전에도 이와 유사한 개념은 많이

있어왔다. 1902년 하워드(Ebenezer Howard)가 발표한 '전원도시(Garden City)'로 대표되는 근대도시 계획은 사실상 지속가능한 도시를 목표로 삼았다고 말해도 과언이 아니다. 당시 1800년대 상황을 먼저 살펴보면, 산업화가 빠르게 진행되는 도시 속에서 많은 노동자와 시민들의 건강은 악화되고 있었다. 피터 홀(Peter Hall)이 그의 저서 '내일의 도시(Cities of Tomorrow, 2014)'에서 언급한 대로, 1800년대 전 유럽에는 건강, 기아, 빈곤 문제가 널리 퍼져 있었다. 이러한 문제들을 도시 계획적인 관점에서 해결하기 위해 근대도시 계획이 시작되었으며, 이들은 건강한 도시, 형평성 있고 모두에게 공정한 도시를 추구했다.

다음 〈그림9-4〉를 보면, 인간의 활동과 기후 변화와의 관계, 그리고 이러한 기후변화가 인간에게 어떤 위협이 되는지 잘 나타나 있다. 실제로 이 다이어그램에서 기후변화를 환경오염이나 생태계 파괴, 위생의 악화로 바꿔도 기존의 도시계획 이론들을 설명할 수 있는 다이어그램으로 작동할 수 있다는 점이 주목해야 할 점

그림 9-4 인간 활동에 의한 기후변화와 다양한

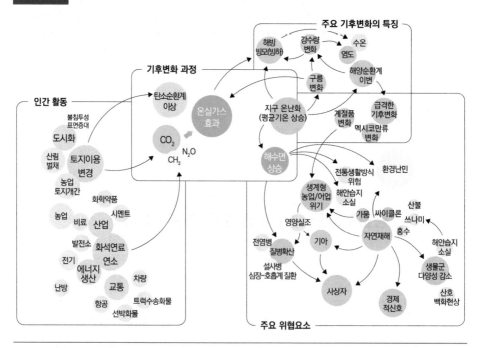

출처: UNEP. 2008. Kick the Habit: A UN Guide to Climte

이다. 다시 말해, 현재의 지속가능한 도시 개념은 새롭게 등장한 개념이지만, 실제로는 기존의 도시계획에서 추구해왔던 목표와 유사한 점이 많다는 것이다. 분명한 차이가 있다면, 도시계획 요소와 환경요소를 순환구조에 기반하여 고려하지 않았다는 점, 그리고 자동차에 대한 시각이 변화했다는 점 등에서 차이가 나타난다.

이후, 아테네 헌장(1933), 마추픽추 헌장(1977), 지속가능한 개발(1987) 등의 도시계획 이념과 헌장이 제시되었으며, 1980년대 후반에는 스마트성장(Smart Growth), 뉴어바니즘(New Urbanism), 어반빌리지(Urban Village), 압축도시(Compact City) 등과 같은 환경 중심적이고 인간 중심적인 도시 개념으로 발전하였다. 비록 개념을 명확히 제시하지는 않았지만, 현재의 탄소중립도시, 지속가능한 도시가 추구하는 방향과 많은 부분에서 일치함을 알 수 있다.

지속가능한 도시에 대한 본격적인 고민의 시작은 지속가능한 발전(Sustainable development)의 개념 고찰에서 시작한다. 세계환경개발위원회(WCED, 1986)에서 발표한 브룬트란트 보고서인 '우리의 미래(Our Common Future)'를 통해 처음으로 지속가능한 개발 개념이 소개되었으며, 유엔총회(1988)에서는 지속가능한 발전을 유엔 및 각국 정부의 주요 이념으로 채택할 것을 권고하였다. 리우데자네이루에서 개최된 국제연합환경개발회의인 '의제 21(Agenda 21, 1992)'은 이에 대한 구체적인 실천 방안을 다루며, 1990년대에는 '생태도시' 및 '저탄소도시' 등 지속가능한 발전을 위한 구체적인 논의가 진행되었으며, '탄소중립도시'는 2000년대에 들어서야 언급되기 시작한다. 본 장에서는 지속가능한 발전과 도시, 저탄소 도시의 개념 변천 및 정의와 함께 마지막으로 탄소중립도시 개념에 대해 살펴보도록 하겠다.

2 지속가능한 발전의 개념 변천

앞서 언급한 대로 탄소중립도시를 이해하기 위해 가장 먼저 필요하고, 전 세계의 국가정상들과 전문가, NGO들 사이에서 가장 많이 논의되는 용어 중 하나는 지속가능한 발전이다. 지속가능한 발전은 1972년 스톡홀름에서 개최된 국제연합인간환경회의(UNCHE), 1992년 리우에서 개최된 국제연합환경개발회의(UNCED),

2002년 요하네스버그에서 개최된 지속가능한 발전에 대한 세계정상회의(WSSD), 그리고 2013년 리우회의 20주년을 맞이해 개최된 리우+20 정상회의(RIO+20) 등의 세계 정상회의에서 새로운 패러다임으로 자리 잡았다.

지속가능한 발전의 개념은 브룬트란트 보고서에서 현재와 미래의 필요를 충족시킬 수 있는 환경용량의 한계를 핵심적으로 지적하면서 처음으로 공식화되었다. 정리하면 지속가능한 발전은 "미래 세대의 필요를 충족시킬 수 있는 능력을 훼손하지 않는 범위에서 현재 세대의 필요를 충족시키는 발전"을 의미하며, 자연 자원과 생태계의 한계를 인정하면서 인류의 기본적인 필요를 충족시키는 발전을 지향한다는 것이다. 1992년 리우회의에서는 이 개념을 한 단계 더 구체화한다. 바로 경제발전과 환경 보전을 동시에 추구하기 위해 개념을 발전시킨 것으로, 이에 따라 "지속가능한 발전은 경제발전, 사회통합, 환경보호라는 세 가지 축에 대한 균형있고 통합적인 접근이 필요하며, 특히 지방 자치 단체에서 지역 사회의 다양한 이해 관계자들이 참여하는 협력적인 거버넌스를 구축하는 것이 중요하다"고 규정하였다. 이러한 리우회의에서의 지속 가능한 발전의 개념 변화를 계기로 전 세계적으로 '의제21' 운동이 일어나게 되었으며, 또한 지속 가능한 도시의 개념이 발전하게 된 계기가 되었다.

이후 많은 학자들에 의해 지속가능한 발전의 개념이 다양하게 논의되었으며, 특히 2002년 요하네스버그에서 개최된 지속가능한 발전에 대한 세계정상회의(WSSD)에서 사회적 형평성이나 통합을 지속가능한 발전의 주요축으로 강조하며 점점 보편화되었다. 또한, 1992년 리우 정상회의 20주년을 맞이해 개최된 2012년 브라질 리우+20 정상회의에서는 20년 전 합의된 지속가능한 발전에 대한 국제적인 이행 노력을 점검하고 향후 20년 동안의 지속가능한 발전 방향을 설정하는 내용을 합의하였고, 현재 세대뿐 아니라 미래 세대의 삶까지 고려한 '우리가 원하는 미래(Future We Want)'라는 선언문이 강조되었으며, 지속 가능한 발전을 이루기 위해 녹색경제를 특히 강조했다. 지속가능한 발전을 위해서는 세계적으로 저탄소의 자원 효율적인 경제를 향한 전환이 필요하다는 점을 명확히 밝힌 것이다.

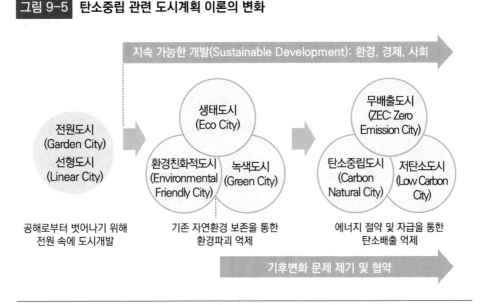

그림 9-5 탄소중립 관련 도시계획 이론의 변화

지속 가능한 개발(Sustainable Development): 환경, 경제, 사회

전원도시 (Garden City) 선형도시 (Linear City)

생태도시 (Eco City)

환경친화적도시 (Environmental Friendly City) 녹색도시 (Green City)

무배출도시 (ZEC: Zero Emission City)

탄소중립도시 (Carbon Natural City) 저탄소도시 (Low Carbon City)

공해로부터 벗어나기 위해 전원 속에 도시개발

기존 자연환경 보존을 통한 환경파괴 억제

에너지 절약 및 자급을 통한 탄소배출 억제

기후변화 문제 제기 및 협약

출처: 대한상공회의소 지속가능경영원. 2009. 저탄소 녹색도시 국내외 사례 및 시사점

3 지속가능한 도시

앞서 살펴본 지속가능한 발전은 경제, 사회, 환경의 조화를 추구하는 도시의 삶의 질과 연결되는 것을 의미하듯, 지속가능한 도시는 주민들에게 좋은 삶의 질을 제공하면서도 환경이나 생태계에 해를 끼치지 않고 경제적으로 발전하는 것을 목표로 한다. 도시설계학자 스테픈 레만(Steffen Lehmann, 2010)은 '도시의 수용 능력 한계 내에서 에너지, 물, 토지 및 폐기물 등 인류의 자원 수요를 의미하는 생태적 발자국을 줄이면서 동시에 건강, 주택, 일자리, 커뮤니티 등으로 나타나는 삶의 질을 향상시키는 것'으로 지속가능한 도시를 정의하고 있다. 생태발자국처럼 환경적 지속가능성과 같은 개념은 개발과 성장이라는 이분법적인 지역 문제를 해결하기에는 한계가 있지만, 지속가능한 도시는 환경적인 영향을 고려하면서도 사회와 경제적인 이슈를 함께 고려하여 도시 문제에 대한 대안을 제시해 줄 수 있다고 보는 것이다.

따라서 지속가능한 도시는 자원을 효율적으로 활용하고, 현재와 미래세대 모두에게 공유할 수 있는 환경적인 관점에서 자연과 인간이 상호 작용하는 것을 바탕으로 한다. 이를 위해서는 자원의 효율적인 사용, 삶의 질의 보호와 향상, 거버넌스를 통한 소통과 참여가 필요하다. 가장 최근에 언급된 지속가능한 도시의 개념 재정의는 '리우 정상회의(RIO+20, 2012)'에서 소개된 '우리가 원하는 미래(The Future We Want)'의 지속가능한 발전 목표에서 살펴볼 수 있으며, 크게 세 가지 특징으로 나눌 수 있다.

첫째, 인간은 생태계를 구성하는 하나의 종에 불과한 '생명적 존재'이다. 인간과 자연은 '생태적 지속성(ecological sustainability)'을 존중하여 상호 공생할 수 있도록 환경적 지속성을 가져야 한다. 도시개발 또는 보전에 대한 판단 기준은 인간의 이익뿐만 아니라 생태계의 안정과 균형도 고려되어야 한다. 다시 말해, 도시개발은 환경이 수용할 수 있는 한도(capacity) 내에서 이루어지거나 회복될 수 있도록 노력해야 한다. 도시 내의 자연환경과 건축은 서로 밀접한 관계를 가지고 있다. 인간은 이러한 사실을 이해하고 이 관계가 안정과 균형을 유지할 수 있도록 노력해야 한다.

둘째, 인간은 공생을 전제로 하는 '사회적 존재'이다. 따라서 지속가능한 도시는 사회 구성원 간의 공생, 즉 '사회적 지속성(social sustainability)'이 추구되는 거버넌스기반 도시여야 한다. 도시 내에서는 지역, 인종, 사회 계층 간에 공공시설과 서비스가 공평하게 제공되어야 하며, 주민의 자치와 분권을 위한 다층적 거버넌스가 이루어져야 한다.

마지막으로, 인간은 현재뿐만 아니라 미래세대(世代)와의 공생을 추구하여야 한다. 현재 우리가 살아가고 결정하는 방식이 미래세대의 생존 기반이 되는 것을 인식하여 '경제적 지속성'(economical sustainability)을 달성할 수 있는 '에너지와 자원절약형 도시'여야 한다. 현세대의 욕망을 위해 지나치게 많은 토지와 자원을 소비하지 않도록 절제하는 녹색경제 도시 시스템을 구축해야 합니다.

4 저탄소 도시, 탄소중립 도시

이러한 지속가능한 도시 및 건축 패러다임에 '기후변화'와 이를 야기하는 '탄소'에 대한 고려가 추가된 시점은 1990년대 말부터 2000년대 초라 할 수 있다. 기후변화를 중심으로 한 지구 온난화와 관련된 다양한 자연재해, 2006년 3차 오일쇼크의 발생 우려가 증가하면서 '탄소중립(Carbon Free, Net Zero)' 개념이 등장한 것이다. 이는 기존의 자원 보전적인 시각을 벗어나 자급자족을 통해 에너지를 공급하고 탄소배출을 제로로 줄이는 더 적극적인 시도이다. 2000년대 중반 이후에는 이에 추가로 국가간 또는 기업들을 대상으로 탄소배출권 거래, 탄소세 등의 개념이 경제적 원리로 등장하면서 탄소저감에 대응하기 위해 적극적인 노력이 이루어지게 되었고, 지금까지도 그 목표와 수단에 대해 다양한 찬반논쟁이 계속해서 발생하고 있다.

국제적인 동향과 함께 계획·연구 분야에서도 지속가능한 도시 조성을 위한 다양한 이론들이 등장하기 시작했다. 그 중에서도 Real Estate Research Corporation (RERC, 1974)의 연구는 해당 분야에서 가장 앞선 연구 중 하나로 평가된다. 이 연구에서는 도시를 5가지 유형으로 분류하고 에너지 효율성을 비교함으로써 계획적 혼합과 계획적 고밀도형 도시구조가 교통 에너지와 물 소비가 적음을 밝혀 미치는 효과와 상관관계를 보여준다. 이후, 뉴먼과 켄워시(Newman&Kenworthy, 1989)는 압축도시 구조를 지지하는 대표적인 연구로, 세계 32개 도시의 가솔린 소비량과 토지이용의 밀도간 상관관계를 분석하여 토지이용의 고밀화가 에너지 소비 저감에 효과적임을 밝혔다. 이어 스필러와 러더포드(Spillar&Rutherford, 1990), 덤피와 피셔(Dumphy&Fisher, 1996), 프랭크와 피보(Frank&Pivo, 1994), 유잉(Ewing, 1995), 세베로(Cevero, 1996), 세베로와 코켈만(Cevero&Kockelman, 1997) 등은 이후에도 도시계획의 관점에서 도시형태, 자동차, 에너지 소비 등 상관관계에 대한 논의를 지속적으로 이어왔다. 이들은 자원의 효율적 이용, 다양성, 오염의 감소, 도시의 집중화 등을 지속가능한 도시의 주요 원리로 제시하고 있다.

이러한 연구들을 바탕으로 2000년대에는 탄소중립 도시를 실현하기 위한 도시공간 구조에 대한 논의가 활발해졌다. 압축도시 모델을 통해 이동 거리를 단축하고 교통 수요를 억제하는 방안이 제안되었으며, 지속가능한 도시 모델에 대한 심층적인 논의가 계속해서 이루어졌다. 리카비 외(Rickaby et al., 1992)와 퓌어스트(Fuerst, 1999) 등은 지속가능한 도시 공간 구조로 분산 집중형 도시(Decentralized Concentration City)를 제안하기도 하였다. 또한, 바시니와 오스월드(Baccini&Oswald, 1999)은 분산 집중형 도시의 일환으로 자연 자원 이용의 효율성을 높여 소비를 최소화하고 자원 재활용을 극대화하는 '순환형 신진대사 도시(Circular Metabolism City)' 개념을 소개하기도 했다.

또한, 이러한 이론들을 기반으로 실제 도시 조성 사례들이 등장했다. 대표적인 사례로는 영국의 베드제드(BEDZED), 스웨덴의 하마비 허스타드(Hammarby Sjöstad) 등이다. 이때 한 가지 짚고 넘어가야 할 사실은 이러한 성공적인 도시 사례들도 사실 하루 아침에 완성된 것이 아니라, 일련의 논의 과정을 거쳐 만들어진 결과물이라는 사실이다. 국내 탄소중립도시 조성을 위해서라도 이런 사례들로부터 계획의 적용방안과 향후 방향성을 확인해야 할 것이다.

Ⅲ 한국의 탄소중립도시 추진 상황

1 신기후체제 도래와 우리나라의 상황

국제사회가 기후변화 문제를 해결하기 위해 처음 시도한 시작은 1992년 유엔기후변화협약(UNFCCC)의 채택과 1997년 12월 교토의정서(Kyoto protocol)이라 할 수 있다. 교토의정서는 선진국의 의무적인 온실가스 감축 목표치를 규정한 것으로 우리나라를 포함해 192개 국가가 가입하였으며, 공통적이지만 차별화된 책임 원칙(common but differentiated responsibilities)에 따라 선진국들이 2012년까지 1990년 배출량 대비 평균 5.8%를 감축하도록 하였다. 위 협약은 국가 단위의 온실가스 감축 의무를 처음으로 부여한 체계라는 점에서 의의가 있으나, 일부 선진국들이 참여를 거부하거나 탈퇴한 점, 개발도상국은 감축 의무를 지니지 않았다는 점, 결론적으로 전 세계 온실가스 배출량의 증가는 꾸준했다는 점에서 한계점을 가졌다.

이후 2015년 12월, 프랑스 파리에서 열린 21차 유엔 기후변화협약 당사국총회(COP21) 본회의에서 소위 신기후체제라고 불리우는 파리협정(Paris Agreement)이 체결되었다. 이때부터 한국은 물론 전 세계가 기후변화를 위해 실질적으로 논의하는 계기가 만들어졌다. 〈그림 9-6〉에서 볼 수 있듯이, 이 협정은 기존의 규제 중심에서 탈피하여 국가별 기여 방안 중심으로 전환했다는 데 큰 차이를 갖는다. 이러한 변화에 따라, 기후변화회의에 참여한 회원국 195개 모두가 온실가스 감축에 동참하기로 한 최초의 기후 합의라는 점에서 의미가 있다.

협정체결 결과, 2020년부터 선진국들을 중심으로 1천억 달러 규모의 기후변화 대비 기금을 모으기로 했다. 이 기금은 기후변화로 자연재화와 해수면 상승 등 피해를 입은 개발도상국에 대한 지원과 저탄소 에너지 관련 기술을 위한 초기 투자 비용으로 사용하기로 합의되었다. 목표도 구체적으로 설정되었는데, 지구 평균온

그림 9-6 **교토의정서와 파리협약의 차이**

출처: 환경부. 2016. 기후변화홍보포털 웹진 여름호

도의 상승을 2℃만큼 보다 낮게 유지하고, 더 나아가 1.5℃까지 상승하는 것까지 막는 것을 노력하기로 하였다. 다음으로는 실천을 위한 성과 확인과 공유 방안을 정하였다. 2030년부터 정기적으로 온실가스 감축량과 온실가스 감축기여(INDCs, Intended Nationally Determined Contributions)의 이행상황을 유엔기후변화협약 사무국에 제출하고, 이를 모두에게 홈페이지를 통해 공개하도록 했다. 이렇듯 파리협정은 단순히 논의만 한 것이 아니라 구체적인 목표와 재정, 달성 방안을 설정하는데 의의가 있다.

위 협정을 위해 우리 정부는 2030년 예상 배출량 대비 37%를 줄이겠다는 안을 2015년에 제출했지만, 상당한 비판을 받았다. 한국은 재생에너지보다는 원자력이나 석탄 발전을 중심으로 에너지 공급체계를 구축해, 화석에너지에 지나치게 의존하는 사회−산업구조를 가지고 있기 때문이다. 실제로, 국제에너지기구(IEA: International Energy Agency)의 통계에 따르면, 2021년 기준으로 한국의 1차 에너지 대비 재생에너지 비율은 2.1%로, 이탈리아(18.5%), 독일(15.6%), 영국(12.6%), 프랑스(11.6%), 호주(8.4%), 미국(8.0%), 일본(7.1%) 등 다른 선진국들에 비해 매우 낮은 수치를 보인다. 또한, 기존의 목표치에서 산업 부문을 포함해 목표치를 낮추고, 단기적으로 국외 탄소배출권 구입량을 늘려 11.3%나 국외 감축분으로 설정하여 국내 감축분은 25.7%에 불과하게 설정해 국내의 온실가스 부담을 타계하려고 하는 미온적인 전략을 세우는 등 여러 문제점을 가지고 있었다.

이에 2018년 기존 발표된 '기후변화대응 기본계획 및 로드맵'('16.12)을 수정하여 '2030 국가 온실가스 감축목표 달성을 위한 기본로드맵 수정안'('18.07)을 확정하였다. 이는 BAU 대비 37% 감축목표는 유지하되, 실효성이 없는 것으로 파악된 국외 감축분을 낮추고(11.3% → 4.5%), 국내 감축량 비율을 상향(25.7% → 32.5%)하였다. 정부는 이 목표 달성을 위해 각 부문별 온실가스 감축량을 추가 배정하였으며, 기존에 고려하지 않았던 산림흡수원을 포함하는 LULUCF 분야를 국외 감축분 (4.5%, 38.3백만톤CO_2e) 내에 할당하였다. 이렇게 2019년 12월에 수정하여 수립된 2030 NDC를 2020년 12월 UN에 제출하였다. 이 과정에서 감축목표 표기법을 변경하였는데, 기존의 임의 변동 가능성이 있는 BAU 방식에서 고정 불변하는 절대치 방식을 수용한 것이다. 이는 온실가스 감축 의지를 명확히 한 것으로 평가받는다. 이에 따라 당초 2030년 BAU 대비 37% 감축 목표치가 2017년 대비 24.4% 또는 2018년(727.6백만 톤) 대비 26.3%로 변경된 것이다.

이어 2020년, '2050 탄소중립 목표 설정 및 추진전략'을 발표하여 2050 탄소중립 시나리오를 마련하고, 2021년 「기후위기 대응을 위한 탄소중립·녹색성장 기본법」(이하 탄소중립기본법)을 제정하며 법/제도적 기반을 마련하였다. 기후위기의 급격한 변화와 국제사회 구성원으로서 우리나라 역할의 강조와 탄소중립 기본법과의 정합성을 고려하여 2021년 10월, NDC의 상향을 결정하여 현재 적용 중

그림 9-7 국가 온실가스 배출목표(NDC)의 변화

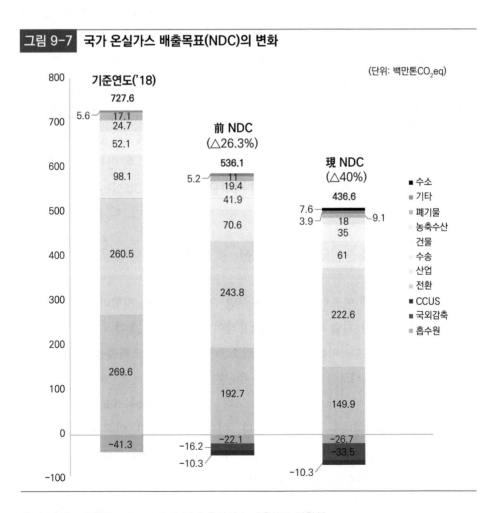

출처: 관계부처 합동. 2021. 2030 국가 온실가스 감축목표 상향안

인 2018년 배출량 대비 40% 감축 목표치를 채택하였다. 이는 2030년에는 배출량 436.6백만 톤으로 감축하는 수치이다. 이 과정을 정리하면 〈그림 9-7〉과 같다. 2023년 3월에는 '제1차 국가 탄소중립·녹색성장 기본계획(2023~2042)' 정부안을 발표하고 2030년 국가 온실가스 감축목표(2018년 대비 40% 감축) 달성을 위한 세부 이행방안을 발표하기에 이르렀다.

위와 같이 정부가 수립한 시나리오를 실천하기 위해서는, 국가 차원의 탄소중립 선언에서 지역 중심의 실현이 필요하다. 정부 주도의 탄소중립정책은 감축량을 기준으로 인벤토리 분야별로 수립되지만, 결국 실행은 시민들이 생활하는 지역, 도시, 마을 등의 공간 단위에서 이루어지고 그 비중이 매우 높기 때문이다. 2020년 기준, 실제 지자체에 인허가 권한이 있는 건물, 수송, 흡수원, 폐기물 등의 감축 인벤토리는 직간접적으로 전체 배출량의 40.6%를 차지할 정도로 관리 면에서도 그 영향력이 크다.[4] 이 때문에 탄소중립기본법의 제정과 함께 지자체는 탄소중립 녹색성장 기본계획 수립과 탄소중립도시 조성의 주체로서 매년 감축 실적을 보고할 의무를 가지게 되었다. 이에 지자체가 중심이 될 수 있는 다양한 탄소중립 실현 사업과 기본계획 수립 등 지원 사업들이 이루어지고 있는 상황이다.

2 한국형 탄소중립도시 조성 추진

탄소중립기본법에 따르면 탄소중립도시란 순배출량 '0'을 지향하는 도시로, 탄소중립 관련 계획 및 기술 등을 적극 활용하여 탄소중립을 공간적으로 구현하는 도시라 정의할 수 있다. 이는 기존의 저탄소 녹색도시가 탄소배출을 최대한 억제하고, 지속가능한 도시로의 구조 변환을 추구하는 도시(저탄소 녹색성장 기본법)라는 점과 비교해 보았을 때, 탄소중립도시는 보다 정량적인 감축목표를 설정하고, 실질적인 이행을 강조한다는 차별성이 있다. 이를 이해한다면 '한국형 탄소중립도시'란 대한민국 여건에 맞춰 공간상 다양한 감축수단을 구현함으로써 탄소중립의 목표를 달성하고 국제적 경쟁력을 확보하는 도시라 할 수 있다.

---

4   윤은주(2023), 한국형 탄소중립도시 정책 심포지움 발표자료, 5p

이전에도 중앙정부는 기후변화 대응 및 탄소중립 실현을 위해 다양한 사업들을 추진해왔지만, 법률적·제도적·재정적 기반의 취약, 지자체 주도 전략 미흡, 민관 거버넌스 구축 결여 등 다양한 시행착오를 겪어왔다. 2021년 한국판 뉴딜 2.0과 함께 한국형 탄소중립 실현이 강조되면서 기존 사업들을 보완한 다양한 도시환경 정책사업을 시도하였는데, 대표적으로 스마트 그린도시(2021), 탄소중립 그린도시(2022) 마지막으로 최근 추진 중인 탄소중립도시(넷 제로 시티)사업 등이 있다.

그림 9-8 국내 기후변화 대응 및 탄소중립 관련 선행사업

환경도시 시범사업	에코시티 시범사업	기후변화대응 시범도시사업	저탄소·녹색도시 정책사업
1991년 - 1996년	2006년 - 2009년	2007년 - 2009년	2009년
4개 지자체 (용인시, 포항시, 오산시, 원주시)를 대상으로 국고보조금 또는 양여금 방식으로 사업 지원	4개 지자체 (부천시, 고성군, 가평군, 안산시)를 선정하여 환경규제지역을 대상으로 시범사업 추진	7개 지자체 (과천시, 제주시, 창원시, 부산시, 광주시, 울산시, 여수시)를 선정하여 시범도시사업 추진	4개 지자체 (강릉시, 부산서구, 청주시, 담양군)를 선정하여 저탄소·녹색도시 시범사업 추진
환경도시사업, 도시환경사업 지속추진에 필수 요수인 **법률적·제도적 기판 취약**	지속적이고 가시적인 효과 창출 및 사업의 실효성 달성에 필요한 **지원예산 부족**	사업 과정 및 성과를 인허가 및 제도화로 연계·전환하는 **지자체 지원 전략 미흡**	정책추진을 위한 중간지원조직 **민관거버넌스 구축이 중요**

타부처 주요 도시사업
- 국토부 → 도시쟁생사업, 스마트도시사업, 살기 좋은 도시만들기사업, 도시재생뉴딜 등, 스마트도시법 및 도시재생법과 같은 법률 근거 형성
- 농림부, 행안부 등 → 농촌중심지 활성화사업, 살고 싶은 농촌만들기사업 등

출처: 이지영. 2023. 한국도시설계학회

먼저, 스마트 그린도시 사업(2021)은 지역이 주도하는 상향식(Bottom-up) 방식을 적용한 첫 번째 도약단계 사업이다. 지역 주도의 환경성과 창출 방안을 마련하여 도시의 지속가능성을 제고하고, 정부는 재정적 지원과 확산을 위한 플랫폼 역할을 수행함을 주요 전략으로 한다. 지자체 공모방식으로 진행된 본 사업은 공고 단계에서 기후탄력, 물순환, 자원순환 등 총 4대 분야, 10개의 사업모델을 제시하였는데, 2개 이상의 사업모델을 연계하면 '문제 해결형'(2년간 국비 최대 60억 원), 4개 이상을 연계하면 '종합 선도형'(2년간 국비 최대 100억 원)으로 지원할 수 있었다. 총 25개 지자체가 선정(문제 해결형 20개소, 종합 선도형 5개소)되어 현재 사업 추진 중에 있다.

두 번째로, 탄소중립 그린도시 사업은(2022) 앞선 스마트 그린도시 사업에 이어 확산단계의 사업으로 기후위기의 주요 원인인 온실가스 저감을 위해 도시 인프라의 근본적인 체질 개선을 목표로 한다. 하드웨어 사업(에너지 전환, 자원순환, 흡수원 확충, 기후적응) 및 소프트웨어 사업(리빙랩, 시민행태개선 등), 지자체 연계사업으로 구분하여 도시와 공간 특성에 맞게 구성하였다. 총 5년간 국비 약 240억 원 지원을 바탕으로 도비 및 시비를 포함하여 400억 원의 예산을 바탕으로 사업이 진행된다. 앞서의 스마트 그린도시 사업과 비교하면 소규모 시설 또는 단지 규모였던 것에 비해 근린생활권 규모로 범위가 확장되었다. 또한, 기후위기 대응뿐만 아니라 본질적인 도시 체질 개선으로 방향성을 설정하였음을 알 수 있다. 현재 2개 지자체(경기 수원, 충북 충주)가 선정되어 시행계획을 수립 중에 있다.

마지막으로 서술할 탄소중립도시 사업(2024)은 아직 구체화되지는 않았으나 향후 탄소중립도시 조성에 있어 가장 핵심적인 사업이라 할 수 있다. 이 사업의 본격

그림 9-9 도시환경 정책사업 모델의 단계별 특징

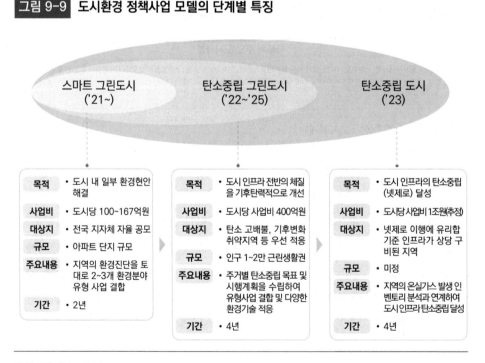

출처: 환경부. 2023

적인 논의는 정부의 '신성장 4.0 전략 추진계획(2022.12)' 발표와 함께 시작되었다. 신성장 4.0 전략 추진계획에는 국가 재도약을 위한 체계적이고 종합적인 성장전략으로 3대 분야, 총 15개 프로젝트를 제시하였는데 그 중 하나가 2030년까지 탄소중립도시(Net-Zero City) 10개소 조성이었다. 앞선 사업들과 마찬가지로 본 사업 역시도 지자체 공모를 통한 지역 중심으로 진행될 가능성이 높으며, 공간적 범위는 기초지자체 단위로 확장될 것으로 예상되나 2023년 현재 기획 중인 단계로, 향후 구체적인 계획이 수립되어 우리나라의 탄소중립에 기여를 할 것으로 기대된다.

3 탄소중립 도시설계 사례

3.1. EU, 기후중립도시 100

다음으로 우리보다 앞서서 탄소중립도시에 대해서 고민하고 이를 실제 실행에 옮기고 있는 선진 사례들을 살펴보고자 한다. 이를 통해 우리가 나가야할 방향과 미비한 점을 짚을 수 있기 때문이다.

유럽연합(Europe Union, 이하 EU)에서 기후변화 대응과 환경보호는 그 어느 때보다도 주목받고 있는 이슈이다. 유럽환경청(European Environment Agency, 이하 EEA)은 1995년부터 5년 주기로 유럽의 환경 상태 및 전망을 진단한 보고서(The European Environment-State and Outlook)를 발간하고 있는데, 2019년 12월 기후·환경 비상사태를 선언함과 함께 2020년에 발간 예정이었던 제6차 보고서를 1년 앞당겨 발간하기도 했다. 이는 EU가 유럽 전반의 기후·환경 현황과 미래에 대해 큰 불안감을 갖고 있음을 시사한다. 과거 산업혁명을 통해 세계 경제를 주도했던 유럽이지만, 이제는 그 과정에서 발생한 온실가스로 인해 도시·사회 측면에서 크게 위협받고 있다.

이에 EU는 '지구의 자연환경적 한계 내에서 잘 살아가기(Living well within the limit of the planet)'라는 장기적 비전에 기반한 다양한 중·장기적 목표와 이를 달성하기 위한 정책을 제시하였다. 즉, 기후와 환경에 관련된 이슈를 경제, 산업, 농업, 국제협력 등의 광범위한 정책 분야의 최우선 과제로 설정하며, 더 나아가 시민의 소비 패턴과 생활 양식 등 근본적인 사회시스템을 변화시켜 저탄소 녹색경제로의 전환을 도모하는 것이다. 이를 실현하기 위해 2019년 12월 출범하게 된 EU 집행위원회(European Commission)는 EU 회원국 전체를 대상으로 하는 신성장 전략으로 유럽그린딜(European Green Deal)을 발표하였다. 유럽그린딜은 EU가 직면한 기후·환경 위기를 모든 정책 분야에서 기회로서 인식할 것을 제안하며, 궁극적으로 경제를 중심으로 한 사회시스템 전반을 지속가능하게 전환하기 위한 정책적 방향성을 제시하는 로드맵이다. 2050년까지 EU 내 모든 국가의 탄소중립 실현을 최상위 단계의 목표로 설정했으며, 기후변화, 에너지, 건물, 수송 등 다양한 분야에 대한 이행계획을 제시했다.

이러한 정책·사회적 맥락 속에서, EU 내 다양한 국가들은 각 나라 여건에 맞게 자체적인 기후 중립목표를 수립해왔다. 독일 연방정부는 2019년 「연방 기후보호법 (Bundes-Klimaschutzgesetz)」을 제정하였으며, 해당 법령에서는 국가 온실가스 배출량을 1990년 대비 2030년까지 최소 65%, 2040년까지 최소 88% 감축하도록 명시되어 있다. 또한 독일은 온실가스 배출분야(에너지, 산업, 교통, 건물, 농업, 폐기물 등)를 구분하여, 각 분야별 온실가스 배출량 규제 및 감축 목표를 수립해왔다. 프랑스는 2019년 「에너지기후법」을 제정과 함께 2050년 탄소중립 실현을 선언했으며. 다음 해인 2020년 3월에는 '에너지 기후 국가계획(Plan national intégré énergie-climat)'을 수립하여 1990년 대비 2030년까지 온실가스 배출량을 39.5% 감축할 것을 명시했다. 또한, 온실가스 배출량 감축을 관리하는 전문 기구로써 고등기후위원회(Haute Conseil pour le climat)를 운영 중이다. 스페인은 2021년 「기후변화 및 에너지 전환에 관한 법률(Proyecto de Cambio Climático y Transición Energética)」 제정과 더불어 2050년 탄소중립 달성 목표를 선언했다. 해당 법령에서는 국가 온실가스 배출량을 1990년 대비 2030년 23% 이상 감축하며, 전체 생산 전력의 70%를 재생에너지로 대체한다는 내용을 포함한다. 2023년부터는 매년 온실가스 감축목표 이행 상황을 점검하며, 진단내용에 기반해 감축목표를 점차 상향할 계획을 밝혔다. 더 나아가, 2040년 이후에는 내연기관 자동차 판매를 중지하고 항공기 운행용 바이오연료 연간 공급목표를 설정할 예정이다.

이와 같은 EU와 각 회원국들의 상황 속에서 등장하게 된 프로젝트가 바로

2030년까지 기후중립 및 스마트 도시 100 미션(The 100 Climate-Neutral and Smart Cities by 2030. 기후중립도시 100)이다. 기후중립도시 100은 유럽연합 내 도시들의 신속한 기후행동 및 탄소중립을 지원해, 2050년까지 이뤄야 할 탄소중립을 2030년까지 초고속으로 달성해 전 유럽을 변화시킬 동력을 제공하는 것을 목표로 한다. 2022년 4월 기준, 총 377개 도시가 기후중립도시 100에 지원했으며, 〈그림10]과 같이 그 중 100개의 도시가 최종 선정되었다.

그림 9-10 **기후중립도시 100 최종 선정 도시**

출처: European Commission. 2020. 100 Climate-Neutral Cities by 2030

EU에서는 회원국별 형평성을 고려하여 국가별로 최소 2개 이상을 선정하였다. 〈표 9-1〉과 같이 환경적 여건, 사업추진 여건, 거버넌스, 예산 및 재원조달 역량 등 각 도시의 특성을 고려하여 기후행동에 대한 충분한 여건과 포부를 가진 도시를 선정했다. 여기서 한 가지 주목할만한 점은 도시 선정 과정에서 도시별 규모와 사업 추진역량을 단계별로 나누어 평가했다는 점인데, 이는 탄소중립의 효율적인 이행을 위한 지자체 간 공생 관계를 형성하기 위함으로 생각된다. 규모가 크고 사업 추진역량이 우수한 도시가 인근의 상대적으로 규모가 작은 도시들에 대해서 재정, 전문인력, 기술을 지원하고, 작은 도시는 여분의 토지면적을 활용해 온실가스 감축 성과를 큰 도시와 나누게 되는 구조이다.

표 9-1 기후중립도시 100 선정 유형별 기준

	초보자 수준 (Beginner Level, L1)	경력자 수준 (Experienced Level, L2)	선두주자 수준 (Frontrunner Level, L3)
극복요소	• 완벽한 전략 • 역량 • 파트너십 • 재정적 수단	• 완벽한 전략 • 역량 • 파트너십 • 재정적 수단	• 이행을 위한 재정 수단
보유요소	• 도전적인 목표 설정 • 소규모 실증 • 한정된 국제 네트워크	• 도전적인 목표 설정 • 대규모 실증 • 직접 경험 • 한정된 국제 네트워크	• 거버넌스 포함 완벽한 전략 • 높은 역량 • 강력한 파트너십 • 광범위한 국제 네트워크

*출처: Gronkiewicz-Waltz, H. et al. 2020, Proposed Mission: 100 Climate-Neutral Cities by 2030 - by and for the Citizens

기후중립도시 100은 탄소중립 실현을 위해 〈표 9-2〉와 같이 6개의 중점분야 (에너지, 산업, 건물, 수송, 농식품, 생물다양성)을 제시하며, 각 분야별로 효과적인 온실가스 배출량 감축을 위한 핵심전략을 제시하였다. 그 중, 에너지 분야의 경우 재생에너지 사용 확대를 통해 화석연료 이용량을 감소시키며, 에너지 효율성 제고와 효과적인 기후 행동을 위한 법 개정, 지자체별 계획을 제언하였다. 건물 분야는 대대적인 그린 리노베이션을 통해 에너지효율을 개선할 것을 제시하였으며, 이 밖에도 산업 분야에서는 순환 경제로의 효과적인 전환을 위해 재활용 자원 시장을 확대할 것을, 수송 분야는 탄소저감 차량 도입과 전기차 충전시설 확대 등 '스마트 수송전략'을 제시할 것을 명시하였다. 기후중립도시 100에 참여하는 도시들은 EU에서 제시하는 온실가스 감축 중점분야를 참고하여, 각 국가별·지자체별 여건에 적합한 핵심전략을 적절히 선택 및 활용할 수 있는 것이다.

표 9-2 기후중립도시 100 탄소중립 중점 분야 및 핵심 전략

탄소중립 중점 분야	핵심 전략
에너지	- 재생에너지 사용 확대
	- 에너지 효율 제고를 위한 에너지법 개정
	- 에너지 및 기후변화 계획 개선
산업	- 순환경제로의 전환
	- 재활용 시장 확대
	- 탄소배출 정보 제공
건물	- 건물 리노베이션을 통한 에너지 효율 개선
수송	- 스마트 수송전략(탄소저감 차량 전환 및 충전시설 확대)
	- 해양·항공의 탄소배출권거래제 편입
농식품	- '농장에서 식탁'까지 전략
	- 친환경 기술·생산·소비 도입 및 촉진
생물다양성	- 생물다양성 전략 및 실행계획 제안
	- 산림 및 어업분야에서 자연훼손 방지책 마련
	- 산림 조성 및 복원

출처: European Commission. 2020. 100 Climate-Neutral Cities by 2030

기후중립도시 100에서 무엇보다도 주목할 부분은 EU가 탄소중립 사회로의 신속한 이행 및 전환을 위한 체계적인 목표와 이행기반을 마련했다는 점이다. 우선 EU는 기후중립도시 100이 '2030년까지 100개 도시의 탄소중립 실현'이라는 높은 난이도의 최종 목표에 비해 추진 일정이 비교적 짧다는 점에 착안하여, 〈그림 9-11〉과 같이 ①기후 중립 도시로의 전환 ②기술, 스마트도시 및 순환경제 ③도시 거버넌스 ④시민 참여 등 총 4개 부문에 대한 단계별 추진 로드맵을 제시했다.

그림 9-11   기후중립도시 100 로드맵

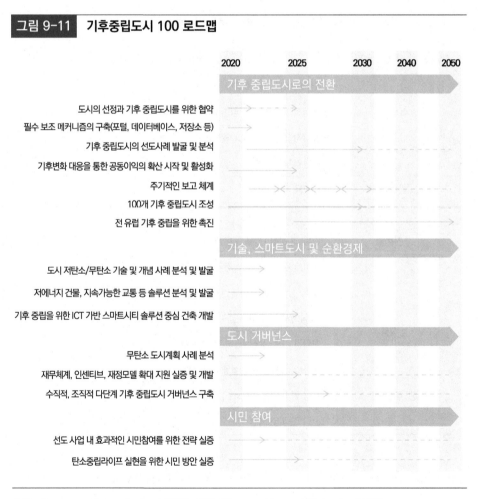

출처: European Commission. 2020. 100 Climate-Neutral Cities by 2030

전체 프로젝트 추진기간 동안 다양한 부문의 계획·연구·실행 등이 병렬적으로 또 연계적으로 진행된다. 또한, EU는 2021년 9월 기후중립도시 100이 유럽 기후중립을 촉진할 수 있도록 연구·혁신(Research and Innovation)을 통해 극복할 도전과제 5개 및 이에 대응하는 목표 7개를 발표했다. 이 과정에서 EU는 각 지역의 목표를 이행하기 위해 필요한 재원과 다양성 및 포용성 있는 거버넌스 체계를 제시했으며, 더 나아가 선정된 지역별로 상이한 여건을 고려해 사업 체계화를 위한 틀, 주요 성과지표, 예산 등을 종합적으로 지원한다.

EU의 사례는 탄소중립 사회로의 전환을 위해 도시적 부문에서 각각의 주체가 어떤 노력을 기울여야 하는가에 대하여 우리에게 많은 귀감이 된다. 우선 중앙정부는 탄소중립 규모나 경험 등 각 지역의 역량과 특성을 고려한 정책을 제시하며, 이를 성공으로 이끌기 위한 체계적인 계획을 수립할 뿐 아니라 적절한 재정적·행정적·기술적 수단을 지원해야 할 것이다. 또한, 지자체는 탄소중립 목표 이행을 위해 주어진 수단과 역량을 효율적으로 활용하며, 이웃한 지역을 서로 배려하며 상호 협력하는 광역 탄소중립 거버넌스 네트워크를 형성해 '상생'하는 사회로의 전환을 지향해야 할 것이다.

3.2. 코펜하겐 에너지·수자원 소비 실시간 모니터링

덴마크의 수도 코펜하겐은 2009년 IPCC(Intergovernmental Panel on Climate Change) 회의에서 전 세계 최초로 탄소중립도시 조성을 선언할 정도로 탄소중립과 기후변화에 관심이 많은 대표적인 도시이다. 앞서 언급한 기후중립도시 100과 기후변화 대응에 적극적인 도시 C40(Climate Leadership Group)에 모두 선정 및 참여하여 계획과 정책들을 실증하고 있다. 이때 코펜하겐이 대표적으로 선보인 기술은 "에너지·수자원 소비 실시간 모니터링"(Mapping Real-Time Consumption)이다.

이 기술은 디지털화한 건물 에너지 및 물의 소비현황을 실시간으로 모니터링하는 플랫폼이다. 이는 자원의 불필요한 낭비를 막으며, 효율적인 이용 계획을 수립하는데 도움을 준다. 본 플랫폼은 2016년 최초 도입되었으며, 코펜하겐이 C40에 참여하게 된 2017년 9월 기준, 도시 소재 건축물의 90% 이상이 시간별 에너

| 그림 9-12 | Mapping Real-Time Consumption 실시간 에너지 사용량 모니터링 |

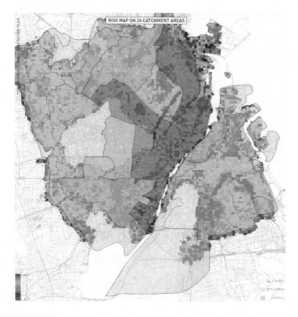

출처: Ankur Podder, 2019, Copenhagen Precedent Analysis

지·수자원 소비현황 정보를 〈그림 9-12〉와 같이 송신하고 있다.

코펜하겐은 850년 이상의 역사를 가진 도시로, 양호한 도시서비스를 제공하고 있다. 하지만 도시의 오래된 역사만큼 건축물이나 기반시설 등의 노후화 수준이 높은 상황이다. 2022년 기준, 도시 내 수도관의 76%가 조성된 지 60년 이상 되었으며, 특히 전체의 11%는 설치된 지 100년 이상 되었을 정도로 노후화 정도가 심한 상황이다.[5] 수도관과 같이 자원·에너지 운송과 관련 있는 인프라가 노후화될 경우 누수와 같은 위험이 발생하기 쉬워지며, 도시 전체의 에너지 소비 효율이 감소하는 문제가 생긴다. 이와 같은 문제를 해결하기 위해 에너지·수자원 실시간 모니터링 플랫폼이 제안되었으며, 주민들은 플랫폼의 스마트 네트워크를 통해 수집한 정보를 토대로 에너지·수자원을 절약할 수 있었다.

---

5 C40 Cities(2021) Cities100: Copenhagen, www.c40.org

이러한 에너지·수자원 실시간 모니터링 플랫폼은 지자체 및 공기업의 협력을 통해 도시 전 행정구역을 대상으로 구축되었으며, 중앙정보제어 시스템을 통해 관측할 수 있는 데이터를 제공하고 있다. 또한, 전기에너지 소비량, 열에너지 소비량, 수도 계량기 측정값 등 다양한 분야의 데이터를 디지털화하였다. 예를 들어 건물 부문을 살펴보면, 코펜하겐 전체 90%에 해당되는 건물들이 정보 제공에 동의하였으며, 중앙정보제어 시스템에 연동되어 데이터를 제공하고 있다. 수집된 데이터는 분석 및 활용을 통해 다양한 연구에 이용될 수 있으며 또, 실시간으로 누수·누전이 발생하는 지점을 파악하고, 에너지 효율이 낮은 건물에 대한 리모델링 전략을 수립할 수도 있다(〈그림 9-13〉).

그림 9-13 코펜하겐 중앙 정보제어 시스템 현장사진

출처: C40 Cities, 2017, Cities100: Copenhagen

에너지·수자원 소비 실시간 모니터링 플랫폼은 단 1년간의 시험 운영만으로도 전 도시적 차원에서 경제적, 환경적 성과를 안겨주었다. 2017년 코펜하겐은 플랫폼 운영을 통해 전년 대비 열에너지, 전기에너지를 각각 총 6,500MWh,

1,345MWh씩 절약하였다. 또한, 누수로 손실되는 약 3천만 리터의 물을 절약한 것으로 평가된다. 플랫폼 운영이 완전히 정착하기 위해서는 약 6년간의 투자 회수 기간이 필요하며, 이후에는 연간 약 600만 달러 이상을 절약할 수 있을 것으로 보인다.

그러나 앞서 언급한 성과에도 불구하고, 플램폼의 한계도 존재한다. 초기 단계에서 코펜하겐시와 공기업 등 공공을 중심으로 하여 플랫폼 구축이 진행되었는데, 이 단계에서 일부 민간 건축물들은 데이터 제공에 동의하지 않기도 하였다. 코펜하겐시는 추후 플랫폼의 범위를 도시 내 가장 큰 민간 건축물까지 확대할 것이라는 포부를 밝히며 현재 플랫폼을 정비하고 있다. 더 나아가, 플랫폼을 교육 분야에서 활용할 방향을 모색하고 있다. 아동·청소년을 대상으로 학교와 협력하여 기후재난 대응을 위한 시민 의식을 제고할 계획을 밝히기도 했다. 이처럼 코펜하겐은 디지털·데이터 기술에 기반한 신속한 정보 처리·활용을 통해 에너지·수자원의 절약을 실천하고 있으며 또한, 시민 교육과 참여를 통해 2025년 탄소중립 목표를 달성하고자 하였다.

3.3. 코펜하겐 노하운

코펜하겐의 온실가스 감축을 위한 계획은 3번에 걸쳐 진행되었는데 먼저 2002년 계획된 제1차 기후계획은 1990년 대비 2010년까지 온실가스를 35% 감축시키는 것이었다. 이후 2009년 제2차 기후계획에서 2005년 대비 2015년까지 온실가스 20% 감축을 발표하였으며, 2012년 제3차 기후계획에서 '2025년 탄소중립도시'를 선언하였다. 이러한 시의 지속적인 탄소중립을 위한 움직임 속에서도 도시의 성장·발전은 함께 이루어졌다. 도시의 탄소배출량이 감소하는 동안에도 인구성장률은 10년 동안 20% 수준을 유지하였으며, 2025년까지 약 11만 명의 인구증가와 2만 개 이상의 일자리 창출 또한 예상되고 있다. 이러한 점에서 코펜하겐은 탄소중립의 실현과 도시의 성장·발전은 함께 이루어질 수 있는 '스마트 에너지시티의 롤모델'로 집중받고 있다.

그림 9-14 | 덴마크 코펜하겐과 노하운 위치도

연도별 감축목표를 기후계획 기준으로 했던 제1차, 제2차와 다르게 2012년에 수립한 제3차 기후계획은 행동기반 평가방식(activity-related evaluation metrics)을 적용하였다. 2013년부터 4년 주기로 단계를 설정하고 단계별 성과평가를 반영하여 다음 단계의 로드맵을 수립하였다.

코펜하겐에서 발생하는 200만 톤의 탄소 중 80%가 에너지를 생산하는 과정에서 발생하였는데, 전력과 난방에너지의 대부분이 화석연료로부터 생각되었기 때문이다. 이를 해결하기 위해서 시 정부는 화석연료로부터 얻어왔던 에너지를 태양광, 풍력, 바이오매스, 지열에너지 등 신재생에너지로 100% 대체하기로 결정하였다. 또한, 에너지 소비의 경우, 2018년을 기준으로 2025년까지 4천 톤의 탄소저감을 목표로 하였으며, 기술환경부 산하 코펜하겐솔루션랩(CSL, Copenhagen, Solution Lab)이 주도하는 '스트리트랩' 프로그램 등 IT정책을 통한 스마트시티 조성 등 다양한 시도를 하고 있다.

2020년 코펜하겐은 2025 탄소중립 실현을 위한 '3단계 온실가스 감축 로드맵 2021-2025'를 수립하였다. 이때 시가 가장 중요시한 것은 주민의 지지와 공감이었다. 코펜하겐은 정부와 시 주도의 구체적인 로드맵을 수립하고, 이에 대한 민간의 지지를 얻음으로써 이산화탄소 배출 감소와 도시의 성장·개발 및 시민 삶의 질 향상을 실현할 수 있도록 계획하였다. 정부와 지자체의 2025 기후계획 '3단계 온실가스 감축 로드맵 2021 – 2025'은 에너지 소비, 에너지 생산, 모빌리티, 도시 행정의 4가지 핵심분야로 구성되었다.

가장 먼저 '에너지 소비' 분야의 목표로 열소비량 20% 감소, 기업 전기소비량 20% 감소, 가정에너지 소비량 10% 감소, 태양에너지를 통한 전력 10% 생산 등을 설정하였다. 에너지 립(Energy Leap) 파트너쉽과 사회주택 부문 파트너쉽, 부동산 관리자와 협력을 통해 에너지 효율 이니셔티브에 대한 제안을 진행하고 있으며, 지능형 에너지 관리시스템 도입 등 에너지의 효율적인 운영을 위한 방안을 모색 하고 있다. 또한 태양광발전(PV, photovoltaics) 모듈 설치를 바탕으로 26,000MWh 생산 및 5년간 4,000가구의 에너지 개조 지원 등을 통해 석유와 같은 화석에너지 원의 재생가능한 에너지원으로의 전환에 노력하고 있다.

그림 9-15 코펜하겐시의 에너지 공급시설

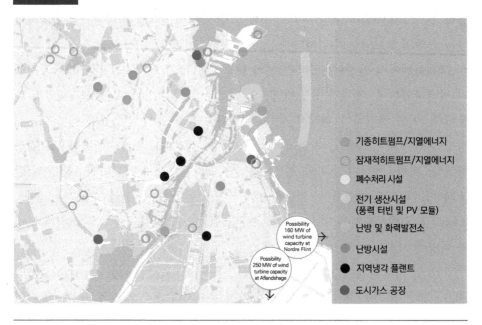

출처: københavns kommune. 2020. CHP 2025 Climate Plan Roadmap 2021-2025

둘째, '에너지 생산' 분야의 경우 지역난방과 유틸리티의 탄소중립화와 풍력·태양광 등 신재생에너지 전력 생산, 탄소포집 기술연구 및 시설 구축등을 목표로 하였다. 도시지역의 저온 지역난방으로 전환 및 열펌프 및 지열 에너지와 같은 기술의 지속적 개발과 구현 등을 지역난방의 방안으로 제시하였다. 또한 바이오가스 생산을 통한 그린가스 전용의 도시가스 네트워크 구축과 해수·지하수를 이용한 지역 냉방 시스템을 지속적으로 확대하였다. 신재생 에너지 생산 확대를 위해 2025년까지 460MW의 풍력 터빈 건설을 계획하였다. 그러나 탄소포집 및 저장(CCS)기술을 설치하여 지역 폐기물 에너지화 플랜트를 설치하려던 계획은 ARC(Amager Resource Center)의 자금지원 대상에서 제외됨에 따른 자금부족으로 실현하지는 못하였다.

셋째, '모빌리티' 분야의 경우 2021년도 기준으로 가장 높은 탄소배출원이었다. 그러므로 수송 부문의 탄소배출 감축 없이는 탄소중립이 불가능하게 판단되었다. 이를 위해서, 도로교통 부분에서 전략을 우선적으로 수립하였다. 도시 내 이동인

그림 9-16 **노하운 자율주행셔틀 홀로**

출처: Holo, https://www.letsholo.com

구의 75%가 도보, 자전거 또는 대중교통으로 이동하도록 도로교통체계를 개선하고, 친환경 자동차 보급과 전기자동차 충전 인프라를 지속적 확충하도록 하였다. 이를 통해 화석연료 자동차의 주행거리를 줄이는 것을 목표로 하였다. 또한, 운송 버스 및 기타 운송의 경우 버스와 운하투어 선박의 화석연료를 친환경 에너지로 대체하였고, 코펜하겐 유람선에 대한 지상 전력공급 장치 구축 및 항구와 협력을 추진하였으며 자율주행 차량 등 스마트 기술의 실증도 적극적으로 추진 중에 있다.

마지막으로 '도시행정' 분야의 경우, 시 전체 에너지 소비량을 2025년까지 2010년 대비 40% 감축하는 것을 목표로 수립하였다. 이를 위하여 친환경 건축물을 대상으로 하는 보조금 지원과 LED 조명 보급 등을 통하여 건물 에너지 소비량의 40% 감소를 달성하고자 하였다. 또한, 대체연료 기술 테스트를 통하여 2025년까지 모든 관용차에 대한 재생에너지 사용 의무화를 계획하였다. 시내 소재 대기업들과 탄소중립을 위한 계획 수립을 검토하였고, 친환경 제품 및 운송 업체에 대한 친환

그림 9-17 노하운 전경

출처: BY&HAVN(https://byoghavn.dk)

경 기준을 강화하였다. 또한, 2025년까지 3천톤의 탄소 흡수를 목표로 10만 그루 나무심기등 도시숲 조성을 계획하였다. 마지막으로, 어린이와 청소년에게 기후변화 및 탄소중립과 관련하여 지속적인 교육과 홍보를 지원하였다.

코펜하겐은 쇠퇴한 지역에서 재개발사업을 시행할 때도 탄소중립을 고려하였으며, 대표적인 사례가 대규모 통합연구 및 실증단지 조성인 '에너지랩-노하운 (Nordhavn)'이다. 12개의 에너지 연구실을 비롯하여 다양한 기관들이 위치한 노하운은 전기와 열에너지, 모빌리티 등 도시의 전체적인 에너지 시스템을 구축하기 위한 스마트에너지 시스템 개발을 목적으로 에너지 기술 회사와 대학, 정부간의 파트너쉽을 맺고 조성한 테스트베드이다. 노하운은 도시 에너지 공급원의 유연성을 높이기 위한 연구로서 덴마크의 주요 전력원인 풍력 발전을 중심으로 다양한 방식으로 생산된 전력을 주변의 소규모 건물로 공급하는 분산 전력 시스템을 연구 중이다.

그림 9-18 **노하운 계획도**

출처: BY&HAVN(https://byoghavn.dk)

| 그림 9-19 | 코펜하겐 국제 학교(Copenhagen International School Nordhavn) |

출처: 저자 본인

에너지 생산시설로 코펜하겐 국제학교가 있다. 저층부를 제외한 건물의 외벽 전체는 태양광 발전시스템(BIPV, Building Integrated Photovoltaic)이 설치되어 있어 건물에서 필요한 에너지량을 충족하고 주변으로 에너지를 공급한다. 이외에 여객 페리 역시 에너지 생산 시스템을 갖춰 분산전력 시스템의 에너지원이 된다. 또한, 이렇게 생산된 에너지의 저장과 안정적인 에너지 공급을 위한 대형 배터리 연구도 진행되고 있다. 재생 에너지의 경우 생산량의 고저차가 크며 기후의 영향을 많이 받기 때문에 이러한 문제 해결을 위한 연구가 필수적이다. 노하운은 이 배터리를 공영 주차타워에 설치하였다. 이 주차장은 저층부에서는 지역의 재활용 쓰레기 관리와 주민공동시설을 제공하며, 옥상에는 주민 놀이터 등 시설을 제공하기도 한다.

난방 에너지의 경우 85개 아파트의 지능형 난방 시험을 기반으로 극단적인 에너지 절감과 적정수준의 실내 쾌적도 확보 연구를 함으로써, 인근 7,000가구까지 난방 네트워크를 확장하는 등 성과를 거뒀다. 또한, 히트 펌프 및 열저장 시스템

그림 9-20 **노하운 내 주요 건물들과 에너지 생산 흐름도**

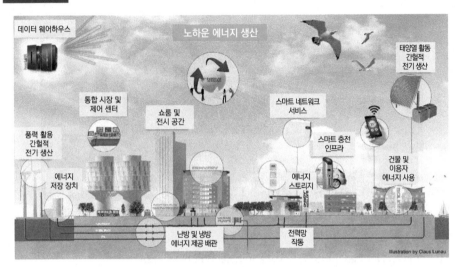

출처: Eergylab Nordhavn, 2020. energylab nordhavn final report 2020

을 사용한 기술적 성공 또한 달성하였다. 노하운은 에너지 문제 이외에도 주민들을 계획에 참여시키며, 대중교통 중심의 교통체계 및 공간구조 체계 계획과 기존시설의 리모델링을 통해 지역 정체성과 역사성을 살린 랜드마크 조성 등 지구 건설을 통한 폐기물 배출 최소화 연구도 진행하였다.

코펜하겐은 이러한 추가적인 에너지 솔루션을 테스트하고 주민참여를 장려하는 제도를 계획함으로 지속적인 실천력 확보에 노력하고 있으며, 이를 통해 'CHP 2025 기후계획'이 종료된 이후에도 여전히 기후중립에 도달할 수 있다고 제안하였다. 이를 기반으로 덴마크 외무부가 2030년까지 탄소배출량의 70%를 감축하고 2050년까지 탄소중립을 하겠다고 선언할 수 있었던 것이다. 도시에 분산되어 있는 기반시설에 지속적인 에너지 혁신 시스템을 연구하고, 지속가능한 도시발전 모델을 개발함으로서 전 세계 탄소중립도시 선두 주자로서 역할을 하고 있다.

| 그림 9-21 | 노하운의 분산형 에너지 생산시스템 |

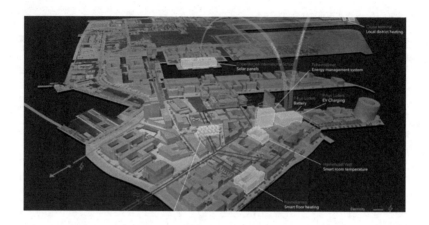

출처: Eergylab Nordhavn(http://www.energylabnordhavn.com)

3.4. 스톡홀름 하바미 허스타드, 로얄시포트

유럽에서 대표적인 탄소중립 추진 국가인 스웨덴은 2040년까지 화석연료를 제로화하겠다는 목표를 가지고 있으며, 스웨덴의 수도 스톡홀름시는 더 나아가 2030년까지 화석연료 사용을 제로화하겠다는 고도화된 목표를 가지고 있다. 이를 위해 스톡홀름시는 기존에 주로 사용하던 가솔린을 바이오가스로 대체하고 있으며, 2022년부터 지역난방에서도 화석연료를 모두 바이오 혹은 다른 신재생에너지로 대체한다는 계획을 실천해오고 있다. 이를 위해 스웨덴은 1998년 이후, 도시의 에너지, 상하수도, 폐기물 처리를 통합적으로 연계해 도시 내 에너지 사용량을 50% 감축하는 '심비오시티(Symbio City)'를 탄생시켰다. 대표적인 심비오시티로 '하바미 허스타드(Hammarby Sjöstad)'와 '로얄시포트(Royal Seaport)'가 있다.

두 지역이 탄소중립 및 기후변화 대응을 위한 스웨덴의 대표적인 지역이 된 배경에는, 1972년 스톡홀름에서 열렸던 세계인간환경회의에서 국제적인 환경보호 원칙인 '스톡홀름 선언' 공포와 함께 환경에 대한 관심과 노력이 도시개발에 반영되었기 때문이라 볼 수 있다. 먼저, 스웨덴 수도 스톡홀름 중심에서 남쪽으로 약 5km 떨어진 하바미 허스타드는 과거에 항구를 중심으로 한 산업 도시로서 1차 세

그림 9-22   스웨덴 스톡홀름과 하마비 허스타드, 로얄시포트 위치도

계대전 이후 호수 주변으로 급속한 산업화를 이루었다. 하지만 도시의 핵심 산업이었던 제조업 등의 쇠퇴와 설비의 노후화로 점차 산업 기능을 상실해갔다. 도시기능의 쇠퇴로 항구, 공장지대에서 흘러나오는 유독 물질과 각종 산업폐기물로 토양 및 대기오염 등의 심각한 환경오염 문제를 직면하게 되었다.

그림 9-23   하마비 허스타드 전경

출처: Stockholm stad(https://vaxer.stockholm)

1990년 초, 스웨덴의 경제성장과 함께 스톡홀름시가 발전하게 되었고, 인근 지역의 주거수요가 급증하게 되었다. 스웨덴 정부에서는 이 주거수요를 충족하기 위해 도시개발을 계획하였고, 인근에 위치한 하바미가 재개발 대상지로 선정된다. 하바미는 1992년부터 본격적인 도시재생 및 재개발 사업들이 시작되었는데, 이때부터 '호수에 둘러싸인 도시'라는 뜻으로 하바미 허스타드라는 공식 명칭을 부여받았다. 토지이용계획에서부터 살펴볼 수 있듯이 수변을 중심으로 주거동을 배치함과 함께 환경이 어우러질 수 있는 녹지체계와 보행로를 마련하였다. 1996년에는 '2004년 올림픽' 유치를 위한 선수촌과 경기장 건설 계획으로 변경하기도 하였으나, 유치 실패 이후 주변 환경과 생태계를 고려한 지속가능한 복합도시개발을 추진하였다.

환경적 문제와 생태계를 고려한 지속가능한 도시를 조성하기 위해 환경 전문가들이 대거 참여하여 교통과 에너지, 폐기물, 물 순환 과정 전반에 대한 자체 자원순환모델인 하바미 모델(Hammarby Model)을 개발하였다. 하바미 모델은 자원의

| 그림 9-24 | 하마비 허스타드 계획도 |

출처: Stockholm stad(https://vaxer.stockholm)

절약, 재사용, 재활용의 최대화를 추구하는 자원 순환형 생태 도시 모델로 신재생 에너지, 폐기물, 물 등을 재활용하는 에너지 순환시스템을 통해 친환경적 도시를 만든다는 목표를 가지고 있다.

그림 9-25   하바미 허스타드의 Eco Cycle 1.0

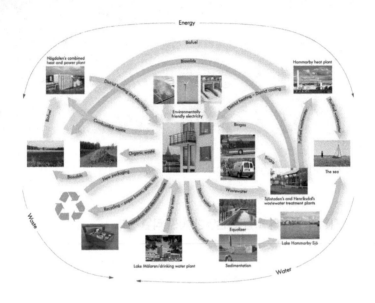

출처: Ulf Ranhagen and Björn Frostell. 2014

하바미 허스타드는 단순히 위 모델처럼 다이어그램적인 체계만 구축한 것이 아니라 실제 도시공간에 계획을 반영하고 공간적으로 실현한 대표적인 사례이다. 주민의 쾌적성을 고려하는 쓰레기 순환시스템, 에너지의 재생을 실현하는 오수처리 시스템, 적극적인 신재생에너지의 활용과 자원의 재활용, 수변공간을 활용한 녹색 주거단지 조성, 지역 특성을 최대한 활용한 수변공간 조성으로 구성되어 있다. 하바미의 건축물들은 태양광을 최적으로 이용할 수 있도록 설계되어 있고, 건물 지붕, 벽면 등 곳곳에 태양광 패널 설치를 유도하고 있다. 이를 이용하여 개별 건축물이 필요로 하는 연간 난방 수요량의 50%를 공급하도록 하고 있다.

| 그림 9-26 | 옥상 태양광 패널 및 녹화 |

출처: Stockholm stad(https://vaxer.stockholm)

| 그림 9-27 | 지형과 빗물의 흐름을 반영한 빗물 터널계획 |

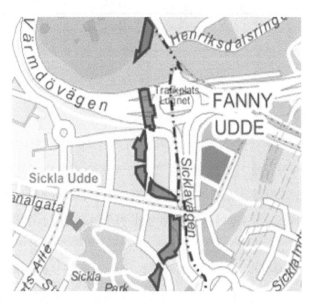

출처: Stockholm stad(https://vaxer.stockholm)

하바미의 폐기물 처리는 지하 배관을 통한 쓰레기 회수 시스템을 적용하고 있다. 아파트 단지의 각 가정에서 배출되는 쓰레기는 분리수거 후 매설된 배관을 통해 시속 70km의 진공 추진 방식으로 폐기물 중앙 집하장으로 운송된다. 집하된 쓰레기는 선별과 압축을 통해 소각처리하며 이때 발생하는 열에너지는 지역난방에 활용되고 있다. 이러한 자동 폐기물 수집 시스템은 재활용을 늘리고 교통체증의 완화, 자원의 순환을 통해 도시환경개선에 크게 기여하고 있다.

빗물처리 장치를 통하여 정화된 빗물로는 중정 및 녹지에서 식용작물을 재배하고 하수처리시설의 부하 저감을 위해 도로 및 건물 지붕의 지표수를 우수 통로를 통해 호수로 유입하고 있다. 도시 전반에 걸친 빗물 터널은 본래의 기능뿐 아니라 디자인 등 미적 요소도 지니고 있어, 도시의 친수 환경을 조성하고 있다. 특히, 빗물 터널 계획을 위해 지하수면에서 빗물이 호수로 흘러가는 지형, 흐름을 분석해 빗물 너털의 위치와 규모, 형태를 계획하였다.

또 다른 사례도시인 로얄시포트는 스톡홀름시의 북동쪽에 위치하고 있으며, 스웨덴 국왕의 개인 사냥터로 사용될 정도로 쾌적하고 자연환경이 좋은 곳이었

| 그림 9-28 | 로얄시포트 조감도 |

출처: Stockholm stad(https://vaxer.stockholm)

다. 19세기 산업화를 거치면서 항구로 변모했고, 20세기 후반 산업의 쇠퇴로 이 지역도 함께 쇠퇴하였다. 로얄시포트는 1980년대에 지어져 최근까지도 부분적으로 항구 및 공장으로 사용되었지만, 주요 가스공장들을 모두 폐쇄하면서 기후변화 대응과 탄소중립 실현을 위한 계획이 본격적으로 시작되었다.

스톡홀름 시의회는 버려진 항구를 주민들과 기업들을 위해 현대적이고 지속가능한 도시 구역으로 개발하기로 결정하였고, 계획 수립에 착수했다. 이 프로젝트는 세 가지의 큰 목표를 설정하고 있는데, 첫째는 2030년까지 화석연료 사용의 제로화, 둘째는 기후변화에 대한 적응, 마지막으로는 높은 수준의 생태적, 사회·경제적 지속가능성의 확보를 목표로 한다.

로얄시포트는 도시 구상 단계부터 하바미 모델을 발전시킨 에코 사이클 2.0 프레임워크가 제시되었다. 에코 사이클 2.0은 쓰레기 매립지에 폐기물을 전혀 보내지 않고, 모든 음식물 쓰레기를 수집하여 바이오가스 생산을 50%까지 증가시

그림 9-29 **로얄시포트 계획도**

출처: Stockholm stad(https://vaxer.stockholm)

키는 폐기물 관리 목표를 수립하고 있으며, 개발자들이 건물의 전력 수요의 최대 20%를 충당하기 위해 태양광 발전 시스템을 설치하고, 1인당 하루 평균 물 사용량을 150리터에서 100리터 줄이는 것을 의무화하고 있다. 추가적으로, 에너지 효율이 높은 주택과 자동 폐기물 관리 시스템은 에너지 사용을 최대 80%까지 줄이는 데 기여하고 있다. 또한, 자가용 운행에 대한 저감 대책, 가구당 주차 수에 대한 제한 등을 통해 업무 통행의 70%가 대중교통으로 이루어질 수 있도록 계획하고 있다.

| 그림 9-30 | 로얄시포트의 Eco Cycle 2.0 |

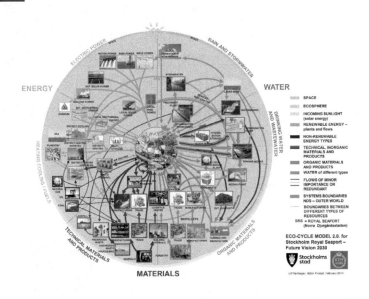

출처: Ulf Ranhagen and Björn Frostell. 2014

위를 바탕으로 로얄시포트는 스마트 폐기물 처리와 플러스 에너지 주거 등 혁신적 환경 기술을 적용하고 있다. 스마트 폐기물 처리 방식을 통해 폐수로 바이오가스를 생산하여 교통수단과 전력 생산에 사용하거나 바이오가스를 생산하고, 폐기물 소각시설에 나온 열에너지로 지역난방 또는 전력을 생산하는 체계를 갖추고 있다. 또한, 사용하는 에너지보다 더 많은 에너지를 생산하는 플러스 에너지 주거단지도 도입하였는데, 신재생에너지와 폐자원을 활용한 친환경적인 건축 보급을 원칙으로 외부에 송전받아 전기를 사용하는 시스템이 아닌 로얄시포트 내에서 자체 생산한 주택 발전을 선택하였고 이를 통해 에너지를 충당한다.

기후변화에 대응하는 전략으로는 미래 기후변화에 대처할 수 있는 다기능 녹색지대를 설계하였으며, 도시의 생태 다양성을 높여 자연 보전 가치를 강화하는 수역 개발을 실시하였다. 이를 위해 아파트를 지을 때 공동정원을 만들어 그린인덱스(녹색지수)를 충족시키는지 점검하였고 또한, 도로 밑에는 터널을 만들어 개구리가 이동할 수 있도록 하는 등 주거지역 숲과 국립공원 숲을 연결하여 생물 다양성을 유지하도록 하고 있다.

마지막으로 지속가능성 확보를 위해서 시민참여를 통한 관련 기술의 배치와 로얄시포트의 정체성을 확보하는 계획을 세웠다. 예를 들어 진공 쓰레기 수거시스템은 대표적인 로얄시포트의 탄소중립 기술 중 하나인데, 사람들이 많이 다니고 이용하는 도로, 공원, 수변을 중심으로 해당 기술을 설치하였다. 시민들의 수요와 설문을 통해 기술의 위치를 선정했고, 특히 외국인 관광객의 동선 파악으로 깨끗한 관광지와 자연자원을 확보할 수 있었다.

그림 9-31 **진공 쓰레기 수거 시스템 단면**

출처: Stockholm stad(https://vaxer.stockholm)

그림 9-32	진공 쓰레기 수거 시스템

출처: Stockholm stad

지역주민들의 참여와 맞춤 컨설팅을 통해 도시와 기후변화에 대한 정보와 지식을 제공하는 등 시민과 다양한 집단이 함께 참여하는 토론의 장을 마련하였다. 입주민들은 재활용센터를 운영해 물건을 나눠 쓰거나 도시농업 교육·모임을 진행하는 등 지속 가능한 소비를 위한 조건을 조성한다. 또한, 친환경적인 도시개발을 위해 연구소, 대학과 R&D를 추진하며 협력, 소통하고 있다.

3.5. 하이델베르크 반슈타트

하이델베르크 반슈타트(Heidelberg Bahnstadt)는 신·재생에너지만을 100% 사용하여 도시 전 지역이 운영되는 대표적인 탄소중립도시이다. 그 중에서도 특히 옥상녹화와 우수관리를 통한 미기후 관리가 잘 되는 지역이라 할 수 있다. 하이델베르크 반슈타트는 독일 중남부에 위치해 있으며, 시 외곽을 지나던 구 화물기차역 터에 위치한 인구 9,821명의 작은 도시이다. 하이델베르크는 기존 도시들이 가지고 있던 외부에 의존한 에너지 소비구조 형태가 아닌 자급자족으로 에너지 문제를 해결하기 위해 계획되었다. 특히, 미기후 관리와 관련되어 옥상녹화를 비롯한 다양한 지역 녹화와 우수관리 등 수공간을 활용하는 부분에서 실증과 성과를 보이고 있다.

그림 9-33 독일 하이델비르크와 반슈타트 위치도

1992년 하이델베르크는 기후보호를 위해 노력할 것을 선언하였다. 2012년 하이델베르크 에너지환경연구소(IFEU, Institute for Energy and Environmental Research)를 통해 하이델베르크 내의 에너지 소비량을 분석하고, 현재의 탄소 배출량을 결성하기 위해 탄소 배출량 밸린스를 광범위하게 분석했다. IFEU는 이 분석을 통해 탄소 배출량을 감소하고 에너지 소비량을 감소시키는 전략을 개발했다. 이 전략에 따른 목표에 도달하기 위한 제안으로 2014년에 "100% 기후보호 마스터플랜(Masterplan 100% Klimaschutz)"계획이 채택되었다. 위 마스터플랜은 도시 전체 탄소 배출량을 95%, 최종에너지 소비량을 50%를 2050년까지 줄이는 것을 목표로 하고 있다. 탄소 배출을 극적으로 줄이는 하이델베르크의 목표를 위해 2008년부터 반슈타트 도시 재개발 프로젝트가 구상되기 시작하였으며, 시의회에서는 주로 신·재생 에너지 컨셉의 일·연구·생활이 혼합되는 복합단지 개발계획을 수립하였다. 버려진 화물기차역 터를 대상지로 잡아 약 1.16㎢ 규모에 약 5천 명을 위한 주거단지와 약 7천 개의 일자리 개설을 목표로 하였으며, 2023년말 완공을 목표로 추진 중에 있다.

| 그림 9-34 | 반슈타트 전경 |

출처 : BAHNSTADT(https://bahnstadt.de)

| 그림 9-35 | 반슈타트 계획도 |

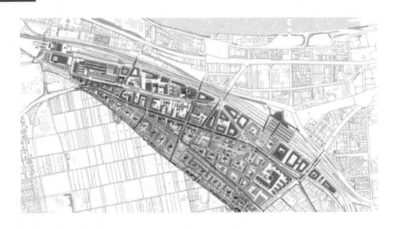

출처 : BAHNSTADT(https://bahnstadt.de)

하이델베르크의 탄소 배출량 95%, 최종에너지 소비량 50%를 2050년까지 감소시키겠다는 목표와 외부에 의존하는 에너지 소비구조를 바꾸겠다는 의지에 따라 만들어진 반슈타트는 여러 부문에서 살펴볼 필요가 있다. 먼저 도시 내에서 에너지 분야가 핵심으로 자리잡고 있으며 대중교통 활성화와 같은 교통 분야와 건축물에 있어 에너지 효율을 조절하는 건물 분야도 핵심적인 역할을 하고 있다. 에너지 분야에서의 주요 내용은 네트워크식 지역난방, 열병합 발전소(CHP)를 통한 재생에너지 생산, 전기 절약이 있으며, 교통 분야로는 대중교통, 전기자동차, 스마트 자전거 등이 있다. 건물 분야로는 패시브하우스, 우수 활용, 벽면녹화, 옥상정원 등이 있다.

표 9-3 반슈타트의 탄소중립 계획 분야 및 전략

분야	전략
에너지	네트워크식 지역난방
	열병합 발전소(CHP)를 통한 재생에너지 생산
건물	패시브 하우스
	우수활용
	벽면녹화, 옥상정원
교통	대중교통 이용 확산
	전기자동차
	스마트 자전거

출처 : Heidelberg-banstadt(https://www.heidelberg-bahnstadt.de/)

다양한 분야에서의 맞춤 계획들이 진행되었지만 그 중에서도 반슈타트에서 가장 핵심적인 부분은 패시브하우스와 우수활용 및 건물 녹화를 통한 미기후 관리, 통합된 대중교통 네트워크이다. 하이델베르크는 제도상으로 패시브하우스를 일부 건설하도록 제도적으로 의무화하고 있을 뿐만 아니라, 반슈타트는 세계적으로 최대 규모의 패시브하우스 단지를 가지고 있다. 또한, 제도적으로 높은 에너지 표준의 패시브 하우스를 유지하기 위해 품질보증을 위한 컨설팅 계획을 진행하고 있다. 이 단지들은 신재생에너지로만 운영될 뿐만 아니라, 100% 재생에너지로 생산

그림 9-36	패시브주택 단지와 옥상녹화

출처: Heidelberg-banstadt(https://www.heidelberg-bahnstadt.de)

되고 네트워크식 지역난방을 이용해 에너지 효율을 극대화하였으며, 기상 상황에 따라 외벽의 형태가 바뀌어 미기후 관리에 적합하게 만들었다. 또한, 건물의 벽면 녹화, 옥상정원 등을 통해 미기후 관리가 더 잘 되도록 계획되었다.

도심을 가로지르는 유수지들도 이러한 미기후를 조절하는 데 효과가 있다. 인 공적으로 조성된 유수지들은 빗물을 받아두는 저수조 역할을 수행하면서도, 경관 적으로 쾌적성, 수자원의 재사용도 가능하게 한다. 또한, 반슈타트의 대중교통은 하이델베르크의 교통망과 긴밀하게 연결되고 통합되어 있어 트램과 버스를 통해 이동하기 편리한데 이러한 기본적인 기능뿐만 아니라 트램 곳곳에도 녹지를 조성 하여 미기후를 관리하고 에너지 소비량을 줄이고자 했다.

그림 9-37	우수지와 교통체계 녹화

출처: Heidelberg-banstadt(https://www.heidelberg-bahnstadt.de)

반슈타트는 지자체가 주도해 지역의 자력으로 에너지 소비량을 해결하려고 시도했으며, 하이델베르크 자체의 패시브하우스 신축 의무화 및 에너지 사용량 체크를 통한 모니터링을 통해 더 많은 탄소 배출량을 감축하는 것이 가능했다. 일반적으로 탄소중립을 달성하기 위한 배출량 감축 계획에 있어 미기후를 고려하는 계획은 어렵기 때문에 잘 없는 편이라 할 수 있는데, 반슈타트는 미기후의 관점에서 도시의 옥상녹화, 벽면녹화를 통한 녹지체계, 도심을 가로지르는 수공간, 우수 저류시스템을 통한 수체계 등을 이용하여 미기후를 관리하여 에너지 소비량을 줄여나갔다는 것이 가장 큰 특징이 되고 있다. 이외에도 하이델베르크 반슈타트를 모범사례로 만들기 위한 프로젝트 시나리오 제작 과정에서 하이델베르크 기후변화연구소의 전문가뿐만 아니라 대학교수·학생·일반시민 등 다양한 이해관계자들과 민간의 참여를 통해 문제점을 파악하고 해결책을 도출하였다. 실제로 시민들의 아이디어들은 반슈타트 계획에 일부 반영되었으며, 일반적으로 진행되는 일방적인 지자체 주도가 아닌 민간이 참여했다는 점에서 의의가 있다.

2014년에는 반슈타트에 열병합 발전소(CHP)가 설립됨에 따라 탄소 배출량을 더욱 원활히 감소시켰으며, 2023 하이델베르크 반슈타트 완공을 통해 신·재생에너지 100% 도시를 완성할 수 있을 것이다. 이후 반슈타트를 모범사례로 주변 도시로의 영향력을 확산하여 2050년까지 하이델베르크 전체를 100% 신재생에너지 도시로 만들겠다는 계획은 현재 진행형이다.

4 탄소중립도시 조성을 위한 공간 - 환경계획 통합

4.1. 공간 - 환경계획 통합의 의미와 필요성

앞서 소개한 탄소중립도시 사례들의 특징은 도시라는 공간 단위에서 탄소중립이라는 정량적 목표치를 설정하여 기후변화를 완화시키려는 목표를 가진다는 것이다. 즉, 실질적인 탄소중립 실현 목표를 달성하기 위해서는 환경 부문의 기법계획 뿐만 아니라 공간계획이 함께 이루어져야 한다. 〈그림 9-38〉과 같이 공간 중심 접근을 통해서 각 분야별 감축 성능이 보완되거나 시너지 효과를 일으킬 수 있기 때문이다. 또한, 주민과 지자체가 주도적으로 탄소중립 계획을 수립하여 이행 수준을 점검하고 정책에 환류하는 과정을 가지기 위해서는 지역 공간 단위의 탄소공간지도를 구축하여 의사결정 지원도구로 활용하거나 소통도구로 활용하는 등 도시공간 중심의 계획 수립 역시도 필요하다.

그림 9-38 **탄소중립을 위한 공간 중심의 접근**

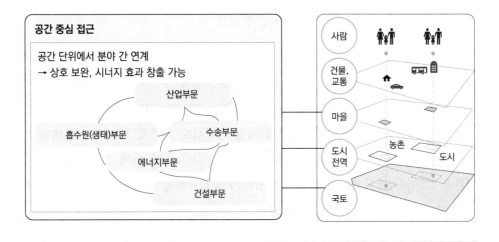

출처: 국토연구원. 2021. 국토 479호

이때, 도시라는 공간 안에서 에너지, 건물, 수송, 농축산, 그리고 흡수원 등 다양한 분야가 상호 연계하여 작용하기 때문에 도시공간을 거대한 시스템으로 바라보는 관점의 전환이 필요하다. 이러한 도시공간 중심의 통합적 접근 방식은 각각의 분야가 아닌 전체를 바라보는 만큼 서로 상호보완적이라는 특징이 있다. 한 분야의 한계점을 다른 분야로 보완해줄 수 있다는 것이다. 도시의 쾌적성과 경쟁력, 삶의 질, 비용 대비 효과, 국토 및 도시의 균형 발전을 고려하면서 탄소 중립을 실현해 나가야 하는 과제를 가지고 있는 만큼, 이를 위해 다양한 분야의 상호 연계된 접근 방법이 필요하며, 통합적인 관점과 공간적 맥락을 고려하는 정책과 사업의 실행이 중요하다.

또한, 각 에너지 인벤토리 부문들이 서로 상호 보완적인 관계일 때는 충분히 활용되어야 하고, 경합이 될 때 발생되는 손실은 줄여나가야 한다. 이것이 바로 도시 공간을 통합적으로 바라보았을 때 기능의 최적화이자 경제성을 확보하는 과정인데, 기존의 인벤토리 부문별 접근에서는 한계가 있다. 이제는 각 부문별로 추구해야 할 사용자 중심의 공간적·사회적 방향과 전략을 검토하면서 도시 공간계획을 중심으로 한 부문 간 통합적 접근 역시 균형있게 검토해보아야 하는 것이다.

4.2. 공간 – 환경계획 기반의 도시설계 모델

근대 도시계획의 역사는 인간의 거주지의 환경적 문제를 해결하기 위한 역사라고 할 수 있다. 하워드의 전원도시도, 르 꼬르뷔제(Le Corbusier)의 빛나는 도시(The Radian City), 라이트(Frank Lloyd Wright)의 브로드에이커시티(Broadacre City)도, 그로피우스(W. Gropius)의 인동 간격별 채광 스터디도 겉으로 보여지는 형태는 다르지만 그 맥락은 같다. 이 중 1920년대 페리(C.A.Perry)에 의해 개발된 근린주구 이론은 그 이후 계획가들에 의해서 다양하게 공간–환경계획의 단위 모델로 활용되어 왔기에 본 절에서 소개하고자 한다.

페리의 모델에 관심을 갖은 것은 뉴어바니스트로 알려진 두아니(A.Duany)이다. 이를 바탕으로 수립한 공간계획(1994)은 토지이용의 복합화를 통해 경직된 토지이용을 막고, 더욱 중심성이 명확한 커뮤니티 공간을 계획하였으며, 보행을 통한 도시에너지 소비의 절감도 도모하였다. 특히, 게데스(Patrick Geddes)의 일–장소–사람을 연결한 계곡 단면도(Valley section)를 은유한 트랜젝트(Transect)과 스마트 코드(Smart Code) 등은 공간과 환경을 결합하고자 하는 노력의 결과물로 볼 수 있다. 이를 바탕으로 한 형태기반코드(Form based Code)의 개발은 공간–사람–환경을 연결시키는 구체적인 지침이자 예측가능한 도시설계를 위한 핵심 도구로 활용되고 있다. 이러한 도시설계의 예측 가능성은 사전의 환경적 성능을 검토하여 도시설계 및 건축설계를 가능하게 하는 하나의 중요한 도구라는 점에서 의의가 있다.

2000년대에 들어서 이를 확대 발전시킨 것은 더글러스 파르(Douglas Farr)로, 지속가능한 공간계획 모델을 고안하였다. 지역 간 경계에 녹지와 유수지 등 오픈스

표 9-4 주요 공간계획 모형의 변천사

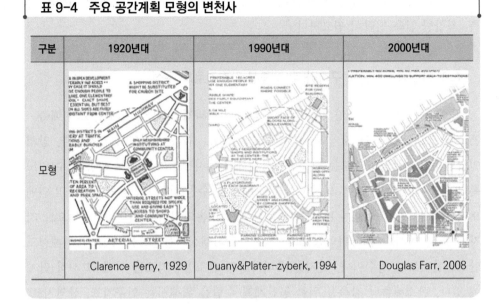

구분	1920년대	1990년대	2000년대
모형	Clarence Perry, 1929	Duany&Plater-zyberk, 1994	Douglas Farr, 2008

페이스를 마련하고, 토지이용을 더욱 복합화하면서 공간들은 더욱 유기적으로 작동하게 되었다. 녹지와 공원, 유수지의 확보를 통해, 환경과 생태를 고려하여 공간을 계획하려고 시도하였다. 지역공간의 역할을 고민함으로써 효율적인 토지이용과 친환경적 공간이 마련했다는 점에서 의의가 있다.

이상의 모델들은 그 단초가 있긴 하지만 정량적인 평가가 결여되어 있다는 한계가 있다. 이는 향후 탄소중립을 위한 공간-환경계획 모델 개발시 반드시 병행되어야할 필요조건이다. 실제로, 도시와 지역의 발전을 도모하면서, 탄소중립을 실현하기 위해서는 계획안의 구현을 통한 도시 운영 단계에서의 탄소배출량의 예측이 필요하다. 또한, 이를 저감하기 위해 도입될 탄소배출량 감축 기법/기술의 적용에 따른 탄소배출량 감축 목표량 산정과 정교한 예측이 수반되어야 한다. 즉, 지역의 경쟁력, 쾌적성 등 사용자 중심의 공간계획과 함께 생태주의적 측면에서 온실가스 감축을 위한 환경계획도 이루어져야 한다는 것이다. 도시 공간과 기능의 구분에 따라 다른 온실가스 감축 기법, 계획이 적용되어야 할 것이며, 이러한 공간들은 다시 연계되어 효율적인 에너지 관리를 추구해야 한다. 또한 그 효율적인 관리를 위해서는 지역 내 탄소흡수 · 배출량의 정보에 대한 정확한 이해와 예측, 적합한 감축 전략이 필요하다.

4.3. 탄소공간지도의 구축과 지역 중심 감축경로의 구성

탄소공간지도는 배출량 감소의 출발점과 이행과정을 알기 위해 탄소의 배출 · 흡수량 정보를 도시와 지역의 공간단위 기반으로 시각화, 지도화한 것이다. 앞서 언급했듯이 탄소공간지도는 탄소중립사회에서 의사결정의 도구로 활용될 수 있도록 제도적 근거부터 관련 기초자료, 탄소배출/흡수원 단위, 공간 차원에서의 인벤토리 구축을 위한 방법론 분석 등이 체계적으로 논의되어야 한다. 추가적으로 지자체 또는 미시지역 단위의 탄소배출 현황 – 이행실적을 모니터링하기 위해서도 탄소공간지도가 필수이다. 하지만 우리나라의 탄소공간지도는 이제 그 시작 단계에 있다. 탄소배출량 감축을 위한 공간계획 수립을 위해서는 인구지표, 산업지표, 에너지원 및 공간지표 등 다양한 공간정보와의 결합이 필요하다.

기초데이터를 확보하여 탄소공간지도를 구축하고 지역 여건을 확인하였다면 맞춤형 이행방안 수립을 위해 지역중심 감축경로의 구성이 진행되어야 한다. 이때, 지역 여건에 따라 감축경로를 차별화하기보다는 국가 차원의 감축 목표와 수단을 배분하는 방식으로 접근하여 지자체 단위 사업에서 효율적인 감축이 진행되어야 한다. 이때, 탄소공간지도를 통한 지역 여건의 파악은 주민과 지자체로 하여금 감축 잠재력이 높고 실행하기 용이한 감축수단을 선정하는데 활용할 수 있다. 〈그림 9-39〉와 같이 각 지역의 공간, 시간별 여건 변화에 따라 감축수단 선정이 과학화, 자동화된다면 보다 입체적이고 구체적인 감축경로 제시가 가능해질 것으로 기대된다.

그림 9-39   **탄소공간지도의 구축 방향과 의의**

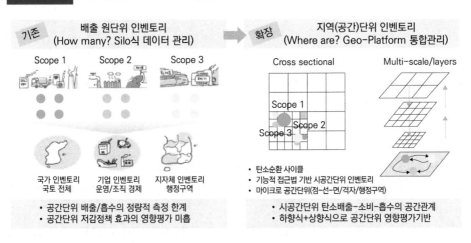

출처: 국토연구원. 2022. 국토정책 Brief 894호

참고문헌

국토연구원. 2022. 국토정책Brief 894호.

＿＿. 2021. 국토 479호.

＿＿. 2021. 국토이슈리포트 제48호.

대한민국 정부. 2021. 2030 국가온실가스 감축목표 NDC.

대한상공회의소 지속가능경영원. 2009. 저탄소 녹색도시 국내외 사례 및 시사점.

안승만 외. 2021. 유럽연합 '기후중립도시 100' 미션의 시사점과 국내 탄소중립도시 추진을 위한 제언. 국토
　　이슈리포트 제48호.

이성희. 2017. 에너지자립도시 조성을 위한 스웨덴의 노력. 한국토지주택공사 토지주택연구원. Land &
　　Housing Insight 27권, p.48-59.

이지영. 2023. 한국도시설계학회 발표자료.

정명규. 2021, EU 환경 및 기후정책 동향-European Green Deal-, 주벨기에유럽연합대사관.

환경부. 기후변화홍보포털 웹진 여름호, 2016, https://www.gihoo.or.kr/portal/webzine/2016_summer/
　　sub02.jsp.

＿＿. 신성장 로드맵 보고서 2023.

Borsboom-van Beurden, J. et al. 2019. Smart city guidance package: A roadmap for integrated
　　planning and implementation of smart city projects, Brussels, Belgium: EIP-SCC.

BY&HAVN, https://byoghavn.dk/nordhavn.

Cervero, Robert. 1996. California's Transit Village Movement. Journal of Public Transportation, 1(1):
　　103-130.

Cervero. R., Kockelman, K., 1997, Travel demand and the 3Ds: Density, diversity, and design,
　　Transportation Research Part D: Transport and Environment, Volume 2, Issue 3, pp.199-219.

CTCN. 2016. Webinar: Sustainable cities-the Copenhagen Story.

Dunphy, R.T., & Fisher, K. 1996. Transportation, Congestion, and Density: New Insights. Transportation
　　Research Record, 1552, 89-96.

Eergylab Nordhavn. 2016. Deliverable no.: 1.3 Reporting and Administrative Plan.

＿＿. 2019. Interim report-WP5.

＿＿. 2020. energylab nordhavn final report 2020.

European Commission. 2020. 100 Climate-Neutral Cities by 2030-By and for the Citizens, Interim Report of the Mission Board for Climate-Neutral and Smart Cities.

Ewing, R. 1995. BEYOND DENSITY, MODE CHOICE, AND SINGLE-PURPOSE TRIPS. Transportation Quarterly, 49, pp.15-24.

Frank, L.D., & Pivo, G.E. 1994. Impacts of Mixed Use and Density on Utilization of Three Modes of Travel: Single-Occupant Vehicle, Transit, and Walking. Transportation Research Record.

Golubchikov, O. 2011. Climate neutral cities: how to make cities less energy and carbon intensive and more resilient to climatic challenges, New York and Geneva: United Nations, Economic Commission for Europe(UNECE).

Gronkiewicz-Waltz, H. et al. 2020. Proposed Mission: 100 Climate-Neutral Cities by 2030-by and for the Citizens.

Københavns kommune. 2020. CHP 2025 Climate Plan Roadmap 2021-2025.

NASA. 2021. World of change: Global Temperatures.

Oswald, F., & Baccini, P. 1999. Stadtgestaltung: Architektur und Metabolismus: Entwerfen und Bewerten in der Netzstadt. disP-The Planning Review, 35(139): 30-38.

Peter Hall, 2014. Cities of Tomorrow.

PG Newman & JR Kenworthy. 1989. Cities and automobile dependence: An international sourcebook.

Ranhagen, U., & Frostell, B. (2014). Eco-cycle model 2.0. for Stockholm Royal Seaport City District: Feasibility study-final report. Retrieved from KTH Royal Institute of Technology website: http://urn.kb.se/resolve?urn=urn:nbn:se:kth:diva-148396.

Real Estate Research Coporation(RERC). 1974. The costs of sprawl: detailed cost analysis.

RICKABY, P., OWENS, S. E., & RICKABY, P. A. 1992. Settlements and Energy Revisited. Built Environment (1978-), 18(4): 247-252. http://www.jstor.org/stable/23288517.

Spillar, R., & Rutherford, G.S. 1990. The Effects of Population Density and Income on per Capita Transit Ridership in Western American Cities.

Steffan Lehmann, 2010. The Principles of Green Urbanism: Transforming the City for Sustainability.

UNEP. 2008. Kick the Habit: A UN Guide to Climte.

WCED. 1987. Report of the World Commission on Environment and Development: Our Common Future.

온실가스종합정보센터 http://www.gir.go.kr

Eergylab Nordhavn, http://www.energylabnordhavn.com

Green Roof Technology, http://www.greenrooftechnology.com

Heidelberg-banstadt, https://www.heidelberg-bahnstadt.de

Holo, https://www.letsholo.com/nordhavn

Stockholm stad, https://vaxer.stockholm

환경경영과 정책

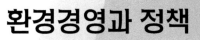

이병욱

CHAPTER 10

I   환경경영이란?

1980년대 초부터 국제적으로 환경경영의 필요성이 제기되었으나 실천적 대안
이나 이론적 논의가 본격적으로 시작된 시기는 그로부터 10년쯤 뒤인 1990년대
초부터라 할 수 있다. 그동안 제시된 환경경영에 대한 이론적 견해는 대체로 두
가지 부류로 나누어진다. 하나는 기업의 환경성과 개선을 위한 구체적 기능이나
방법을 중심으로 한 좁은 의미의 환경경영이며, 다른 하나는 환경 문제가 기업 활
동 전반에 연계된다는 관점에서 기업의 환경 이슈를 경영전략 차원에서 해석하고
접근하려는 보다 넓은 의미의 환경경영이다.

환경경영을 "환경에 미치는 기업의 유해한 영향을 통제하고 감소시키는 것"이
라고 설명한 월터스(T. Wolters) 등[1]이나 "오염의 사후처리 방식에서 탈피하여 폐기
물 및 오염의 예방과 청정생산으로의 전환을 지원하는 일련의 기법과 실천수단"
으로 해석한 크리스티(I. Christie) 등[2]의 견해는 좁은 의미의 정의로 볼 수 있다. 한
편 환경경영을 "기업의 환경적 입장을 검토하고 그것을 개선하기 위한 방침이나

---

1   Wolters, T., M. Bouman and M. Peeters, "Environmental Management and Employment: Pollution
     Prevention Requires Significant Employee Participation," Greener Management International, 11
     (1995), pp.63-72.

2   Christie, I., H. Rolfe and R. Legard, Cleaner Production in Industry: Integrating Business Goals and
     Environmental Management (London: Policy Studies Institute, 1995), p.54.

전략을 개발 · 시행함과 동시에 지속적인 개선 및 효과적인 관리 시스템을 갖추는 일련의 환경대응 활동"이라고 설명한 그레이(R. Gray) 등[3]이나 "기업의 경제적, 생태적 성과를 최적화하기 위해 환경보호를 기업의 전반적 경영활동에 통합하는 것"이라는 노스(K. North)[4]의 견해 등은 보다 넓은 의미의 정의로 볼 수 있다. "기업 활동 전 과정에 걸쳐 환경성과를 개선함으로써 경제적 수익성과 환경적 지속가능성을 동시에 추구하는 일련의 경영활동"이라고 정의한 이병욱[5]도 후자의 범주에 해당한다.

1995년 12월 제정된 후 여러 차례 개정을 거친 〈환경친화적 산업구조로의 전환 촉진에 관한 법률(약칭: 친환경산업법)〉에서는 환경경영을 "기업 · 공공기관 · 단체 등이 환경친화적인 경영목표를 세우고 이를 달성하기 위하여 인적 · 물적 자원 및 관리체제를 일정한 절차와 기법에 따라 체계적이고 지속적으로 관리하는 경영활동"으로 정의하고 있다. 이는 당시 국제표준화기구(ISO, International Organization for Standardization)[6]가 제정한 환경경영체제 규격에 바탕을 둔 시스템 관점의 정의라 할 수 있다.

하지만 2000년대 초부터 경제와 환경뿐만 아니라 사회적 이슈도 포함하는 '지속가능경영'의 필요성에 대한 논의가 확산함에 따라 경제와 환경의 조화에 초점을 두어 온 환경경영도 그 범위를 보다 넓혀 해석하려는 경향이 나타난다. 이를 반영하여 2010년에 시행된 〈저탄소 녹색성장 기본법(약칭: 녹색성장법)〉에서는 환경경영 대신 '녹색경영'이란 용어를 사용하면서 "기업이 경영활동에서 자원과 에너지를 절약하고 효율적으로 이용하며 온실가스 배출 및 환경오염의 발생을 최소화하면서 사회적 · 윤리적 책임을 다하는 경영"으로 정의했는데, 이는 2021년에 전면 개정된 〈기후위기 대응을 위한 탄소중립 · 녹색성장 기본법(약칭: 탄소중립기본법)〉에도 유지되고 있다.

---

3 Gray, R., J. Bebbington and D. Walters, Accounting for the Environment (London: Paul Chapman Publishing, 1993), p.6.

4 North, K., Environmental Business Management (Geneva: International Labor Organization, 1992), p.164.

5 이병욱(1997), 「환경경영론」, 서울, 비봉출판사, p.91.

6 국제표준화기구(ISO)는 1947년 2월에 창설된 비정부기구로 전 세계 140여 개국 국가표준기관의 연합체이며, 제네바에 사무국을 두고 있다.

Ⅱ 환경경영의 태동과 발전

기업 또는 경제활동이 환경문제를 야기하고 그것이 인간의 삶에 부정적 영향을 미치고 있음을 본격적으로 인식하기 시작한 것은 아마도 레이첼 카슨(Rachel Carson)의 《침묵의 봄(Silent Spring)》[7]이 출간된 1965년 즈음인 것으로 보인다. 그 후 1972년 스웨덴 스톡홀름에서 열린 '유엔인간환경회의(UNCHE, United Nations Conference on the Human Environment)', 그리고 같은 해 로마클럽(Club of Rome)이 발표한《성장의 한계(The Limits to Growth)》[8] 등을 통해 환경문제가 경제성장에 부정적 영향을 미칠 수 있다는 우려가 급격히 확산하였다.

1982년 유엔 총회에서는 자연 생태계 파괴 및 악화가 지나친 소비와 자연자원의 오용 때문이라는 인식 하에 24개의 자연보호 원칙을 담은 '세계자연헌장'을 채택했다. 또한 1984년에 열린 '환경경영을 위한 제1차 세계산업계회의(WICEM Ⅰ, The First World Industry Conference on Environmental Management)'에서는 5백 명이 넘는 경제인들이 참가하여 환경문제와 기업경영 문제를 논의하였다.

그 결과로 국제상업회의소(ICC, International Chamber of Commerce)는 환경경영 정보의 산업간 교류를 목적으로 '국제환경국(IEB, International Environmental Bureau)'을 설치했다. 독일에서는 1984년 환경을 고려한 기업경영 방법을 연구하기 위해 '독일환경경영학회(BAUM, Bundesdeutscher Arbeitskreis für Umweltbewusstes Management)'를 발족하였다. 1987년 유엔 '세계환경개발위원회(WCED, World Commission on Environment and Development)'는 국제관계 및 세계경제의 관점에서 환경문제를 다룬 《우리 공동의 미래(Our Common Future)》[9]라는 보고서에서 환경적 한계가 기술 및 사회 구조에서 비롯된 문제임을 지적한 바 있다.

선진국을 비롯한 국제사회가 이러한 노력을 기울이고 있는 동안에도 1984년

---

7   Carson, R., Silent Spring (Harmondsworth: Penguin Books, 1965).

8   Meadows, D. H., D. L. Meadows, J. Randers and W. Behrens, The Limits to Growth (London: Pan Books, 1972).

9   WCED, Our Common Future(Oxford: Oxford University Press, 1987). 일명 《Brundtland Report》라고 불린다.

인도의 보팔 사고[10]와 1989년 알래스카 근해의 발데즈호 사고[11] 등 대규모 환경오염 사건이 연이어 발생함으로써 산업활동에 따른 환경문제의 충격과 우려가 확산하였으며 이에 대한 산업계의 대응을 촉구하는 목소리가 높아져 왔다.

1991년 네덜란드에서 열린 '환경경영을 위한 제2차 세계산업계회의(WICEM Ⅱ)'에서는 전 세계 7백여 명의 기업가가 모여 환경문제에 대한 산업계의 역할을 심도 있게 논의했으며, 1992년 초 그 결과를 16개 항에 담아 '지속가능한 발전을 위한 ICC 기업헌장'이란 이름으로 공표했다. 이 헌장의 내용은 그 뒤 영국의 환경경영체제(EMS, environmental management system) 표준규격인 BS 7750과 환경경영에 관한 국제규격인 ISO 14000 시리즈에도 반영되었다.

이러한 산업계의 노력을 구체적으로 보여주는 결과물은 바로 '지속가능발전기업협의회(BCSD, Business Council for Sustainable Development)'[12]가 1992년 브라질 리우데자네이루에서 열린 '유엔환경개발회의(UNCED, UN Conference on Environment and Development)'[13]에 즈음하여 발간한《변화의 길(Changing Course)》[14]이다. 이 보고서에서는 지속가능발전, 환경가치, 에너지와 자본시장, 혁신과 기술, 청정생산과 친환경 제품에 이르기까지 환경을 고려한 기업경영의 방향을 다각적으로 제시하고 있다.

리우회의는 1972년 스톡홀름 회의 이래 20년간 끌어온 지구 환경문제에 대한 종합적 규범 마련에 합의했다는 데 큰 의의가 있다. 이 때 발표된 '리우선언(Rio Declaration)'과 별도의 세부 실천과제를 담은 '의제 21(Agenda 21)'은 오늘날 환경 논의의 근간이 되는 '환경적으로 건전하고 지속가능한 발전'[15]의 이념을 구체적으로

---

10 미국계 다국적 화학회사 유니언카바이드(Union Carbide)의 인도 보팔 농약 공장에서 발생한 대규모 유독성 화학물질 유출 사건이다.

11 알래스카 근해에서 미국 엑슨사의 유조선 발데즈호의 기름 유출로 발생한 대규모 해양오염 사건이다. 이 사고를 계기로 환경보호에 대한 산업계의 역할이 크게 강조되기 시작했으며, 산업계의 구체적 역할을 담은 10개 항의 '발데즈 원칙(Valdez Principles)'이 제정·공표되었다. 이 원칙은 그 후 '세리즈(CERES, Coalition of Environmentally Responsible Economies) 원칙'으로 이름이 바뀌었다.

12 BCSD는 1995년 WICE(World Industry Council for the Environment)와 통합하여 현재 세계지속가능발전기업협의회(WBCSD, World Business Council for Sustainable Development)라는 이름으로 활동하고 있다.

13 일명 '리우회의', '지구정상회의(Earth Summit)', 혹은 '리우정상회의(Rio Summit)'라고도 불린다.

14 Schmidheiny, S. with BCSD, Changing Course (Cambridge: The MIT Press, 1992).

15 ESSD(environmentally sound and sustainable development)

실천하기 위한 사회·경제 전반에 걸친 내용을 담고 있다.

2002년에 리우선언 이후 10년간의 성과를 검토하고, 21세기의 과제를 논의하는 '지속가능발전세계정상회의(WSSD: World Summit on Sustainable Development)'[16]가 남아프리카공화국 요하네스버그에서 개최되었다. 이 회의에서 선진국들은 교육, 에너지, 아프리카 개발 등을 위한 지원을 천명하면서 개발도상국의 관리 시스템 개선을 강조했으며, 개도국은 공적개발원조(ODA) 확대와 '공동의 그러나 차별화된 책임(common but differentiated responsibility)'을 강하게 주장했다.

2012년에는 리우회의 20주년을 계기로 '유엔지속가능발전회의(UNCSD: UN Conference on Sustainable Development)'가 20년 전과 같은 장소인 브라질 리우에서 개최되었다. 일명 Rio+20라고 불리는 이 회의에서는 Rio+10 회의의 주요 성과와 과제를 평가하는 한편, 녹색경제(green economy)와 지속가능발전 목표를 중심으로 하는 새로운 세계질서의 방향을 담은 결의문 'The Future We Want'를 채택하였다.

이와 같은 선진국 및 국제기구·단체들의 노력과 함께 학계 차원에서도 별도의 논의가 전개되었는데, 1992년부터 매년 대규모 국제 학술대회를 개최해 온 GIN(the Greening of Industry Network)이 바로 그 중심에 있었다. 환경경영의 개념과 이론을 정립하고 실천사례를 발굴하여 그 결과를 공유하기 위해 유럽과 북미 지역 학자들이 중심이 되어 시작한 학술단체이다. 매년 유럽과 북미지역을 오가면서 'International Research Conference of the Greening of Industry Network'라는 이름으로 개최한 이 학술행사는 수백 명의 학자들이 머리를 맞대고 환경경영을 논의하는 포럼이었다. 그로부터 약 20년 동안 이 행사가 지속되었으며 참여 범위도 전 세계로 확대되었고 여기서 논의된 결과가 오늘날 전 세계 환경경영 연구·교육 및 기업 경영전략 수립에 다각도로 활용되고 있다.

16　Rio+10으로 불리기도 한다.

Ⅲ 환경성과 경제성의 조화

환경경영이 지향하는 바가 기업의 경제적 이익과 환경적 지속가능성을 동시에 추구하는 것이라는 데는 별 이견이 없을 것이다. 하지만 현실은 그다지 간단하지 않다. 실제로 기업의 외부여건이 이 두 가지 목표를 동시에 추구하기에 적절하지 않을 가능성이 더 크다. 이는 경제학자들이 지적하고 있듯이 공공재(public goods)의 특성을 지니고 있는 환경재를 단순히 시장 기능만으로는 조절하기 어려운 외부성(externality)이 작용하고 있기 때문이다. 환경파괴를 막기 위해서는 어쩔 수 없이 정부가 개입하여 환경규제를 강화하거나 조세나 보조금과 같은 경제적 수단을 도입하여 시장기능을 보완하고 있는 것이다.

하지만 최근 들어 시장의 분위기가 크게 변화하고 있다. 기업경영에 영향을 미치는 주요 이해관계자들의 환경에 대한 인식이나 요구가 바뀌고 있기 때문이다. 가장 핵심적인 변화는 소위 MZ세대로 불리는 젊은 소비자들과 기업의 돈줄을 쥐고 있는 금융권에서 비롯되고 있다. 전 세계로 확산한 바 있는 코로나 바이러스 시대기 인간이 야기한 자연환경 파괴에서 비롯되었을지도 모른다는 위기감과 함께 기후변화를 비롯한 자연생태계의 신음소리에 대해 젊은 층들이 민감하게 반응하고 있으며, 금융권에서도 국제사회의 목소리에 동참하여 적극 관심을 표명하기 시작했다. 이러한 변화가 바로 최근 확산하고 있는 ESG 경영의 배경이기도 하다. 단순히 경제적 잣대만으로 소비나 투자를 결정하는 것이 아니라 사회적 가치를 함께 고려하는 시대로 접어들고 있는 것이다.

이 가운데 환경에 대한 기업의 대응방안을 고심하고 연구하는 것이 바로 환경경영의 영역이며, 답은 의외로 간단할 수 있다. 시장여건의 변화를 선제적으로 파악하여 능동적으로 대응하면 될 일이다. 하지만 실제 기업의 현실은 그렇게 단순하지 않다. 지금까지 환경문제에 가급적 소극적으로 대응하고 법규가 강화되면 마지못해 최소한의 수동적 조치를 취해 온 것이 대다수 기업들의 관행이다 보니 갑자기 새로운 방식으로 접근하는 일이 왠지 낯설고 손해 보는 느낌이 들 수 있다. 더구나 최고경영자의 생각이 그렇다면 변화의 첫걸음이 그리 쉽지 않을 것이다.

　　이처럼 기존의 전통적 경영 패러다임이 지배하는 기업경영 여건 하에서는 환경경영이 지향하는 목표를 달성하기에 많은 제약이 따를 수밖에 없다. 하지만 이제는 기업의 환경적 우수성이 기업 경쟁력에 긍정적 영향을 미치며, 환경 이슈가 새로운 사업기회일 수도 있다는 분위기가 점차 확산하고 있다. 환경경영이 추구하고 있듯이 경제성과 환경성의 조화를 통한 기업 발전이 가능한 여건이 조성되고 있는 것이다. 그 가능성을 전제로 기업이 환경경영을 전략적으로 접근하기 위해서는 우선 환경에 대한 기본적인 이해와 입장 정리가 필요하며, 이를 구체적으로 실행에 옮길 전략적 방향과 수단을 마련해야 한다. 다음 그림은 이 두 가지를 종합적으로 연계하여 설명하고 있다.

그림 10-1　경제성과 환경성의 조화

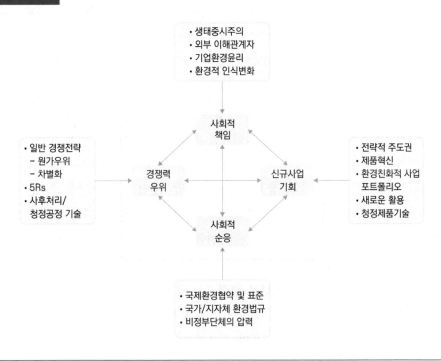

출처: Lee, Byung-Wook and Ken Green, 1994, "Towards Commercial and Environmental Excellence: A Green Portfolio Matrix," Business Strategy and the Environment, 3(3): 4.

그림의 세로축에서 보듯이 환경에 대한 기업의 입장은 외부 여건에 대한 '순응 (compliance)'에 그치는 수준과 다양한 외적 상황에 능동적으로 대응하여 '사회적 책임'을 다하려는 수준으로 대별할 수 있다. 전자는 각종 국제 환경협약과 표준, 국가 및 지방자치단체의 환경관련 법규, 환경단체 등의 요구에 수동적으로 대응함으로써, 기업 활동에 필요한 최소한의 환경관리 수준을 유지하려는 경우이다. 불과 몇 년 전만해도 이러한 입장을 유지하는 기업이 많았고 특별히 문제될 게 없었다. 하지만 이제는 상황이 다르다. 점차 강화되고 있는 국내외 환경 규제도 문제지만 소비자를 비롯한 주요 이해관계자들의 눈초리가 매섭고 예리하다. 환경문제에 소극적으로 대응하는 기업에게는 가차 없는 공격이 가해지고 있다. 이에 기업은 자연환경을 중시하는 인식을 바탕으로 다양한 이해관계자들의 요구에 맞추어 사회적 책임을 다하는 방향으로의 전략적 전환이 불가피하다.

환경에 대해 사회적 책임을 다하겠다는 입장을 정립한 기업의 다음 과제는 구체적인 실행방안 마련이다. 그 대안으로는 그림의 가로축에서 보듯이 '경쟁력 우위'와 '신규 사업기회'라는 두 가지 큰 방향을 생각해 볼 수 있다. 기존 사업에 최대한의 환경성 제고를 도모하여 경쟁력을 제고 하거나, 친환경성이 두드러지는 새로운 사업기회를 발굴하는 것이다. 기존 사업의 환경 경쟁력을 높이기 위해서는 일반 경쟁전략의 핵심인 원가와 품질의 차별화를 환경성과 연계해야 한다. 수리(repair), 조건 변경(reconditioning), 재이용(re-use), 재활용(recycling), 재제조(remanufacturing) 등 소위 '5Rs'와 사후처리 및 청정공정 기술의 개발·활용 등을 고려할 수 있다.

한편 보다 적극적으로 환경적 우수성을 지닌 신규사업 기회를 창출하기 위해서는 전략적 주도권(strategic initiative), 친환경 제품혁신, 새로운 활용방법(new applications) 모색, 청정제품 기술개발 등을 통해 사업의 환경성을 획기적으로 제고해 나가야 한다. 이처럼 경영전략 관점에서 경제성과 환경성의 조화를 추구하기 위해서는 기본적으로 사회적 책임 차원의 환경적 입장을 견지하면서, 환경성을 고려한 경제적 수단으로 기존 사업의 경쟁력 제고 또는 친환경 신사업 발굴에 나서야 한다. 이러한 전략적 접근이 환경경영의 핵심이며 이는 최고경영자를 비롯한 기업의 주요 구성원들이 미래지향적 환경마인드를 가지고 혁신적 노력을 기울여야 가능한 일이다.

IV 환경경영의 논리적 배경

앞에서 환경경영이 경제성과 환경성의 조화를 추구하며 이를 위해 사회적 책임 차원의 환경적 포지션을 바탕으로 경쟁우위 또는 신규사업 기회라는 전략적 방향 설정이 필요하다고 설명한 바 있다. 이에 더해서 시장에서 영리를 추구하는 기업이 환경문제에 접근하기 위해서는 다음 다섯 가지의 논리적 배경에 대한 이해와 실천이 필요하다. 즉 이해관계자(stakeholders), 오염자부담 원칙(polluter pays principle), 전과정 책임, 시장경제적 접근, 환경·경제 효율성(eco-efficiency) 등이 그것이다.

환경경영 실행을 위해서는 우선 이해관계자의 범위 재정립이 중요하다. 기존의 기업경영에서는 기업 활동과 직접 관련이 있는 주주·종업원·고객·거래업체·금융기관 등에 초점을 두지만, 환경경영에서는 이해관계자 범위를 이보다 확대할 필요가 있다. 전통적 이해관계자가 주로 경제적 수익에 관심을 가지는 재무적 이해관계자(financial stakeholder) 중심이라면, 환경경영에서는 일반대중, 지역사회, 환경단체, 언론, 학계 등 자연환경의 지속가능성에 관심을 가지는 환경적 이해관계자(environmental stakeholder)까지 폭넓게 고려해야 한다. 궁극적으로는 기업 활동으로 인한 환경적 부담을 감내해야 하는 '자연생태계'와 '미래세대'도 포함시켜야 한다.

'오염자부담 원칙'이란 제품이나 서비스로부터 야기되는 모든 환경비용을 오염자(공급자)가 부담해야 한다는 것이다. 하지만 실제로는 제품이나 서비스의 공급자가 환경비용을 가격에 포함시킴으로써 그 의미가 다소 변질될 수 있다. 그러나 시장경제 체제 하에서 구매에 대한 최종 의사결정은 소비자의 몫이므로, 기업이 환경비용을 가격에 포함시키는 행위를 크게 문제 삼을 수는 없을 것이다. 따라서 이 원칙에 대한 논의의 초점은 누가 환경비용을 지불할 것이냐가 아니라 오히려 비용과 수익의 대응원칙에 입각한 환경비용의 '내부화'를 적절히 실현할 수 있는 방법에 모아져야 할 것이다.

1970년대 초 OECD 회원국들의 합의를 거쳐 처음으로 공표된 이 원칙의 첫 번째 항을 인용하면 다음과 같다.[17] "일반적으로 환경자원은 유한하며, 생산 및 소

17　OECD, The Polluter Pays Principle (Paris, 1975)

비활동에 사용됨으로써 파괴될 수 있다. 이러한 파괴비용이 가격에 적절히 포함되지 않는다면 그 시장은 사용자원의 국가적, 국제적 희소성을 제대로 반영하지 못하게 된다. 따라서 환경자원의 양이나 질에 따라 그 자원의 희소성을 보다 엄밀히 가격에 반영하여 관련 경제주체들이 이를 수용토록 함으로써, 오염의 감축과 자원의 효율적 배분을 유도할 수 있는 정책 수단이 필요하다."

다음으로 환경경영에서는 기업 활동과 연계되어 있는 전체 과정의 환경측면을 종합적으로 분석하고 개선해 나가야한다는 '전과정 책임'이 전제되어야 한다. 단계별로 차이는 있겠지만 기업의 생산 활동은 대체로 천연자원을 사용하여 제품을 만드는 과정이며, 생산된 제품은 소비자가 사용하고 난 뒤 폐기물 형태로 자연에 되돌아온다. 이 과정에서 창출되는 부가가치나 효용가치는 우리 생활에 필수적인 요소임이 분명하지만, 환경적 관점에서 이를 단순화해 보면 생산과 소비 활동은 결국 천연자원을 폐기물로 변환시키는 과정이라는 해석도 가능하다.

따라서 기업이 환경파괴 활동을 줄이고 자원의 순환구조(closed-loop)를 복원시키기 위해서는 그 책임 범위를 생산현장에 국한하지 않고 전과정으로 확대해야 한다. '요람에서 무덤까지(cradle to grave)'로 일컬어지는 원료 조달에서부터 생산·판매·사용·폐기에 이르는 전과정을 대상으로 환경성을 제고해나가야 한다. 이를 뒷받침하기 위해 주로 활용되는 기법이 바로 전과정평가(LCA, life cycle assessment)이다. 이것은 기업 활동에 소요되는 자원이나 환경영향을 종합적으로 평가함으로써 환경적으로 건전한 의사결정을 유도하는 분석기법이다. LCA 분석결과는 기업 경영자의 친환경 의사결정을 지원할 뿐 아니라 정부와 소비자, 환경단체가 특정 기업의 제품이나 활동에 대한 환경성을 판단하는 근거로도 널리 활용되고 있다.

환경문제의 심각성이 부각되면서 환경론자들을 중심으로 환경보호는 절대선(絕對善)이라는 입장에서 기업의 환경문제를 지적하는 경우가 늘어나고 있다. 하지만 기업경영은 냉혹한 현실이다. 환경의 중요성이 아무리 강조된다 하더라도 기업 활동을 자본주의 사회의 근간이라 할 수 있는 시장경제 원리를 초월한 새로운 경제질서를 전제로 영위하기는 어려운 일이다. 오히려 시장경제 원리에서 적용되는 게임의 법칙이 환경측면을 중요한 요소로 고려하는 새로운 경쟁 규범으로 바뀌고 있다고 보는 것이 타당할 것이다. 따라서 환경경영이 지향하는 접근방법이나 실천수단은 새롭게 정립되어가는 게임의 법칙이 지배하는 시장경제 원리에 입각한 것이어야 한다.

그렇다면 새로운 게임의 법칙이라 할 수 있는 경쟁규범은 어떻게 형성되어 가고 있는가? 우선 여러 국가들이 명령과 통제에 기반을 둔 일방적이고 경직된 규제 위주의 전통적 환경정책에만 의존하지 않고 상당 부분을 시장경제적 수단으로 대체하고 있다는 점에 주목할 필요가 있다. 각종 국제 환경협약 및 표준도 시장경제적 유인책을 도입하고 있다. 기후변화협약의 대표적 이행수단인 배출권거래제를 비롯하여 무역과 환경의 연계에서 활용되는 각종 환경 부과금, 환경세, 국경세 조정 등은 물론 최근 공급망에서 기업 간 거래의 압박 수단으로 활용되고 있는 ESG 경영도 시장경제 원리에 입각한 환경경영 촉진책으로 볼 수 있다. 녹색소비자의 증가도 중요한 외부 여건 변화의 하나다. 아직까지 제품이나 서비스의 환경성이 품질이나 가격과 같은 기존의 경쟁요소보다 우선적으로 고려되고 있다고 보기는 어렵지만 최근 환경에 민감한 젊은 층들의 녹색소비에 대한 관심이 늘어남에 따라 제품이나 서비스의 환경성을 품질이나 가격 못지않게 중요시하고 있다. 이러한 외부여건 변화를 감안할 때 단순히 사회·윤리적 책임 차원보다 시장경제 원리에 입각한 경쟁력 제고의 길이 곧 환경경영의 방향이라 할 수 있다.

앞에서 언급한 네 가지 경영여건에 더하여 환경경영이 지향해야 할 개념은 환경·경제 효율성(eco – efficiency)이다. 여기서 'eco'는 환경(ecology)과 경제(economy)의 두 가지 의미를 동시에 가지는 것으로, 기업이 환경성을 개선하면서 더 많은 가치를 창출하기 위해 재무적 성과와 환경적 성과를 연계시키는 경영전략을 의미한다. 이 개념은 생산방식이나 투자를 결정할 때 단순히 경제적 효율성만 고려할 것이 아니라 천연자원 사용 및 환경 부하 감소와 같은 환경적 부담도 함께 챙기라는 것이다. 환경·경제 효율성은 많은 물질을 에너지와 폐기물로 변환시키는데 주력하기보다는 더 많은 서비스와 기능, 가치를 제공함으로써 기업이 양적으로보다 질적으로 성장하는 데 도움을 줄 수 있는 길이다. 특히 오늘날 환경문제가 환경파괴에 국한하지 않고 천연자원의 고갈 문제도 함께 고민해야 한다는 점에서 환경·경제 효율성 제고를 위한 기술적 대안 마련이 곧 환경경영의 핵심과제라 할 수 있다.

V 환경경영 전략

환경경영에 대한 기본적인 이해를 바탕으로 구체적인 실행에 옮기기 위해서는 전략적 검토가 선행되어야 한다. 일반적인 경영전략과 마찬가지로 환경경영 전략이 필요한 것이다. 경영전략이 기업이윤 극대화에 초점을 맞춰 경제적 수익성 제고 목적으로 수립된다면, 환경경영 전략은 기업의 환경성과 제고와 경제적 수익성을 함께 고려하여 수립하게 된다. 하지만 경영전략 이행과정에서 행해지는 대부분의 활동이 환경에 영향을 미치게 되므로, 환경경영 전략을 성공적으로 수행하기 위해서는 전략 수립단계에서부터 환경성과 경제성을 동시에 고려하는 접근방식이 필요하다.

전략적 환경경영은 환경성과 개선을 기업의 이윤증대로 연결시키는 것이 핵심이며, 이는 환경개선을 통한 기업의 전략적 경쟁우위 확보로 가능하다. 실제로 환경경영은 다양한 방식으로 기업에 전략적 경쟁우위를 가져다줄 수 있다. 환경경영에 의한 원가절감과 제품차별화는 시장경쟁력을 높이는 핵심 수단이다. 생산공정에서 에너지를 적게 사용함으로써 생산비용을 절감하고 지구온난화 방지에도 기여할 수 있다. 환경문제가 적은 제품개발로 친환경 소비를 늘리거나 강화되는 환경규제에 선제적으로 대응할 수도 있을 것이다.

환경경영 전략에는 친환경 기업문화 조성에서부터 환경인식 제고를 위한 임직원 교육, 환경경영체제 구축, 친환경 제품 및 청정생산 도입, 그린 마케팅과 친환경 기업이미지 구축, 이해관계자와의 적극적 소통 등 다양한 수단들이 검토될 수 있다. 이를 종합해 보면 기업경영의 환경적 위험요인을 사전에 제거하고 기업 가치를 제고해나가기 위해서는 환경위험 회피, 그리고 원가절감과 차별화 등 세 가지 방향으로 접근이 가능하다.

기업이 환경경영 전략을 수립하는 목적이 무엇이냐에 따라 다양한 전략적 대안을 선택할 수 있겠지만 대다수의 기업이 환경사고 대응을 환경경영의 일차적 목표로 삼게 된다. 환경위험 관리의 목적은 기업이 경영활동 시 감당해야 할 환경위험을 합리적으로 측정·평가하고 적정한 수준으로 관리·통제함으로써 경영의 안정성을 확보하고 환경피해를 최소화하는 데 있다. 환경사고는 자연환경에 미치는 영향뿐만 아니라 기업 이미지에도 치명적일 수 있으며, 한번 손상된 기업 이미지를 복구하는 데는 장기간에 걸쳐 상당한 노력이 필요하게 된다. 따라서 환경사고를 미연에 방지하고 사고발생 시 적절히 대응하기 위해서는 환경사고 가능성에 대한 객관적이고 상세한 평가에 근거를 둔 전략적 접근이 필요하다.

다음은 원가절감 전략이다. 원재료나 에너지 가격상승, 폐기물 처리비용 등이 기업경영에 부담을 줄 경우 환경개선을 수반하는 비용절감에 전략적 우선순위를 두어야 한다. 원가절감을 위해서는 우선 제품생산에 투입되는 원료나 에너지를 효율적으로 관리할 필요가 있다. 친환경 에너지 사용, 효율적 공정 및 시스템 도입, 친환경 원재료 대체, 폐기물 처리비용 절감 등이 고려 대상이다. 다음으로 생산 공정에서 발생하는 폐기물이나 부산물을 재이용하는 방법도 살펴보아야 한다. 폐기물이나 폐열(廢熱)의 재이용 또는 재활용으로 최종 폐기물의 양을 줄이거나 원재료 및 에너지 사용량 감축으로 원가절감이 가능하다. 전후방 협력업체를 대상으로 하는 친환경공급망관리(SCEM, supply chain environmental management)도 중요하다. 협력업체의 환경성과 개선으로 제조원가를 절감하거나 친환경 유통시스템 구축으로 환경성 제고와 비용절감을 동시에 도모할 수 있다.

원가절감 전략이 투입비용을 줄이는 데 목적을 둔다면 차별화 전략은 기업의 생산품에 변화를 주어 수익을 늘리는 데 그 목적이 있다. 차별화 전략은 시장에 반영되는 제품의 환경측면을 직접적인 대상으로 한다. 시장에 나와 있는 기존 제품이 환경에 유해한 영향을 미칠 경우, 환경문제를 유발하지 않거나 환경피해가 적은 제품을 개발하여 공급하면 소비자들의 적극적인 구매를 유도할 수 있고 친환경 이미지 제고도 가능하다. 또한 신규 환경규제가 도입될 경우 새로 창출되는 시장을 선점하는 것도 가능하다. 시장에서 환경문제를 기회로 삼고자 할 때 차별화 전략이 필요하며, 이를 성공적으로 수행하는 기업은 다른 경쟁사에 앞서 시장 흐름을 주도해 나갈 수 있을 것이다.

VI 우리나라 환경경영 정책

우리나라가 도입한 최초의 환경경영 관련 정책은 1992년 6월에 시행된 '환경마크' 제도라 할 수 있지만, 정부가 법적 근거를 마련하여 환경경영을 본격적으로 정책의 대상으로 다루기 시작한 것은 1995년 전후라 할 수 있다. 환경부는 1994년 12월 제정된 〈환경기술 및 환경산업 지원법(약칭 환경기술산업법)〉[18]을 근거로 환경기술을 매개로 한 환경경영 관련 정책을 도입하기 시작하였다. 1996년부터 시행된 녹색기업[19] 지정제도를 필두로 규제위주의 전통적 정책수단에서 벗어나 시장경제적 유인책 도입을 확대해 나가기 시작했다.

또한 거의 비슷한 시기에 산업정책을 총괄하는 산업통상자원부에서도 산업환경 정책 담당조직인 산업환경과를 신설하고, 1995년 말 〈환경친화적 산업구조로의 전환 촉진에 관한 법률(약칭 친환경산업법)〉을 제정하였다. 동 법을 근거로 산하기관인 한국생산기술원에 국가청정생산지원센터(KNCPC, Korea National Cleaner Production Center)를 설치하여 본격적인 환경경영 관련 정책 및 프로그램을 만들어 시행히기 시작했다. 아울러 산하 조직인 국가기술표준원(전 국립기술품질원)에서 환경경영 관련 국제표준규격인 ISO 14000 시리즈 관련 업무도 다루게 되었다.

이로부터 환경부와 산업통상자원부는 상호보완적으로 때로는 경쟁적으로 환경경영 관련 시책을 확대 시행해 왔다. 부처 특성에 맞게 환경부는 규제와 지원이 양립하는 제도적 기반 구축과 시행에 주력해 왔으며, 산업통상자원부는 '친환경 공급망관리 정책' 등 기업에게 직접적인 도움을 주는 지원 프로그램 중심으로 정책을 도입하여 시행해 왔다. 이외에도 양 부처는 환경경영체제, 전과정평가(LCA), 친환경 설계, 청정생산, 녹색구매, 환경회계 및 보고 등 환경경영 관련 기법 개발 및 보급을 위해서도 다각적으로 노력해 왔다.

2008년 8월 15일 광복절 행사에서 대통령이 공표한 범국가 차원의 '저탄소 녹색성장(Low Carbon Green Growth)' 정책은 환경경영 관련 정책 전반에 많은 변화를

[18] 당초 〈환경기술 개발 및 지원에 관한 법률〉이 제정되었으나, 2011년에 현재의 명칭으로 개정하여 오늘에 이르고 있음.

[19] 처음에는 환경친화기업이란 명칭으로 시작하였음.

가져왔다. 수개월 동안의 준비기간을 거쳐 2009년 7월 '녹색성장 국가전략' 마련
및 '녹색성장위원회' 출범, 2010년 4월 〈녹색성장법〉 제정 등으로 거의 모든 정부
부처가 녹색관련 정책을 마련하였고, 그 범위가 국제사회에까지 확산하는 등 가
히 '녹색바람'이라 할 만큼 광폭의 분위기가 형성되었다.

그러나 그 열기는 다음 정부가 들어서면서 차갑게 식어 버렸고, 그동안 추진되
었던 녹색성장 정책에 대한 평가도 긍정과 부정이 공존하고 있다. 긍정적 성과로
는 녹색성장의 국가발전 의제화, 녹색기술 개발을 통한 성장 동력 기반 구축, 녹
색성장의 글로벌 의제화 및 국제기구 설립·유치 등을 들 수 있다. 부정적 면은
선택과 집중을 통한 실질적 성과창출 미흡, 정부주도 및 공급중심 정책 추진, 이
해관계자 소통 및 사회적 형평성에 대한 고려 부족 등을 꼽을 수 있다.

우리 정부가 1994년부터 약 30년 동안 기업의 환경경영 도입 및 확산을 위해
도입·시행해 온 정책적 시도는 꽤 다양하다. 하지만 여기서는 이 가운데 대표적
제도라 할 수 있는 녹색기업 지정, 환경경영체제(ISO 14001) 인증, 친환경 공급망
관리, 환경라벨링, 녹색제품 구매, 에코디자인, 녹색인증 등 7가지를 중심으로 살
펴보고자 한다. 이외에도 환경부가 환경경영 확산을 위해 2009년부터 추진해 온
비제조업 분야(건설, 보건·의료, 공공행정, 교육, 숙박 등) 친환경경영 확산사업을 비롯
하여 신기술 인증 및 기술검증 제도, 녹색금융 기반 구축 사업, 그린카드 제도 등
이 있다. 또한 산업통상자원부의 청정생산 지원 시책을 비롯하여 도시광산 및 재
제조산업 육성, 생태산업단지 구축, 각종 종합정보망 구축(국제 환경규제, 녹색제품,
물질정보) 등 다양한 사업이 있다.

1 녹색기업 지정제도

환경부가 1995년 환경친화기업 지정으로 출발한 이 제도는 1988년에 도입된
〈환경관리 모범업소 지정제도〉에 그 뿌리를 두고 있다고 볼 수 있지만, 당시 국제
적 논의를 거쳐 제정이 마무리 단계에 있었던 환경경영체제에 관한 국제규격(ISO
14001)과 무관하지 않다. ISO 14001이 국제규격이긴 하지만 환경경영체제 구축 여

부에 초점을 둔 민간 차원의 인증제도라는 점에서 기업의 실질적인 환경성과를 보장하기 어렵다고 판단한 환경부가 보다 구체적으로 기업의 환경개선 효과를 도모하고자 본 제도를 시행하게 된 것이다. 2010년 〈녹색성장법〉 시행과 함께 '환경친화기업'이란 명칭이 지금의 '녹색기업'으로 변경되었다.

환경부는 이 제도의 목적을 "기존의 규제 중심적 환경정책에서 벗어나 기업 스스로가 환경성을 평가하고 개선계획을 실행토록 하여 사업장의 자율적 환경관리체제를 구축하기 위한 것"으로 규정하고 있다. 이에 본 제도를 통해 제품설계로부터 원료조달, 생산공정, 사후관리 등 경영 활동 전반에 걸쳐 공정개선, 관리개선, 방지시설 운영 최적화 등을 유도하고, 환경친화기업으로 지정된 기업에 대해서는 원칙적으로 정기 지도·점검을 면제해 주고 배출시설 설치허가를 신고로 대체하는 등의 혜택을 부여해 왔다.

2 환경경영체제(ISO 14001) 인증

국제사회의 요청에 따라 국제표준화기구(ISO)는 1991년 환경경영 국제표준의 필요성을 검토할 자문그룹(SAGE, Strategic Advisory Group on Environment)을 발족했다. SAGE는 이듬해인 1992년 3가지 원칙[20]을 토대로 환경경영에 관한 국제표준을 제정할 것을 ISO에 건의하게 된다. 곧이어 1993년 환경경영에 관한 국제표준화 업무를 담당할 기술위원회(TC 207, Technical Committee)를 설치하고 환경경영 규격 제정에 착수했다. 1993년 캐나다 토론토에서 개최된 제1차 ISO/TC 207 총회를 시작으로 수차례에 걸친 회의와 논의를 거쳐 1996년 9월 환경경영체제 국제표준 규격인 ISO 14001이 제정되었으며, 같은 해 10월에는 환경심사 규격인 ISO 14010 시리즈가 연이어 제정·공표되었다.

우리나라에서도 1996년 12월 국가기술표준원에서 ISO 14001과 동일규격인 KS A 14001을 제정했으며, 〈친환경산업법〉 시행령 및 시행규칙과 운영요령 등을 제정·고시하여 ISO 14001 규격에 따른 인증 제도를 법적으로 뒷받침하고 있다.

---

20 ⓐ 환경경영의 통일된 접근방법 개발 및 보급, ⓑ 환경성과 개선을 달성하고 측정할 수 있는 조직의 능력 배양, ⓒ 환경을 빌미로 한 무역장벽 철폐와 국제교역 추진.

초기에는 민간 주도인 ISO 14001 인증 제도의 특성을 감안하여 민간 주도로 설립한 (사)한국품질환경인증협회(KCA)에서 관련 업무를 담당하다가, 몇 차례 변화를 거친 뒤 2013년부터 현재의 (재)한국인정지원센터(KAB: Korea Accreditation Board)[21]가 위탁받은 인정 업무를 시행하고 있다.

3 친환경 공급망관리

산업통상자원부는 환경경영 기법의 개발 및 보급을 통해 공급망 환경관리 체제를 구축하고자 '공급망 환경관리(SCEM)' 제도를 도입했다. 〈친환경산업법〉에 근거하여 국내 기업들에게 환경경영과 청정생산을 확산하기 위한 사업의 일환으로 국가청정생산지원센터에서 이 사업을 주관해 왔다. 2003년부터 청정생산기술사업의 일환으로 우선 대기업의 공급망 관리체제를 활용한 SCEM 사업을 시작하였는데, 이는 대기업의 주도적 역할을 통해 국내 중소기업이 청정생산 및 환경경영 능력을 배양하여 국제 환경규제에 효과적으로 대응할 수 있도록 하려는 취지가 담겨 있었다.

2005년을 기준으로 전자, 자동차, 석유화학, 철강, 제지, 식품 등 6개 업종 8개 업체(산업단체 포함)에서 SCEM 사업이 진행되었다. 2008년 이후에는 정부의 녹색성장 5개년 계획에 따라 기후변화협약 대응지원 사업 등을 추진하였으며, 2003년부터 2013년까지 17개 업종, 35개 모기업, 1487개 중소협력사가 이 사업에 참여하였다. 그 동안 공급망 환경관리와 관련하여 진행된 주요 사업은 다음과 같다.

① 그린파트너십 사업(2003): 모기업의 공급망을 활용한 중소협력사의 제품 환경규제대응 체계 구축 지원
② 녹색성장 5개년 계획(2008): 산업의 녹색화 및 녹색산업 육성정책 추진에 따라 대·중소 그린파트너십 확대 추진
③ 기후변화협약 대응지원 사업(2008): 협력사의 탄소경영체제 구축, 제품 전 과정 온실가스 배출량 감축 활동을 지원하는 '탄소파트너십'으로 확대
④ 저탄소 녹색성장기본법(2010): 대기업과 중소기업의 공동사업 우선 지원 및

21 1995년 (사)한국품질환경인증협회(KCA)로 출범, 1999년 한국품질환경인정협회(KAB), 2001년 한국인정원으로 개명, 2013년 (재)한국인정지원센터로 오늘에 이름.

311

대기업의 중소기업에 대한 기술지도, 기술이전 등 지원 명시

⑤ 친환경산업법(2011): 기업의 녹색경영 파트너십 확산 및 해외 진출 국내기업의 녹색경영 지원을 위해 녹색제품파트너십, 글로벌그린파트너십 사업 추진

4 환경라벨링 제도

환경라벨링 제도는 제품의 환경성 정보를 제품에 표시함으로써 소비자의 친환경 소비를 촉진함과 동시에 기업에게 친환경 제품의 생산·공급을 확대해 나가도록 유도해 나가려는 제도이다. 국제표준화기구 ISO에서는 환경라벨링을 제3자 인증 여부와 환경라벨 부여 기준에 따라 세 가지 유형으로 분류하고 있다. 우리나라도 이 세 가지 유형의 환경라벨링을 모두 도입하여 시행하고 있으며, 각 유형의 환경라벨링과 국내 관련 제도를 비교해 보면 다음 〈표 10−1〉과 같다.

표 10−1 환경라벨링 분류

구 분	타입 I 환경라벨링	타입 II 환경라벨링	타입 III 환경라벨링
ISO 규격	ISO 14024	ISO 14021	ISO 14025
일반명칭	환경표지	환경성 자기주장	환경성적표지
인증기관	한국환경산업기술원	기업자체 인증	한국환경산업기술원
표시방법	로고/간단한 설명	문구/심벌	로고/환경성적
특기사항	제품 전과정에 걸친 환경성 우수제품 선별·인증	기업의 기만적 환경성 주장은 공정거래 차원에서 규제	제품 전과정에 걸친 정량적 환경정보 표시, 탄소성적표시제도로 확대

출처: 한국환경산업기술원(2017), 《환경성적표지 인증안내서》, p.5.

우리나라의 환경표지제도(타입 I)는 1992년 6월 시행된 〈환경표지인증에 관한 업무규정〉에 의거하여 시작되었으며, 1994년 12월 〈환경기술산업법〉에 그 법적 근거를 두고 있다. 이는 제품의 전 과정을 고려하여 자원 및 에너지 절약, 환경오염 예방, 인체 유해성 저감 등에 대한 환경기준과 품질기준을 설정하고 이 기준에 적합한 제품에 대해 제3의 기관이 환경표지(일명 환경마크) 사용을 인증하는 제도이다.

'자기선언 라벨'이라고도 불리는 타입 II 환경라벨링은 제3자 인증과 상관없이 기업 스스로 선언하는 것으로, 환경성에 대한 자기주장 및 환경광고가 이 범주에 해당한다. 하지만 '환경친화적', '무공해', '그린' 등 포괄적인 용어의 무분별한 사용으로 소비자의 혼란을 일으키는 행위는 허용하지 않고 있다. '정보 제공 라벨'이라고도 불리는 타입 III 환경라벨링은 제품의 전과정에서 발생하는 환경 영향 정보를 '정량화된 제품 정보(QPI, quantified product information)' 형태로 소비자에게 제시하는 것이다. 이때 제품 정보의 항목과 기준은 자격을 갖춘 제3자에 의해서 미리 결정되며, 제품 정보 역시 제3자로부터 검증을 받는다.

한편 정부의 저탄소녹색성장 정책에 부응하여 2009년 2월부터 또 하나의 타입 III 환경라벨링인 '탄소성적표지(탄소라벨링)' 제도를 도입·시행하고 있다. 이 제도는 제품과 서비스의 전 과정에서 발생하는 온실가스 배출량을 이산화탄소 배출량으로 환산하여 공개하는 것으로서, 전 세계가 동일한 방법론에 기초하여 제품의 온실가스 배출량을 산출하고자 2013년에 제정된 국제표준 'ISO/TS 14067(Carbon footprint of products)'에 의거하여 시행하고 있다. 나아가 2014년 9월 탄소중립제품[22] 인증을 도입함으로써 탄소배출량 인증(1단계), 저탄소제품 인증(2단계), 탄소중립제품 인증(3단계) 등 3단계에 걸친 탄소라벨링 인증의 제도적 체계를 갖추었다.

환경부가 주관하는 환경라벨링 제도 외에도 산업통상자원부가 시행하고 있는 'GR(good recycled) 마크'가 있다. 품질이 우수한 재활용품에 부여되는 마크로서 자원 재활용에 대한 인식을 확산시키기 위해 1997년 5월 산업통상자원부 산하기관인 국가기술표준원이 도입한 제도이다. GR마크는 기존 기술의 개량이나 개선, 신기술 개발을 통해 품질이 향상된 재활용 제품에 부착한다.

5 녹색제품 구매제도

2017년에 개정된 〈녹색성장법〉에서는 녹색제품을 "에너지·자원의 투입과 온실가스 및 오염물질의 발생을 최소화 하는 제품"으로 정의하고 있는데, 이는 "동일

---

[22] 탄소배출량 인증을 받은 제품 가운데 배출량이 동종 제품군 평균배출량보다 낮거나 국가 온실가스 감축목표보다 높은 감축률을 달성한 것으로 인증된 제품.

용도의 다른 제품 또는 서비스에 비하여 자원 절약에 기여하고 환경오염을 줄일 수 있는 제품"이라는 기존의 정의를 수정한 것이다. 국제적으로 점차 고조되고 있는 기후변화 대응 노력의 일환으로 온실가스 감축이 중요한 과제가 되자 이를 녹색제품의 범위에 포함시킨 것이다. 구체적으로는 〈환경기술산업법〉에 의거한 환경표지 인증제품 및 동 인증기준과 〈자원의 절약과 재활용 촉진에 관한 법률〉 및 〈산업기술혁신촉진법〉에 따라 산업통상자원부 장관이 정하여 고시하는 GR마크 인증제품 및 동 인증기준에 적합한 제품을 의미한다.

환경부는 1994년부터 녹색제품 보급 확산을 위해 공공기관을 대상으로 환경표지 인증제품 및 재활용 제품에 대한 우선 구매를 추진해 왔다. 하지만 의무적이 아닌 권고 형식의 제도로서는 녹색구매를 확산하는 데 한계가 있었다. 이에 기존의 한계를 극복하고 녹색제품 보급을 활성화하기 위해 〈녹색제품 구매촉진에 관한 법률〉을 제정하여 2005년부터 시행해 왔다. 이 법률은 환경표지 및 GR마크 인증제품을 녹색제품으로 정하고, 공공기관에서 구매하고자 하는 품목에 녹색제품이 있을 경우 이를 의무적으로 구매하도록 규정하고 있다. 나아가 민간부문의 녹색구매 확산을 위해 산업계와 '녹색구매 자발적 협약'을 맺고 참여기업을 대상으로 녹색구매 가이드라인 제공, 녹색구매 시스템 도입, 녹색제품 교육·홍보 실시 등 다각적인 시도를 해왔다.

6 에코디자인(eco-design) 제도

환경부는 1999년 에코디자인 확산방안을 수립하고 2000년 〈환경기술산업법〉 개정 시 에코디자인 기법 개발 및 보급 확산을 위한 법적 근거를 마련하였다. 이는 2000년대 초부터 잇달아 등장한 각종 국제 환경규제에 대응하기 위한 것이었다. 유럽연합을 중심으로 전자·전기제품에 대한 〈유해화학물질 제한지침(RoHS)〉, 〈폐전자·전기제품처리지침(WEEE)〉, 〈에너지 사용 제품에 대한 친환경설계 지침 (EuP)〉, 〈에너지 관련 제품에 대한 친환경 설계지침(ErP)〉 등 다양한 환경규제 조치가 시행되어 제품의 환경성과 개선이 국제 경쟁력 확보에 중요한 요소로 등장함에 따른 것이다.

2001년부터 2년 동안 차세대핵심환경기술사업의 일환으로 컴퓨터, 진공청소기, 주방가구시스템, 타이어 등 4개 제품에 대한 에코디자인 소프트웨어를 개발하였고, 2002년에는 전 산업계가 사용할 수 있는 에코디자인 일반지침 및 소프트웨어 개발을 완료하였다. 2008년부터는 유럽연합 에코디자인 지침을 적용하여 제품군별 매뉴얼을 개발하여 보급하였고, 2009년부터는 '중소기업 친환경설계 현장진단지도 사업'을 통해 기업의 친환경 제품개발에 실질적인 도움을 주고 있다.

7 녹색인증 제도

정부는 2010년도부터 〈녹색성장법〉에 근거를 두고 녹색인증 제도를 운영해왔다. 이는 유망한 녹색기술 또는 녹색사업을 선정하여 인증을 부여하는 제도로서 녹색기술 및 녹색사업 인증, 녹색전문기업 확인, 그리고 2012년에 추가된 녹색기술제품 확인 등 네 분야를 대상으로 하고 있다. 8개 중앙 정부부처가 공동으로 운영하고 있는 이 제도의 업무를 총괄 지원하는 전담기관은 산업통상자원부 산하 한국산업기술진흥원이며, 각 부처 소속의 평가기관이 소관 분야의 평가를 담당하는데 환경부 소속 평가기관은 한국환경산업기술원이다.

여기서 말하는 '녹색기술 인증'은 온실가스 감축기술, 에너지 이용 효율화 기술, 청정생산 기술, 청정에너지 기술, 자원순환 및 친환경 기술 등 사회·경제 활동의 전 과정에 걸쳐 에너지와 자원을 절약하고 효율적으로 사용하여 온실가스 및 오염물질 배출을 최소화하는 기술을 대상으로 하고 있다. 한편 '녹색사업 인증'에서는 녹색기술을 활용하여 에너지와 자원을 절약하고 효율적으로 사용하여 온실가스 및 오염물질의 배출을 최소화하는 사업이 그 대상이다. '녹색전문기업 확인'은 창업 후 1년이 경과된 기업으로서 인증 받은 녹색기술에 의한 직전년도 매출액 비중이 총매출의 20% 이상인 기업을 대상으로 하며, '녹색기술제품 확인'은 인증 받은 녹색기술을 적용하여 판매를 목적으로 상용화된 제품인지 여부를 현장조사를 통해 평가하여 확인하게 된다.

Ⅶ 마무리

1992년 리우회의에 즈음하여 범지구적으로 소위 '그린라운드' 열풍이 일기 시작했고 때마침 국내에서도 낙동강 페놀사고를 겪었던 터라 기업경영에서 비롯되는 환경문제에 대한 관심이 높아졌다. 이러한 시대적 배경과 맞물려 산업계는 환경경영에 대한 전략과 이행방안에 관심을 가지게 되었고, 정부도 이에 부응하여 정책개발 및 제도적 기반을 마련하기 시작했다. 이제 우리나라 환경경영의 역사가 어언 30년에 이르게 된 터라 그 내용을 정리하고 평가해 보는 것도 의미 있는 일일 것이다.

하지만 2013년에 실시한 연구에 따르면 대부분의 국내 기업에서 녹색구매, 청정생산, 친환경 제품, 환경경영체제 등 전반에 걸쳐 환경경영이 제대로 이루지지 않고 있는 것으로 조사되었으며, 그로부터 10년이 지난 지금도 크게 나아진 것으로 평가하기 어려워 보인다. 여러 가지 이유가 있겠지만 기업이 환경경영을 통해 경영성과를 제고하는데 필요한 대안을 제대로 찾지 못했기 때문일 것이다. 환경경영이 직접적인 재무성과로 이어진다면 기업이 자발적으로 환경경영을 확산할 것이다. 정책적인 면에서도 적절한 시장을 조성하고 소유권을 명확하게 정리하는 데 필요한 정책수단을 효과적으로 도입하는 데 부족함이 있었다고 볼 수 있다.

그렇다고 해서 지금까지의 환경경영에 대한 기업의 노력이나 관련 정책이 아무런 성과를 내지 못했다고 단정할 수는 없다. 다만 ESG 경영의 확산과 범지구적 환경문제의 심각성이 고조되고 있는 시대적 상황을 고려할 때 환경경영에 대한 기업의 전략적 변화와 정부의 효과적 정책수립에 좀 더 관심을 가져야 할 때임이 분명하다. 그 방향은 환경이슈에 대한 당위론적 주장이 아니라 경제메커니즘과 시장현실을 고려한 접근이어야 할 것이다. 과거 30년 동안에 대한 반성과 함께 우리나라 환경경영 발전에 필요한 방향을 요약해보면 다음과 같다.

첫째, 환경에 대한 근본적인 철학과 성찰이 부족했다는 점을 지적할 수 있다. 환경가치에 대해 국민적 공감대 확산 노력이 절대적으로 부족한 데다, 여전히 전통적 성장패러다임에 몰입하고 있어 인류의 보편적 가치에 대한 인식 수준에 이르지 못하고 있다는 것이다. 기후변화에 대한 우리의 입장이나 UN이 제시하고 있는 17개 '지속가능발전목표(SDGs)'에 대한 우리 사회의 반응 등을 종합해 볼 때 이러한 평가는 크게 무리가 아니다. 특히 환경가치에 대한 법·제도적 반영이 절대적으로 미흡한 상태에서 기업경영자가 스스로 그 가치를 고려하면서 친환경경영을 해 나갈 것으로 기대하기 어렵다. 결국 환경가치에 대한 사회적 공감대 조성과 이를 바탕으로 한 관련 법·제도 정비가 이루어져야 제대로 된 환경경영이 가능할 것이다.

둘째, 시장원리에 기반을 둔 경제·산업·환경정책 도입이 미진하다는 점이다. 친환경 세제 도입이나 환경재 및 서비스에 대한 가격 조정 등이 적절하게 이루어지지 못하다보니 기업의 자발적이고 전략적인 변화를 유도하지 못하고 있으며, 제조업 특히 중화학 공업 중심의 산업구조가 여전히 유지되고 있어 향후 환경적으로 큰 부담이 될 것으로 보인다. 1995년 〈환경친화적 산업구조로의 전환 촉진에 관한 법률〉이란 이름의 법률을 제정한지가 어언 30년에 이르고 있다는 점에 비추어 볼 때 매우 아쉬운 부분이다. 이 법의 명칭과는 달리 사실 우리 정부가 경제·산업 정책에서 친환경 산업구조로의 전환을 심도 있게 다루었던 적이 거의 없었다. 녹색성장 정책에서 어느 정도 시도는 했지만 그것도 주류 경제정책의 뒷받침이 없어 시늉에 그친 수준이었다. 비록 늦었지만 1973년 '중화학공업 선언' 이래 50년이 지나고 있는 지금이야말로 기존의 경제성장 패러다임을 넘어선 경제·산업·환경정책의 통합적 접근이 절실히 필요한 때이다.

셋째, 지구환경 문제의 심각성에 대한 인식전환이 체계적으로 이루어지지 않았다는 점이다. 전통적으로 이 부분은 환경단체를 중심으로 한 비정부 부문의 역할로 다루어져 왔다. 하지만 환경경영은 기업의 최고경영자가 전략적 차원에서 추진해야 하는 고도의 전문성이 요구되는 분야라는 점에서 새로운 차원의 접근이 필요하다. 특히 대학이나 연구소를 중심으로 체계적인 교육과 연구가 이루어져야 하지만, 이러한 주장이 제기된 지 거의 30년에 이르고 있는 지금도 그 현실은 열악하기 그지없다. 사실 우리 기업이 당면하고 있는 시장의 현실을 직시한다면 좀 이해하기 어렵다. 신재생에너지, 전기자동차, 친환경 먹거리와 생활용품 등에서 보듯이 이미 실제 시장에서 제품의 환경성이 매우 중요한 경쟁요인으로 작용하고 있음에도 이것이 전략적 환경경영의 핵심적 고려 대상이라는 점을 제대로 이해하지 못하고 있는 것이다. 기업은 물론 대학 교육에서도 환경경영 전략 및 기법 개발, 그리고 실행에 보다 많은 관심이 필요한 이유다.

참고문헌

녹색성장위원회. 2009. 「녹색성장 국가전략」.

산업자원부. 2006. 「산업계 환경경영 촉진을 위한 기획연구」.

이병욱. 1997. 「환경경영론」, 비봉출판사.

이병욱·안윤기. 2015. 「환경경영의 이해」, 에코리브르.

이창훈 외. 2013. 「녹색경영 확산을 위한 법·제도 개선방안」, 한국환경연구원.

정회성 외. 2014. 「한국의 환경정책」, 환경과문명.

한국환경산업기술원. 2017. 「환경성적표지 인증안내서」.

한국환경연구원 편. 2018. 「미래를 위한 환경정책 되돌아보기」, 크레파스북.

환경부. 2001. 「에코2 프로젝트 환경경영팀 구성 및 운영」.

____. 2007. 「환경경영학 교육·연구 활성화 방안 연구」.

____. 2010. 「환경30년사」.

____. 「환경백서」, 각 연도.

Carson, R. 1965. Silent Spring, Harmondsworth, Penguin Books.

Christie, I., H. Rolfe and R. Legard. 1995. Cleaner Production in Industry: Integrating Business Goals and Environmental Management, London, Policy Studies Institute.

Gray, R., J. Bebbington and D. Walters. 1993. Accounting for the Environment, London, Paul Chapman Publishing.

Lee, B. W. and K. Green. 1994. "Towards Commercial and Environmental Excellence: A Green Portfolio Matrix," Business Strategy and the Environment, 3(3): 1-9.

Meadows, D. H., D. L. Meadows, J. Randers and W. Behrens. 1972. The Limits to Growth, London, Pan Books.

North, K.. 1992. Environmental Business Management, Geneva, International Labor Organization.

OECD. 1975. The Polluter Pays Principle, Paris.

Schmidheiny, S. with BCSD. 1992. Changing Course, Cambridge, The MIT Press.

WCED. 1987. Our Common Future, Oxford, Oxford University Press.

Wolters, T., M. Bouman and M. Peeters. 1995. "Environmental Management and Employment: Pollution Prevention Requires Significant Employee Participation," Greener Management International, 11: 63-72.

국가청정생산지원센터 http://www.kncpc.or.kr

법제처 http://www.law.go.kr기후위기 대응을 위한 탄소중립 · 녹색성장 기본법 (약칭: 탄소중립기본법)
　　　환경기술 및 환경산업 지원법 (약칭: 환경기술산업법)환경친화적 산업구조로의 전환촉진에 관한 법률.

산업통상자원부 http://www.motie.go.kr

한국인정지원센터 http://www.kab.or.kr

한국환경산업기술원 http://www.keiti.re.kr

환경부 http://www.me.go.kr

지속가능발전과 녹색성장

정영근

11 지속가능발전과 녹색성장

I 서론

21세를 맞이하여 인류가 당면한 가장 중요한 문제 중의 하나는 바로 '지속가능발전(sustainable development, SD)'이 가능할 것인지에 대한 문제이다. 지속가능발전은 환경, 사회, 경제 부문의 여러 요소들과 복잡하게 연결되어 있을 뿐만 아니라 지속가능발전을 추구하는데 있어서 현세대뿐 아니라 미래세대의 여러 영향을 포괄하여 수용하는 개념이기 때문이다.

지속가능발전 개념이 태동한 것은 1970년대라고 할 수 있으며, 이후 선진국과 개발도상국의 입장대립 양상을 드러내기도 하였다. 갈등은 이미 산업화를 끝낸 선진국들이 경제발전보다는 환경보전의 중요성을 중시한 반면, 절대빈곤으로부터 벗어나기 위하여 보전보다는 개발을 통한 성장전략을 추구하던 개발도상국간의 입장 차이에서 비롯된 것이었다.

환경경제학자나 생태경제학자들은 자본이론에 기초하여 지속가능발전을 시간 경과에 따른 자본의 가치유지로 정의한다. 또 자본의 관점에서 바라보는 지속가능성에 대한 상반된 입장에 따라 약한 지속가능성과 강한 지속가능성으로 구분된다. 환경경제학자들은 주로 약한 지속가능성의 입장을 취하는 반면 생태경제학자는 강한 지속가능성을 취한다.

지속가능발전의 경로를 추정하기 위해서는 경제성장을 환경문제와 연결하여 논의할 필요가 있다. 경제가 성장함에 따라 환경오염은 계속 증가할 수밖에 없다고 보고 경제성장과 환경보전을 동시에 성취하는 것은 불가능하다는 견해가 있는 반면에, 경제와 환경은 상호 보완적인 관계로 지속적인 경제성장이 환경문제의 개선에도 긍정적으로 작용한다는 주장도 제기되고 있다.

이러한 현상으로부터 도출한 역U자 형의 곡선이 바로 '환경 쿠즈네츠 곡선 (Environmental Kuznets Curve, EKC)'이다. Kuznets가 1955년 발표한 논문에서 성장의 초기단계에서는 분배의 상태가 일단 악화되다가 경제가 성숙되고 발전단계에 들어서면 비로소 개선되기 시작한다는 연구결과를 발표한 것으로부터 유래되었다. 쿠즈네츠의 가설을 환경에 적용하여 종축에 환경오염을, 횡축에는 경제성장, 즉 1인당 국민소득을 표시하여 도표로 그리게 되면 역U자형의 환경쿠즈네츠 곡선이 도출된다는 것이다.

실증적으로도 환경 쿠즈네츠 곡선은 여러 나라에서 관측되는 것으로 알려 지고 있으나 최근 들어 몇몇 선진국에서는 환경 쿠즈네츠 곡선이 나타나는 듯하다가 다시 경제성장과 더불어 환경오염도 비례해서 심해지는 것이 관측되고 있다. 소위 N자형 곡선이 관측되고 있는데, 경제성장에 따라 환경개선이 이루어지다가 다시 환경오염이 심해지는 현상으로 볼 수 있다. N자형 곡선은 주로 지속가능하지 않은 소비 및 생산 때문인 것으로 분석되고 있다.

본 장에서는 지속가능발전 개념에 대한 논의와 지속가능발전에 대한 계량분석을 통하여 지속가능한 발전을 고찰해보고자 한다. 연구의 내용으로 I장에서는 연구의 목적을 제시하고 II장에서는 지속가능발전의 배경에 대하여 살펴보았다. 이어서 III장에서는 지속가능발전의 개념을 살펴보고 IV장에서는 지속가능발전의 계량분석을 제시하였으며 V장에서는 결론과 제언을 도출하였다.

Ⅱ 지속가능발전의 배경

최근 지속가능발전에 대한 관심이 고조되고 있는데, 지속가능발전에 대한 논의가 처음 시작된 것은 '성장의 한계(The Limits to Growth)'라는 1972년 로마클럽(Club of Rome)의 연구보고서에 나타난 환경보전과 경제발전에 대한 연구를 들 수 있다.[1]

1970년 세계 각국의 과학자, 경제학자, 교육자, 경영자들을 구성원으로 설립된 민간연구단체인 로마클럽은 심각한 문제로 급속히 대두되고 있는 천연자원의 고갈, 환경오염, 개발도상국에서의 폭발적인 인구증가, 핵무기 개발에 따르는 인간사회의 파괴 등 인류의 위기에 대한 해결책을 모색하고자 설립되었다.

MIT의 연구진은 컴퓨터를 이용한 시뮬레이션을 통해 현실 세계를 설명할 수 있는 분석틀을 만들고, 과거의 경험을 계량화한 자료를 입력하여 미래의 현상을 합리적이고 과학적이며 객관적으로 예측하고자 하였다. 이들은 20세기 자원이용과 고갈상태, 인구증가, 환경오염, 소득, 개인별 식량소비 등의 변수들을 지구 차원에서 함수화 하였다. 이 연구를 통하여 인구성장이 급격히 증가하는데 반하여 부존자원은 기하급수적으로 감소하고 있어 멀지 않은 장래에 가용 부존자원의 양이 인구성장을 지탱해줄 수 없는 상황이 도래할 것이라는 다소 비관적인 예측결과를 제시하였다.

〈표 11-1〉에 제시된 7개의 시나리오를 고려한 결과 이들은 기술혁신은 위기를 지연시키는 요소일 뿐이며 오직 성장을 멈춤으로써 실질적으로 위기를 방지하고 생존을 영위할 수 있는 것으로 결론 지웠다. 이러한 결과는 당시 고도성장을 구가하던 세계경제 정세에 정면으로 배치되는 것으로서 다양한 각도의 비판을 받았다. 그러나 로마클럽의 보고서는 환경보호와 세계경제의 지속적인 발전 가능성과 관련하여 국제사회에 큰 반향을 불러 일으켰다.

---

[1] 이 연구보고서는 「성장의 한계」라는 제목으로 출간되었다. 1992년에는 「한계를 넘어서」(Beyond the Limits)라는 제목으로 개정판이 출간되었다. 그러나 연구에 사용된 모형의 기본 형태는 동일하며, 현재와 같은 생산 및 소비 방식이 계속될 경우 인류는 궁극적으로 파국을 면치 못할 것이라는 비관론적인 견해에 있어서는 차이가 없다.

'성장의 한계' 보고서의 궁극적 주장은 네 가지이며, 이것이 이후 환경론적 사고의 핵심이 되었다. 첫째, 상호의존성이다. 자원이용과 고갈상태, 인구증가, 환경오염, 소득, 개인별 식량소비 등 다섯 가지 요소들은 상호의존 되어 있어 이 중한 요인에 대한 해결책은 그 문제를 해결하는 것이 아니라 단지 다른 요인으로 이전시킬 따름이고, 그 결과 그 다른 요인에서 위기가 초래된다는 것이다. 둘째, 자연의 한계명제이다. 공업사회의 성장은 지구 자연자원의 유한한 속성 및 인구유지, 오염 자정능력과 양립할 수 없다는 점이다. 셋째, 기하급수적 성장의 개념이

표 11-1 성장의 한계 시나리오

가정	결과
시나리오 1 모든 요소들의 성장 가정	공업화 → 자원의 고갈 → 공업투자로부터 자원탐색으로 자본의 전환 → 공업의 붕괴 → 공업의존 서비스산업 및 농업의 붕괴 → 식량 및 의료서비스의 부족 → 인구감소
시나리오 2 자원이용도 증대를 통한 자원고갈의 문제 해결을 가정	높은 자원이용도 → 높은 공업생산 → 오염의 증가 → 사망률의 증가 → 궁극적으로는 자원고갈
시나리오 3 기술발전을 통한 자원고 갈의 문제 해결을 가정	높은 자원이용도 → 오염의 증가 → 궁극적으로 공업생산, 식량생산, 서비스산업 발전 정지 → 사망률의 증가
시나리오 4 기술발전을 통한 오염문 제의 해결을 가정	인구 및 공업생산의 증가 → 개간 가능한 토지의 과도한 이용 및 지력의 고갈 → 식량부족 → 농업부문으로 자본전환 → 공업생산의 몰락 → 인구격감
시나리오 5 기술발전이 토지 산출을 증대할 것이라고 가정	식량 및 공업생산의 증가 → 오염의 증가 → 사망률의 증가 → 궁극적으로는 자원고갈
시나리오 6 자발적인 산아제한을 통 한 인구감소를 가정	자발적인 산아제한 → 불충분한 인구감소 → 식량생산 위기 → 인구격감
시나리오 7 모든 해결책의 동원	토지의 과도한 사용 → 식량부족 → 자원고갈 → 과도한 오염 → 식량생산 위기 → 사망률 증가

다. 어느 정도까지는 인식되지 않다가 급속히 문제가 드러나며 결국 해결할 시간적 여유가 없게 된다는 것이다. 넷째, 기술적 해결책보다는 사회적 해결책을 강조하였다. 즉 현존하는 사회경제적 관행, 가치, 생활양식, 성장수준 내에서의 기술적 해결책은 자연적 한계와는 양립할 수 없다는 점이다.

로마클럽의 '성장의 한계'는 환경파괴로 인해 초래될 암울한 미래를 그리고 있다. 당시의 미래에 대한 전망이 '한계'에 초점을 맞추고 있다면, 이후 1980년대에 본격적으로 등장한 지속가능발전 개념은 '지속가능'에 초점을 맞추고 있다. 다시 말해서 지속가능발전 개념은 인류의 미래에 대한 전망을 '한계'로부터 '지속가능'으로 이전시키고 있다는 점에서 의미를 찾을 수 있다.

요컨대 '성장의 한계' 명제는 인류의 한계를 지적한다는 점에서 Malthus주의와 유사한 궤적을 밟고 있으며, 이러한 입장은 1970년대의 지구촌에 큰 파장을 몰고 왔다. 1987년 브룬트란트(Brundtland)위원회의 '우리 공동의 미래(Our Common Future)'에서 제시된 지속가능발전은 어떻게 보면 이러한 입장에 대한 부정 내지는 수정의 의미를 지니고 있다. 지속가능발전을 주장하는 이면에는 "식량은 산술급수적으로 증가하고 인구는 기하급수적으로 증가한다"는 Malthus의 주장이 기술발전을 통한 문제해결 측면을 간과함으로써 오늘날 더 이상 설득력을 지니지 못하는 것처럼, '성장의 한계'라는 명제 역시 인간의 개선의지, 창조적 능력 등을 간과하고 있다는 인식이 깔려 있다. 즉 지속가능발전 개념은 인간은 '한계'를 넘어 자연의 수용능력이 지탱할 수 있는 범위 내에서 발전을 지속할 수 있다는 입장을 지니고 있는 것이다.[2]

---

2 환경부(2002) 「국가 환경지속성 지수 제고방안에 관한 연구」 참조.

Ⅲ 지속가능발전의 개념

지속가능발전의 개념은 인간이 모든 문제해결의 중심이며, 미래세대를 배려하는 개념에 기초하고 있다. 현세대의 자원과 환경의 개발이 과도하게 이루어져 미래세대의 후생을 위협하지 않도록 진행되는 개발을 의미하며, 최근 정치, 경제, 사회 등 전 분야 정책수립시 가장 우선적으로 고려해야 할 기초개념이 되고 있다.

즉 환경보전이라는 요소 자체가 경제발전의 일부로 반드시 고려되어야 하며 모든 경제정책 및 환경정책 결정과정에서 환경요소가 포함되어야 한다는 것을 의미한다. 따라서 우리나라 경제발전 초기단계에서 사용되었던 발전의 개념은 더 이상 우리현실에 맞지 않는 경제발전 개념이라고 할 수 있다.

지속가능발전에 대한 개념을 정의하고 이를 국제사회의 핵심 규범으로 정착시키게 된 결정적 계기를 형성한 것은 브룬트란트 위원회가 제출한 보고서이다.[3] 인류가 지향해야 할 기본전략을 담은 보고서인 브룬트란트 보고서(1987) '우리 공동의 미래'에서 "미래세대의 필요를 충족시킬 수 있는 능력에 손상을 주지 않으면서 현세대의 필요를 충족시키는 발전을 의미한다"고 다소 추상적으로 정의하고 있다.[4]

지방정부참여를 위한 국제위원회(International Council for Local Governmental Initiatives, ICLEI)에 따르면 지속가능발전이란 "기본적인 환경적, 경제적, 사회적 서비스를 이러한 서비스가 토대하고 있는 시스템의 존립가능성을 위협하지 않는 범위 내에서 모든 이에게 제공해 주는 발전"으로 정의된다. 브룬트란트 보고서와 ICLEI의 개념정의에 따른다면 지속가능한 발전의 개념적 핵심은 발전이 이루어지되 환경용량을 초과하지 않는 범위 내에서 이루어져야 한다는 것이다. 환

---

3 당시 노르웨이의 여수상인 Brundtland가 위원장이 되고 각국 각료급 인사 21명이 위원이 되었으며, 활동자금은 OECD국가들로부터 제공되었다. 동 위원회에서 1987년에 발간한 보고서인 '우리공동의 미래(Our Common Future)'에서 등장한 ESSD(Environmentally Sound and Sustainable Development)는 리우회의 이후 국제사회의 주요 담론이 된 지속가능한 발전이라는 개념의 근간을 이루고 있다.

4 Sustainable development is development that meets the needs of the present without compromising the ability of future generations to meet their own needs. 여기에서 필요(needs)란 다른 어떠한 것보다 우선권이 주어져야 하는 세계빈곤의 필수적 필요와 현재와 미래의 필요를 충족하기 위한 환경의 능력에 있어서 기술의 수준과 사회 조직에 의해 부과되는 제한의 의미이다(WCED, 1987, p.43).

경용량을 초과하지 않는 범위 내에서의 발전은 '발전과 환경의 조화'가 아니라 '환경을 제약조건으로 한 발전'을 의미하며, 따라서 발전에 앞서 환경보전이 우선적으로 고려되어야 하는 것으로 해석된다. 1992년 유엔환경개발회의(United Nations Conference on Environment and Development, UNCED. 일명 Earth Summit 지구정상회의)의 '의제21(Agenda 21)'에서는 지속가능발전을 "현재 및 미래세대의 발전적 필요와 환경적 필요가 동등하게 충족되는 것"으로 정의하였다.

그러나 학자들 사이에서 지속가능성에 대한 논의는 계속되고 있다. 경제학자 Pearce는 지속가능발전을 위한 조건으로 기회, 수용력, 가능성을 들며, 지속가능발전은 변화의 특정 경로라기보다 변화를 가능하게 하는 개념 그 자체로 파악하였다(Pearce et al., 1998).

Bartelmus는 지속가능발전에 대한 정의는 개념적 논쟁으로 풀 수 없는 문제이며 경제활동의 장기 지속가능성에 대한 실증적 해답이라 봄으로써 정의보다는 실천적 과제임을 강조하였다(Bartelmus, 1999a).

따라서 지속가능발전이라는 것은 단순히 환경문제 내지 환경정책과 관련된 개념으로만 인식하는 논의에서 지속가능발전의 의미를 더욱 확대할 필요가 있다. 지속가능발전은 완전고용, 사회주택의 공급, 공공지출 감소 등과는 다른 수준의 정책목표이며 지속가능발전은 자유, 정의, 민주주의 등과 같이 사회 전체를 관통하고 있는 이념으로 이해되어야 한다. 또한 지속가능발전은 현재 세대가 미래 세대의 지구를 위한 파수꾼으로 행동하는 절대적 당위성에 대한 신념의 표현이며, 이러한 신념은 기술이나 과학을 통해 구체화되고 실천될 수는 있지만, 기술이나 과학에 의해 그 본질이 변화되어서는 안 될 만큼 절대적인 것이다.

이처럼 지속가능발전 개념은 단순히 환경정책의 목표로 인식되기도 하고 때로는 인류가 궁극적으로 지향해야 할 추상적 이념으로 인식되기도 한다. 분명한 것은 최근으로 올수록 지속가능발전을 환경뿐만 아니라 사회 전체의 지속가능성 유지와 관련된 것으로 폭넓게 해석하는 경향이 확대되었다는 것이다.

그러나 지속가능발전의 판단기준, 즉 지속가능발전과 관련된 계획과 이행에 대한 기준을 무엇으로 삼을 것인가에 대해서는 국제적 동의를 얻지 못한 상태이다. 국제적으로도 지속가능발전에 대한 보편적인 정의에 동의하면서도 어떤 가치를 지속가능한 발전의 기준으로 삼는가에 따라 제시하는 모델은 매우 다르다 (Meppem and Grill, 1998).

따라서 지속가능발전과 관련하여 각 연구에서 서로 다르게 제시되고 있는 지속가능발전 판단 기준에 대하여 명확한 기준이 제시될 필요가 있다. 지속가능발전의 명확한 정의는 어렵더라도 사회적 조화나 제도의 긍정적인 작용 등과 같은 것들을 국가적 부(富)로써 공식화해 이들을 고려할 수 있는 의미 있는 방법들을 찾아내는 것은 지속가능발전을 위한 핵심사항이라고 할 수 있다(OECD, 2001).

지속가능발전의 정의와 관련하여 제기될 수 있는 문제로 미래세대의 능력을 손상시키지 않는 정도가 어느 수준인지에 관한 것이 있다. 본질적으로 지구자원의 기반을 유지할 수 있는 수준 이상으로 자원을 사용하지 않는 것이 원칙이나 재생할 수 없는 자원의 경우 이러한 원칙을 적용하기는 불가능하다.

따라서 Hicks의 지속가능한 소득개념에 바탕을 두고 '약한 지속가능성(Weak Sustainability)'과 '강한 지속가능성(Strong Sustainability)'으로 구분하여 설명할 수 있다. 즉 자연자원(natural resource)과 인간자본(humanly created capital)사이의 대체성 정도에 따라 정의를 내릴 수 있다.[5]

약한 지속가능성은 인간자본과 자연자본간의 상호 대체성을 허용하여 삶의 수준을 유지하거나 높일 수 있는 수단을 미래세대에 전하는 개념이다. 곧 서로 다른 형태의 자본을 통합할 수 있으며 모든 자본은 서로 대체될 수 있다고 가정한다. 암묵적인 자본 대체가능성 가정은 시간경과에 따른 경제활동과 환경영향의 분리(decoupling)가 가능하므로 경제활동에 따른 환경영향은 기술진보와 혁신으로 조정가능 할 것이라고 본다.

반면에 강한 지속가능성은 인간자원과 자연자원은 대부분의 생산기능에 있어서 대체물이 아닌 투입요소라는 가정에 바탕을 둠으로써 양자를 대체할 수 없는 자산의 형태로 따로 완전하게 유지시켜야 한다는 것이다. 곧 각 형태의 자본 축적

---

5 신고전파 경제학 이론에 따르면 인간자본(humanly created capital)은 자연자원(natural resource) flow를 생산하는 자연자본(natural capital) stock에 대하여 거의 완전대체(near-perfect substitute) 관계에 있다. 따라서 자연자본이 손상된 양에 해당되는 만큼의 손실을 인간자본의 축적으로 보상된다는 논리는 인간자본과 자연자본간의 높은 대체성에 일반적인 가정을 두고 있다.

량이 감소하지 않아야 한다는 의미이다.

생태경제학자는 자연자본 및 기타 자본이 서로 대체가능하지 않다고 보는 반면에, 환경경제학자는 자본의 대체가능성을 인정하고 있어 이들의 지속가능성 평가 기준은 다른 양상을 드러내고 있다(Turner et al., 1997; Bartelmus, 1999b).

Ⅳ 지속가능발전의 계량분석

지속가능한 발전의 경로를 추정하기 위해서는 경제성장을 환경문제와 연결하여 논의할 필요가 있다. 이런 관점에서 환경질과 경제성장 사이의 관계는 그 동안 환경경제분야에서 계속 논란이 되고 있는 주제이다. 즉 경제가 성장함에 따라 환경오염은 계속 증가할 수밖에 없다고 보고 경제성장과 환경보전을 동시에 성취하는 것은 불가능하다는 견해가 있는 반면에, 경제와 환경은 상호 보완적인 관계로 지속적인 경제성장이 환경문제의 개선에도 긍정적으로 작용한다는 주장도 제기되고 있다. 전자는 '성장의 한계'라는 입장으로 후자는 '지속가능발전' 개념으로 대표될 수 있다. 지속가능한 발전의 장기적인 경로를 추정하기 위해서는 환경오염에 대한 각 세대 간의 갈등을 살펴볼 필요가 있다.

우선 신고전학파(neoclassical economics)로 대표되는 주류경제학자들은 전통적인 경제분석방법에 따라 환경보전과 경제성장이 상충관계(trade-off)에 있다고 가정하였다. 즉 인간이 쾌적한 환경의 질을 향유하려면 보다 낮은 수준의 경제성장을 감수해야만 하며, 높은 수준의 경제성장을 누리려면 보다 낮은 수준의 환경질을 누릴 수밖에 없다고 주장하였다. 환언하면 높은 수준의 경제성장과 보다 쾌적한 환경질을 동시에 추구하는 것은 불가능하다는 견해이다.

이러한 신고전학파의 가정과 분석방법에 바탕을 두고 환경오염, 인구증가, 천연자원의 고갈 등의 문제를 다룬 로마클럽(Rome Club)의 보고서인 '성장의 한계'에서는 만일 현재처럼 급속한 인구증가와 도시화, 산업화 등으로 경제성장이 지된다면 자원고갈과 환경오염으로 앞으로 100년 이내에 지구는 성장의 한계에 도달하게 될 것이라고 주장하고 있다. 즉 GDP의 증가가 환경을 악화시키므로 쾌적한 환경질을 위해서는 경제성장을 중단시켜야 한다는 무경제성장(Zero Economic Growth, ZEG)을 제시하고 있다.

지금까지 신고전학파의 전통적인 경제분석방법에 따라 환경질과 경제성장은 상충관계에 있다고 가정하고 분석하였으나 근래에 들어와서 양자 사이에 오히려 상호 보완관계(complementarity)가 있다는 주장이 제기되고 있다. 즉 환경질을 개선시키는 것이 경제성장에 기여한다고 주장하고 있으며, 경제규모에 상응하는 환경질을 유지하는 데 필요한 적절한 투자를 수행할 경우에는 지속가능한 발전을 달성할 수 있다는 주장이다.

경제발전과 환경의 질에 대한 논란이 확산되면서 경제성장과 환경오염사이의 상관관계를 검증하려는 연구가 시도되었다. 일부 경제학자들은 세계 각국의 1인당 GDP와 환경재 수요와의 관계를 조사한 결과 새로운 가설을 제시하였다. 즉 소득수준이 낮은 저개발국에서는 환경재보다 경제성장에 관심이 많고 소득수준이 높아져 중진 내지 선진국이 되면 환경에 대한 관심이 부쩍 높아진다는 것이다.

〈그림 11-1〉은 환경보전과 경제성장을 결합한 지속가능발전경로를 보여준다. 이 성장경로는 경제발전의 단계에 따라 U자형의 모양을 보여준다.

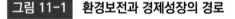

그림 11-1 환경보전과 경제성장의 경로

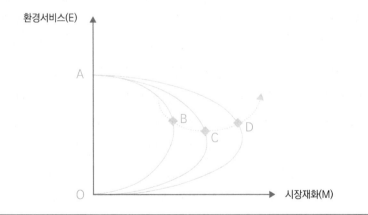

　　소득수준이 낮은 단계에서는 경제와 환경중에서의 선택은 경제성장을 우선적으로 고려하여 성장 중심의 기술진보를 선호하는 경향이 있다. 즉, 소득이 낮은 단계에서 환경이 악화되는 성장경로는 B에서 C로 움직여 환경을 희생하며 경제발전을 추구한다.

　　그러나 소득이 어느 정도 달성된 다음부터는 환경보호단체의 영향력이 점차 커져 환경재의 수요가 급격히 증가하기 시작한다. 만일 이와 같은 변화를 받아들인 기술진보의 행태가 생산가능곡선을 오른쪽으로 이동시키는 것이라면 균형점을 D로 유도하여 종전보다 더욱 많은 일반재와 환경재의 소비가 가능해질 수 있다.

　　경제성장과 환경오염 사이의 관계에 대한 가장 대표적인 연구로 1995년에 발표된 Grossman-Krueger 가설이 있다. 이 가설에 따르면 경제성장과 환경오염사이의 관계는 경제성장단계에 따라 달라지는데 1인당 국민소득이 1985년도 불변가격을 기준으로 5천달러 이하인 경제발전 초기단계에서는 경제성장이 진행됨에 따라 환경오염도 가속화되는 경향이 있으나 경제성장이 상당히 이루어져 1인당 국민소득이 1만달러 이상에 이르면 경제성장이 진행되면서 오히려 환경오염은 감소하는 경향이 있다는 것이다. 〈그림 11-2〉와 같이 이러한 현상으로부터 도출한 역U자형의 곡선을 환경 쿠즈네츠 곡선(Environmental Kuznets Curve, EKC)이라고 부른다.

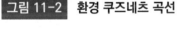 **그림 11-2　환경 쿠즈네츠 곡선**

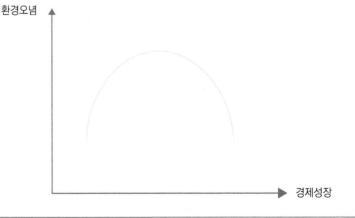

이러한 이름은 Kuznets가 1955년 발표한 논문에서 성장의 초기단계에서는 분배의 상태가 일단 악화되다가 경제가 성숙되고 발전단계에 들어서면 비로소 개선되기 시작한다는 연구결과로부터 유래되었다. 즉 종축에 소득의 분배평등도를, 횡축에는 경제발전단계, 즉 소득의 크기를 표시하여 도표로 그리게 되면 U자 형태가 되는데, 종축을 다시 소득 분배의 불평등도로 변형하게 되면 역U자 곡선이되고 이를 Kuznets의 역U자 가설이라고 부르고 있다. 이러한 Kuznets의 가설을 환경에 적용하여 종축에 환경오염을, 횡축에는 경제성장, 즉 1인당 국민소득을 표시하여 도표로 그리게 되면 역U자형의 환경 쿠즈네츠 곡선(EKC)이 도출된다.

이러한 현상은 우선 환경질에 대한 수요가 대단히 소득탄력적이라는 사실에 기인한다. 소득이 증가함에 따라 환경오염이 변화하는 형태는 여러 가지로 나타날 수있다. 우선 크게 선형단조(monotonic)형태와 비선형단조(non-monotonic)형태로 나누어 볼 수 있다. 선형단조함수는 소득증가에 따라 오염이 증가하는 선형단조 증가함수 〈그림 11 – 3〉의 (a)와 소득증가에 따라 오염이 감소하는 선형단조 감소함수 〈그림 11 – 3〉의 (b)로 나타날 수 있다.

비선형단조함수는 환경 쿠즈네츠 곡선을 가리키는 역U자형 곡선으로 〈그림 11 – 3〉의 (c)와 환경오염이 개선된 이후 다시 오염이 증가하여 N자형을 나타나는 형태의 〈그림 11-3〉의 (d)로 나누어 볼 수 있다.

이 외에 다른 형태의 함수도 가능하지만 일반적으로 이러한 4가지 형태를 기본 함수로 간주할 수 있다.[6]

환경오염과 경제성장 사이 이러한 4가지 형태의 관계는 모두 다음과 같은 모형을 바탕으로 한다.

$$E_{it} = \alpha_{it} + \beta_1 Y_{it} + \beta_2 Y_{it}^2 + \beta_3 Y_{it}^3 + \beta_4 V_{it} + e_{it} \qquad (1)$$

E는 환경오염, Y는 소득, i는 각 나라, t는 시간, 그리고 Vt는 E와 Y의 관계에 영향을 주는 다른 독립변수들을 의미한다.

---

[6] Unruh and Moomaw(1998)은 선진국을 대상으로 한 이산화탄소와 소득수준의 관계를 분석하였는데 각국의 개별적인 역U자형 곡선을 알아보기 위하여 nonlinear dynamic system analysis를 이용한 시계열적 분석에서 전해년도와 현재년도의 값을 비교 분석하는 동태적 분석기법을 사용하였다.

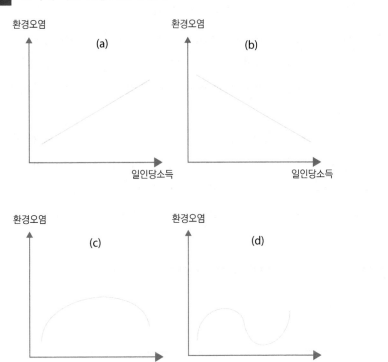

그림 11-3   소득에 따른 환경오염의 형태

식 (1)을 통하여 환경오염과 소득사이의 관계가 어떠한 형태를 갖는지에 대한 설명이 가능하다.

1. $\beta_1 > 0$, $\beta_2 = \beta_3 = 0$ 인 경우 〈그림 11-3〉의 (a)와 같은 선형단조 증가함수를 나타낸다.

2. $\beta_2 < 0$, $\beta_2 = \beta_3 = 0$ 인 경우 〈그림 11-3〉의 (b)와 같은 선형단조 감소함수를 의미한다.

3. $\beta_1 > 0$, $\beta_2 < 0$, $\beta_3 = 0$ 인 경우는 〈그림 11-3〉의 (c)와 같이 환경 쿠즈네츠 곡선(EKC)을 가리키는 비선형함수를 말한다.

4. $\beta_1 > 0$, $\beta_2 < 0$, $\beta_3 > 0$ 은 〈그림 11 – 3〉의 (d)와 같이 환경오염개선 후 다시 오염이 증가하는 N자형 곡선을 나타낸다.

우리나라의 경우 Grossman – Krueger 가설대로라면 1990년대 이후 경제성장과 더불어 환경의 질도 개선되는 환경 쿠즈네츠 곡선현상이 나타나야 하는데 정영근(1999)의 Panel 분석 연구결과에 따르면 우리나라는 지속적인 상승곡선을 나타내고 있다.

1961년부터 1996년까지의 CO_2배출량을 인구로 나누어 1인당 CO_2배출량을 구한 다음 GDP역시 같은 방법을 통하여 1인당 GDP를 산출하고 이들의 연도별 변화관계를 분석한 결과 가장 뚜렷한 역 U자형 관계를 보이는 나라는 〈그림 11-4〉에 제시된 프랑스와 〈그림 11-5〉의 스웨덴으로 나타나고 있다.[7]

그림 11-4 프랑스 1인당 GDP와 CO_2 배출량 변화추이

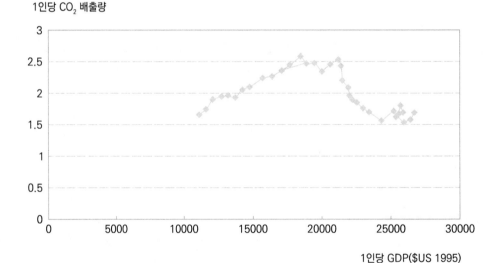

1인당 CO_2 배출량

1인당 GDP($US 1995)

---

[7] CO_2 데이터는 CDIAC(Carbon Dioxide Information Analysis Center)의 자료를 이용하였고 다국가비교분석(Multi-country comparative analysis)에서 특히 강조되는 분석자료의 일관성을 유지하기 위하여 GDP(constant 1995 US$)와 인구 등은 세계은행(World Bank)에서 발간하는 World Development Report(WDR)의 자료를 이용하였다.

스웨덴 1인당 GDP와 CO_2 배출량 변화추이

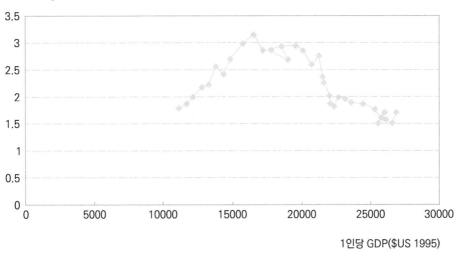

1인당 CO_2 배출량

1인당 GDP($US 1995)

〈그림 11-6〉에서와 같이 역시 고소득 국가그룹에 속하는 나라 중 미국의 경우는 전형적인 N자형 곡선을 나타내고 있다. 즉 프랑스나 스웨덴 같이 1인당 GDP가 1995년 불변가격으로 2만불을 전후하여 역 U자형 관계를 보이다가 지속가능하지 못한 소비·생산패턴(unsustainable patterns of consumption and production) 등의 영향으로 다시 CO_2배출량이 증가하여 N자형의 관계를 보여주고 있다. 특히 비슷한 소득수준에서 미국의 CO_2배출량은 역U자형 관계를 보이는 프랑스와 스웨덴의 그것들 보다 거의 2배에 가까운 수치를 보이고 있어 이러한 설명을 더욱 설득력 있게 보여주고 있다.[8]

---

8 선진국 중에서도 몇몇 나라의 경우 이제 막 소득전환점에 도달하여 1인당 CO_2배출량이 감소하는 시점에 도달한 국가들을 발견할 수 있다. 즉 이태리와 오스트리아는 소득이 증가함에 따라 CO_2배출량이 증가하다가 정체된 모습을 보이고 있어 소득수준이 더 증가하는 경우 오염감소가 기대된다. 정영근(1999) 참조.

미국 1인당 GDP와 CO_2 배출량 변화추이

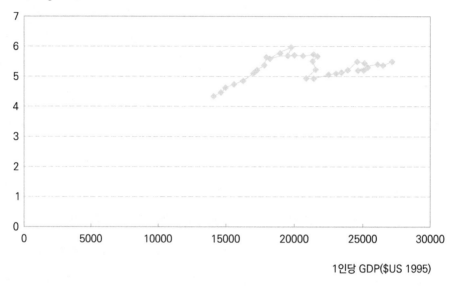

〈그림 11-7〉은 우리나라의 1인당 CO_2배출량과 GDP사이의 관계를 보여주고 있다. 우리나라의 경우 소득 증가에 따라 급격한 오염증가 현상을 보이고 있고 그 정도도 심각하다는 것을 알 수 있다. 즉 소득변동에 따라 약간의 오염배출의 변동이 있기는 하지만 대체적으로 소득이 증가함에 따라 단조증가의 형태를 나타내고 있으며 경제성장에 따라 지속적인 오염증가 현상을 보여주고 있는 것으로 나타났다.

환경보전은 경제가 성장하면서 저절로 얻어지는 결과로 쉽게 생각할 수 없으며, 특히 환경보전은 삶의 질을 높이기 위한 필요조건인 동시에 지속적인 경제성장을 위한 발전요소로 간주될 수 있다. 21세기 발전개념은 과거처럼 환경오염 및 자연환경 훼손을 대가로 하는 성장우선주의가 되어서는 한계가 있을 뿐만 아니라 지속될 수도 없다는 것을 알 수 있다. 따라서 지속가능발전은 환경보전과 경제성장이 조화를 이루는 새로운 발전전략이라고 할 수 있다.

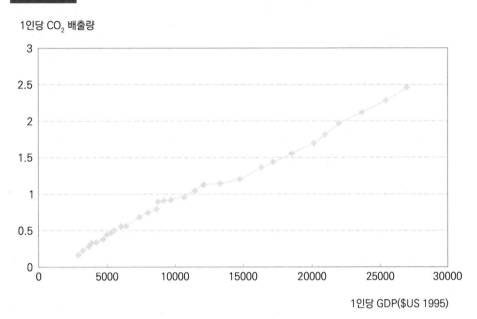

그림 11-7 | 한국 1인당 GDP와 CO_2 배출량 변화추이

1인당 CO_2 배출량

1인당 GDP($US 1995)

V 결론 및 제언

지속가능발전이라는 개념을 설명하기 위해서는 경제성장을 환경문제와 연결하여 논의하는 것이 반드시 필요하다. 이는 환경보전이라는 요소 자체가 경제발전의 일부로 반드시 고려되어야 하며 모든 경제정책 및 환경정책 결정과정에서 환경요소가 포함되어야 한다는 것을 의미하기 때문이다. 따라서 우리나라 경제발전의 초기 단계에서 사용되었던 발전의 개념은 현재 논의되고 있는 지속가능발전의 맥락에서 현실에 맞지 않는 경제발전 개념이라고 할 수 있다. 환경질과 경제성장 사이의 관계는 그 동안 환경경제분야에서 계속 논란이 되어 오고 있는 주제이다. 경제가 성장함에 따라 환경오염은 계속 증가할 수밖에 없는데, 이러한 경제성장과 환경보전이 동시에 성취되는 것이 불가능하다는 견해가 있는 반면, 경제와

환경은 상호 보완적인 관계로 지속적인 경제성장이 환경문제의 개선에도 긍정적으로 작용한다는 주장도 제기되고 있다.

본 연구에서는 지속가능발전에 대한 논의동향과 지속가능발전에 대한 계량분석을 토대로 지속가능한 발전에 대해서 고찰해 보았다. 결과적으로, 환경보전은 경제가 성장하면서 저절로 얻어지는 결과로 쉽게 생각해서는 안되며, 특히 환경보전은 삶의 질을 높이기 위한 필요조건인 동시에 지속적인 경제성장을 위한 발전요소로 간주될 수 있다. 21세기 발전개념은 과거처럼 환경오염 및 자연환경 훼손을 대가로 하는 성장 우선주의가 되어서는 한계가 있을 뿐만 아니라 지속될 수도 없다는 것을 알 수 있다. 따라서 지속가능발전은 환경보전과 경제성장이 조화를 이루는 새로운 발전전략이라고 할 수 있다.

지속가능발전 계량분석 하는 데 있어 가장 큰 어려움은 지속가능발전 개념 자체가 광범위한 부문을 포함하고 현세대 뿐 아니라 미래세대까지 포괄하는 장기간에 걸친 개념이므로 어느 한 특정분야만을 깊이 있게 연구하는 방법과는 그 접근방법이 다르다는 것이다. 환경, 경제, 사회 등 각 분야별 자료가 나라마다 다르기 때문에 이러한 특수성을 반영하는 데 어려움이 있으며 국가수준의 자료를 바탕으로 개발되는 경우 특정한 여건에 어떻게 영향을 주는지를 제대로 반영하지 못할 수 있다. 또한 연구된 평가모형에 대한 신뢰성 검증의 어려움 및 주관성 개입 등과 같은 한계를 내포하고 있다. 지속가능발전 계량분석에 대한 제언을 다음과 같이 제시하고자 한다.

첫째, 명확한 지속가능발전 개념 확립을 위하여 지속가능발전 전략 및 비전을 전반적으로 검토할 필요가 있다. 지속가능한 발전이라는 국가적 비전을 확립하고 이를 실현 가능한 구체적 정책으로 전환할 필요가 있다. 따라서 이러한 사회를 이룩하려면 사회 전반이 지속가능발전 이념과 비전을 이해하고 일체화하여 자연환경의 보존과 경제적 발전 사이의 상충효과를 최소화하기 위해서 모든 정책 영역에서 지속가능발전 개념을 적용하여야 한다.

둘째, 기초통계의 정비 및 개발이 요구된다. 즉 지속가능발전정책과 연계된 기초통계자료의 개발이 필요하다. 향후 지속가능발전 목표와 성과를 비교하려면 이에 적합한 지표가 갖추어져야 하므로 우선 순위에 따라 기초통계자료의 정비 및 개발이 요구되고 있다. 개발단계에서 국제적으로 널리 인정된 방법과 근거 및 기준에 따라 통계지표를 개발하여 국제적으로 비교 가능한 지표가 작성되어야 한다. 즉 지표개발에 필요한 기초자료를 체계적으로 수집하고 그 신뢰도를 높이는 작업이 필요하다. 또한 그 동안 주로 기초통계자료가 존재하는 관련 지표에 대하여 개발하였으나 앞으로는 지속가능성 개념을 잘 나타낼 수 있는 새로운 통계자료를 적극 발굴하여 지속가능발전 통계체계를 구축할 필요가 있다.

셋째, 지속가능발전지표(Sustainable Development Indicators, SDIs) 작성체계의 검토가 필요하다. 효과적으로 정책에 활용하기 위한 지표체계의 유용성은 개발된 지표가 일관되게 지표이용자들에게 쉽게 충족시켜줄 수 있고 이해를 증진시켜주고, 부족한 부문이나 부족한 지표에 대하여 정비 및 개발을 촉진하며, 효과적이고 일관되게 정보수집과 부문간 통합을 가능케 하는 데 있다. 지속가능발전지표(SDIs)가 경제, 사회, 환경 등의 상호 연계성 및 관계를 상세하게 보여주려면 지속가능성의 방해 원인과 해결방안을 서로 연계시킬 수 있어야 한다.

넷째, 지속가능성과 연결된 환경의 가치를 공통의 화폐단위로 계량화함으로써 개별 자본자산과 지표를 서로 통합하여 종합적인 정책 시사점을 도출할 수 있어야 한다. 즉 화폐가치와 같은 공통의 측정단위를 통해 지속가능발전지표의 비교, 평가 기능을 높이고, 이에 근거한 비용 – 편익 접근방식을 통하여 경제성 평가와 분석을 제시하여야 한다.

끝으로 지속가능발전의 체계적인 연구를 위해서 공통기준에 위한 평가와 해석 기법이 제시되어야 하며 환경, 경제, 사회의 상관관계를 분석하기 위한 모형화 작업도 요구된다. 환경, 경제, 사회의 상관관계를 깊이 있게 분석하고 정책을 평가하며 정책대안에 대한 잠재영향을 전망하기 위해서는 지속가능발전 모형이 필요하다.

참고문헌

강상인. 2012. 「Rio+20 녹색경제 의제에 관한 국가비전 및 발전방안 연구」, 한국환경정책 · 평가연구원.

김정인 · 김진욱 · 박창원. 1999. "주요 OECD국가의 환경 쿠즈네츠 곡선 검증", 「환경경제연구」.

김종호. 2016. 「국가 지속가능성 평가 등에 관한 연구」, 환경부.

김호석 외. 2017. 「국가 정책 · 계획 지속가능성 평가체계 개발」, 한국환경정책 · 평가연구원.

대한민국정부. 2020. 「지속 가능한 녹색사회 실현을 위한 대한민국 2050 탄소중립 전략」, 대한민국정부.

이창훈. 2006. 「국가 지속가능발전 추진체계 구축을 위한 연구」, 대통령자문 지속가능발전위원회.

정영근. 1999. 「거시환경경제모형 개발에 관한 연구 Ⅱ」, 한국환경정책 · 평가연구원.

정영근. 2001. 「국가 지속가능발전지표 개발 및 활용방안 연구」, 환경부.

정영근 외. 2003. 「OECD 지속가능발전지표 개발에 따른 국내 통계 발전방향 연구」, 한국환경정책 · 평가연구원.

추장민 외. 2017. 「녹색경제와 지속가능발전을 위한 환경정책의 뉴 패러다임 개발」, 한국환경정책 · 평가연구원.

환경부. 2002. 「국가 환경지속성지수 제고방안에 관한 연구」, 환경부.

Atkinson et al. 1999. Measuring Sustainable Development, OECD.

Bartelmus. P. 1999a. "Sustainable Development-Paradigm or Paranoia", Wppertal Papers No. 93.

Bartelmus, P. 1999b. "Greening the National Accounts; Approach and Policy Use", Desa Discussion Paper No.3.

Chung, Y. K. 2009. The National Strategy for Sustainable Development of the Republic of Korea, UN.

Grossman, G. M and A. B. Krueger 1995. "Economic Growth and the Environment", Quarterly Journal of Economics 110, pp.353-377.

Hamilton, K. 2000. "Genuine Savings as a Sustainability Indicator". The World Bank Environment Department. Environmental Economics Series. Paper No. 77.

Meppem, T. and R. Gill. 1998. "Survey: Planning for Sustainability as a Learning Concept", Ecological Economics 26.

OECD. 2001. Sustainable Development-Critical Issues.

Pearce et al. 1998. "The Concept of Sustainable Development; An Evaluation of its Usefulness Ten Years after Bruntland". CSERGE Working Paper PA98-02

Porter, G. and J. W. Brown. 1991. Global Environmental Politics. Dilemmas in World Politics. Boulder: Westview Press.

Turner et al. 1997. "Ecological Economics: Paradigm or Perspective", edited by J.C.J.M. van den Bergh et al., Economy and Ecosystems in charge, Edward Elgar.

Unruh, G. C. and W. R. Moomaw. 1998. "An Alternative Analysis of Apparent EKC-Type Transitions", Ecological Economics 25, pp.221-229.

WCED. 1987. Our Common Future, Oxford University Press.

기후대응 · 탄소중립을 지원하기 위한 공간환경계획

최정석

CHAPTER 12

기후대응·탄소중립을 지원하기 위한 공간환경계획

I 기후위기의 우려와 탄소중립의 노력

기후변화에 대응하기 위한 적극적 행동이 즉시 취해지지 않는다면 파멸적 대재앙을 초래하여 인간멸종에 이를 수 있다는 주장도 있다. 기후변화로 인한 이같은 전 지구적 재앙은 첫째, (직접 영향) 기후변화가 사회의 기후변화 적응 능력을 압도하는 경우, 둘째 (간접 영향) 수많은 연쇄파급효과가 발생하는 경우, 셋째, (우연 효과) 다른 재해가 발생할 때 대응 및 복원 능력을 훼손시켜 사회기반을 망가뜨리는 경우 등 다양한 경로를 통해 유발될 수 있다.

IPCC는 기후변화가 '인간에게 주는 적색경보(Code red for Humanity)'라고 경고하면서, 2021년 8월 9일, 65개국을 대표하는 기후변화 전문가 234명이 참여하고[1], 195개국의 대표가 승인한[2], 역대 최대 규모의 연구보고서에서 다음 20년 이내에 세계의 평균 기온은 1.5℃ 목표치를 초과할 수도 있다고 발표하였다.

이것은 이전 연구를 통해 제시하였던 시기보다 10년 이상 앞당겨진 것으로 앞으로 10년이 기후변화에 대응할 수 있는 결정적 시간이며 1.5℃ 이내로 기후변화를 억제할 수 있는 중요한 시기라는 것을 의미한다.

---

1   BBC, EU unveils sweeping climate change plan, 2021.07.14./ CNN, EU unveils ambitious climate package as it cools on fossil fuels, 2021.07.14.

2   DW News, 2021.08.09.

이러한 상황에 직면한 세계 각국은 기후대응을 위한 탄소중립 목표를 설정하고 다양한 전략과 정책을 추진하고 있다. 세계 탄소배출의 약 8% 정도를 차지하고 있는 EU는 2021년에 '2050 탄소중립 목표'의 달성을 골자로 하는 기후변화전략을 발표하였다. 이는 기존 경제를 억제하는 것이 아니라 새로운 차원의 경제로 전환하겠다는 시도를 내포하고 있다. 여기서는 전체 10단계로 구성된 상당히 공격적 추진전략을 담은 'Fit for 55 package'[3]라는 로드맵이 제안되었는데, 탄소중립 목표 달성을 지원하기 위한 12개의 법률 제정도 제안하고 있다.

우리나라도 온실가스 배출 문제를 매우 심각하게 인식하고 있으며, 이에 따라 탄소중립의 달성을 매우 중요한 국가정책으로 추진하고 있다. 2018년 기준, 우리나라는 세계에서 8번째로 CO_2를 많이 배출하여 세계 CO_2 배출의 약 2%를 차지하며, 1인당 배출량에서는 세계 6위를 기록하고 있어[4], 온실가스 배출관리를 중요한 국가적 과제로 채택할 수밖에 없는 국가이기 때문이다.

세계적 추세에 따라 우리나라도 '파리 기후변화협약'에 따른 의무사항으로 「대한민국 2050 탄소중립전략」을 수립하였다. 이 전략에 따라 국가 차원에서 온실가스 감축정책을 추진하고 온실가스 관리체계를 구축하고 있다. 국가적으로 설정한 탄소중립을 달성하기 위해 추진하고 있는 온실가스 배출제어, 기후위기 대응전략, 탄소순환의 경제구축 등의 이슈는 산업뿐만 아니라 국토환경의 개발 및 관리 부문에서도 반드시 고려해야 할 필수적 도전과제가 되고 있다.

---

3   이 이름을 갖게 된 이유는 EU가 2019년까지는 1990년 수준의 24%까지 탄소배출을 줄였는데, 2030년에는 1990년의 55%까지 탄소를 줄인다는 목표치를 달성할 수 있는 경로에 올려 놓을 것이기 때문이다.

4   세계 최대의 CO_2 배출 국가는 중국으로 2위인 미국의 2배, 3위인 인도의 5배 수준이며, 4위는 러시아, 5위는 일본, 6위는 독일, 7위는 이란, 8위가 한국이다.(Union of Concerned Scientists, 'Each Country's Share of CO_2 Emissions', 2020.08.12.)

Ⅱ 도시와 기후변화의 관계

계획가의 의도대로 도시의 환경 상황이 전개되지는 않는다. 생태환경이 '도시의 생명부양시스템으로 작용하는데, 기후변화로 인한 생태환경의 극적 변화는 그 생명부양시스템을 망가뜨려 우리의 능력을 초월하는 거대한 '천재지변(acts of God)'의 파국을 초래할 수도 있다.

관행처럼 계속되는 확장 지향의 도시개발과 기후변화를 고려하지 않는 도시관리가 기후와 생태계에 주는 영향은 클 수밖에 없다. 2021년 기준, 세계 인구의 반 이상이 도시에 살고 있고, 2050년경에는 2/3가 도시에 거주할 것이고[5], 도시는 에너지 사용으로 인한 CO_2 배출의 70% 이상, 폐기물의 50% 이상을 배출한다고 생각하면 그 영향을 짐작할 수 있다.[6]

도시의 온실가스 배출로 인해 기후 및 생태계에 미치는 부정적 영향이 지속되는데, 도시의 기후대응 및 환경전략이 변화되지 않는다면 도시를 기반으로 하는 현재의 인류문명이 심각한 위기 상황에 빠질 것이라는 것은 분명하다.

도시가 온실가스를 대량 배출한다는 것은 본래부터 잘못 만들어진 나쁜 공간이어서가 아니라 도시가 화석에너지 기반의 경제활동과 인간생활의 중심 공간이기 때문이다. 도시가 인간활동의 중심적 터전이 된 것은 인간의 본성 때문이었고, 이 본성을 공간적으로 구현해준 것은 도시계획이었다. 과거의 도시계획과는 달리, 기후위기 시대의 도시계획은 도시구조, 도시기능, 도시관리에서 기후위기 대응에 관련된 다양한 변수를 통제하는 방법을 개발하고 적용하는 노력이 필수적인데, 이는 최근 도시계획, 환경계획 등 공간환경계획 부문의 핵심 영역이 되고 있다.

---

5   National Geographic, Urban Threats, 2021.06.26.

6   OECD, Cities and Environment, 2021.06.26.

Ⅲ 도시계획과 환경계획의 공동 과제는 탄소중립도시로의 전환

기후변화, 탄소중립을 도시와 연계하여 대응하려는 의도로 다양한 도시계획 및 환경계획의 개념이 사용되고 있다. 탄소중립도시(Carbon Neutral City), 기후중립도시(Climate Neutral City), 탄소제로도시(Zero Carbon City) 등이 그 예가 될 수 있다. 탄소중립도시는 탄소 배출량의 대부분을 줄이고 잔여 배출량을 상쇄하여 도시 운영으로 인해 배출량이 순증가하지 않는 도시라고 정의될 수 있다.[7]

우리나라는「기후위기 대응을 위한 탄소중립·녹색성장 기본법」(약칭, 탄소중립기본법) 제29조의①을 통해 "탄소중립 관련 계획 및 기술 등을 적극 활용하여 탄소중립을 공간적으로 구현하는 도시"를 탄소중립도시라고 규정하고 있다. 또 같은 법 제29조의②를 통해 탄소중립도시로 지정받기 위해 필요한 5가지의 사업을 규정하고 있다.

「탄소중립기본법」에 따르면, 각각의 도시(지자체)가 다양한 전략을 통해 어느 수준 이상의 탄소중립 실적을 달성한 경우에 그들을 탄소중립도시로 지정하는 것이 아니다. 현재는 사업계획을 가지고 탄소중립도시를 지정하는 계획지향의 탄소중립도시 지정제도라는 한계가 있기 때문에 앞으로는 도시의 자율적 노력에 따른 탄소중립 성과지향의 제도로 보완될 필요가 있다.

중앙정부의 규정에 따라 모든 도시가 같은 방식으로 탄소중립전략을 추진하는 것보다 도시 스스로 탄소중립 전략을 설정하고 그것을 추진하는 중요하다. 그 이유는 도시의 탄소배출에 영향을 미치는 변수가 각자의 상황에 따라 다양하기 때문이다. 예를 들어 도시의 탄소배출에 미치는 변수는 기후(냉·난방의 정도), 입지(장소의 물리적 환경적 차이), 에너지(주로 소비되는 에너지원), 도시형태(개발밀도와 교통구조), 탄소기술(온실가스 저감, 포집, 활용기술), 건축(건축기술과 건축양태), 경제구조와 소득수준 등 다양하기 때문에 탄소배출 양태를 도시 스스로 결정하는 것이 시행착오를 최소화하는 방법이 될 수 있다.

---

7   Karim Elgendy, "Carbon neutral cities: Can we fight climate change without them?", Climate Champions, 2021.05.06.

도시를 탄소중립 공간으로 전환하기 위해 여러 가지로 고려할 사항이 많다. 첫째, 완화(Mitigation)에 대한 것인데, 어떻게 하면 이미 배출된 탄소를 흡수하면서 앞으로 탄소배출을 줄일 수 있는 공간을 만드는가 하는 문제이다. 둘째, 기후변화 적응(Adaptation)에 관한 것인데, 어떻게 공간을 계획 · 관리하면 도시에서 탄소배출로 인한 영향을 최소화할 것인가의 문제이다. 셋째, 활용(Utilization)에 관한 것인데, 어떻게 하면 탄소순환(탄소경제)을 활성화할 수 있도록 공간을 만들 것인가의 문제이다.

이것을 고려하면 탄소중립도시로의 전환 방향을 다음과 같이 설정할 수 있다. 완화전략으로 탄소배출 문제 그리고 적응전략으로 기후위기 문제를 연계해서 도시를 근본적으로 바꾸는 것이다. 도시에서 '완화전략'[8]을 추구한다는 것은 탄소배출의 감소와 탄소 흡수원의 확대를 포함하는 것이다. '적응전략'[9]을 추구한다는 것은 기후변화로 인한 피해의 회피 혹은 기회의 탐색을 포함한다. 이러한 것들은 도시관리 관행에서도 변화가 수반되어야 하는데, 이는 도시에서 에너지 이용 전환(에너지 효율성 증대, 저탄소 에너지 확대)과 도시의 기후변화 대응력 향상이 수반되어야 한다.

Ⅳ 탄소중립도시로의 전환을 위한 공간적 압축

기후위기와 탄소중립에 더해 인구감소까지 고려하여 국토공간을 지속가능하게 전환하려면 다음의 문제에 대해 고민해야 한다. 첫째, 도시 모습을 어떻게 전환할 것인가 하는 것이다. 이때 공간의 압축, 기능의 강화, 효율적 관리가 핵심 주제가 되어야 한다. 둘째, 사람 활동을 어떻게 변화하도록 유도해야 할 것인가의 문제이다. 이것은 저탄소 삶의 일상화, 탄소발자국의 도입 등 다양한 전략을 검토

---

8 온실가스 감축은 "온실가스 배출원을 줄이거나 온실가스 흡수원을 향상하는 인간의 개입"을 의미한다.", IPCC, 2014, p.125

9 기후변화 적응이라는 것은 "실제로 발생하거나 앞으로 예견되는 기후변화와 그 영향에 적응하는 과정이다. 적응은 기후변화의 피해를 완화·회피 혹은 기후변화를 새로운 기회로 활용하는 것을 포함한다.", IPCC, 2014, p.118

해야 한다. 셋째, 도시의 건조환경(built environment)을 어떻게 관리해야 할 것인가 하는 것이다. 이는 기후·생태기반시설을 통한 도시공간의 생태순환성 증진이 해결책이 될 수 있다.

먼저 도시 모습에 대해 다시 생각할 필요가 있다. 기후위기와 탄소중립에 덧붙여 한국의 미래에 그림자를 드리우는 인구감소 문제까지 고려해야 한다. 공간의 압축은 때로는 기존 도시규모를 축소하는 것까지 포함한다. 인구감소가 심각한 도시조차 새 땅에 새로운 개발사업을 실시하여 인구감소를 역전시키겠다는 규모 확장적인 도시개발이 계속되어 기후대응과 탄소중립을 위한 공간적 축소전략을 추진하기 어려운 상황이다.

지방의 도시쇠퇴 문제의 근본 원인을 인구감소라고 생각하면 출산 지원을 통해 낮은 출산력을 회복하면 되고, 빠져나가는 인구를 다시 불러들이고자 새로운 개발사업을 하면 된다. 또한 쇠퇴 도심의 재활성화보다는 새로운 개발을 추구하며, 건설 및 유지에 큰 비용이 들더라도 중앙정부의 예산으로 새로운 기반시설을 건설하면 저절로 도시쇠퇴 문제가 해결될 것으로 보기 때문에 과학적 도시개발이 아닌 정치에 따른 개발전략이 형성될 수밖에 없다. 이는 균형발전을 빌미로 한 자원낭비이자 국토공간 이용의 비효율을 초래하게 된다.

문제는 인구감소와 지역침체의 대응 전략으로 신규 개발을 절실히 원하는 지방 지자체들에게 공간을 압축하라는 것은 지역쇠퇴를 심화시킬 것이라는 우려를 일으킬 수 있다는 것이다. 따라서 이러한 우려를 해소하면서 기후대응과 탄소중립에 필요한 국토공간의 압축적 활용을 유도하기 위해서는 과거와는 다른 스마트한 도시전략이 적용되어야 한다.

1 스마트한 도시의 의미

스마트도시와 압축도시를 병렬적으로 결합한 용어인 스마트 압축도시에서 스마트라는 의미는 IoT(사물인터넷) 등 발전된 기술로 도시공간을 계획하고(spatial planning), 공간을 관리하여(spatial management), 최소의 비용으로 최적의 관리를 도모하려는 도시관리시스템이라고 할 수 있다.

계속되는 도시 변화에 유연하게 대응할 수 있는 스마트한 도시관리, 스마트한 압축도시로의 전환을 위해 스마트 도시관리기술이 필요하지만 쇠퇴도시에 대한 이러한 스마트도시 전략이 비경제적 비효율적 문제를 초래한다는 주장도 많다.

그럼에도 불구하고 지금 침체 위기를 겪고 있거나 앞으로 침체 가능성이 높은 지방도시를 포함하여 모든 도시를 탄소중립이 가능한 압축도시로 전환하려면 스마트도시 개념이 유용하게 활용될 수 있다. 그 이유는 스마트도시 전략을 통해 도시의 외형적 규모 축소에도 불구하고 지역주민들의 삶의 질은 저하되지 않고 오히려 질적 성장이 가능하다는 정책적 신호를 줄 수 있기 때문이다.

2 도시를 축소한다는 의미

인구감소 등 사회경제적 변화와 기후위기가 현실화되는 상황에서는 무분별한 신규 개발 위주의 공간 확대 및 공간 재생산 전략은 타당하지 않다. 앞으로 필요한 공간정책은 적극적인 공간개입(spatial intervention)의 형식을 취할 필요가 있다. 축소도시도 공간개입 전략의 일환으로 등장한 접근법의 하나이다.

이미 만들어진 에너지 비효율적인 분산화된 도시공간을 압축적 공간으로 재편하려면 산재되고 파편화된 도시시설, 도시기능, 사람과 활동을 한 곳으로 모으는 과정이 필요하다. 이를 위해서 공간적으로 고밀화, 고층화, 집약화, 복합화를 수반하는 압축도시로 전환과정을 거쳐야 한다.

도시축소에 대한 주민들의 우려는 규모 축소에 의한 편익으로 보완될 수 있다는 것을 보여줘야 한다. 그리고 도시축소를 통해 유발된 편익은 그 전략을 수용한 지역주민에게 돌려주는 메커니즘이 필요하다. 이러한 과정을 거쳐 압축도시 정책이 지역적으로 수용되고 확산되어 국토공간의 효율적 재편이 가능하게 될 수 있다.

이러한 압축도시 전략을 활용해서 경제적·환경적·기후생태적으로 바람직하지 못한 현재의 국토 및 도시공간을 효율적으로 전환하고 지역마다 공간적 중심성을 강화하여 쇠퇴도시의 활성화를 도모하자는 것이 기후변화시대의 기본적인 공간전략이 되어야 한다.

압축도시가 기반시설 조성, 도시시설의 유지관리, 토지이용, 환경과 지속가능성 측면에서 다양한 편익을 제공할 수 있다는 것은 많은 연구를 통해 입증되고 있다.[10] 압축도시계획에서 제시되는 것처럼, 공간을 고밀도로 압축하여 개발하면 그 공간의 인구 증가에 비례하여 에너지 및 기반시설 비용이 절약된다는 발견은 '동물의 크기와 에너지 효율성의 비례'[11]에 대한 생태학적 지식과도 일맥상통하는 것이다.

3 축소전환의 우려에 대한 대응

도시를 축소한다고 하면 지역주민들은 그에 따른 복지후생 하락, 도시편의 악화, 지역경제 침체 등을 우려하는데, 이러한 우려를 도시의 서비스기능 강화와 스마트 성장관리를 통해 해소하는 방안이 필요하다.

첫째, 도시기능(서비스)의 강화가 중요하다. 도시축소는 행정편의, 교육편의, 의료편의 등 도시의 공공서비스를 약화시키는 것이 아니라 오히려 공간 축소를 통해 강화할 수 있다는 것이다. 이는 공유기반의 도시활동 활성화, 스마트 도시관리기술에 의한 비용최소화·관리최적화를 통해 가능하다. 이를 통해 생활에 필수적인 기반시설을 복합화하여 미이용·저이용 공간은 축소하면서 도시서비스는 줄이지 않도록 할 수 있다.

둘째, 새로운 도시시설을 설치하는 것이다. 스마트 압축도시를 지속가능하게 만들려면 공간구조의 압축적 재편과 동시에 그 공간에 최대의 생태순환 기능을 부여해야 한다. 이를 위해 '기후·생태도시시설'의 적극적 도입·활용을 검토할 필요가 있다.

셋째, 스마트 성장관리를 실시하는 것이다. 스마트 성장관리는 삶의 질, 환경

---

10   Simon Elias Bibri et al. 2020, "Compact city planning and development: Emerging practices and strategies for achieving the goals of sustainability", Developments in the Built Environment, Vol.4

11   예를 들어, 생태계에서 고래가 고양이 보다 kg당 에너지 이용 효율이 높다는 식의 개념이다

의 질, 지역경제 등에 대한 영향을 최소화하면서 도시의 규모를 인구변화에 맞춰 축소하는 도시관리전략을 의미한다. 스마트 성장관리는 도시를 축소하는 과정관리까지 포함한다. 이것은 압축도시정책이 도시의 쇠퇴나 정체를 방치하는 것이 아니라, 계속되는 질적 성장을 보장한다는 것을 보여주는 데 필요하고, 지역주민들의 정책에 대한 수용성을 기대할 수 있게 한다.

스마트한 압축도시로의 전환은 일차적으로는 지역의 인구감소와 경제침체에 대응하는 것이지만, 이차적으로는 기후변화와 탄소중립도 고려할 수 있도록 도시의 구조 · 기능 · 관리를 전환하려는 정책적 의미를 포함한다.

이상의 논의를 종합한 기후대응 · 탄소중립을 고려한 지속가능한 도시공간 전환모델은 다음 그림과 같이 요약할 수 있다

그림 12-1   **기후대응 · 탄소중립의 지속가능한 스마트 압축도시**

출처: 저자 작성

Ⅴ 탄소중립을 위한 공간전환은 환경계획과 도시계획의 연계 · 연동이 출발점

환경계획은 자연환경, 사회, 정치, 경제 및 거버넌스 요인을 고려하여 공간을 개발하기 위한 의사결정을 지원하는 계획체계이다. 환경계획을 통해 지속가능한 개발을 달성하는데 필요한 공간의 계획 · 개발 · 관리의 전 과정에 대한 총체적 준거 틀을 제공할 수 있다.[12]

환경계획이 다루는 영역은 지속가능한 사회경제적 개발전략, 도시 및 지역개발의 지속가능성 강화, 자원관리와 통합적 토지이용, 환경 · 생태를 고려한 도시관리, 기후변화와 탄소중립을 위한 기후 · 생태도시시설의 구축, 지속가능발전을 위한 거버넌스 프레임의 구성 등 다양하다.

환경계획을 도시계획과 비교하면 환경계획의 속성이 명확하게 드러난다.

표 12-1 환경계획과 도시계획의 비교

구 분	환경계획	도시계획
공공성의 정도	매우 높은 공공성 지향	공공성과 사익성의 조화
인·허가 관련	인·허가와 관련성이 약함	인·허가와 관련성이 깊음
이해관계자의 정도	불분명한 이해관계자	분명한 이해관계자 형성
계획의 내용과 범위	광범위한 계획 내용과 범위	명료한 계획 내용과 범위
정책 수요자	정책 수요자가 불분명	정책 수요자가 비교적 분명
정책효과의 가시성	정책효과의 낮은 가시성	정책효과의 높은 가시성
원인·피해의 인과관계	원인과 피해 간에 불명확한 인과관계	원인과 대응 간에 명확한 관계
피해와 편익	피해와 편익의 공간적 불일치로 정책추진 장애	피해와 편익의 공간적 일치로 정책추진 용이
계획의 시·공간성	시간적 공간적 불일치로 계획 대상 지역을 특정하기 곤란	계획의 시간적 공간적 일치로 계획 대상 지역이 분명
중앙-지방의 관계	약한 중앙-지방의 상호관계	강한 중앙-지방의 상호관계
계획에 대한 관심과 참여	시민들의 약한 관심과 참여	이해당사자를 중심으로 한 강한 관심과 참여
계획 결과의 활용성	계획 결과의 낮은 활용성	계획 결과의 높은 활용성
계획의 지향성	보전을 위한 개발규제의 가능성	계획을 통한 개발 추진의 가능성
경제와의 관계	지역경제와의 관련성 불확실	지역경제와의 높은 관련성

출처: 최정석, 2021, 「환경정책」, 29.4, p.45를 수정

---

12 Timothy Beathley, 1995. "Planning and Sustainability: The elements of a new paradigm". Journal of Planning Literature. Retrieved 26 September 2016.

두 계획을 통합적으로 활용할 때 도시의 녹색전환을 수월하게 할 수 있지만, 환경계획과 도시계획의 근본적 속성 차이 때문에 단계적 접근이 요구된다. 단기적으로는 도시계획과 환경계획의 연계를 강화하는 것이다. 2018년부터 「국토계획 및 환경계획의 통합관리에 관한 공동훈령」이 시행되어 「국토기본법」에 따른 국토종합계획, 초광역권계획, 도종합계획, 「국토의 계획 및 이용에 관한 법」(약칭, 국토계획법)에 따른 도시·군기본계획 및 도시·군관리계획과 「환경정책기본법」에 따른 국가환경종합계획, 시·도 환경계획, 시·군 환경계획을 연계하도록 하고 있다. 최근에는 국토계획과 환경계획을 통합관리할 때 「탄소중립기본법」에 따른 시·도 탄소중립·녹색성장 기본계획, 시·군·구 탄소중립·녹색성장 기본계획을 연계하는 것이 추가되었다. 그러나 이들 계획의 연계는 각각의 계획을 수립할 때 정보시스템의 연계, 통합관리 이행 및 모니터링 수준이며, 실제로 계획과 사업을 이행하는 지자체 수준에서의 도시계획, 환경계획, 탄소중립기본계획 간에 실질적 연계는 미흡하다.

도시계획, 환경계획, 탄소중립·녹색성장 기본계획은 연계를 넘어 계획간 연동형태로 제도화되어야 한다. 이를 위해 우선 환경계획을 제도적으로 강화하고 「국토계획법」에 의한 도시·군기본계획 및 도시·군관리계획에 환경계획의 제안 내용이 의무적으로 반영되도록 하는 연동체계가 만들어져야 한다.

이러한 연동단계를 거쳐 장기적으로는 환경계획, 도시계획, 탄소중립·녹색성장 기본계획이 하나의 통합공간계획플랫폼(integrated spatial planning platform) 하에서 계획·조성·관리의 전 과정이 수행되는 구조로 재편성될 수 있다.

현 단계에서도 환경계획, 도시계획, 탄소중립·녹색성장 기본계획이 제도적 유기적으로 연계된다면 지속가능한 공간환경계획의 수립과 추진은 가능하다. 이를 위해 세 계획이 협력하여 공간환경사업을 발굴·시행하면서 성과분석을 통해 계획 간에 연계를 넘어 연동의 제도화를 도모할 수 있다.

그림 12-2 **도시계획 · 환경계획 · 탄소중립 · 녹색성장기본계획의 통합공간 환경계획으로의 개편 방안**

출처: 저자 작성

VI 기후대응 · 탄소중립을 위한 공간환경계획의 주요 내용

1 탄소중립을 위한 재생에너지 중심의 공간환경계획

탄소중립을 지향하는 도시들은 재생에너지 사용 확대를 천명하고 이를 위한 다양한 전략과 사업을 개발하고 있다. '글로벌 100% 운동', EU의 '100% RES 지역사회', 'RES챔피언스 리그' 등이 이들을 대표하는 도시들의 모임이라 할 수 있다.

탄소중립도시를 만들기 위해서는 도시에서 초점을 두어야 할 재생에너지가 무엇인가를 확인하는 것이 먼저이다. 그것이 결정되면 중점 사업부문을 결정해야 하는데, 대개의 도시에서는 3개 부문(전기, 냉난방, 교통)에서 재생에너지의 사용 확대를 강조하는 경향이다.

최근에는 재생에너지 사용 확대 수준을 넘어 에너지공동체(energy community)를 만들기 위한 대담한 노력이 시도되고 있다. 에너지공동체 개념은 기후대응 사회로의 전환 가능성에 대한 고도의 상징성을 가지고 있다고 할 수 있다. 하지만 에너지공동체는 탄소사회에 대비한 주거기술과 기후대응을 위한 주거단지 개발기술이 뒷받침되어야 한다.

참고 1 에너지공동체 사례(1) 엘리얼렌고 마을[13]

- 유럽 최초의 지역단위 에너지공동체라고 평가되는 스페인 알리칸테(Alicante)지역의 엘리얼렌고 마을 (El Realengo)마을

에너지공동체 마을의 태양광 발전시설

에너지공동체 마을의 공유 전기차

출처: Euronews, "Europe's first local energy community is saving residents money", 2022.11.30.

- 지역주민은 각 가구에서 약 20~22%의 전기를 절약하는 조건으로 태양광발전 시설비용을 업체가 대신 부담하고 설치하는 방식

- 주역주민 간에 에너지 공유를 위한 협력이 에너지공동체 작동의 가장 중요한 요인. 풍부한 태양광발전이 가능한 낮에 집에서 생활하는 사람은 밤에 대부분의 전기를 사용하는 사람에 비해 매우 저렴하게 전기를 사용하는 대신 밤에는 에너지를 덜 사용하여 밤에 에너지를 많이 사용하는 주민들을 고려하는 방식으로 에너지를 절약하는 공유시스템. 이런 에너지 공유시스템을 통해 마을에서 필요한 에너지의 50%를 충당

- 에너지공동체 사업은 인구 30,000명의 트리비엔스 자치구역(Municipality of Treviense) 전체로 확대할 예정이며, 2022년 12월 현재 스페인에는 30개의 에너지공동체가 운영 중

---

13   Euronews, "Europe's first local energy community is saving residents money", 2022.11.30

14   DW, "This German village managed to go off grid and become energy self-sufficient", 2022.09.09.

참고 2 에너지공동체 사례(2) 독일, 펠트하임마을[14]

- 독일의 베를린에서 남서쪽으로 90km에 위치한 펠트하임마을(Feldheim village)은 15.7㎢의 면적에 130여명의 주민이 거주하는 작은 마을로서 1990년대부터 지속적으로 노력한 결과, 2021년에는 필요한 모든 에너지를 재생에너지로 공급하는 마을로서 독일 최초로 100% 에너지자립마을을 달성

- 이 사례는 에너지 수요를 분산하고 지역이 가진 자원을 최대 활용하며 수입한 석유와 가스를 전혀 사용하지 않기 때문에 우크라이나 전쟁으로 인한 러시아의 가스 공급 중단에 따른 위기 상황에서도 아무런 문제가 없는 에너지 안전마을이라는 위상을 과시

- 펠트하임마을의 열과 에너지 생산의 특징
  - (에너지원 복합) 풍력, 태양광, 농업폐기물을 적절하게 구성하여 에너지 생산을 위한 지역자원 공급의 안정성을 확보
  - (풍력발전) 풍력발전에 따른 소음이나 야생동물에 대한 부정적 영향에도 불구하고 풍력발전 프로젝트에 마을주민이 직접 투자하는 기회를 제공하면서 신뢰를 형성하고 참여와 지지를 확보. 2022년 9월 현재 55개의 풍력발전기를 가동하여 55,000가구에 전기를 공급할 수 있는 전기를 생산하고, 생산된 전기의 99%에 해당하는 사용 후 남는 전기는 독일정부에 판매
  - (태양광발전) 과거의 군사지역으로 사용되었던 곳을 태양단지로 전환하여 태양광발전을 시작했고, 4인 가족 기준 600가구가 사용하는 전기를 공급
  - (바이오가스시설과 통합지열시설) 자체 에너지 생산을 위한 바이오가스시설과 통합지열시설을 설치하였고, 바이오가스시설은 액체퇴비 같은 농업폐기물로 열을 생산하여 매년 마을의 난방에 필요한 260,000 리터의 난방유를 절약

- 에너지공동체의 완성이라 할 수 있는 자체적 독립 전력망 구축
  - 펠트하임마을은 자체적으로 독자적인 전력망을 갖춘 전력회사를 설립하여 마을에서 생산한 전기를 국가와도 거래하는 시스템을 구축
  - 이 과정에서 마을 자체의 전력망 설치는 국가적 전력네트워크, 지역전력회사 등의 반대에 직면하였지만, 마을의 각 가구당 3,000유로를 마을 전력망 구성에 투자하고 EU로부터 170만 유로의 지원자금을 수령
  - 초기에는 시설업체가 안전성 문제로 마을 전력망에 참여하는 것을 거부하였지만, 그 지역이 태풍에 의해 대규모의 정전사태가 일어났을 때 펠트하임마을만 아무런 문제 없이 전기를 사용하는 것을 본 후에 최종적으로 마을 전력망에 참여

- 펠트하임마을의 에너지 프로젝트는 마을의 인구 증가와 직업 창출에도 기여한 것으로 드러나 매년 수천 명의 전문가와 관련자들이 방문하여 에너지자립(energy self-sufficiency)의 달성에 대해 기술과 정보를 획득

100% 에너지자립·탄소중립의 펠트하임마을	펠트하임마을의 독립적 전력망 관리업체

출처: DW News, "This German village managed to go off grid and become energy self-sufficient", 2022.09.09

2 탄소중립의 교통환경 조성을 위한 공간환경계획

저탄소의 재생에너지를 교통부문에서 사용할 수 있도록 도시공간을 구성하는 것이 필요하다. 이러한 공간구성은 교통수단(modes of transportation) 결정에 영향을 주고 장기적으로는 교통부문의 친환경성과 탄소중립에 기여할 수 있다.

도시에서 지배적인 교통양식은 토지이용밀도, 도시개발패턴, 주택건설 및 공급방법, 도시시설의 배치 등의 도시계획적 맥락에 의해 결정된다. 대도시 못지않게 심각한 교통문제를 겪고 있는 중소도시에서도 TOD(Transit Oriented Development) 개발전략을 적용하여 압축적 공간 재편을 유도하고 도시의 경쟁력을 높이는 데 활용할 수 있다. 미국 오리건주 포틀랜드(Portland)의 20분도시(20 minute neighborhoods)사업이 TOD와 결합하여 녹색교통을 활성화하고 도시의 경쟁력을 높인 사례라고 할 수 있다.

교통부문에서 탄소중립을 달성하기 위해서는 첫째, 승용차, 버스, 트럭 중심에서 철도·트램 중심의 교통체계로 전환이 필요하다. 단지 승용차뿐만 아니라 디젤트럭, 디젤버스, 개인택시를 억제할 때 철도·트램 중심의 교통체계로 전환이 수월해진다. 철도·트램 중심으로 도시교통체계를 전환하는 것은 다양한 교통양식의 혼합이 전제되어야 한다. 교통양식의 혼합은 교통수단(보행, 자전거, 트램, 자가용, 지하철 등)의 선택 가능성을 확대하기 때문에 사회적 경제적으로 바람직하지만, 그에 따른 기반시설의 설치가 이루어져야 한다는 문제도 고려해야 한다.

둘째, 교통부문에서 연료 효율성, 온실가스 배출 문제가 면밀하게 다루어야 한다. 교통으로 인한 탄소배출을 줄이려면 자동차와 비행기 이용을 억제하고, 재생에너지 기반의 철도·트램, 버스 등 대중교통 이용을 높이고, 자전거와 보행 같은 능동교통(active transport)을 획기적으로 늘리는 것이 최우선 과제이다. 최근 여러 선진 도시에서 능동교통의 활성화를 목적으로 도시의 보행환경 개선사업이 대대적으로 이루어지고 있다.

도시에서 승용차 이용을 최소화하는 정책은 매우 중요한데, 이 문제는 도시계획과 환경계획의 통합적 고려가 필요하다. 논쟁의 여지는 있지만, 수퍼블록 형태의 도시개발을 재평가할 필요가 있는데, 수퍼블록은 계획 의도와 달리 도시 전체

적으로 자동차 이용을 조장할 소지가 크기 때문이다.[15]

도시에서 승용차를 억제하는 정책은 국내외의 수많은 도시에서 다양한 방식으로 추진되고 있다. 이 때 승용차 규제를 탄소중립 도시정책의 일환으로 사용할 수 있다는 사실에 주목할 필요가 있다. 뉴욕은 2019년에 맨하튼의 14번가를 대상으로 승용차 제한을 시범적으로 시행하였고, 2020년부터 영구적 진입규제를 실시(단, 기존 지역주민은 밤 10시~ 새벽 6시까지만 승용차 이용 가능)하였다. 또한 파리는 2021년부터 전 도시의 7% 면적에 대해 차 없는 거리정책을 실시하고 있으며, 2017년 주차면적의 절반 수준인 약 6만대의 주차공간을 폐쇄하였다.[16]

기존 도시정책은 능동교통(녹색교통)에 대해 불평등한 시각을 가지고 추진되고 있다는 비판을 받아야 한다. 즉, 자동차 중심의 정책 탓에 사람들에게는 공간 이용의 불평등이 초래된다는 것이다. 도시에서 교통에 이용하는 공간의 대부분은 승용차가 차지하고, 나머지 일부의 공간을 보행자, 자전거, 기타 모든 교통수단이 공유한다는 것은 자동차로 인한 도시공간 이용의 불평등을 극명하게 드러내는 것이다.

실제 교통수단별 이용자에 비례하여 도시의 교통공간을 배분한다면 전혀 다른 그림이 그려질 것이다. 자동차는 전체 공간의 25%만을 할당받을 것이고, 나머지 75%의 공간은 자전거와 보행자가 차지할 것이다. 이렇게 된다면 모든 자동차는 한 차선만 사용해야 하고 자동차를 위한 별도의 주차공간을 제공하는 것은 불가능하지 않겠는가?

기후위기 시대 그리고 탄소중립 시대의 도시계획과 도시정책은 발상을 달리해야 한다. 걷는 행위, 자전거 타는 행위 역시 다른 모든 교통수단과 동등한 가치를 가진 정책결정 대상인 것이지 중요하지 않은 교통행위라고 소홀히 다루어서는 절대 안 된다. 오히려 도시계획과 도시정책에서 그리고 교통행정에서 걷기와 자전거가 최우선의 정책대상으로 인식되어야 한다.

능동교통의 활성화를 위한 보행지원시설의 획기적 확충이 중요하다. 능동교통의 활성화를 위해서는 이들 활동을 지원하는 지원시설의 설치가 필수적이다. 이

---

15 주민들의 소득에 무관하게 수퍼블록이 다른 주거단위에 비해 1인당 4배의 자동차 이용률을 보였다는 연구 결과가 있다.(World Watch Institute, 「2016 지구환경보고서. 도시는 지속가능할 수 있을까?」 황의방 외 역, 환경재단, p.209를 참조)

16 Tomorrow's Build, "Paris' Grand Plan to Become Europe's Greenest City", 2021.09.28.

점에서 코펜하겐의 녹색교통[17]이 좋은 사례가 될 수 있다.

코펜하겐은 도시의 모빌리티 전환모델이 되고 있는데, 1960년대부터 도심거리에서 자동차 통행을 금지한 나라이다. 자전거 중심의 교통체계로의 전환을 가속하고자 '얀 게일(Jan Gehl)'이 중심이 되어 '자전거 수퍼 하이웨이'를 지속적으로 건설하였다. 그리고 도시와 최대 40km 떨어진 교외까지 연결하는 촘촘한 자전거 네트워크를 구축하여 지금은 주민의 62%가 자전거나 도보로 출퇴근하여 자전거 교통체증이 발생하는 정도이다.

코펜하겐에서 추진한 자전거 중심의 공간환경계획은 도시계획에서 흔히 나타나는 '수요와 공급의 반대작용 현상'을 역으로 이용한 것이다. 즉 도시계획을 통해 도시시설의 공급이 많아지면, 그에 따라 수요가 뒤따르는 경향을 응용한 것이다. 이처럼 자전거 및 보행시설을 선제적으로 대량 확충하여 결국은 녹색교통이 지배적 통행수단으로 정착되도록 한 경험은 도시의 정책결정자들에게 좋은 사례가 되고 있다.

3 탄소중립의 건설활동을 지원하는 공간환경계획

건설부문은 인류가 배출하는 CO_2의 11%를 차지하여[18], 러시아와 인도의 총 CO_2 배출량에 해당되는 수준이다. 건설부문이 탄소배출과 환경에 나쁜 이유는 주로 사용하는 물질(시멘트, 철 등) 그 자체가 많은 에너지를 포함하고 있기 때문이다.

오늘날 지구상에서 가장 많이 사용되는 자원은 첫째가 물, 둘째가 콘크리트이다. 콘크리트는 생산과정에서 다량의 CO_2를 배출하며, 건설에 따른 이동요인도 많다는 특성이 있다. 게다가 콘크리트를 사용하는 건설부문은 본질적으로 용도가 광범위하고 수적으로 많은 이용자를 포함하고 있어 그 자체가 분산적이라는 속성 때문에 탄소중립을 위한 관리가 쉽지 않다.

건설부문에서는 탄소중립에 관련되어 건축물의 용도 문제, 건축물의 재활용

---

17 DW, Redesigning Urban Space, DW Documentary, 2023.05.22.

18 The Economist, "Green Building: Can mushrooms help?", 2022.02.23

문제, '건설재료의 전환 문제'[19], 계획단위에 따른 건축 문제 등이 논의되어야 한다. 건축물을 통한 기후위기 대응과 환경적 지속가능성을 높이기 위해 건축물의 디자인 유연성이 필수적이다. 그러나 건축물의 용도 규정에 의해 건축허가 당시의 디자인(설계)을 건축물의 생애주기 끝까지 유지해야 하는 문제가 발생한다. 하지만 기후위기의 시대에는 상황에 따라 용도를 변경하여 사용할 수 있는 건축물이 필요하다.

건축물을 재이용·재활용하는 것이 건축산업의 관행이 되어야 할 시대가 되었다. 기존 건축물을 철거하면 포함된 에너지를 낭비하는 것이고, 콘크리트는 상당한 탄소발자국을 가진 것이며, 콘크리트에 포함한 모래는 희소자원이 되고 있다. 이런 상황에서 건축물을 부수고 새로 건축하는 것 역시 엄청난 에너지 소비와 탄소배출을 유발하기 때문에 '철거 후 신축'은 에너지 비효율적 건축행위가 될 수 있다. 따라서 건축물을 재이용·재활용하는 것은 에너지 효율적이고 탄소중립적 방법이라고 할 수 있다.

탄소중립을 위해 건축재료를 녹색전환하는 것도 중요한 과제라 할 수 있다. 회색의 가루인 시멘트는 콘크리트에서 중요한 접착제인데, 이것이 콘크리트로 인한 탄소배출의 주범이다. 매년 생산되는 50억톤의 시멘트는 인간활동에 의한 CO_2 배출의 8%를 차지하여 석탄, 석유, 가스의 뒤를 잇고 있다. 따라서 기존의 시멘트 사용을 줄이기 위해 청정시멘트 생산기술, 시멘트 대체기술 등이 계속 개발되고 있다.

저탄소 친환경의 건축재료와 재생에너지를 기반으로 하는 건축기법을 개발하고 적용하는 것이 필요하다. 독일 에스링겐(Esslingen)의 'NeueWeststadt'에서 주거건물의 지하에서 그린수소를 생산 이용하는 주거단지가 2022년 11월에 준공되었다. 또한 영국의 건축회사인 그린코아건설(Greencore Construction)은 주택단지(25개 주택)를 건설하면서 대마(canabis)와는 다른 삼(hemp)을 속성 재배하여 극단적으로 강력한 섬유질을 포함한 헴크리트(hempcrete)라는 시멘트를 만들어 사용하고 있다.

한발 더 나아가서 스마트도시기술을 적용하는 탄소중립의 주거단지 조성이 현

---

19 The Economist, "Sustainable materials: is there a concrete solution?", 2022.03.22

| 그림 12-3 | 친환경 · 저탄소 콘크리트를 사용한 주택단지 건설사업 |

그린코아건설(Greencore Construction)이 삼으로 만든 제로시멘트 콘크리트 사용 현장

출처: The Economist, "Sustainable materials: is there a concrete solution?", 2022.03.22

실화되고 있다. 독일 베를린에서는 'in Future Living Berlin'라는 프로젝트를 통해 신개념의 스마트 주거단지를 조성하였다. 이 단지는 자체적으로 에너지를 생산하면서 다양한 스마트 관리기술을 적용하여 에너지 최소화에 다가가고 있다. 한편 일본에서는 2021년부터 토요타와 'WovenPlanetHoldings'사 공동으로 후지산 자락의 이전 토요타 공장부지에 360명 정도가 거주하는 주거단지를 건설하고 있는데, 이는 3중 도로체계(자율주행도로, 개인차량도로, 보행전용도로)를 특징으로 하는 주거단지 건설사업이다

4 기후 · 생태도시시설의 설치를 통한 공간환경계획의 구현

대부분의 도시기반시설은 자연이 공기, 물 등 가장 기초적인 환경재를 무한정 공급해줄 것이라는 가정에 입각하고 있다. 그러나 기후변화에 따라 드러나는 물고갈 문제를 생각하면, 현재의 도시시설에 대한 근본적인 재구성이 필요하다는 생각을 가질 수 있다.

기후재난이 일상의 사건으로 다가오기 때문에 공간환경계획 측면에서도 대응전략을 마련해야 한다. 그러나 「국토계획법」에 기반을 둔 개발 중심의 도시계획에

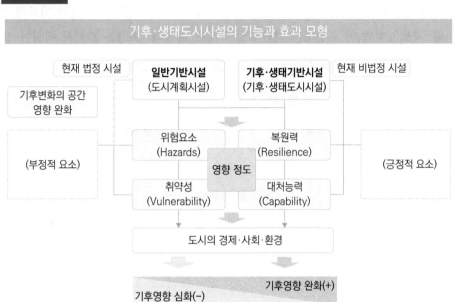

그림 12-4 **기후 · 생태도시시설의 기능과 효과 모형**

출처: 저자 작성

서는 기후 · 생태적 속성을 고려하기 어렵기 때문에 환경계획과 협력하여 기후위기에 대응하면서 탄소중립에 기여할 수 있는 도시시설을 발굴하고 설치할 필요가 있다. 도시계획과 환경계획의 중복 가능한 영역을 계획 · 관리할 수 있는 공간환경계획을 통해 기후 · 생태도시시설을 설치하는 것은 효과적일 것이다.

기후 · 생태도시시설은 도시 등 건조공간의 생태적 · 환경적 기능(보전 · 복원 · 창출)을 활성화하고, 도시가 기후변화에 대응(완화 및 적응)하고 탄소중립을 달성하는 데도 기여하도록 계획적으로 설치된 시설을 의미하며, 기존의 도시시설과 체계적으로 연계 · 설치할 때 도시의 지속가능성을 증진할 수 있다(그림 12-4 참조).[20]

기후 · 생태도시시설은 도시가 기후변화 문제에 대응하고 탄소중립을 달성하는 데 필요한 역할과 기능을 수행하도록 설치되어야 하기 때문에 도시의 특성에

---

20 최정석, 2021, "국토환경 통합관리의 실현성 강화를 위한 제도적 개선방안", 「환경정책」, 제29권 제4호, p.51 을 일부 수정

부합하도록 연구·개발되어야 하고, 법률 및 제도를 통해 설치를 규정하여 도시계획과 개발체계로 내재화되는 것이 중요하다. 기후·생태도시시설의 제도화를 위해 「국토계획법」이 규정하는 기반시설 규정을 다음의 〈표 12-2〉에서 제시한 방식으로 개편할 필요가 있다.

표 12-2 기반시설의 규정 및 개편 제안

구분	현재		개편 제안	
「국토계획법」	교통시설	일반기반시설	교통시설	동일
	공간시설		공간시설	동일
	유통·공급시설		유통·공급시설	동일
	공공·문화체육시설		공공·문화체육시설	동일
	방재시설		방재시설	동일
	보건위생시설		보건위생시설	동일
	환경기초시설	기후·생태기반시설	환경관리시설	
			기후·생태도시시설	

출처: 최정석, 2021, 「환경정책」, 29.4, p.52를 수정

표 12-3 기후·생태기반시설의 구분 방안 및 구성 내용

시설의 구분		시설의 내용
기후·생태 기반시설	환경관리시설	하수도, 상수도, 폐기물처리시설, 빗물저장 및 이용시설, 수질오염방지시설, 대기오염 및 미세먼지 방지시설

	기후·생태 도시시설	• 「국토계획법」의 공간시설에 해당하지 않는 대안공원시설
		  - 공원빌딩, 저류지공원, 공공정원, 빗물정원, 선형·교량공원 등
		• 「국토계획법」의 공간시설에 해당하지 않는 대안녹지시설
		  - 옥상녹지, 벽면녹지, 지하녹지, 교통녹지 등
		• 생태순환시설
		  - 홍수공원(Stormwater parks), 저습지, 도시물길, 식생수로, 도시바람길, 도시농업시설, 생태통로, 에코커넥터 등
		• 녹색교통시설
		  - 투수성보행로, 자전거고속도로, 전기차충전시설 등
		• 에너지전환시설
		  - 탄소공장, 바이오매스공장, 태양광도로
		• 스마트기후환경시설
		  - 미세먼지 집진탑. 스마트환경관리센터 등

출처: 최정석, 2021, 「환경정책」, 29.4, p.52를 수정

참고 3   기후 · 생태도시시설의 설치 사례

e-Tree	태양패널도로(Solar panel tunnel)

• 프랑스 R&D기업 New World Wind가 선보인 풍력발전나무는 자연에너지(바람)을 통해 전기를 생산(한 그루당 3.1kW의 전기 생산)하는 도시의 경관시설물이자 에너지 생산장치	• 벨기에 북쪽의 앤드워프(Antwerp)를 통과하는 3.6km의 터널구간에 1,560만 유로를 투자하여 축구장 8개 정도인 5만㎡의 면적에 16,000개의 태양패널을 설치한 것으로 유럽 최초의 기후 · 생태 기반시설로 인정
• 한 그루의 e-Tree는 72개의 잎을 가진 36ft(11m)의 높이로 제작되어 일반적인 가로수의 크기	• 이 시설은 현재 1년에 3.300MWh의 전기를 생산하여 근처의 1,000가구의 연간 전기소비를 완전 충당하는 수준이며, 유럽에서 연간 4,000대(유럽 전체 철도교통의 1일 교통량)의 기차가 완전 태양에너지로 운행하는 정도에 해당되는 수준
• 일반적인 풍력발전기와 달리 저속의 바람에서도 작동하여 효율이 높으며, 디자인이 일반 나무모양이고 소음이 발생하지 않기 때문에 도시의 인구밀집지역에 설치해도 시민들의 거부감은 최소화	• 또한 이 시설의 설치로 현재 연간 2,400톤의 CO_2를 감축하는 것으로 조사
출처: Off Grid, 3.1kW New Wind Turbine Looks Like a Tree, 2022.02.28	출처: https://wordlesstech.com/16000-solar-panel-train-tunnel/

정리하면, 「국토계획법」을 개정하여 기후 · 생태도시시설을 도입하는 것이 현실적이면서도 강력한 법적 근거를 마련하는 방안이라는 것은 분명하다. 그러나 기후위기 대응과 탄소중립 달성을 지원하기 위한 별도의 법률, 예를 들어, 「기후 · 생태기반시설의 계획 및 조성 지원법」을 제정하는 것도 대안이 될 수 있다. 이러한 전문화된 법률은 현재 파편화되어 시행되는 도시계획, 환경계획, 탄소중립 · 녹색성장 기본계획 등이 기후대응과 탄소중립을 위해 효율적, 능률적으로 연동되는 통합적 공간환경계획이 정착되는 데 도움을 줄 수 있을 것이다.

참고문헌

최정석. 2021. "국토환경 통합관리의 실현성 강화를 위한 제도적 개선방안". 「환경정책」. 제29권 제4호.

BBC. 2021. "EU unveils sweeping climate change plan". 2021.07.14.

_____. 2022. "Catastrophic climate change outcomes like human extinction not being taken seriously". 2022.08.03.

CNN. 2021. "EU unveils ambitious climate package as it cools on fossil fuels. 2021.07.01.

DW. 2022. News. "This German village managed to go off grid and become energy self-sufficient". 2022.09.09.

____. 2023. Redesigning Urban Space. DW Documentary. 2023.05.22.

Euronews. 2022. "Europe's first local energy community is saving residents money". 2022.11.30.

Karim Elgendy. 2021. "Carbon neutral cities: Can we fight climate change without them?. Climate Champions. 2021.05.06.

National Geographic. 2021. Urban Threats. 2021.06.26.

OECD. 2021. Cities and Environment. 2021.06.26.

Off Grid. 2022. "3.1kW New Wind Turbine Looks Like a Tree". 2022.02.28.

Simon Elias Bibri et al. 2020. "Compact city planning and development: Emerging practices and strategies for achieving the goals of sustainability". Developments in the Built Environment. Vol.4.

The Economist. 2022. "Green Building: Can mushrooms help?". 2022.02.23.

____. 2022. "Sustainable materials: is there a concrete solution?". 2022.03.22.

Timothy Beathley. 2016. "Planning and Sustainability: The elements of a new paradigm". Journal of Planning Literature. Retrieved 26 September.

Tomorrow's Build. 2021. "Paris' Grand Plan to Become Europe's Greenest City". 2021.09.28.

Union of Concerned Scientists. 2020. 'Each Country's Share of CO2 Emissions'. 2020.08.12.

World Watch Institute. 2017. 「2016 지구환경보고서. 도시는 지속가능할 수 있을까?」 황의방 외 역. 환경재단.

도시의 공원과 녹지: 도시는 공원이 될 수 있을까?

최희선

CHAPTER 13

도시의 공원과 녹지:
도시는 공원이 될 수 있을까?

I 서론

19세기 영국의 도시계획가였던 에베네즈 하워드(Ebnezer Howard)는 1898년 'Garden Cities of Tomorrow'를 통해 도시의 장점과 농촌의 장점을 통합하고 상호 연계하는 전원도시(Garden City) 개념을 제시하였다. 이후 1903년 영국 런던에서 북쪽으로 약 56km 떨어진 레치워스(Letchworth)에 세계 최초의 Garden City(가든시티)가 건설되었으며, Garden City는 오늘날 생태도시와 지속가능도시 발전에 큰 기폭제가 되었다.

그로부터 약 120여년이 지난 2019년 7월 영국 런던은 'London National Park City' 운동(Movement)를 통해 런던의 시민, 방문객, 파트너들과 함께 더 푸르고 (Greener) 더 건강하고(Healthier), 자연성(Wilder)이 더 증진되는 우수한 도시로 탈바꿈하기 위한 노력을 하고 있다.[1] 과거 농촌의 자연성과 도시의 편리함을 고려하기 위해 새로운 도시공간 구조를 제시하였던 것에서 나아가 도시가 하나의 살아있는 유기체이자 건강한 자연 그 자체의 공간화를 지향하는 것으로 그간 생태도시의 개념에서 더 발전된 개념과 사고의 전환으로 보인다.

그동안 일반적으로 '도시'는 자연의 훼손을 초래하는 개발의 전형이자 오염물

---

1   https://nationalparkcity.london/what-is-the-london-national-park-city

질의 배출원으로 자연과 대치되는 대상으로 인식되어 왔다. 그러나 도시가 사람들에게 다양한 기회를 제공하고, 선택의 자유가 확대되는 사회발전의 핵심으로 재인식되면서(강명구, 2021) 도시에서의 자연성 확보가 강조되고, 도시가 가지는 다양성, 효율성, 편리함을 발전시키면서도 지속가능성을 확보하는 개념으로 빠르게 변화하고 있다. London National Park 또한 도시를 하나의 새로운 자연물로서 발전시키기 위한 비전을 제시하는 것으로 도시가 또 하나의 자연공간이 되기 위해 주요 요소인 공원의 확대와 발전가능성을 고려하고 있는 것으로 보인다.

도시는 공원이 될 수 있을까? 본 원고의 제목처럼, 공원을 바라보는 기존에 가졌던 우리의 시각이 바뀔 수 있을지, 어떠한 모습으로 실현될 수 있을지 그간의 녹지를 포함한 공원 정책을 되돌아보고 앞으로의 발전 방향을 제시해 보고자 한다.

Ⅱ   공원 · 녹지의 개념적 정의

'공원과 녹지'를 떠올리면 일반인들 뿐만 아니라 전문가들도 다양한 대상과 이미지를 떠올린다. 우리의 생활공간과 가장 가깝게 있는 듯 하지만, 명확하게 설명하기에 다소 어려움이 있는 대상이기도 하다. 정책을 연구하는 연구자의 입장에서는 유사한 생명체(수목, 관목, 초본 등)를 공간에 따라, 자연성의 수준에 따라, 조성한 주체에 따라 각 부처가 가진 법률에 따라 자연공원, 도시공원, 도시숲 등 다양한 용어로 언급되고, 이들에 대한 통계 데이터도 흩어져 있어 연구의 대상으로 다루기에 상당히 까다롭게 느껴지는 것이 사실이다.

우선 공원과 녹지를 중심으로 언급되는 각 용어의 정의를 법률적 측면과 학술적 측면으로 구분하여 살펴보면 〈표 13-1〉과 같이, 법률적으로 '공원'은 도시의 쾌적성, 경관, 건강 및 휴양 등의 향상을 위해 보호되거나 조성하는 대상으로 정의하고 있으며, '녹지'는 광장, 하천을 포함한 오픈스페이스에서부터 녹지로 인식할 수 있는 공간으로 한정하여 정의하고 있다.

표 13-1 공원·녹지의 정의

분류		설명
법제적 측면	공원녹지	• 쾌적한 도시환경을 조성하고 시민의 휴식과 정서 함양에 이바지하는 공간 또는 시설 - 도시공원, 녹지, 유원지, 공공공지 및 저수지 - 나무, 잔디, 꽃, 지피식물 등 식생이 자라는 공간 - 광장, 보행자전용도로, 하천 등 녹지가 조성된 공간 - 옥상, 벽면 등 특수한 공간에 식생을 조성하는 등의 녹화가 이루어지는 공간 또는 시설 - 기타 지자체 장이 인정하는 녹지가 조성된 공간 또는 시설
	도시공원	• 도시지역에서 도시자연경관을 보호하고 시민의 건강, 휴양 및 정서생활을 향상시키는 데 이바지하기 위하여 설치 또는 지정 - 「국계법」 기반시설 중 '광장·공원·녹지 등 공간시설'로 「도시·군관리계획」으로 결정된 공원 - 「국계법」 "도시자연공원구역"
	녹지	• 도시지역에서 자연환경을 보전하거나 개선하고, 공해나 재해를 방지함으로써 도시경관의 향상을 도모하기 위하여 「도시·군관리계획」으로 결정
학술적 측면	광의의 녹지	• 오픈스페이스로서 피복되지 않은 모든 토지 및 수면, 포장된 도로와 광장 혹은 하천 등을 포괄
	협의의 녹지	• 도시에서 일정 비율 이상 녹화면적이 차지하는 공간 등

출처: 환경부, 2012, p.5 기반으로 저자 보완; 최희선 외, 2019 재인용

법률과 제도에서의 '공원'은 크게 자연공원과 도시공원으로 구분이 된다. 최근에도 자연공원과 도시공원의 공간적 범위, 대상이 모호해지고 있지만, 공원 정책이 처음 도입되던 과거 공원은 하나의 줄기로 시작되었고, 관리주체와 대상이 나뉘지면서 현재는 이를 관장하는 부처도 크게 환경부와 국토교통부(이하 국토부)로 나뉘어 관리되고 있다.

우리나라의 공원·녹지 관련 법률은 1967년 「공원법」에서 시작되었으며, 1980년 「자연공원법(환경부)」과 「도시공원법(국토부)」으로 이원화된 이후 「자연공원법」은 지속되고 있으며, 「도시공원법」은 녹지를 포함하는 보다 포괄적 법인 지금의

「도시공원 및 녹지 등에 관한 법률(국토부, 2005년 전면개정, 이하 공원녹지법)」로 자리를 잡고 있다(최희선, 이길상, 2020)

자연공원은 당초 국립공원, 도립공원, 광역시립공원, 군립공원, 지질공원으로 유형화되던 것에서 2016년 5월 시와 자치구에서도 자연성이 높은 지역을 자연공원으로 지정할 수 있도록 시립공원과 구립공원 유형을 신설하였다. 따라서 아래 〈표 13-2〉와 같이 「공원녹지법」의 국가도시공원과 「자연공원법」의 시립공원 및 구립공원과의 경계와 기준이 모호해지고 있는 것이 사실이다. 다만, 「공원녹지법」에서의 국가도시공원은 갯벌, 습지, 역사문화유산 등 지정의 폭이 시립공원과 구립공원에 비해 범위가 넓고 토지매수를 전제로 지정된다. 이로 인해 여러 지자체가 국가도시공원 지정 의지를 보인 바는 있으나, 2023년 9월 현재 실제 지정 사례는 없어 국토부에서는 2050년까지 10개 이상 지정을 목표로 보다 적극적 정책 추진을 밝힌 바 있다.[2] 「자연공원법」에 근거한 시립공원과 구립공원은 2016년 법시

표 13-2 국가도시공원과 도시자연공원구역, 시립/구립공원과의 제도 비교

구분	국가도시공원	도시자연공원구역	시립/구립공원
근거법	「도시공원 및 녹지 등에 관한 법률」	「국토의 계획 및 이용에 관한 법률」	「자연공원법」
목적	국가적 기념사업을 위한 도시공원 또는 자연경관 및 역사문화유산 등의 보전	도시의 자연환경 및 경관을 보호하고 도시민에게 건전한 여가·휴식공간을 제공	자연생태계나 경관을 대표할 만한 지역으로 지정된 공원
지정 기준	• 도시공원 시설 중 300만㎡ 이상(지자체가 이미 매수하였거나 5년 이내 매수계획 있는 경우)	• 도시지역 안에서 식생(植生)이 양호한 산지(山地)를 대상으로 생태자연도 등을 종합적으로 고려 • 면적기준 없음	• 자연생태계, 자연경관, 문화경관, 지형보존, 이용편의 등을 종합적으로 고려 • 면적기준 없음
주요 사례지	• 현재 사례 없음(2023. 09 기준)	• 다수	• 시립공원: 사천 봉명산, 포항 내연산보경사 외 • 구립공원: 부산 해안대구 장산

출처: 최희선 외, 2018, p.185 기반으로 수정 보완

2   https://www.lafent.com/inews/news_view.html?news_id=132406

행 이후 사천 봉명산이 1983년 11월 군립공원으로 지정되었다가 2019년 4월 시립공원으로,[3] 포항 '보경사군립공원'이 2023년 2월 '내연산보경사시립공원'으로 변경 지정되었다.[4] 또한 부산 해운대구 장산이 2021년 9월 최초의 구립공원으로 지정[5]되었으나, 자연공원 지정을 규제로 인식하는 것이 여전히 남아있어 구민들의 지정에 따른 수용성과 지속적인 관리 용이성을 확보하기에는 상당한 시간과 노력이 필요할 것으로 보인다.

이외에도 공원·녹지는 최근 그 가치와 중요성에 대한 인식이 확대되면서 보다 포괄적이고 기능적 개념을 포함하는 자연인프라(Natural Infrastructure), 그린인프라(Green Infrastructure), 그린-그레이인프라(Green-Grey Infrastucture) 등의 새로운 개념으로 정의되기도 한다. 자연인프라는 내재화된 서비스를 통해 인프라를 제공하는 생태계이자 활발한 보전을 유지하면서 환경을 개선시키는 생태계로 정의하기도 하며(Bassi, Pallaske, Wuennenberg, Graces & Siber, 2019), 그린-그레이 인프라는 도시화된 자연인프라로 도시환경에서 쉽게 적용될 수 있는 구조로 자연적인 것과 인공적 인프라를 통합하여 언급되기도 한다(예: 투수포장, 녹지공간 등)(Bassi, Pallaske, Wuennenberg, Graces & Siber, 2019).

가장 보편적으로 사용되는 그린인프라(Green Infrastructure)는 다양한 연구 등을 근거로 "도시의 자연·생태적 요소와 인공적으로 조성된 녹지공간을 포함하는 개념으로 도시의 공간구조를 결정하고 다양한 기능을 향상시키는 주요한 기반이자 시스템"이라고 정의한 바 있다(최희선 외, 2019). 그린인프라는 기후변화 대응 및 재난재해 대응을 통한 회복력을 향상시킴으로써 도시의 지속가능성을 확보하는 핵심적인 공간요소로서의 기능을 할 것으로 보인다.

---

3   http://www.gnnews.co.kr/news/articleView.html?idxno=407687

4   http://www.kbmaeil.com/news/articleView.html?idxno=950274

5   https://www.busaneconomy.com/news/articleView.html?idxno=258323

Ⅲ   공원·녹지 정책 되돌아 보기

지난 2020년 7월 도시공원 일몰제를 앞두고, 시민사회를 비롯해 관련부처, 전문가들 사이에서는 일몰제 이후의 예상하기 어려운 상황에 긴장감이 돌고 있었다. 당장 일몰제가 시행된다고 해도, 다양한 제도와 장치가 있어 한순간 우리 눈앞에서 공원이 사라지지 않겠지만 1999년 헌법불합치 판결 이후 추진된 '장기미집행 도시계획시설의 자동실효제'를 앞두고 걱정과 우려가 고조되고 있는 상황이었다. 다행이라고 표현하기에는 아이러니하지만 일몰제를 전후로 우리나라를 비롯한 글로벌사회는 지속가능발전과 탄소중립(Carbon Neutral), 기후위기(Climate Crisis) 등의 이슈로 관심이 집중되었고 우리나라 도시를 비롯한 해외 주요 도시들은 기후변화로 인한 많은 국가들이 겪을 위기상황을 타개하기 위해 앞다투어 2050 탄소중립을 위한 전략과 정책, 계획을 제시하였다. 이러한 이슈 속에 '공원과 녹지'는 온실가스 흡수원(Carbon Sequestration)으로서 뿐만 아니라 기후변화 적응 인프라로서 공편익(Co-benefits)적 가치와 기능이 재조명되고 있었고, 위기에 직면했던 공원과 녹지는 탄소중립과 도시의 지속가능발전에 있어 주요한 인프라로 재인식되었다.

우리나라의 공원·녹지 관련 법률은 「조선시가지계획령(1934)」을 시작으로 「도시계획법(1962)」, 「공원법(1967)」, 「도시공원법(1980)」과 「자연공원법(1980)」, 「도시공원 및 녹지 등에 관한 법률(2005)(이하 공원녹지법)」의 순으로 변화해 왔으며[6], 그 과정은 〈그림 13-1〉과 같이 요약될 수 있다.

현재와 가장 유사한 공원녹지와 관련한 법률의 발전은 「도시계획법」(1962년)에서 「공원법」(1967년)으로 발전하여 1980년 「자연공원법」(1980년~현재) 및 「도시공원법」(1980년)으로 분리되었으며, 「도시공원법」은 녹지를 포함하여 「공원녹지법」(2005년~현재)으로 확대 발전해 왔다(〈그림 13-2〉 참조).

이 외에도 최근에는 「산림자원의 조성 및 관리에 관한 법률」(2005년 제정), 「도시농업의 육성 및 지원에 관한 법률」(2011년 제정), 「생물다양성 보전 및 이용에 관

---

6   오창송(2018), pp.18-59.

그림 13-1 도시공원 관련 법률의 변화와 시대상황

시대상황

- 해외 공원 전파(도시문명시설, 사회계몽시설, 위생·건강시설)
- 정치·사회적 불안감: 공원= 사치스러운 시설, 자연(산, 언덕 등)이 전통적 공원 역할
- 식민지 상황: 한국 내 일본인을 위한 시설(신사, 신궁 등)

- 일본인 거주지공원철거
- 공원정책 부재로 공원들의 기능상실(무허가 건물, 타 용도 점유 등)

- 도시 소생가능성 시작
- 주요 도시 개발 국고투입 (하지만 도시는 공업입지 유력후보지로 간주, 기반시설 (도로 등)위주 개발)

- 도시확장(경제성장)과 도시화 억제 정책(수도권인구집중으로 인한 문제 해결)의 병행 어려움
- 도시공원을 통한 민주적 가치 실현 국민 요구 증대

개국-일제강점기 | 독립 직후 | 1950년대 | 1960년대

- 법령: 「조선시가지계획령」 (1934년)
- 목적: 식민지 건설과 일본인에게 필요한 공간조성
- 의의: 도시계획적 공원제도의 원칙 정립(도시계획상 공원 확보, 공원예정지에 대한 행위제한)

- 행정공백 상태

- 공원정책부재

- 법령: 「도시계획법」(1962년)
- 목적: 구법령(일제강점기 및 미군정시대)정리, 체계적 도시공원 발달 및 주체성 확립
- 법령: 「공원법」(1967년)
- 목적: 기존 도시계획법 상의 공원정책보다 적극적인 입법

제도변화

시대상황

- 산림 및 자연훼손이 극에 달함
- 새마을 운동: 일제 이후 수동적이었던 국민들의 의욕을 적극적 방향으로 유도, 치산녹화 20년 계획 등 공원화 운동의 효시
- 중화학공업을 중심으로 한 수출주도 형산업의 안정화시기

- 전시대와 구별양상(급격한 도시팽창, 도시문제 심각화, 신도시·신시가지 형성, 고층아파트 출현 등)
- 쾌적하고 아름다운 환경조성을 위한 공원녹지시설 확대(86 아시안게임, '88 올림픽유치)
- 도시계획에 대한 지자체재량강화 (민주화운동, 군사정권 배척, 지방자치제부활)

- 민선정부는 시민들의 쾌적한 환경에 대한요구를 상당부분 수용
- 서울시를 중심으로 공원 증가, 다양한 공원정책 수립
- 공원정책: 도시 외곽의 개발규제→ 근린공원중심(시민들의 이용/접근고려)

1970년대 | 1980년대 | 1990년대 | 2000년대-현재

- 법령: 「도시계획법 전부 개정」(1971년)
- 목적: 무분별한 도시확산 방지(개발제 한구역 도입, 이를 통한 자연환경 보전 및 부동산투기억제 등의 효과 기대)
- 법령: 「환경보전법」(1977년)
- 목적: 공원법의 실행한계 극복(자연환경 보전 및 도시환경 개발, 상이한 목표달성)

- 법령: 「도시공원법」(1980년)
- 목적: 「공원법의 실행 한계 극복」 (현행 「공원법」이 자연공원 및 국립 공원을 대상으로 제정됨에 따라 도시 내환경 문제 해결을 위한 도시공원 설치 및 관리에 대해서 한계가 있음)
- 「자연공원법」(1980년)별도제정

- 법령: 「공원녹지법」(「도시공원법」 전부 개정, 2005년)
- 목적: 도시공원 및 녹지의 위계를 동등하게 설정하여 도시 내 공원, 하천, 산지 등을 유기적으로 연결, 근린생 활권 내 도시녹지 공간 확대와 장기 미집행 도시공원해소

제도변화

출처: 강신용·장윤환, 2004; 오창송, 2018; 최희선 외, 2019를 바탕으로 수정 보완

그림 13-2 　도시공원 관련 법률의 변화와 주요 내용

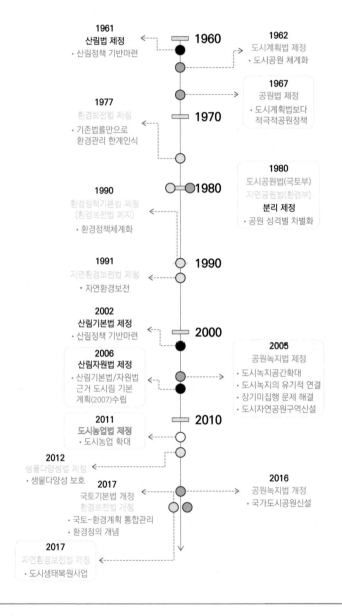

출처: 최희선 외, 2019

한 법률」(2012년 제정), 「자연환경보전법」(1991년~), 「탄소흡수원 유지 및 증진에 관한 법률」(2022년~), 「도시숲 등의 조성 및 관리에 관한 법률」(2023년~), 「수목원·정원의 조성 및 진흥에 관한 법률」(2023년~) 등이 유관법률로서 시행되고 있다(2019, 최희선 외).

주요한 법률로 환경부는 2017년 11월 「자연환경보전법」상에 '제43조의2(도시생태 복원사업)'의 신설을 통해 1. 도시생태축이 단절 훼손되어 연결 복원이 필요한 지역, 2. 도시 내 자연환경이 훼손되어 시급히 복원이 필요한 지역, 3. 건축물의 건축, 토지의 포장 등 도시의 인공적인 조성으로 도시 내 생태면적의 확보가 필요한 지역 등을 대상으로 복원할 수 있도록 하였다(최희선 외, 2018). 이 외에도 「생물다양성법」은 생물다양성 보전과 지속가능한 이용정책의 체계적 추진을 위해 2012년 제정되어 도시지역을 특정하지는 않으나, 도시지역의 공원녹지 공간의 조성 및 관리에 있어 생물다양성의 고려가 필요한 법적 근거를 제공하고 있다.

산림청의 경우는 「산림자원법」에서 도시림과 가로수를 규정하여 정책을 추진하였으나, 2020년 6월 「도시숲 등의 조성 및 관리에 관한 법률」(이하 「도시숲법」) 제정에 따라 도시숲, 생활숲, 가로수 등으로 용어를 「도시숲법」으로 변경 이관하고, 산림자원에 집중하여 정책을 추진하고 있다. 2020년부터는 양 법 모두 탄소중립 정책과 연계하여 산림 조성사업을 확대해가고 있다. 또한, 2012년 「탄소흡수원 유지 및 증진에 관한 법률」(이하 「탄소흡수원법」) 제정을 통해 산림탄소 상쇄기반을 구축하기 위한 다양한 요건들을 규정하기도 하였다. 2001년 제정된 「수목원·정원의 조성 및 진흥에 관한 법률」(이하 「수목원 정원법」)은 최근 국가정원 지정에 따른 지자체 인식제고 및 홍보 효과 등이 알려지면서 지정이 확대되고 있다.

위에서 살펴본 도시지역에서의 공원·녹지와 연계되는 법률을 주요한 사항 중심으로 제시하면 다음 〈표 13-3〉과 같다.

표 13-3 도시 공원·녹지 관련 법률의 주요 특징

법률명	공원녹지법	자연공원법	자연환경보전법	생물다양성법	산림자원법	탄소흡수원법	도시숲법	수목원정원법	도시농업법
소관부처	국토교통부		환경부		산림청				농림축산식품부
제정(시행)	1980.01 (1980.6)	1980.01 (1980.6)	1991.12 (1992.9)	2012.02 (2013.2)	2005.8 (2006.8)	2012.02 (2013.2)	2020.06 (2021.06)	2001.03 (2001.09)	2011.11 (2012.5)
제정이유	도시에 있어서의 공원의 설치 및 관리와 녹지의 보전 및 관리에 관하여 필요한 사항을 규정	자연공원의 지정·보전 및 관리에 관한 사항을 규정	자연생태계의 보전, 보호 및 생물종 멸종 방지	생물다양성 보전과 지속가능한 이용정책의 체계적 추진	산림의 지속 가능한 보전과 이용을 위한 조성 관리 기반 마련	산림탄소상쇄 기반구축, 운영표준 마련, 흡수량 측정보고 검증체계 구축 등 종합적 체계적인 탄소흡수원 유지 증진	도시숲의 체계적 조성과 생태적 관리에 관한 사항을 종합적으로 규정	수목원의 조성을 촉진하고 그 기능을 활성화	자연친화적인 저탄소 도시환경 조성 및 도시와 농촌의 조화로운 발전도모
주요공간	도시지역	자연, 문화공간 대표지역	전국토	특정되지 않음	산림, 산림자원	산림, 조림	도시 및 생활공간	수목원 및 정원 조성이 가능한 공간	도시지역, 관리지역
도시부문의 대상	도시지역	도시의 자연생태계나 경관을 대표할만한 지역	자연공간	특정되지 않음	도시림, 생활림 가로수(2020년 이후 삭제)	도시산림, 조림지	도시숲, 생활숲, 가로수		도시농업

IV 공원 · 녹지 관련 해외 사례와 동향

최근 공원과 녹지는 그 가치와 기능의 중요성이 커지면서 Green Infrastructure, Green Resilient Infrastructure, Nature – based Solution 등 개념적 범위가 확장되고 기능 또한 확대하여 고려되고 있다. 앞서 언급되었던 바와 같이, 영국 런던의 경우 런던시 자체를 National Park City 로 발전코자 하는 등 공원의 개념이 새로운 전환기를 맞고 있다. 우리나라의 수도인 서울시는 경부고속도로 상부공간 공원화 사업을 착수한 것을 비롯해, 2023년 5월 '정원도시 서울' 구상 발표를 통해 서울의 공간구조를 정원과 녹지 중심으로 개편하는 방향을 제시하는 등(서울시, 2023) 도시에서의 공원녹지의 가치는 무엇보다 중요한 요소이자 기반으로 고려되고 있다.

최근에는 탄소중립도시의 일환으로 자연기반도시(Nature-based City), 그린인프라 기반의 도시 비전이 다양하게 제시되고 있는데, 그 중 네덜란드 암스테르담이 대표적이다(〈그림 13-3〉). 암스테르담은 '2050 탄소중립 비전'과 연계하여 Green Infrastructure 비전을 별도로 수립하는 등 더욱 적극적인 발전계획을 마련하고 있다.

그림 13-3 암스테르담의 Green Infrastructure Vision 2050

출처: City of Amsterdam, 2020, pp.6-7

　도시공원 · 녹지는 미래 도시의 스마트화, 인구감소 등의 영향으로 도시공간의
효율성 증대 및 기개발지역의 자연성 회복으로 확장할 가능성 또한 높아지고 있
다. 특히 향후 스마트 교통체계로 인한 도로의 슬림화와 주차장 부지 감소 등으로
도시 건조공간의 재자연화 가능성은 더욱 높아질 것으로 보인다. 〈그림 13-4〉 사
례와 같이, 자율주행차 확대에 따라 주차공간과 도로의 녹지 및 유휴공간의 그린
인프라화, 도로의 지하화를 통해 지상공간을 기존에 도로 중심의 Gray corridor에
서 Green corridor로의 변화도 도시재생 등을 계기로 확대되고 있다(〈그림 13-4,
13-5〉 참조).

　미래 스마트 도시개발에서는 자율주행 자동차와 공유 경제 모빌리티와 같은
스마트 모빌리티를 도시에 결합하는 것이 매우 중요해지고 있으며, 이미 다양한
기술들이 개발되어 현재 일본이나 스페인, 캐나다 등 여러 국가들은 스마트 도시

그림 13-4　미래 유휴지를 활용한 녹지공간 확대 사례

〈주차장과 도로 공간이 줄어들면서
주민 및 보행자를 위한 공간 확대〉

〈주차공간이 오피스 재사용〉

〈주차장으로 국한되어 있던 공간이
줄어들면서 녹색공간 및 벤치 증가〉

〈향후 나무숲이 늘어선 도로에
보행자와 자율주행 차량이 함께 다님〉

출처: Urban Land, "People-Driven Design: Planning for the Urban Future of
Autonomous Vehicles", 검색일: 2019.3.7.; 최희선 외, 2019 재인용

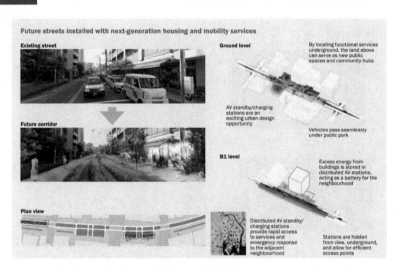

그림 13-5   도로의 Green Corridor로의 변화(일본 스마트시티 구상 사례)

출처: Tudor Rose, 2019, p.35; 최희선 외, 2019 재인용

를 구현하고자 노력하고 있다.[7] 세종시의 경우 미래 스마트 교통체계 확대 플랫폼 마련을 고려하여 대중교통이 불편한 생활권을 중심으로 수요응답형 교통체계 모델인 '셔클'을 시범 운용함으로써, 주차 걱정없이 원하는 시간대에 자율주행차량 운용을 준비하고 있다(안용준, 2023). 오픈데이터나 GPS, 드론, 자율주행차량 등 스마트 기술로 인하여 도시의 교통체계는 자전거 및 차량을 공유하고, 대중교통 및 보행 중심으로 변모할 것으로 예상된다. 이로 인해 미래에는 축소된 도로 및 주차장 공간이 여가 및 커뮤니티 활동, 교육 체험 등의 공간으로 대체될 가능성도 커 보인다. [8]

런던은 우리나라와 달리 도시계획시설로서의 공원녹지뿐 아니라 공공 또는 민간소유의 녹지공간 모두를 '녹지'에 포함하여 관리하는 것이 특징이라 할 수 있다. 즉 공원 및 정원, 자연 및 반자연녹지, 생태통로, 외부 운동공간, 텃밭 및 농경지, 놀이터, 옥상 및 벽면녹화, 묘지 등 도시의 다양한 구성요소 내에 조성되어 있는

---

7   Tudor Rose(2019), p.35.

8   이은영(2019), p.11.

그림 13-6   런던 국립공원 도시 설계도

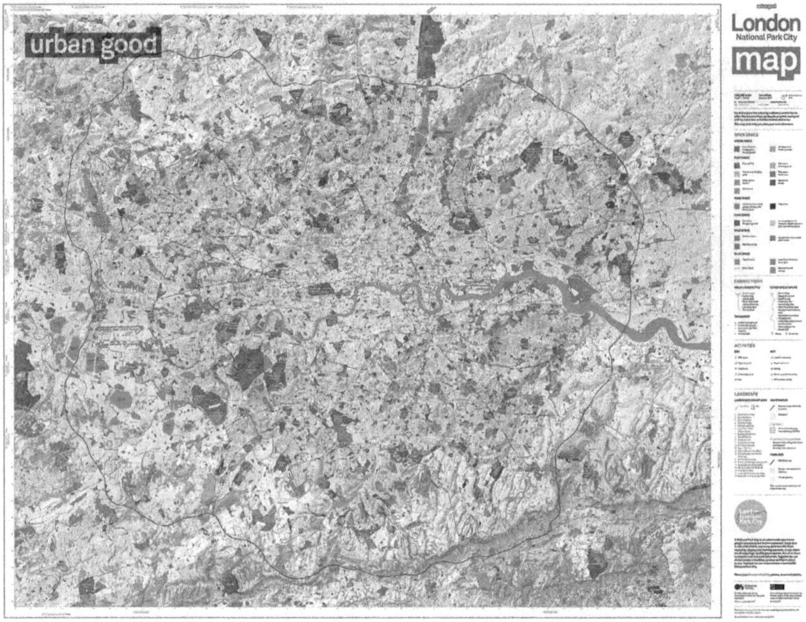

출처: London National Park City, "런던 국립공원 도시", 검색일: 2019.3.5.

모든 녹지공간을 '녹지'에 포함하여 관리하고 있다(이상민 외, 2018; 최희선 외, 2019).[9] 이는 도시녹지의 총량적 관리의 용이성을 확보하는 측면도 있지만, 기존의 다양한 도시공간의 녹지화 가능성을 높이는 정책적 의지로 해석될 수 있다.

영국의 리버풀시(Liverpool City)[10]의 경우 그린인프라를 통해 온실가스 감축, 기후변화 적응, 건강관리, 경제성장 및 일자리 창출을 도모하는 전략을 마련하여 추진하고 있는데, 〈그림 13-7〉과 같이 지역별로 18개의 그린인프라 유형별 맵핑 및 인벤토리 구축을 통해 조성 및 관리하고 있다. 이를 통해 도시 대부분의 공간들이 그린인프라로서 고려되고, 그 기능들이 작동되는 것을 알 수 있다.

---

9   이상민 외(2018), pp.84-85.

10   The Mersey Forest(2014).

그림 13-7	그린인프라 유형 및 맵핑

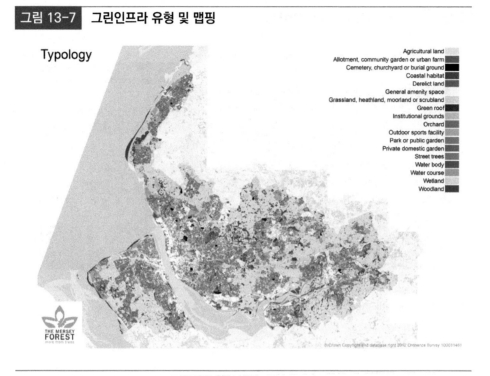

Typology

Agricultural land
Allotment, community garden or urban farm
Cemetery, churchyard or burial ground
Coastal habitat
Derelict land
General amenity space
Grassland, heathland, moorland or scrubland
Green roof
Institutional grounds
Orchard
Outdoor sports facility
Park or public garden
Private domestic garden
Street trees
Water body
Water course
Wetland
Woodland

출처: The Mersey Forest, 2014, p.12.

이외에도 탄소중립에 따른 다양한 공간에서의 공원녹지가 발굴 조성되고 있는데, 그 사례 중 하나로 미국의 Brooklyn Bridge Park은 다음 〈그림 13-8〉과 같이, 버려지고 죽어가던 수변공간을 잔교(Pier)형태로 공원화하고 85에이커(약 8,500m²) 중 90% 이상을 녹지공간으로 조성함으로써 1년에 5백만 명이 방문하는 명소로 조성하는 등 도시 내 새로운 공간을 발굴하여 공원·녹지화하고 있다(City Parks Alliance, 2020). 수변기능을 고려하되, 수변 위 고려하기 어려운 유휴공간을 도시민들의 수요와 이용성을 고려한 새로운 형태의 조성사례라 할 수 있다.

도시의 공원과 녹지공간은 도시의 지속가능성과 장소성을 강화하는 차원에서도 그 가치가 강조되고 있다.[11] 도시의 녹색공간은 환경, 경제, 사회적 이익(Benefit)과

---

11 https://www.europenowjournal.org/2021/05/10/urban-green-spaces-combining-goals-for-
    sustainability-and-placemaking/

그림 13-8 ┃ Brooklyn Bridge Park의 모습

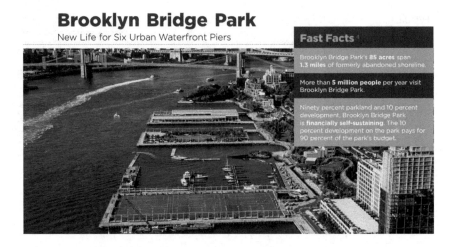

출처: City Parks Alliance, 2020, p.3

그림 13-9 ┃ 자연을 핵심적 요소로하는 지속가능도시 방향

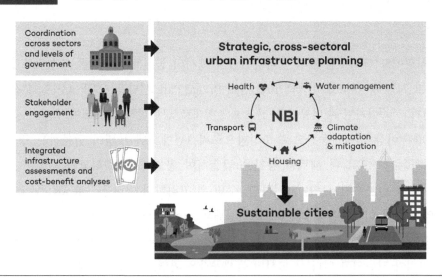

출처: IISD, 2022, p.21

효용성을 가지고 있으며, 도시의 이미지와 장소성에 영향을 미치고 결과적으로는 도시의 사회, 경제적 기반으로 자리함은 물론 도시의 경쟁력으로 이어진다(〈그림 13-9〉).

2021년 C40 도시 기후리더십 그룹에서는 사람 기반의 도시이면서 살기 좋은 도시로 '15분 도시'를 비전으로 하고 있는데 창조적이고 활기 있으며 인간 스케일의 근린주구, 건강하고 웰빙을 지향하는 도시로 우리나라 서울, 창원을 비롯해 프랑스 파리, 스페인 보고타, 호주 멜버른 등이 참여하고 있다. 15분 도시 대상이되는 인프라 중 하나가 도시의 녹색공간(Green Space)이며, 도시인프라에 있어 자연기반 요소들을 통합함으로써 도시의 지속가능성을 높이는 데 기여할 것으로 보인다.

Ⅴ 공원 · 녹지의 가치와 잠재성

도시에서의 공원녹지의 가치와 그 기능은 나열하기 어려울 정도로 다양하며, 공원과 녹지의 가치는 세대, 정부, 계층을 막론하고 필수적인 도시의 인프라이다. 공원은 오랜 과거 프랑스의 베르사유궁전의 정원과 같이 높은 계층이 사유하던 녹색의 공간에서 영국의 버컨헤드파크(Birkenhead Park, 1847년~), 센트럴파크(Central Park, 1858년~)를 시작으로 일반 도시민들에게 제공되는 공공재가 되었으며, 이제는 도시의 쾌적성과 자족성, 행복의 필수요소로 발전하고 있다.

도시의 공원과 녹지가 가지는 가치와 기능은 아래 〈그림 13-10〉과 같이 도시 생물다양성 유지와 향상의 기본요소임은 물론 홍수저감, 열섬완화, 소음저감, 건강 및 웰빙 증진, 재산가치 증대, 대기질 개선 등의 필수요소로 최근에는 공원으로부터의 접근성이 삶의 질 제고에도 큰 영향을 미치는 것으로 분석되고 있다(최희선 외, 2019).

최근 기후변화로 인해 주목받고 있는 도시공원의 주요 가치 중 하나가, 폭염 저감과 같은 기능으로 수원시 OO공원 내 토지이용과 피복에 따라 최저 · 최고온도는 다양하게 나타났으며, 경작되지 않은 곳과 비포장도로, 산책로의 경우 등은

| 그림 13-10 | 도시공원 및 녹지의 기능과 가치 |

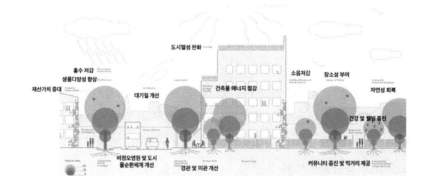

출처: Tree&Disign Action Group, 2012 기반으로 수정 보완

| 그림 13-11 | 열화상카메라를 활용한 공원내 온도분포 |

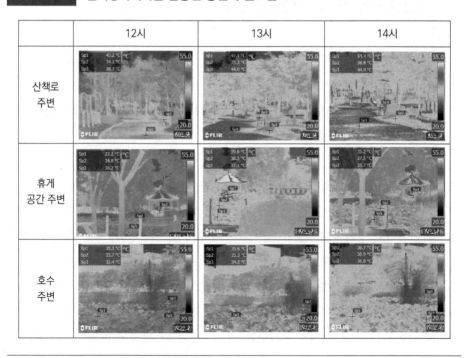

출처: 최희선 외, 2019, p.138 기반으로 일부 수정

식생이 있는 곳에 비해 표면온도가 적게는 약 3℃에서 크게는 약 15℃까지, 부분적으로는 그 이상으로 동시간대 차이가 나는 것으로 조사되었다. 또한 같은 시간 동안 온도의 증가 수준 역시 약 두 배 정도 높은 것으로 나타났다.

　가장 온도가 높은 오후 2시를 기준으로 주요 지역의 온도차이를 보면 〈표 13-4〉 및 〈그림 13-12〉와 같이 식재되어 있지 않은 밭(휴경지)을 비롯해 파고라 지붕, 주차장 바닥, 코트 등 나대지 및 인공지반의 온도가 40℃를 상회하는 것으로 조사되었으며, 숲과 그늘, 분수, 식재공간 등은 40℃ 이하로 조사되었다. 특히 벼

표 13-4　도시공원의 공간별 최고온도(2018년 8월 11일 오후 2시 기준)

구분	①			②	③	④				⑤	
	휴경지	밭인접 숲표면	벼 경작지	가건물 지붕	밀식된 초지	파고라 지붕	파고라 아래	베드민 턴코트	주차장 바닥	벤치	분수
온도 (℃)	58.8	37.7	31.9	51.0	32.0	55.0	37.8	49.2	52.2	44.9	36.8

출처: 저자 작성; 최희선 외, 2018 재인용

그림 13-12　도시공원의 공간별 최고온도(2018년 8월 11일 오후 2시 기준)

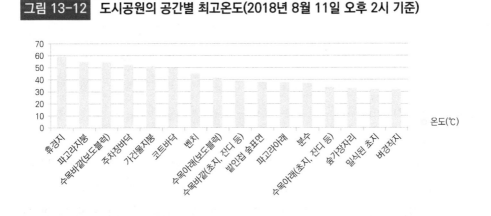

출처: 저자 작성; 최희선 외, 2018 재인용

경작지의 경우 토양수분도가 높고 밀식되어 있어 온도가 가장 낮게 측정된 것으로 판단되는데, 공원조성 시 물과 녹지의 복합적 설계가 공원의 열환경 조절 측면에서 가장 유용할 것으로 판단되었다.

공원과 녹지는 도시의 주요한 인프라로서 최근 기존의 인프라와 그린인프라 간의 경제적 효과 등의 가치도 비교검토되고 있다. 크게는 전통적인 Gray 인프라 서비스보다 50% 절감되며, 28% 더 나은 가치를 제공한다는 보고도 있다(IISD, 2021). 또한 지난 20년간 전 세계적으로 인프라에 연간 4.29 trillion 달러(우리돈으로 약 5,795조)가 소요되는데, 자연기반의 인프라를 사용할 경우 다음 〈그림 13-13〉과 같이 연간 489billion 달러(우리돈으로 약 660조)로 11.4%의 효율성이 있음을 제시하기도 하였다(IISD, 2021).

그림 13-13 Grey 인프라와 비교한 Green 인프라의 비용 절감효과

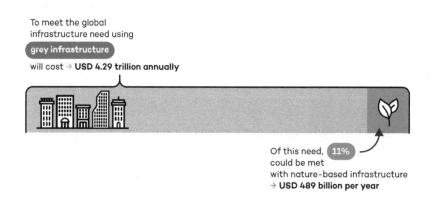

출처: IISD, 2021, p.5

자연기반 인프라는 다른 부문과의 연계성을 가지고 함께 고려될 경우 비용과 효과 측면에서도 더 가치가 있는데, 다음 〈표 13-5〉에서 보여주는 바와 같이 물, 에너지, 교통, 농업, 관개, 기후회복력 등 다양한 부문에서 자연기반 인프라와 연계 및 공유될 경우 경제적 효과가 있는 것을 알 수 있다(IISD, 2021).

표 13-5 연간 분야별 인프라 수요와 자연기반 인프라와의 공유 가능 비율

Sector	Average investment per year (USD billion)	NBI share	Correspoding potential NBI investment per year (USD billion)	Comment
Water and sanitation	448.43	25%	112.11	There is restricted space for NBI in urban areas, a high volume of required services, and a need for built infrastructure maintenance.
Energy supply	1,382.18	5%	69.11	We assume 70% of the investment need is for energy supply. NBI can be used for micro‑scale hydropower and bioenergy.
Energy efficiency	592.36	10%	59.24	We assume 30% of the investment need is for energy efficiency and demand side measures. Green roofs and walls reduce energy demand.
Transport	1,709.46	10%	170.95	NBI can be part planning for resilient transport infrastructure.
Agriculture	125.16	50%	62.58	Agricultural production will embrace NBI, but grey infrastructure is needed for machinery and supply chains.
Irrgation	3.33	20%	0.67	NBI can improve water supply, but there is a need for built irrigation infrastructure.
Climate resilience	28.62	50%	14.31	NBI can address coastal, river, and urban flood risks by regulating water volume and speed.
All sectors	4,289.54	11.40%	488.95	While we work with the 11.4% estimate for the calculations of the total cost savings and added benefits of NBI globally, we acknowledge the uncertainty and estimate a range between 9 % and 14%, or a corresponding USD 400 billion to 600 billion of investment that can be fulfilled through NBI.

다만, 인프라의 조성과 조성 후 관리여건이 국가와 도시마다 상이만 만큼, 우리나라에서의 그린인프라 조성과 기존 인프라 조성과의 경제적 효과를 비교분석할 필요가 있으며, 인프라의 지속가능성 측면에서 관리에 소요되는 비용을 포함하여 검토해야 할 것이다. 더 나아가서는 인프라의 사회적, 환경적 효과를 경제적 가치로 환산하여 복합적으로 비교 검토될 필요도 있다.

VI 공원도시를 향한 앞으로의 과제

최근 기후변화 등으로 인해 세계 여러도시들에서는 폭염으로 온열질환자와 사망자가 발생하고 있으며, 또 다른 도시들은 100년 빈도를 넘어서는 홍수로 큰 피해를 입고 있다. 도시화는 자연지역의 형상과 기능을 변화시킴으로써 기능의 왜곡을 초래하기도 하고, 기후변화로 인한 피해를 더욱 크게 초래해 도시와 도시에 거주하는 사람들에게 피해를 입히기도 한다. 그러나 도시화는 삶의 편의성과 효율성을 제공하고 경제적 자립성을 촉진해 만족도를 높이는 등 인류의 삶의 지속성을 높이는 데 있어서 또다른 발전방향이다.

미래에는 도시가 가지는 긍정적 가치와 공원 녹지를 포함하는 자연이 가지는 고유의 가치와 기능이 공존하는 도시로 발전해 가야하며, 그 가능성 또한 높아지고 있다. 이처럼 우리가 기대하는 도시로 나아가기 위해서는 기존에 충분히 고려하지 못한 열린 가능성과 미래지향적 접근이 필요할 것으로 보이며, 이를 위해 몇 가지 발전적 방향을 제안하면 다음과 같다.

'제안 1. 도시 그레이인프라(Gray Infra)의 그린인프라(Green Infra)화'에 대한 다양한 모색이 필요하다.

그동안 '도시'는 그레이인프라로 대변되었다. 건축물, 도로 및 철도, 다리 등 많은 도시의 인프라가 그레이인프라의 형태를 띠고 있었으며, 이러한 그레이인프라는 도시열섬, 도시 강우유출로 인한 홍수 위험성 증대, 기존 생물서식처의 훼손 등 부정적인 영향을 초래하는 원인으로 인식되었다. 그러나 우리는 그레이인프라의 기능을 유지하면서도 그린인프라로서의 기능이 가능한 다양한 사례들을 통해 도시의 공원화 가능성을 살펴보았다. 옥상 위의 녹지공간, 도로변의 녹색수로, 폐철도 및 폐도로의 공원화 등이 그 예가 될 것이다. 우리가 그동안 생각했던 그레이인프라로서의 도시에서 다양한 계획적, 기술적 기법을 통해 그레이인프라의 그린인프라로의 변화모색이 보다 적극적으로 이루어져야 한다.

'제안 2. Layered City화를 통한 다기능적 토지 이용성 확보'가 가능한 계획체계로의 변화도 모색될 수 있다.

이제 도시는 하나의 공간이 하나의 기능만을 하는 공간으로 유지되기에는 한계가 있다. 최근에는 하수종말처리장이나 고속도로 위에 시민들을 위한 공원이 만들어지고 있으며, 고가도로 아래 주민들이 쉴 수 있는 휴게공간과 녹지공간이 조성되고 있다. 건축물의 아래에는 지중에너지가 생산되고 있으며, 건물 위에는 도시의 새와 곤충들이 날아오는 서식처 조성의 가능성이 이미 검증되었다. 도로는 투수성포장과 저영향개발기법(LID)을 적용한 스웨일(Swale)로 빗물의 순환 기능이 가능하게 되었다. 일정 면적의 공간은 종적, 횡적으로 다양한 기능이 가능한 공간으로 발전하고 변화되고 있다. 도시공간은 다양한 layer가 복합적으로 결합된 공간으로 변화될 수 있으며, 이를 가능하게 하는 도시계획의 체계도 점차 개선되어야 할 것으로 보인다.

'제안 3. 공원과 녹지의 다양한 가치를 고려한 조성기법의 개발과 적용 확대'가 필요하다.

공원과 녹지는 이제 도시의 모든 공간에 적용 가능하게 될 것으로 보인다. 그러나 이러한 접근이 실제로 가능하기 위해서는 환경생태적 기능 이외에도 경제적이고, 사회적 기능을 포함하는 조성기법과 운영관리가 이루어져야 할 것이며, 이를 위해서는 지금의 조성기법에서 발전된 기술개발이 요구된다. IISD(2021)는 그린인프라 적용에 따른 추가적인 가치(건강, 영양, 생물다양성 등)는 NBI 10개 프로젝트를 기반으로 할 때 28% 이상 생산될 것으로 추정하였다.

표 13-6 도시 공원녹지 조성기법 개선 방안(안)

목표(기능 강화)	내용	세부 기법
환경적 기능	생태네트워크 확충	• 인접 생태계(서식처)의 생태적 특성 고려한 식재기법 도입
	생물다양성 증진	• 습지 등 수공간 도입, 동식물 서식처 • 생태적 기능 강화를 위한 추가시설 설치 • 친환경관리 기법 적용 • 야간조명 제한
	도시환경 개선	• 공원 내 저류/침투공간 도입 • 식물을 통한 비점오염원 제거 • 기온저감/열섬완화/미세먼지 흡수·흡착 고려 식생조성 • 미세먼지 확산, 바람길을 고려한 녹지조성 방안 • 친수공간을 통한 온도저감 효과
사회·문화적 기능	커뮤니티 활성화	• 주민참여, 주민모임 공간 조성, 기부수목 및 시설공간 등
	환경교육	• 체험형 교육, 해설판 및 안내판 도입 등
	문화, 전시 기능 수용	• 야외전시시설, 야외강좌
경제적 기능	수익기능 도입	• 위탁/임대 친환경 수익시설
	에너지 생산	• 신재생에너지
	먹거리 생산	• 텃밭/화단
운영의 효율성	첨단기술 도입	• 태양열 에너지, 풍력 에너지 등 신재생에너지, IOT 등
	저관리방안 도입	• 향토수종, 생태적 속성, 멀칭, 건강한 토양환경 등
	자원재활/재생 방안	• 저관리형 시설물 도입, 우수 활용, 지속가능한 재료의 이용, 부지/지역 자원 활용 등

출처: 최희선 외(2019)

그린인프라로 대변되는 도시의 공원과 녹지는 기후변화에 있어 감축과 적응의 핵심요소이며, 그린인프라의 체계적이고 합리적 적용과 활용이 도시의 회복력(Urban Resilience)을 결정할 가능성도 높아지고 있다(〈그림 13-14〉). 이러한 측면에서 최근 그린인프라는 온실가스 감축과 기후변화 적응뿐만 아니라, 재난재해 대응의 측면에서도 사전예방과 재난 후 빠른 복구와 회복 가능성을 높이는 데에도 주요하게 고려되고 있다.

그림 13-14 그린인프라 기반의 지속가능성 확보 개념도

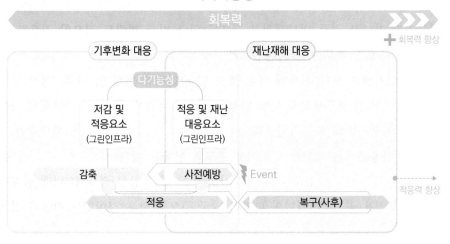

출처: 저자 작성

그림 13-15 공원도시화를 고려한 도시모형(안)

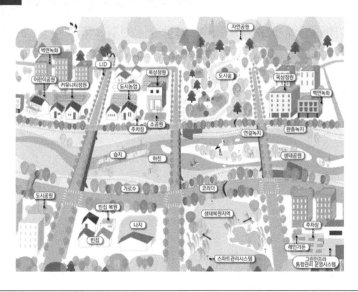

출처: 저자 및 송지연 연구원(KEI) 작성; 최희선 외, 2019

　　그린인프라 혹은 자연기반의 도시조성은 미래의 지속가능한 사회를 위해 발전되어야 하는 방향이다. 그러나 이를 위한 추진력 확보를 위해서는 법률과 제도의 변화, 계획 및 조성기법 개발 등의 다양한 과제들이 남아있으며, 여러 분야의 전문가들뿐만 아니라 정책 의사결정자, 시민들의 노력과 협력도 필요할 것으로 보인다. 특히 주요 과제로는 1) 기존인프라(물과 위생, 에너지, 교통, 농업, 관개 및 기후인프라)의 자연기반 인프라 적용에 따른 조성 및 관리비용의 환경, 사회, 경제적 효과 및 가치분석 2) 기후변화로 인한 열섬, 홍수, 미세먼지, 폭염 등 재난재해 대응을 고려한 녹색기반의 회복력인프라(Green Resilient Infrastructure) 적용 확대방안 3) 다기능 및 다용도성을 고려한 토지이용 제도의 변화와 계획("도시기본계획", "환경계획", "공원녹지기본계획", "탄소중립계획" 등) 간의 연계 및 통합성 검토 4) 미래 잠재적 그린인프라 적용 공간 및 기법의 다양한 발굴 등으로 향후 깊이있는 연구가 필요하다.

　　도시는 생명체의 진화 이상으로 빠르게 변화하고 발전하고 있다. 그 변화의 큰 방향은 인간의 지속가능한 삶이며, 인간의 지속가능한 삶은 자연을 존중하고 함께 할 때 그 가능성은 훨씬 더 커진다. 개발과 보전 혹은 도시와 자연 등 서로 대응되거나 어느 하나가 우선적으로 고려되었던 사회를 우리는 이미 경험하였다. 이제 우리 미래세대에게는 함께 하고, 모두가 우선적으로 고려될 수 있는 도시, 그래서 도시가 하나의 자연이자 공원이 될 수 있는 그런 도시를 남겨주어야 하지 않을까?

참고문헌

강명구. 2021. 「도시의 비움」.. 서울연구원.

강신용 · 장윤환. 2004. 「한국근대 도시공원사」. 서울: 대왕사.

서울특별시. 2023. 365일 어딜가든, 서울가든, 오세훈 시장 '정원도시 서울' 구상안 발표. 서울이 365일 녹색으로 물든다. 보도자료(2023.05.24.).

안용준. 2023. "세종시 수요응답형버스 '셔클'로 살펴본 스마트시티 신산업 시사점". 한국환경연구원- 한국도시설계학회 공동 학술세미나 발표자료. 7월 26일. 세종: 대전세종연구원.

오창송. 2018. "도시공원 법제도의 변천과 쟁점". 서울대학교 박사학위논문.

이상민 외. 2018. 「녹색도시 정책여건 변화에 대응한 공원녹지 지표 개발방안 연구」. 건축도시공간연구소.

이은영. 2019. "지속가능한 도시 성장을 위한 공원녹지 조성전략 및 제도개선 방안". 한국환경정책 · 평가연구원 전문가세미나. 5월 21일. 세종: 한국환경정책 · 평가연구원.

최희선 외. 2018. 장기미집행 도시공원 자동실효제에 따른 환경적 영향과 대응방안. 한국환경정책 · 평가연구원.

____. 2019. 도시의 지속가능성을 위한 공원녹지 정책의 재정립 방안. 한국환경정책 · 평가연구원.

최희선 · 이길상. 2020. 사회과학동향 한국의 사회동향 2020. 도시의 공원.녹지현황. 통계청.통계개발원. pp.313-321.

환경부. 2012. 도시녹지의 생태적 기능강화방안 마련 연구.

City of Amsterdam. 2020. Amsterdam Green Infrastructure Vision 2050: a liveable city for people, plants and animal. pp.6~7.

City Parks Alliance. 2020. City Parks: A Smart Investment for Americas's Health, Economy & Environment Case Studies, City Parks Alliance, cityparksalliance. org. chrome-extension://efaidnbmnnnibpcajpcglcefindmkaj/https://cityparksalliance.org/wp-content/uploads/2022/04/CPA-Parks.Infrastructure-Case-Study-Report.pdf p.3.

Bassi, Pallaske, Wuennenberg, Graces & Siber. 2019. Sustainable Asset Valuation Tool: Natural Infrastructure

IISD(International Institute for Sustainable Development). 2021. How Can Investment in Nature Close the Infrastructure Gap?

IISD. 2022. The Value of Incorporating Nature in Urban Infrastructure Planning

The Mersey Forest(2014), Nature at Work: Liverpool City Region and Warrington Green Infrastructure Framework Action Plan.

Tree&Design Action Group. 2012. Trees in the Townscape: A Guide for Decision Makers, p.2, p.83

Tudor Rose. 2019. A Better World: Volume 5.

Urban Land, Jencek. B. and J. Unterreiner. 2018.5.24. People-Driven Design: Planning for the Urban Future of Autonomous Vehicles. https://urbanland.uli.org/planning-design/people-driven-design-planning-urban-future-autonomous-vehicles/, 검색일: 2019.3.7.

http://www.gnnews.co.kr/news/articleView.html?idxno=407687

http://www.kbmaeil.com/news/articleView.html?idxno=950274

https://nationalparkcity.london/what-is-the-london-national-park-city

https://www.busaneconomy.com/news/articleView.html?idxno=258323

https://www.eea.europa.eu/data-and-maps/daviz/percentage-of-total-green-infrastructure#tab-googlechartid_chart_11

https://www.europenowjournal.org/2021/05/10/urban-green-spaces-combining-goals-for-sustainability-and-placemaking.

ESG와 환경정책

한택환

CHAPTER 14

ESG와 환경정책[1]

I 문제의 제기

우리나라에서도 ESG 요소들(환경, 사회, 지배구조)은 이제 자본시장에서의 공시를 통하여 직접적으로 투자의 명시적인 고려요인이 되었다. 즉, 투자자들은 ESG 요소들을 무시하고서는 좋은 투자성과를 기대할 수 없게 되었다.

ESG는 한국에서 주도적으로 만든 것이 아니고 해외로부터 주어진 것이다. 그뿐 아니라 RE100이나 CBAM과 같은 환경분야에서의 규제여건의 변화도 해외로부터 주어진 것이다. 한국의 ESG에 관하여 분석하고 평가하려면 이 해외요소를 반드시 고려하여야 한다.

ESG는 자본시장에서 시작된 것이며 ESG 투자가 ESG 경영을 유도하고 ESG 경영은 다시 기업행동의 변화를 유도하며 이것은 환경(그리고 사회 및 지배구조)의 개선을 가져온다. 이것은 정부가 주도하는 환경정책과 그 결과 면에서만 보면 유사한 것처럼 보인다. 그렇다면 환경정책과 ESG는 어떠한 관계일까 하는 의문이 발생한다.

---

1   본 장은 저자가 과거에 기고한 글들의 전부 혹은 일부를 재구성한 내용들을 포함하고 있다. 이 글들의 리스트는 다음과 같다. 한택환, "한국형 ESG의 성공 조건", 「월간 환경기술」, 2022년 4월호; 한택환, "ESG 데이터 서비스로서의 ESG 평가", 「월간 환경기술」, 2023년 6월호, 환택환, "ESG와 기업경영", 「월간 환경기술」, 2023년 8월호.

본장은 이러한 의문에 답을 주기 위한 시도이다. 본장은 ESG의 시대적 배경과 도입 과정, ESG 투자의 과정과 제도적 구조. ESG 경영의 개념, 그리고 ESG 경영의 결과로서 환경상태가 변화하는 메커니즘을 설명할 것이다. 그리고 이를 통하여 주어진 질문인 ESG 환경정책과의 연관성에 대하여 나름대로의 답을 구하고자 한다.

II ESG 대두의 배경과 과정

1 ESG의 대두와 그 배경

최근 2-3년 동안 ESG는 우리나라 기업영영과 금융 부문에서 가장 뜨거운 주제 중의 하나로 대두되었다. ESG는 기업의 환경(Environment), 사회 (Society), 그리고 거버넌스(Governance) 측면 등 비재무적 정보를 객관적으로 검증하고 평가하며 이를 공시하고 투자와 기업경영에 활용하도록 하여 기업의 환경성, 사회성, 거버넌스의 개선을 도모하고자 하는 제도이다.

ESG 이전에도 기업의 사회적 책임(CSR, Corporate Social Responsibility) 투자 등 그 근본 취지 면에서 큰 차이가 없는 경영과 투자 방식은 이미 대두된 지 오래되었다. 그러나 그동안 기업의 사회책임 경영은 지지부진하였고 이를 기관투자가나 개인이 투자에 활용하는 사례는 많지 않았다. 그런데 최근 어찌 보면 급속하게 ESG가 기업경영과 투자의 필수적 요소인 것으로 대두된 이유는 무엇일까?

그것은 ESG와 투자성과가 양(+)의 상관관계를 가지고 있음이 입증되고 있기 때문이다. 그런데 이때 양의 상관관계가 성립하게 된 원인은 무엇일까? 두 변수 간의 양의 상관관계는 항상 보장된 것은 아니며 일정한 조건하에서만 성립할 것이라고 보는 것이 타당할 것이다. 이 일정한 조건은 다음의 두세 가지라고 생각된다. 첫 번째로 ESG 관련 공시제도가 잘 정비되어 있어야 할 것이다. 왜냐하면 그래야만 ESG를 제대로 하는 기업과 그렇지 않은 기업의 옥석이 확실히 가려질 것이기 때문일 것이다. 두 번째 조건은 ESG를 잘 준수하는 기업일수록 경영성과가 좋아지는 조건, 즉 ESG에 유리한 정책 환경이 존재하여야 한다는 것이다. ESG를 준수하는 기업이 재무적으로 손해를 보는 규제 환경 하에서는 ESG와 경영성과가 동행하지 못할 것이다. ESG 경영의 성공요건은 비재무적 성적표라 할 수 있는 ESG 성과가 재무적 성과로 직결되는지 여부에 달려있다고 할 수 있다. 세번째 조건은 ESG관련 투자환경의 개선이다. 예를 들면 블랙록의 주도적 행동은 ESG의 보편화에 큰 기여를 하였다. 한국에서도 ESG의 보편화를 위하여서는 투자자들의 주도적 행동이 요청될 수 있다. 그러나 이 조건은 본질적인 것은 아니며 부수적인 조건이라고 할 수 있다.

2 최근의 ESG 공시제도의 발달 과정

ESG라는 용어는 2004년 "Who Cares Wins" 보고서에서부터 보편적으로 사용되기 시작하였다.[2] 그리고 ESG가 구속력 있는 제도로 성립되기 시작한 것은 2006년의 UN 주도하에 성립된 사회책임투자원칙(PRI, Principles for Responsible Investment) 부터였다고 할 수 있다. PRI의 내용은 연기금 등 기관투자가들에게 사회책임투자를 의무화하는 것이다. 이러한 원칙은 투자부문에 국한되지 않고 UNEP Finance Initiative를 중심으로 보험과 은행 부문에 대해서도 적용하는 방향으로 확장되었다. 이중에서 금액규모면에서 가장 큰 은행부문에 대해서는 2019년 UN 총회에서 책임은행 원칙(PRB, Principles for Responsible Banking)이 공식적으로 발족되었다. 우리나라에서는 신한, KB, 하나, 우리, DGB 금융그룹 등이 창설회원사로 참여하고 있다.

ESG의 발전과정에서는 몇 개의 중요한 제도적 계기들이 있다. 그 중에서 GRI (Global Reporting Initiative)는 지속가능성 보고서 가이드라인을 작성하여 오늘날의 ESG 프레임워크의 기초를 정립하였다고 할 수 있다. 한편 지속가능회계기준원 (SASB, Sustainability Accounting Standards Board)은 2011년에 지속 가능성과 재무 편

---

2   UN Global Compact, Who Cares Wins(2004).

더멘털을 모두 표시하는 회계 기준을 개발하였다.

한편 ESG와 관련하여서는 수탁자 책무(fiduciary duty)가 중요하다. 왜냐하면 펀드 운용기관들이 ESG투자를 하는 것이 신탁자의 이익에 위배될 개연성이 있다면 수탁자 책무를 위반한 것으로 해석될 가능성이 있기 때문이다. UNEP의 Finance Initiative는 ESG의 개념을 최초로 제안한 보고서로서 2004, 2005, 2006년에 발간되었다. UNEP Finance Initiative는 자산운용 작업반을 통해 주식가치와 연계성이 입증된장에서 ESG를 고려하는 것이 수탁자 책무(Fiduciary Duty)에 부합한다는 법적 해석을 내린 바 있다. 이는 경영의 법률적 장애가 될 수도 있었을 수탁자책무 위배 가능성을 배제하여 ESG 발전의 중요한 계기가 된 것으로 평가되고 있다.

그러나 ESG가 제대로 작동되기 위하여 가장 중요한 것은 공시의 기준이 확립과 의무화이다. 이것은 2017년 6월 G20 재무장관 · 중앙은행장 회의의 요청에 따라 금융안정위원회(FSB)에 의하여 제정된 TCFD(Taskforce on Climate – related Financial Disclosures) 권고안에 의하여 정립되었다. TCFD 권고안은 ESG의 핵심 분야인 기후변화 부문에서 강제성 있는 제도를 정립시킨 계기였다고 할 수 있다. TCFD에 참여하는 기관들은 거래 기업에 ESG 공시를 요구하게 된다.

TCFD가 발표된 이후 주요 국제금융기관과 국제기구들은 이를 지지하였으며, 중요한 후속조치들을 시행하였다. 주요 국제금융기관과 국제기구들의 지지와 후속조치는 ESG가 경영과 투자의 중심적인 현안과제로 대두되는 계기가 되었다고 할 수 있다. 2020년에 IMF는 기후위험의 공시 의무화를 공개지지하고 국제 보고 표준에 포함하도록 제안하였다. 이것은 탄소배출비용이 인상되었을 때의 재무적 위험이 공시됨을 의미하는 것이다. BIS(국제결제은행)는 2021년에 "기후 관련 재무 위험"에 관한 보고서를 발간하고 기후적인 재무위험을 측정하는 프레임워크를 제시하였다. 이에 따라 2021년 6월 5일 G7 국가들은 기후 관련 재무공시를 TCFD에 따라 의무화 할 것을 공식적으로 지지하기에 이르렀다. EU는 2018년부터 일정규모 이상의 EU 기업 및 EU 거래기업에게 ESG 정보 공개를 의무화하고 있다.

세계적으로 2022년 8월 기준 총 3,400개 글로벌 기관이 TCFD 지지를 선언하였다. 한국은 정부기관 중 최초로 환경부가 2020년5월에 TCFD 지지를 선언하였으며, 2022년 6월 기준 한국환경산업기술원 등 총 106개 기관이 TCFD

Supporters에 동참하였다.[3] 그리고 TCFD 연계보고를 하고 있는 한국기업은 2022년 7월 기준으로 총123개이다.[4] 우리나라는 2023년 3/4분기 내로 국내 ESG 공시 로드맵을 발표할 예정이다. ESG 공시 의무화 대상 기업의 경우 2025년 자산 2조원 이상 코스피 상장사부터 시작해서 단계적으로 확대할 방침이다.[5]

3 기후변화 규범의 강화 추세

앞에서 언급한 바와 같이 ESG 현상은 ESG 공시 의무화 등 제도의 강화와 정교화만으로 이루어진 것은 아니다. 환경부문에서 보다 근본적인 ESG의 추진동력은 2015년에 맺어진 파리협정과 그에 후속하는 여러 국제적 국내적 조치들의 강화로 인한 것이다. 파리협정은 지구온도를 산업화 이전 대비 2℃ 이하로, 나아가 1.5℃까지 억제하기 위해 모든 당사국에게 2050년까지의 전략인 「2050년 장기저탄소 발전전략(LEDS)」을 2020년까지 제출하도록 요청하였다. 현재는 EU뿐만 아니라 미국의 바이든 행정부, 그리고 중국까지 세계경제의 3대 축이 모두 파리협약을 준수하고 2050년까지의 장기목표 달성을 진지하게 추구하고 있다.

중요한 움직임 중 하나는 에너지 사용의 100%를 재생가능 에너지로 조달하고자 하는 약속인 RE100이다. 여기에는 2023년 현재 420개 기업이 참여하고 있다. RE100은 기업 활동에 필요한 전력의 100%를 태양광과 풍력 등 재생에너지를 이용해 생산된 전기로 사용하겠다는 자발적인 글로벌 캠페인으로서 2014년에 시작되었다.

RE100 2021년 연차보고서에 따르면 RE100에 회원 기업들의 연간 전력 총 소비량은 340TWh로 이는 영국 전체의 연간 전력 소비량보다 많은 규모이다. RE100 회원사 중 일부는 자신의 공급망에 포함되어 있는 협력업체에게도 재생에너지 전기를 사용하여 생산된 부품을 납품하도록 요구하기 시작하였고 이러한 추세는 확산되고 있다. 대표적인 회사가 애플이다.

---

3   한국사회책임투자포럼(2022).

4   법무법인지평(2023).

5   뉴시스, 2023.5.12.

2019년 IMF는 각국 재무장관들에게 탄소세를 톤당 75달러까지 인상하도록 요구하였다. 또한 EU는 2021년 7월에 탄소배출 감축 목표 달성을 위한 구체적인 방안으로서 CBAM(탄소국경조정메커니즘: Carbon Border Adjustment Mechanism) 법률안을 발표하였다. 탄소누출에 대한 대응책으로 도입된 CBAM은 EU로 수입되는 외국산 상품에 국경조정을 시행하는 법안으로서 사실상 교역상대국에게도 탄소세 시행을 강제하는 효과를 가질 수 있다. 또한 EU는 녹색채권 등 녹색투자가 급증함에 따라 산업과 기업의 환경성을 판정할 수 있는 분류기준인 "녹색 분류체계(Green Taxonomy)"를 2020년에 개발하였으며 2022년부터는 구체적인 실행기준이 적용되기 시작하였다.

4 ESG 위험의 현실화

이처럼 파리협정 이후 온실가스 감축을 위한 국제사회의 드라이브가 강화되면서 온실가스 감축 등을 이행하지 않을 경우 거대한 손실에 직면하게 될 수 있다는 것이 매우 구체적으로 드러났다. 이러한 위험은 재무제표에는 나타나지 않지만 분명히 실존하는 위험(risk)인 것이다. 이에 따라 재무제표가 보여주는 정보가 빙산의 일각이라면 ESG는 거대한 빙산의 본체를 알려주는 현실적인 도구라는 방향으로 인식이 근본적으로 바뀌게 되었다.

그렇다면 TCFD에 참여하고 있는 국제적인 금융업체들은 실제로 어떠한 방식으로 이를 적용하고 있을까? TCFD에 입각한 금융업체의 자산운용은 지금까지의 수동적인 입장에서 벗어나 기업경영에 주주로서 직접 참여하여 의결권을 행사하는 수준에까지 이르고 있다. 그 중에서도 가장 잘 알려진 사례는 투자회사인 블랙록(Black Rock)의 TCFD 전략이다. 2020년 블랙록은 포트폴리오의 약 60%에 해당하는 440개 탄소집약적 기업을 관리대상으로 선정하였다. 또한 기후 리스크 관련 사유로 64명의 경영자와 69개 기업에 반대 의결권을 행사하였다. 또한 블랙록에 뒤이어서 골드만삭스와 JP모건이 선제적으로 ESG 원칙과 프로세스를 정하여 주요사업과 자금공급 및 중개업무 심사에 적극 반영하기로 하였다.

ESG 위험은 유럽과 북미에서 시작된 현상이지만 그 파장은 한국을 피해가지는 않았다. 초기에는 한국에서의 ESG 위험은 해외 자본시장 부문으로부터 들어왔다. 예를 들면 2020년경 네덜란드의 공적연금투자기관인 ABP가 우리나라 일부 기업들에 대하여 탄소저감 성과부족을 이유로 투자대상에서 배제하는 일이 발생한 적이 있었다. 이처럼 우리나라에서는 주로 해외에서 자본을 조달하는 기업, 그리고 해외에서 영업활동을 하는 금융기관 등을 중심으로 ESG 위험이 발생하였으나 최근에는 국내적으로도 ESG 위험이 중요해졌다. 한편 환경부문 이외의 사회 및 거버넌스 부문에서도 ESG의 중요성이 인식되고 있으며 심각한 경영 리스크가 될 수 있다는 것은 몇몇 기업의 예에서 노정된 바 있다.

우리나라의 주요 기업들의 ESG 경영 현황은 다음과 같다. 신한금융그룹, LG전자, SK하이닉스 등이 ESG경영에 앞서나가는 기업들이다. 포스코는 제조업 최초로 TFCD를 지지 선언한 업체이며, LG전자는 DJSI industrial leader로 선정되기도 하였고, SK하이닉스는 2020.11월에 2050 RE100 가입을 신청하였다. 이러한 ESG 경영은 해외의 고객의 요구를 반영하는 측면도 있으며 국내와 해외의 공급사에게도 그와 같은 방향의 요구를 적용하고 있기도 하다.

한편 ESG 투자 측면에서는 국민연금기금이 선도자 역할을 하였다. 국민연금기금은 2006년 국내주식 부문의 위탁운용 유형의 하나로 사회책임투자형을 도입하는 방식으로 연기금의 책임투자를 개시하였다. 이후 국민연금기금은 UN PRI에 가입하고 사회책임투자 유형의 비중을 확대하는 등 국내 책임투자 시장 활성화를 추진해왔다. 그러나 그동안 국민연금기금의 사회책임투자의 시장 파급효과는 미미한 것으로 평가된다.

한국은 2019년부터 2조원 이상 KOSPI 상장기업에 대하여 지배구조의 공시를 의무화하였다. 그리고 2025년까지는 전상장기업에 대하여 ESG 공시를 의무화할 예정이다. 한국거래소는 2020년 10월에 TCFD 지지선언을 하였으며 거래소 ESG 전담팀을 설치하고 ESG 가이던스북을 2020년말에 발간하였다.

한국거래소의 ESG 등급 평가는 2022년 현재 773개 기업에 대하여 D, C, B, B+, A, A+, S의 7개 등급으로 평가가 이루어지고 있다. 2020, 2021, 2022 3개연도 추세의 특징은 2021년도에는 2020년도에 비하여 소폭의 개선을 보였지만, 2022

년도에는 2021년도에 비하여 업체들의 평가등급이 대폭 악화되었다는 점이다.

우리나라에서도 이러한 ESG 등급 평가에 기초하여 ESG 펀드가 운영되고 있다. 한국거래소에 의하면 우리나라 ESG 펀드(주식형)의 최근 5년간 누적수익률은 변동성이 높았고 2022년 3월 22일 현재 38.75%이다. 한편 ESG 펀드(채권형)의 누적수익률은 〈표 14-1〉에서 보듯이 안정적인 패턴을 보이고 있고 2022년 3월 22일 현재 9.81%이다. ESG 전문 리서치 회사인 서스틴베스트에 의하면 ESG 펀드가 2021년 시장 대비 우수한 성과를 보여주었다고 평가하고 있다.[6]

표 14-1   우리나라의 ESG 등급 분포 현황(2021년, 2022년)

등급	기업수(비중%)		비중증감 (%포인트)
	2022	2021	
S	–	–	
A⁺	5사 (0.6%)	12사 (1.6%)	−1.0%p
A	117사 (15.1%)	170사 (22.3%)	−7.2%p
B⁺	124사 (16%)	135사 (17.7%)	−1.7%p
B	76사 (9.8%)	209사 (27.4%)	−17.6%p
C	194사 (25.1%)	225사 (29.5%)	−4.4%p
D	257사 (33.2%)	12사 (1.6%)	+31.6%p
합계	773사	763사	

출처: 한국거래소

---

6   서스틴베스트(2023).

5 한국의 ESG

유럽과 미국에서는 ESG지표와 기업가치가 양(+)의 상관관계를 가지고 있다고 보는 것이 보편적이며 많은 연구결과들이 이를 뒷받침하고 있다. 우리나라에서 ESG가 主流 메커니즘으로서 작동하기 위하여서는 ESG 성과와 재무적 성과와의 양(+)의 인과관계가 입증되어야 한다. 현재까지의 실증연구는 주로 상관관계만 검증하고 있다. 만약에 인과관계가 입증되지 못하면 ESG 경영과 투자의 존립에 의문이 제기될 것이다. 한국에서 ESG 성적과 재무적 성과가 양(+)의 상관관계를 보이고 있다는 연구결과들이 다수 있으나, 아직 명확한 것은 아니다. 더 나아가서 인과관계를 입증한 연구는 거의 없다. 이러한 관계가 성립하기 위한 조건으로서는 공시제도의 확립과 평가기준의 표준화 등 제도정비가 필수이지만 ESG 성과가 우수한 기업이 재무적으로도 보상받도록 유도하는 규제/문화/민간인식의 정립 또한 필요조건이라고 생각된다.

한국의 공시제도는 국제기준에 맞추어 계속하여 개선될 것으로 전망된다. 그러나, 탄소중립 추진 등 규제환경이 계속 강력히 유지될지는 확실치 않다. 만약에 한국정부의 탄소중립 추진의지가 약화되거나 일관성이 상실된다면 한국의 ESG의 발전 속도는 크게 느려질 수 있으며 경우에 따라서는 유명무실해질 수도 있다고 생각된다. ESG는 그자체로 발광하는 태양이 아니라 태양의 빛을 반사하는 달과 같은 존재이기 때문이다.

Ⅲ ESG와 자본시장, 그리고 ESG 평가

1 ESG와 기업 수익

ESG 정보는 기존의 재무제표를 보완하기 위한 것으로서 그 중요성은 재무제표가 미처 포착하지 못한 정보를 알려준다는 점에 있다. 기존 재무제표 중심의 정보는 이익의 품질(quality of earning)을 고려하지 못한 단순한 계량적 정보라고 볼 수 있다. 그러므로 기존의 재무제표만으로는 고품질의 지속가능한 이익과 저품질의 경기순환적 이익은 거의 구분되지 못한다.

ESG 지표의 의의는 회계 데이터에 포함되지 않은 기업 성과에 대한 추가 정보를 포착하는 것에 있다.[7] ESG는 재무제표에 없는 추가적인 정보를 제공하여 투자자가 위험과 기회를 더 잘 평가할 수 있도록 하여 투자자가 투자에 대해 보다 정확한 판단을 할 수 있도록 하는 것이다. 따라서 ESG 지표와 정보가 매우 중요한데 ESG 지표와 정보의 성격 중 하나는 비표준성이다. ESG 지표와 정보는 비재무적 보고의 일부로서 재무제표처럼 표준화된 형식을 따르지 않으므로 공시 및 공개 방식은 매우 다양하다.[8]

오늘날 ESG(환경, 사회, 그리고 거버넌스)에 대한 기업의 기여도를 나타내는 지표들은 기업의 지속가능성을 평가하는 잣대라고 할 수 있다. 그런데 지속가능성을 평가하는 이유는 지속가능성이 사회적 가치를 대변하는 것이기 때문이 아니라 회계제도를 보완하여 수익성을 보다 정확하게 평가하기 위한 것이다. ESG 공시는 회계제도의 한 구성요소로서 재무적 정보만으로는 기업의 가치를 충분히 번영하지 못하기 때문에 도입된 제도인 것이다. ESG 지표들의 목적은 "이익의 품질"을 개선하기 위하여 사용되는 나타내는 지표이다.

그런데 이 지표와 이 지표의 유용성은 기술적, 사회적, 시대적 요소에 의하여 영향을 받는다. 어떤 ESG 지표는 사회적 가치를 반영할지는 몰라도 이익의 품질은 개선시키지 못할 수 있으며 그 반대의 경우도 있다. ESG는 바람직스러운 가치

---

7   Bassen and Kovacs(2008)

8   Elzahar, Hussainey, Mazzi, & Tsalavoutas(2015).

를 지향하는 도덕적 요인들이 시대적 추동력을 얻었을 때에만 작동되는 것이다.

그렇다면 실제로 ESG 와 기업가치는 어떤 관계를 가지고 있는지는 실증적 검증의 대상이며 매우 중요한 의미를 가질 것이다. Tensie Whelan, Ulrich Atz and Casey Clar(2021)의 대규모 메타스터디에 의하면 ESG와 기업가치는 대체로 양(+)의 관계를 가지는 것으로 나타났으나 이 연구들은 주로 선진국 대상 연구들이었다. 최근에 Garcia-Sanz et al.(2023)이 미국 데이터로 분석한 바에 의하면 ESG 성적이 좋은 기업은 그 자산 위험이 유의하게 감소되는 것으로 분석되었다. ESG 성적은 위험을 낮추고 이는 다시 자본비용을 낮추어 기업의 가치를 증대시키는 것으로 해석되고 있다.[9] 그러나 Bing and Li(2019)에 의하면 중국의 경우 CSR과 기업가치는 명백히 부(-)의 관계를 보이는 것으로 나타났다. 이것은 상이한 정책환경과 문화적 배경하에서 ESG는 주주의 이익에 반하는 경영전략일 수 있음을 보여주고 있다. 대체로 개도국의 경우 관계가 미약한 것으로 나타나고 있으며 Oussama Oualaid Janah & Hassan Sassi(2021)의 연구가 그러한 예이다.

2 ESG 평가

우리나라에서도 ESG 요소들(환경, 사회, 지배구조)는 이제 자본시장에서의 공시를 통하여 직접적으로 투자의 명시적인 고려요인이 되었다. 즉, 투자자들은 ESG 요소들을 무시하고서는 좋은 투자성과를 기대할 수 없게 되었다.

ESG 공시제도를 중심으로 형성되고 있는 ESG 체계는 투자자산의 옥석을 가리기 위한 정보전달체계, 즉 회계제도의 일종이라고 할 수 있다. 그러나 공시 데이터만으로는 투자자들의 투자판단을 위한 정보로서 충분치 않은 경우가 많을 것이다. 비록 공시제도가 있다고 하여도 그 정보는 정성적인 경우가 대부분이다. 그리고 정량적 데이터를 제시한다고 하여도 (예를 들어서 온실가스 배출원단위 감축율 등) 그것의 재무적 영향을 명확히 판단하기 어렵다. 이러한 이유로 인하여서 E, S, G 에 관한 데이터(공시자료 포함)를 바탕으로 각 투자자들이나 이해관계자들의 투자

---

9 Almudena García-Sanz, Juan Ángel Jiménez-Martín, and M. Dolores Robles (2023)

의사결정을 위하여 의사결정에 사용할 수 있도록 가공하여 주는 과정이 필요해진다. 이 과정이 ESG 평가이다.

ESG 평가는 그 수요자에 따라서 ESG 투자평가와 ESG 기업평가의 두 가지로 구분될 수 있다. ESG 투자평가는 자산운용사들이 ESG 투자상품이나 펀드를 운용하기 위하여 필요한 투자정보를 제공하는 서비스이다. ESG 기업평가는 투자와 직접 관련되지 않은 상황에서 기업에 대한 ESG 평가정보를 제공하는 것이다. 공급망에 속한 기업, 공기업 등에 대한 ESG 평가는 이 범주에 속한다고 할 수 있다.

3 ESG 평가의 재무적 해석

재무론의 기본적 이론체계의 하나인 CAPM(Capital Asset Pricing Model: 자본자산 가격결정 모형)에 의하면 기업의 기대수익률은 개별기업의 위험(분산불가능 위험, 체계적 위험)을 나타내는 변수인 β의 일차함수로 표현된다. β가 클수록 그에 해당하는 기대수익율이 커진다. 그렇게 추정된 β를 사용하여 계산된 기대수익률은 실제의 기대수익률과 같아야 한다. 그런데 β는 재무적 데이터만을 사용하여 추정되며 ESG와 같은 비재무적 요인은 β에 반영되지 못하고 있다.

그러므로 만약 ESG가 실제의 기대수익율에 영향을 미친다면 실제의 기대수익율은 β를 사용하여 계산된 기대수익율(균형수익율)과 상이할 것이다. 실제의 기대수익률이 β를 사용하여 계산된 기대수익률보다 크다면 이것은 현재 자산가격이 과소평가 되어 있다는 뜻이고 이 주식의 포트폴리오에서의 비중을 늘려야 할 것이다. 그리고 만약에 실제의 기대수익률이 β를 사용하여 계산된 기대수익율보다 작다면 이 주식은 과대평가 되어 있는 것이고 이 투자 포트폴리오에서의 이 자산의 비중을 줄여야 할 것이다.

CAPM(자본자산가격결정모형)에 의하면 i 증권의 기대수익률은 다음과 같이 결정된다.

$$E(r_i) = \beta_i \, (E(r_m - r_f) + r_f + \alpha_i$$

여기서 β_i는 i 증권에 대한 재무적 데이터로 측정된 분산 불가능한 위험이며 $E(r_i)$는 i증권의 기대수익률이다. r_m은 시장수익률이다. r_f는 무위험수익률이다. α_i는 CAPM 모형으로 설명되는 균형기대수익률을 초과하는 i 증권의 초과기대수익률이다.

여기서 보통의 CAPM의 균형상태에서는 $\alpha=0$ 이어야 한다. 다시 말해서 ESG를 고려하지 않은, 즉 기존의 재무 정보만으로 구축된 CAPM모형에서 $\alpha=0$이어야 한다. 그렇지만 ESG 정보가 재무정보 이외의 추가적인 정보를 가져다준다고 할 때에 α는 0 이 아닐 것이다. 그러므로 ESG 성적이 좋은 기업은 이 α값이 양수일 것이고 ESG 성적이 나쁜 기업은 α값이 음수가 될 것이다.

실제의 기대수익율에서 β를 사용하여 계산된 기대수익율 즉 균형수익율을 뺀 수치가 α이다. α값이 양수가 된다는 것은 재무적 데이터에 의한 기대수익율보다 실제의 수익율을 크게 만드는 알 수 없는 무엇인가가 있다는 의미인데 이 알 수 없는 무엇인가의 대표적인 것이 ESG 성과이다. 그러므로 ESG 성과가 좋을수록 α값은 커질 것이다. α의 크기는 해당 기업의 ESG 성과의 크기인 것이다. ESG 성과와 기업의 가치가 양의 관계를 가지고 있다면 α값이 양수가 될 것이다.

그림 14-1 ESG 평가지표의 α 예측력

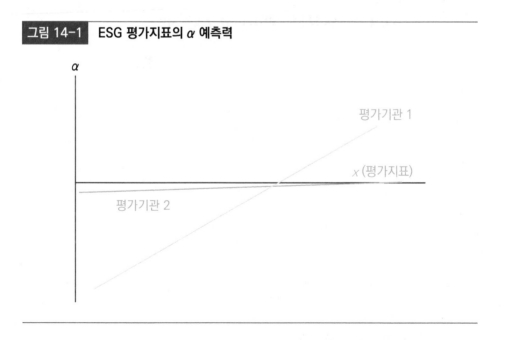

기업의 ESG 활동, 즉 ESG 경영은 α를 증가시키는 활동으로 정의된다. 기업이 ESG 경영활동을 행하면 그 내용이 공시자료 등으로 나타나는데 이 데이터만으로 ESG 활동이 재무성과에 미치는 크기, 즉 α의 크기가 얼마나 될지 판단하는 것이 쉽지는 않다. 따라서 α를 가능한 한 정확하게 예측하는 활동이 필요한데 그것이 ESG 평가이다. ESG 투자 평가는 공시자료를 포함한 ESG 데이터를 수집하고 분석하여 이 해당 기업들의 투자가치를 예측하는 것이다.

그러므로 ESG 투자 평가의 우수성은 α를 얼마나 정확히 예측하는가에 의하여 판단된다. 위의 그림에서 평가기관 2보다는 평가기관 1이 α를 더 잘 예측한다고 볼 수 있을 것이다. 왜냐하면 평가기관 1의 지표의 변화에 대한 α의 변화의 비율이 평가기관 2보다 크기 때문이다. 물론 평가지표의 예측력은 이러한 예측의 민감도 뿐 아니라 정확도(예측의 오차)도 동시에 고려하여야 한다.

실제 사례를 보면 어느 평가 결과를 활용하느냐에 따라서 투자성과는 크게 달라진다. 다음 〈그림 14-2〉의 미국과 유럽에서 평가기관에 따라 수익율과 위험(변동성)이 유의하게 차이가 있는 것을 알 수 있다.

그림 14-2 미국과 유럽에서의 ESG 평가기관별 수익률 차이

출처: Li and Polychronopoulos(2020).

4 ESG 데이터 서비스로서의 ESG 평가

ESG 투자 평가는 자격증이나 시험이 아니라 데이터를 통한 가치창출과정, 즉 금융상품의 개발과정이라고 볼 수 있다.[10] 각 ESG 평가기관은 다양한 각자의 고유한 평가방식을 적용하여 이 상품을 생산하게 된다. ESG 데이터는 매우 다양한 방식으로 생성되고 수집되며 정량화되어 있지 않다. 그리고 그 정보가 기업가치에 미치는 영향도 정립되어 있지 않다. 반면에 ESG가 기업가치에 미치는 영향은 점점 더 강화되어가고 있다. 이러한 상황은 ESG 데이터의 수집, 정형화, 그리고 지표화 및 계량적 분석 등에 대한 수요가 매우 크다는 것을 의미한다.

2021년에 미국에서 ESG 데이터 및 관련서비스산업의 규모는 이미 1조달러였으며 매년 20%씩 성장하고 있었다.[11] 또한 미국에서 2025년에는 ESG 데이터 업체의 숫자는 1,000개 업체가 넘어갈 것으로 예측되고 있다. 우리나라에서도 ESG 평가기관이 다수 존재하며 이들 기관의 평가수요가 크게 증가할 것으로 예측된다. 글로벌 시장조사기업인 Fact.MR은 최근 보고서에서 전 세계 ESG · 지속가능성 자문 시장이 2023년에 393억 달러(50조원) 규모에 이르고, 2033년까지 10년간 연평균 6.3% 클 것으로 전망했다. 2018~22년 5년간 연평균 성장률은 4.1%였다.[12] 이러한 급격한 성장은 분명히 ESG 데이터의 가치와 수요가 급격히 성장하고 있음을 보여준다. ESG 데이터는 성격상 공시데이터(disclosure data), 관찰가능 데이터(observable data), 그리고 도출된 데이터(derived data)의 3가지로 구분할 수 있다.[13]

이렇게 얻어진 ESG 데이터는 경제적 가치를 가지며 그 가치는 기업의 주식 등에 대한 투자정보로서의 가치로부터 발생된다. ESG 데이터는 ESG 투자자들이 ESG 정보에 기반을 두고 개발하는 금융상품의 주된 투입요소(원료)이다. 1990년

---

10 ESG 기업평가는 자격증이나 시험과 같은 성격이 있다고 말할 수는 있다.

11 Michael Poisson (2023).

12 ESG 경제, 2023.2.13.

13 공시 데이터는 자발적 혹은 의무적으로 정보를 공개하는 기업 등에 의하여 공급되며 주로 지속가능성보고서의 형태를 취하고 있다. 관찰 가능한 데이터는 유력 언론이나 블로거들의 취재자료, 음성이나 영상자료, 기업의 실적발표나 연차총회 참석, 기업의 주요 결정 내용, 주주에 대한 서신, 케이블TV나 팟캐스트, 광고내용 등을 통하여 수집된 데이터이다. 도출된 데이터는 동종 산업이나 동일 지역내의 유사한 기업과 비교하여 얻어진 데이터로서 주로 공공 통계 데이터에 의존하게 될 것이다(Michael Poisson(2023) 참조).

MSCI가 최초의 ESG 기반 인덱스 상품인 MSCI KLD 400 인덱스를 출시한 이후 수천가지의 인덱스 상품, 인덱스 펀드, ETF, 뮤츄얼 펀드 등이 출시되었는데 이들 투자상품은 ESG 데이터가 금융상품으로 진화해간 것이라고 볼 수 있다.

ESG 데이터의 일차적인 공급자들은 기업을 포함한 조직들로서 조사연구, 등급화, 평가의 대상이 되는 대상들이다. ESG 데이터의 궁극적인 수요자는 자산운용업체가 있는데 이들에게 있어서 ESG 데이터의 의미는 ESG 데이터를 이용하여 투자수익을 예측하고 그 결과로 고수익의 투자를 구현하는 것에 있다. ESG평가는 이 공급된 데이터들을 가공하고 분석하여 자산운용업체에게 제공하는 것이다. 이와 같은 관계를 그림으로 도시하면 다음 〈그림 14-3〉과 같다.

그림 14-3 **ESG 평가와 데이터 및 서비스의 흐름**

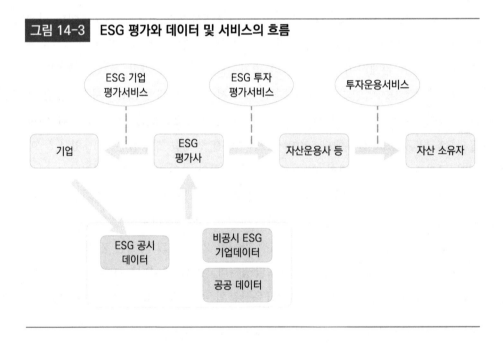

이처럼 ESG 평가는 ESG 데이터를 원료로 하여 평가분석을 제공하여 투자 상품화하는 중간제품을 생산하는 것이라고 할 수 있다. 그러나 이미 강조하였듯이 ESG 평가서비스 특히 투자평가 서비스는 ESG 평가지표와 α값이 유의한 인과관

계를 가질 때에만 가치를 가지는 업종이다. 이 상관관계가 약하거나 없다면 기업들(특히 공기업 등)의 각종 심사나 평가단계에서 좋은 점수를 받기 위한 ESG 기업평가에 대한 수요는 존속하겠으나 금융상품의 투입요소로서의 ESG 투자평가와 ESG 데이터 서비스에 대한 수요는 제한될 수 있다.

Ⅳ ESG와 기업경영

1 ESG 경영의 재무적 해석

ESG 경영성과의 우수성은 α의 크기로 판단된다. 다음의 그래프는 기대수익율을 β의 1차함수로 표현한 CAPM의 관계식을 그래프로 표현한 것, 즉 증권시장선을 나타낸 것이다. 여기에서 세 개의 점 A, B, C는 기대수익률이 동일하지만 β값이 상이하여 그로 인하여 α값이 달라지고 있다. 점 A에서 실제의 기대수익률이 균형기대수익률보다 크다. A점에서 주어진 기대수익률보다 낮은 할인율이 적용되며 이것은 기업가치의 상승을 의미한다. 점 B는 균형하의 상태, 즉 ESG 경영으로 인한 기업가치 변화가 없는 상태를 뜻하고 점 C는 ESG 측면에서 불리한, 즉 β를 증가시키는 요인으로 인하여 실제의 기대수익률이 균형기대수익률보다 낮은 상황이다. 즉 $\alpha < 0$인 상황이며 주어진 기대수익률에 비하여 할인율이 높아지므로 기업가치는 하락한다.

이처럼 기업가치는 ESG를 통하여 변화된다. ESG 활동이 양호한지 불량한지에 따라서 α 값이 달라지며 ESG 경영을 우수하게 수행하는 기업은 α가 상승하고 이를 통하여 기업가치가 증가한다. 그러므로 ESG경영자의 역할은 가능한 한 α의 크기를 증가시키는 것이 될 것이다.

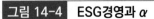
그림 14-4 ESG경영과 α

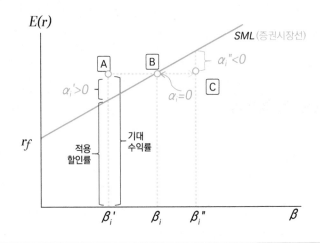

2 ESG 경영의 4대 구성요소와 4대 경로

그런데, 어떻게 하면 α를 크게 만들 수 있을까? 최대한의 환경, 사회, 지배구조 관련 활동(투입)을 행한다고 해서 α가 극대화되지는 않을 것이다. α를 최대화시키는 최적의 ESG 활동 수준이 존재할 것이며 ESG 활동의 구체적인 내용의 구성에 있어서도 최적의 배분이 존재할 것이다.

이 최적의 ESG 활동의 수준과 구성을 결정하고 추진하는 것이 ESG 경영의 요체라고 할 수 있을 것이다. ESG 활동을 수행하면 그 결과로서 ESG 성과가 개선되는데 이것은 ESG 지표에 의하여 측정되며 그 궁극적인 결과는 기업가치(α로 표현 가능)의 변화이다. 그런데 ESG 활동을 수행하면 ESG 성과만 변화하는 것이 아니며 비용도 발생하고 이 비용도 기업가치에 영향을 준다. 이러한 관계를 도시하면 다음과 같다.

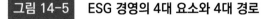

그림 14-5   ESG 경영의 4대 요소와 4대 경로

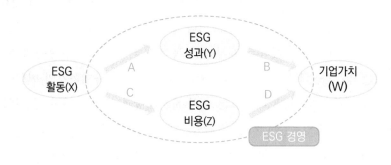

　　기업의 ESG경영은 기업 가치를 극대화 하는 것이며 의사결정은 ESG 활동의
의 구성과 수준을 결정하는 것이다. 이를 위하여서는 ESG경영의 구성요소와 인과
관계의 경로를 구분하여 이해할 필요가 있다. ESG 경영의 구성요소는 네 개로 이
루어져 있다. 첫 번째 요소는 ESG 활동(X)이다. 이것은 온실가스 저감노력 등 기
업이 행하는 ESG활동의 내용을 말한다. 두 번째 요소는 ESG 성과(Y)이다. 이것은
ESG 활동의 결과로 발생하는 ESG 지표의 변화를 의미한다. 그리고 ESG 비용(Z)
이 있는데 이것은 ESG 황동에 투입되는 자원의 비용이다. 마지막으로 가장 중요
한 요소는 기업가치(W)이다. ESG 활동의 결과로 성과가 변화하고 비용이 발생하
지만 궁극적 목적은 기업가치의 증대이다. 구성요소보다 더욱 중요한 것은 ESG
활동이 기업 가치를 변화시키는 4개의 경로(A, B, C, D)에 대한 이해이다. A 경로
는 ESG활동(예: 온실가스 저감 노력)이 ESG 성과(온실가스 저감율, ESG 지표, 평판 등)에
미치는 인과관계(함수)를 가리킨다. B 경로는 ESG 성과(지표 등)가 기업가치에 미
치는 인과관계(함수)를 말한다. 여기에는 ESG 정보 공시 등을 통한 투자자와의 커
뮤니케이션과정이 포함된다. C 경로는 ESG 활동(온실가스 저감 노력)에 따라 발생
하는 비용의 인과관계(비용함수)이다. 그리고 D 경로는 ESG 비용이 기업가치에 미
치는 인과관계(함수)이다. ESG 경영은 이 네 개의 경로를 최적으로 관리하여 기업
가치를 극대화하는 과정으로 이해할 수 있을 것이다. A, B, C, D 의 경로는 실제
로는 매우 복잡하며 특히 B 경로에 대한 이해는 명확하지 않다.

3 우리나라 ESG 경영의 현실적 모형

우리나라 기업들에 대하여서도 ESG 경영의 목적도 궁극적으론 α의 극대화라고 정의하여도 개념상 문제는 없다. 그러나 실제로 기업들이 주식이나 채권의 자본비용(할인율)을 하락시키겠다는 재무적인 목적을 가지고 경영활동을 하는 것처럼 보이지는 않는다. 국내의 기업들은 ESG 공시의무라는 규제환경의 변화에 대응하는 것이 급선무이다. 국내 대기업은 해외 자본시장과 해외 바이어, 원청업체 등을 의식하여 ESG 경영을 수행하는 것처럼 보인다. 국내 중견기업 이하는 해외나 국내의 원청업체의 요구, 정부(정부구매 등)의 요구 등에 대응하고자 하는 것으로 보이며, 이 부문은 자본시장과 직접적인 연계는 부족하다.

잠정적으로는 ESG 경영은 각종 기관에서 제공하는 ESG 평가 점수를 극대화하는 것을 ESG경영의 목표로 삼는 것이 현실이다. 그리고 ESG 평가점수의 극대화도 약간의 체계적 접근을 행하다면 α(기업가치와 같은 의미)의 극대화에 근접하는 방향으로 점진적 개선을 해나가는 것이 가능하다고 생각된다. 이것을 앞에서 말한 ESG 경영의 구성요소와 인과관계 경로의 개념을 적용하여 현실적으로 변형한 ESG 경영 모형을 설명하면 다음과 같다.

현실적으로는 ESG 경영의 네 가지 요소인 X(활동), Y(성과), X(비용), W(가치) 중 W(가치)를 측정하는 것이 일반적인 기업의 경영환경에서 쉽지 않으므로 X(활동), Y(성과), X(비용) 세 개의 요소만을 중심으로 보는 것이 불가피하다. 경로측면에서도 A(활동·성과 경로), B(성과·가치 경로), C(활동·비용 경로), D(비용·가치 경로) 네 개의 경로 중 A와 C만이 현실적으로 관찰이 용이하다. 성과요소는 사실상 ESG 평가 항목으로 측정되므로 ESG 점수를 ESG 성과라고 보아도 무방하다. 한편 활동요소는 비용의 원인요소이지만 비용과 활동이 비례한다는 가정 하에 활동의 크기를 비용의 크기로 측정할 수 있다. 이렇게 가정하면 우리나라의 환경경영은 A 및 C 경로를 합하고 변형시킨 (A+C)'경로 그리고 X와 Z를 결합하여 화폐단위로 측정되는 (X+Z)' 요소와 성과를 점수로 나타낸 Y′ 요소를 중심으로 단순하게 표현할 수 있다.

그런데 의사결정을 하려면 3가지의 내용이 추가되어야 한다. 최적화, 즉 순편익극대화를 위하여서는 성과의 화폐적 가치가 주어져야 하는데 본 약식 모형에는 성과를 가치와 연계하는 경로가 누락되어 있다. 따라서 목표로 하는 ESG 점수가 밖에서 주어져야 한다. 목표 ESG 점수는 회의, 워크숍, 그리고 설문조사와 같은 방법을 통하여 정성적으로 결정하여야 한다. 그리고 ESG평가는 다수의 항목으로 구성되어 있는데 이 항목의 가중치들은 ESG 종합 점수가 기업의 가치(α)와 비례하는 방향으로 결정되는 것이 바람직하다. 아무런 정보가 없을 경우에는 모든 항목에 대하여 동일 가중치를 부여하여 사용하여야겠지만 평가기관에서 일부 공개한 가중치 정보를 적용하고 또 장기적으로 운영하면서 ESG점수가 기업가치에 대한 설명력을 극대화하는 방향으로 가중치를 조정하는 것이 바람직하다. 그리고 이 역시 이러한 정량적인 방법의 도입이 어려우면 회의, 워크숍, 설문조사나 AHP 등의 약식 방법을 적용하여 결정할 수도 있을 것이다.

그림 14-6 **현실적인 ESG 경영의 구성요소와 경로**

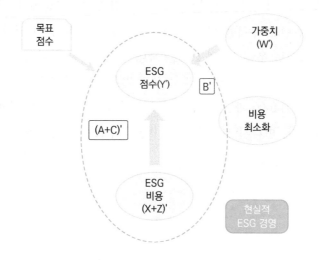

우리나라의 ESG 경영과 관련하여 국제적으로 요구되는 ESG 기준이 한국정부의 규제수준인 한국의 사회적 정서와 일치하지 않을 때 발생하는 문제가 있을 수 있다. 직간접적으로 미국과 EU에 연결되어 있는 업체들은 ESG 경영을 통하여 기업 가치를 증대시킬 수 있겠지만 그렇지 않은 기업들에게 ESG 경영은 기업 가치를 증가시키는 요인이 아닐 수 있다. 일부 기업에게는 정부의 공시의무화와 ESG 평가요건 등은 기업가치를 증대시키는 요인이 아니라 대한민국 정부가 의도하지 않았지만, 외부에 의하여 강제되는 추가적인 규제로서만 작용하게 될 것이다. 이것은 ESG와 관련하여 국내기업들의 이해관계와 태도가 이중 구조화될 수도 있다는 것을 의미한다. 물론 우리나라가 온실가스 규제나 재생가능 에너지 등에 대한 정책을 국제 표준에 맞게 입안하고 실행하면서 동시에 경제의 양적성장과 구조개선을 이룬다면 그러한 문제는 발생하지 않을 것이다, 그러나 국내의 정책과 사회운동의 수준과 방향이 미국과 유럽의 그것과 상이하다면 이중구조화의 가능성은 배제할 수 없다.

ESG 경영의 본질은 근본적으로 재무적, 투자적 현상이며 또한 동시에 자본시장을 통하여 발현된 사회적 운동이기도 하다. 그런데 우리나라에서는 ESG를 논할 때 자본시장과 관련된 부분을 완전히 생략하고 있는 경우가 더 많다. 이것은 왜 그런 것일까? 실제로 우리나라의 ESG는 국내의 자본시장과 별로 관련이 없고 사회적 운동과도 관련이 없기 때문이라고 생각된다. 이것이 바로 현재까지 우리나라에서 ESG는 ISO14000 과 같은 일종의 표준과 같은 것으로 받아들여지고 있는 이유라고 생각된다. 따라서 본고에서 제시한 약식 ESG 모형은 이런 현실을 반영한 것이라고도 할 수 있다.

V ESG 시대의 환경정책

이와 같이 ESG 제도정비는 ESG 친화적 경영활동에 대하여 자본시장에서 보상을 받게, 그리고 ESG 비친화적 경영활동에 대하여서는 자본시장에서 불이익을 받게 하는 인센티브 메커니즘으로 작용하며 그것은 결과적으로 정태적 그리고 동태적 측면에서의 환경개선과 사회적 효율성을 달성하게 하여준다. 특히 동태적효율성의 개선이 중요한 특징이라고 할 수 있다. 여기서 동태적 효율성이란 단기적이지 않은 장기간에 걸쳐서 최적화를 달성하는 것을 의미하여, 기업의 경우에는 단기적 이윤극대화가 아니라 장기적인 기업가치 극대화의 달성을 의미한다. 그리고 국가적인 차원에서도 단기적인 사회후생 극대화가 아니라 장기적인 미래 사회후생의 총 현재가치의 극대화를 의미한다. 동태적이고 장기적인 최적화는 주로 현재의 소비를 줄이고 미래의 소비를 증가시키는 행위, 즉 투자행위에 의하여 달성된다. 자본시장이란 투자행위를 매개하는 시장이다. 자본시장에서 기업의 내부정보를 투자자들이 잘 알지 못하므로 이를 잘 알려서 올바른 투자판단을 하도록 하는 장치가 회계공시제도이며 ESG 공시와 평가·데이터서비스는 회계공시제도와 그 기능면에서 동일하다. 자본시장에서의 정보의 비대칭 해소는 투자의사결정을 효율화하는데 ESG 정보가 투자자들에게 공유되면 ESG 관련하여 투자가 효율적으로 이루어지며 이것은 기업의 자본투자행위 역시 효율화되는 것을 의미하여 이러한 과정을 거쳐서 동태적 효율성이 달성된다. 또한 정부의 환경정책에 대한 기업의 반응을 동태적으로 효율화시켜서 정부의 환경정책의 동태적 효율성 역시 개선될 것이다.

ESG 제도정비는 환경정책의 효율성을 제고하고 환경정책의 효과가 즉각적으로 구현되도록 돕는 역할을 하게 될 것이다. 따라서 그동안 환경정책의 효율성과 지속성에 확신을 가지지 못하고 즉응적인 정책 대응을 해왔던 정책당국자들은 좀 더 효율적인 정책설계와 실행이 가능해질 것이다. 또한 환경정책에 있어서 미래의 효과에 대한 기대(expectation) 요소가 중요해질 것이다. ESG 제도정비가 없어도 정책당국과 피규제 기업들은 환경정책의 장기적 효과나 피드백 요소들에 대하

여 고려하기는 하였을 것이다. 그러나 이제는 정책당국은 환경정책의 장기적 동
태적 효과에 대한 시장의 기대를 자본시장 데이터를 통하여 보다 신뢰성 있게 관
찰하게 될 것이다. 또한 기업은 ESG경영의 미래 기업가치 증대 효과가 자본시장
에서 즉각적으로 반영되는 것을 관찰하게 될 것이므로 장기적 ESG 경영의 추진이
좀 더 용이해질 것이다.

환경정책에 따라서 ESG경영이 활성화되면 자본시장에서 ESG 투자프로젝트의
자금조달이 용이해지며 다시 이로 인하여 활성화되는 ESG 투자는 ESG투자의 근
간이 되는 정책환경의 일관성을 유지하기 위한 피드백으로 작용할 수 있다. 다시
말해서 ESG 선순환이 발생할 개연성이 커지는 것이다. 이처럼 ESG 제도정비와
관련한 인프라의 발달은 미래지향적인 환경정책의 입안, 이행, 그리고 정책일관
성의 유지에 유리한 환경을 조성할 것으로 생각된다.

이러한 작동 메커니즘은 ESG 제도정비가 환경정책에 보완적인 요소로 작용하
는 것을 보여주는 것이다. ESG 제도정비와 그에 따른 자본시장에서의 정보의 비
대칭 해소는 그 자체로서는 환경정책과 무관하며 단지 환경정책의 효율성을 개선
하여주는 전달장치이자 증폭장치라고 할 수 있다.

그러나 ESG 제도정비와 관련하여 환경정책이 변화할 것이며 또 변화하여야
한다고 보는 견해들이 있다. 예를 들면 ESG가 자본시장 등을 통하여 환경정책이
해야 할 역할을 대신하여주고 있다고 보는 관점이다. 심지어는 자본시장의 펀드
매니저 등이 개별 국가의 정부보다 환경정책의 결정에 있어서 우선권을 가질 수
도 있다는 생각을 하는 사람들도 있다. 정부는 감히 시행하지 못하였던 RE100과
같은 요건이 민간을 중심으로 시행되고 다시 이것이 자본시장에서 반영되어 더욱
강화하고 있기 때문에 이러한 견해에 힘이 실리기도 한다.

기관투자가나 개인투자가의 ESG 지향 윤리적 투자나 RE100 과 같은 민간주도
이니셔티브는 분명히 정부 규제를 통하지 않고도 기업과 개인의 환경 친화적 행
동을 유도한다는 점에서 정부정책과 대체 및 경합관계가 될 수 있다. 소비자단체
의 활동이나 불매운동 등 그러한 예는 무수히 많다. 그러나 ESG 공시를 중심으로
한 ESG 투자는 그러한 것들과는 별개의 문제이다. ESG의 추진 동력은 RE100과
같은 이니셔티브이다. ESG 제도정비는 그러한 추진동력이 결코 아니다. ESG는

이러한 추진동력의 효율성을 개선시키는 촉매와 같은 역할을 하는 것이라고 볼 수 있다. ESG 제도정비가 그 자체로서 환경정책을 대신하거나 대체할 수 있는 소지는 존재하지 않는다고 보아야 할 것이다.

그동안 ESG 제도정비가 미비한 상황에서는 환경정책의 효과가 지연되고 비효율적이었으나 ESG 제도정비 이후에는 효율적으로 변화된다면 환경정책도 이를 반영하여 변화될 수는 있을 것이다. 그동안 ESG 회계공시제도가 미비한 상황에서 이를 고려하지 않고 수립 – 이행된 환경정책은 비효율적이었을 것이다. 환경정책과 그 영향은 해당 기업에게는 어느 정도 알려져 있겠지만 투자자들에게는 불완전하게 알려져 있었을 가능성이 크다. 그렇다면 환경정책에 대하여 불충분하게 대처하는 기업의 자산(주식 등)은 과대평가되었을 것이다. 즉 이러한 기업의 요구수익률(자본비용)은 과소평가되었을 것이다. 따라서 이러한 기업의 자산은 사회적으로 효율적인 수준보다 과대평가되어 과다하게 투자되는 반면에 환경정책에 잘 대응하고 있는 기업들의 자산(주식 등)은 과소평가되고 자본비용은 과대평가되어 사회적으로 효율적인 수준보다 과소하게 투자되었을 개연성이 크다. 이러한 점들이 환경정책의 영향이 자본시장에 미친 영향이 미약하였던 원인 중의 하나였을 것이다.[14] 그동안의 자본시장의 정보의 비대칭이 상당했다면, 그리고 그로 인한 투자 측면에서의 왜곡이 컸다면 이제는 그러한 왜곡이 사라진 상황에서 보다 효율적인 환경정책이 가능해질 수 있을 것으로 생각된다. 예를 들자면, ESG 공시기준 등 정보비대칭의 해소를 통한 금융시장의 효율성 개선은 환경정책이 환경정책의 본연에 집중할 수 있게 해준다. 예를 들면 보조금 지급과 같은 사족(蛇足)과 같은 정책의 필요성이 감소할 수 있다.[15] ESG는 환경정책을 단순하고 효율적으로 만들어 준다고 볼 수 있으며 ESG는 환경정책에 대하여 보완적이라고 볼 수 있다. 이러한 ESG를 통한 환경정책의 동태적 효율성 개선 과정을 그림으로 나타내면 다음과 같다.

---

14 Liu, Wang, Shi and Pang(2022)

15 한택환·임동순(2010)

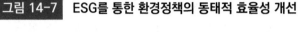

그림 14-7　ESG를 통한 환경정책의 동태적 효율성 개선

블랙록이 주도한 "ESG 혁명"에 의하여 환경정책의 주된 무대가 정부의 환경정책과 환경 프로그램이 아니라 자본시장, 심지어는 투자은행이나 펀드매니저에게로 넘어가고 있다는 견해까지 등장하고 있다. 이것은 외견상 그럴듯하게 여겨질 수 있는 요소를 가지고 있다. 블랙록의 이니셔티브에 의하여 ESG가 실제로 중요한 기업경영과 투자의 고려요소로 등장한 것은 사실이기 때문이다.

ESG 투자의 동기는 수익률의 제고이다. 그렇지만 그와는 별개로 순수하게 윤리적 환경적 사회가치적 동기에 의한 투자는 존재하고 지금도 상당히 실행되고 있다. 윤리적 투자의 사례는 과거 인종차별국가였던 남아프리카에 투자한 기업의 주식에 대한 보이콧 운동 등 그 뿌리가 오래된 것이다. 그리고 이러한 운동을 통하여 실제로 남아프리카의 정치적 방향에 영향을 주기도 하였다. 이러한 ESG 윤리적 투자는 ESG 투자의 투자성과에 영향을 미쳤다고 생각된다.

ESG 윤리투자는 정부의 정책이나 시민단체나 소비자단체의 활동과 마찬가지로 환경친화적 활동을 상대적으로 유리하게 만들어 환경친화적 행동을 유도하고 결과적으로 환경개선과 사회적 효율성을 개선시키는 주요한 추진동력의 하나이다. 그러나 ESG 윤리투자는 그러한 목적에 찬동하고 투자수익률이 낮은 경우에도 이를 수용할 수 있는 특별한 선호체계를 가진 개인이나 특정 단체에게만 적용 가능한 것이다. 개인의 자산을 수탁받아 운용하고 있는 자산운용사들은 이 개념을 적용할 수 없다. 왜냐하면 이것은 수탁자로서의 의무를 위배할 가능성이 높기 때문이다.[16]

그러므로 그러한 투자로부터 초과수익을 얻을 수 있는 경우에만 윤리적 투자행동이 정당화될 수 있다. 왜냐하면 그렇지 않으면서, 즉 $\alpha < 0$임에도 불구하고 의도적으로 ESG적 목적만을 위하여 포트폴리오를 구성하면 그러한 행동은 투자자로부터의 수탁의무에 대한 배임으로 간주될 여지도 있기 때문이다. 실제로 블랙록의 CEO인 래리 핑크는 우크라이나 전쟁 발발 이후 환경친화적 투자가 능사가 아니라는 발언을 하여 그를 저본시장의 환경운동가처럼 간주한 사람들을 실망시키기도 하였다.

만약에 윤리적 투자가 대규모로 이루어진다면 정부의 정책을 대체할 수 있는 영향력을 가질 수 있을지도 모른다. 그러나 블랙록과 같은 기관투자가를 이 범주에 넣을 수는 없다. 왜냐하면 이들은 위험조정 수익률의 극대화를 목표로 할 수밖에 없기 때문이다. 또한 윤리적 투자라고 하더라도 지속적으로 음의 초과수익을 가져올 경우 투자가 지속된다고 보장할 수 없다. 그리고 윤리적 투자가 양의 초과수익을 가져올 경우 그 동기가 윤리적인지 아닌지 구분할 방법이 없다. 왜냐하면 ESG 윤리적 투자처럼 보이는 것이 실제로는 정보의 비대칭을 남보다 한발 먼저 보다 정확하게 해소하여 초과수익을 얻고자 하는 행위일 수도 있으므로 그것을 가려낼 방법은 거의 없기 때문이다. 그리고 현대적인 자본시장에서 기관투자가의 비중의 증대로 인하여서 실제로 이러한 투자가 구현되기 어렵다. 따라서 윤리적 투자가 환경정책을 대체할 수 있다는 이론적 실증적 증거는 현재로서는 거의 없다고 판단된다.

그러므로 정부의 정책과 경합하거나 대체할 수 있는 존재로서, 즉 환경보전과 윤리경영의 추진동력으로서의 ESG 윤리적 투자는 실재하는 것이고 그 존재를 부

---

16 이것은 자본시장의 기관화와 신탁법리 때문이라고 한다. 미국의 경우, 기관투자자의 상장회사 주식 보유 비중은 75%에 달한다. 그런데 기관투자자는 타인의 돈을 관리하는 수탁자로서 고객에게 충실의무를 가진다. 기관투자자의 윤리적 동기가 아무리 선하더라도 고객이 아닌 제3자의 부수적 이익을 위한 투자는 위법일 가능성이 있다(민창욱, 2021.08.03).

인하기는 어렵지만 그것이 최근의 ESG 붐의 원인은 아닌 것이 거의 명백하다. 그리고 환경보전을 위한 근본 추진동력을 국가의 환경정책이나 국제협약이 아닌 윤리적 투자자들의 자의적인 행태에 부분적으로라도 의존할 수는 없는 것이다. 그러므로 최근의 ESG 동향이 개별국가의 환경정책에 특별하게 주는 시사점은 그 자체로서는 없다.

이처럼 ESG 제도정비는 환경정책 자체가 아니고 그 촉진제에 그친다는 점은 분명하다. 그렇지만, 국제적인 측면을 고려하면 상황이 복잡해진다. 국제적으로 연계된 자본시장과 공급망 시장을 통하여 유럽과 미국의 환경정책이 결과적으로 한국에 강제되어 한국 정부의 정책적 자율성이 침해될 수 있는 것이다. 이 때에도 ESG가 환경정책을 대신하는 것은 아니다. 그렇지만 외국의 환경정책이 ESG 제도정비를 계기로 국제적으로 연결된 자본시장을 통하여 한국 기업의 행동에 영향을 미친다.

즉, ESG 현상은 유럽과 북미를 중심으로 범세계적 의무로 인지되고 있지만 실제로 준수를 해야 한다는 자각은 덜되어 있던 규범들을 한국정부의 정책의지와는 별개로 외부로부터 주입하는 통로 역할을 하는 것이다. 미국과 유럽에 상장하고 있는 한국 기업의 경우 ESG 평가를 잘 받지 못하면 펀드 포트폴리오에서 제외될 수 있기 때문에 유럽과 북미 수준의 환경기준 준수가 "강요"되고 있다. 또한 ESG의 CBAM이나 RE100은 국제통상관계나 공급망계약관계에 의하여 요구되는 규범들이지만 자본시장을 통하여, 즉 ESG평가와 투자에 의하여 추가적으로 압력이 가해지기도 할 것이다.

ESG는 한국의 환경정책과 직접적인 관련성은 없으며 간접적으로만 연관성이 있다. 또한 ESG를 통한 환경정책적인 영향력은 해외로부터 올 수 있지만 그것도 외국의 환경정책이 ESG라는 경로를 통하여 우리나라에 영향을 미치는 국제적 문제이지 ESG 자체가 우리나라의 환경정책을 대신한다는 것으로 해석될 수는 없다.

ESG가 환경정책과 직접 관련이 없다고 하여서 그와 관련한 법률적 뒷받침이 불필요하다는 의미는 아니다. 환경정책과의 직접적 관련성은 없지만 해외의 ESG 보편화와 우리나라의 ESG 공시 의무와 ESG 보급에 따라서 현실적으로 기업들이나 개인들이 많은 변화를 겪게 될 것임은 자명하다. 따라서 이러한 변화에 원만한 적응을 지원하기 위한 관련한 법률적 정책적 뒷받침이 필요할 것이다.

그중의 하나가 ESG 기본법 제정에 대한 제안이다. 보도에 의하면[17] 글로벌 기업에 요구되는 환경·사회·지배구조(ESG)를 국가 차원에서 체계적으로 관리하는 내용의 'ESG 기본법' 초안이 추진되고 있다고 한다. ESG 기본법안의 주요 내용은 정부가 10년 단위의 'ESG 기본계획'과 1년 단위의 'ESG 경영발전 실행계획'을 수립·추진하도록 하는 것이다.[18]

우리나라는 2025년부터 ESG 관련 공시가 의무화된다. 그리고 국내의 ESG 공시의무화 이전에 유럽과 미국의 ESG투자와 ESG경영의 보편화로 인하여 해외 상장기업, 피투자기업, 수출입의존도 높은 기업, 그리고 이들 기업에 납품하는 기업들은 ESG 현상의 직접적인 영향을 받고 있다. ESG 기본법안은 ESG 현상에 우리기업이 잘 대응해 나가도록 도와주자는 의도가 중심인 한시적인 법안이라고 할 수 있다. 그러므로 ESG 기본법은 환경정책에 관한(혹은 지배구조 및 사회적 측면에 관한) 법률이 아니라 기업 지원을 위한 법이라고 할 수 있다. 기업들은 대체로 규제적인 내용이 포함될 가능성에 대하여 우려를 표하고 있으며 중소기업의 ESG 경영지원과 평가기관 신뢰성 보장 등의 조치를 희망하였다.[19] 대체로 보아서 ESG 기본법은 서유럽과 북미와는 달리 자본시장과 평가기관, 기관투자가 등이 덜 발달한 한국의 금융부문의 현실을 반영하여 이를 보완하는 방향의 입법 의도라고 판단되며 환경정책과 경합하는 내용은 없다고 판단된다.

ESG 기본법이 환경정책의 영역을 침범하지 않는 보조적이고 한시적인 지원 프로그램을 보장하기 위한 법률적 장치인 반면에 ESG 현상을 자본시장내의 현상에만 국한하지 않고 보다 넓고 적극적으로 해석하여 이를 기존의 환경정책의 발전적 확장의 계기로 보는 견해도 존재한다. ESG를 장려하고 기본권 차원에서 보장하기 위한 헌법 개정의 가능성을 주장하는 견해도 있다.[20] 그리고 이보다는 낮

---

17   서울경제,2023.7.20.

18   또 총리 산하에 ESG 위원회를 설치하며 정부는 대통령령으로 ESG 실태조사를 실시하고 결과를 공표하도록 했다. 이와 더불어 금융위와 은행 등 대통령령으로 정하는 금융기관에 대해 ESG 관련 금융 위험을 최소화하는 감독 시책을 마련해 시행하며 상호출자 제한 기업집단·중견기업·기재부장관이 필요하다고 인정하는 기업 등에 대해 ESG 평가기관의 평가 결과를 공시한다는 내용도 담겼다(전게문서 참조).

19   전게문서.

20   고문현(2023)

은 차원이지만 환경정책의 변화의 가능성과 당위성을 거론하기도 한다.[21] 김호석 (2021)은 그러한 정책 대응의 예로서 국내 환경정책 유효성을 높이는 ESG 정보공개와 녹색기술·녹색사업 인증제 강화, 국내 환경규제 이행 정보 공개 강화, 국내 환경목표 및 K-SDGs 세부목표와 연계 등을 제시하였다. 그러나 이러한 제도들은 환경정책 그 자체는 아니고 모두 환경정책과 관련한 정보의 비대칭 해소와 관련한 것들이다.

정리하자면 ESG 제도정비와 관련하여 환경정책이 근본적인 변화를 가져올 일은 없다고 판단된다. 그러나 ESG 현상의 근본적인 추진동력의 하나인 환경과 사회와 지배구조에 대한 가치의 재평가에 따라 사회 전반적으로 그와 관련한 법률과 제도와 정책 등이 강화될 개연성은 존재한다. 그리고 일부는 소비자 운동이나 ESG 윤리투자를 통하여 정부의 정책을 거치지 않고 직접적으로 기업의 행태에 영향을 줄 것이기도 하다.

또 하나의 고려사항은 자본시장 밖에서의 ESG 제도 정비에 관한 것이다. 우리나라의 경우 자본시장을 바탕으로 하는 ESG 투자와 경영은 현재까지는 주로 해외 자본시장과 연관된 것이다. 아직까지는 국내 자본시장을 바탕으로 ESG 투자를 하는 투자자들의 비중은 그다지 크지 않을 것이다. 조만간 ESG 공시가 의무화되면 국내적으로도 그 영향이 발생하겠지만 즉각적으로 변화가 있을 것으로 생각되지는 않는다. 그렇다면 우리나라에서 ESG 붐은 어떤 이유로 발생한 것일까? 우리나라에서의 ESG 관심은 주로 ESG 평가와 관련한 것이다. 그리고 이 평가는 투자자 평가보다는 주로 기업평가에 관한 것이며 원청 기업이 납품업체에 요구하거나 공기업 평가 등 여러 가지 평가에 사용되는 일종의 성적표나 시험 같은 것으로 인식되고 있다. 이러한 ESG평가는 자본시장 밖에서의 ESG 평가이다. 이러한 평가시스템의 정비는 자본시장 내에서의 제도정비와 마찬가지로 환경 등 정책의 효율성을 제고할 것이며 정보의 완전성과 정책의 효율성 향상에 기여할 것이다. 즉, 실제로 환경규제 법률이 통과되어 효력이 발생하여도 준수와 이행이 잘 되지 않거나, 위법사실이 있어도 대중에게 알려지지 않아서 그 효과가 크게 감소하는 일이

---

21   김호석(2021)

줄어들 것이다. 따라서 환경법률과 정책의 실효성이 개선될 것이다. 그러나 자본 시장 밖에서의 제도정비에는 중대한 한계가 있을 수 있다. 자본시장 내에서의 제도정비는 자본시장에서의 정보의 비대칭을 해소해 주는 것이고 그로 인하여 개선된 정보는 투자자의 판단에 도움을 주는 것으로서 최종적으로 수익률은 시장에서 결정된다. 그렇지만 자본시장 밖에서의 평가는 좋은 점수를 받아도 그것이 초과수익, 즉 양의 α를 가져다주는 것으로 받아들인다는 보장은 없다. 평가기관이나 정부당국이 어떠한 기업행태에 대하여 좋은 점수를 준다고 하여서 그것이 양의 α를 가져오지 않을 경우 그 평가는 무슨 의미인가? 그리고 그 평가나 점수가 그나마 윤리적으로 우수하거나 사회후생에 도움이 된다는 보장은 있는 것인가? 평가점수를 적용하여 정부 조달 등에서 가산점을 주는 것은 정책적으로 도움이 될 것이지만 그것이 기존의 환경마크 제도나 환경경영평가제도 등과 차이점이 무엇인가 하는 의문이 발생할 수 있을 것이다. 그러므로 자본시장 밖에서의 정부나 평가기관 주도의 ESG 평가가 ESG 투자의 측면에서는 그다지 의미가 없을 수 있다. 특히 그것이 정부의 환경규제정책의 뒷받침이 없이 평가제도로서만 작동될 경우에는 더욱 그렇다고 할 수 있다.

이상의 논의를 종합하여보면 다음과 같다.

"ESG"라는 단어는 미국과 유럽에서는 대체로 ESG 투자를 의미한다. ESG 투자가 성립하기 위하여서는 $\alpha > 0$ 이어야 하는데 그 기본적인 추진동력은 최근의 정부규제 및 국제적 규제의 강화이고 보조적인 추진동력은 민간부문에서의 ESG에 대한 자발적인 윤리적 투자와 행동 등이다.

한국 자체만의 ESG 투자 추진동력은 충분하다고 보기 어렵다. 그러나 국제적으로 연결되어 있는 자본시장과 상품시장의 연계성을 통하여 한국의 주요 기업들은 ESG 경영을 채택하지 않을 수 없는 입장이다. 유럽 및 미국과의 동조현상은 피할 수 없는 것이므로 우리나라도 유럽과 미국과 동일한 수준으로 끌어올리도록 ESG 제도를 정비하야야 할 것이다.

그렇지만 한국의 자본시장과 투자자들이 정말로 ESG 투자를 진지한 투자전략으로 고려하고 있는지는 의문스럽다. 실제로 ESG 경영을 통하여 기업의 자본시장에서의 가치를 끌어올린 사례가 있는지 그리고 ESG 투자를 통하여 투자자들이 초과수익을 올리고 있는지는 불분명하다. 앞으로는 그렇게 될 것인지도 확실하지 않다. 지난 정부의 그린뉴딜 정책은 친환경투자를 통하여 차별적 이익을 얻을 수 있는 구조를 만들어주고 있었다고 할 수 있다. 그러나 현 정부 들어서 그러한 정책들이 후퇴하고 있는 상황에서 기업의 친환경적 행동이 초과수익율을 가져올 수 있을지 의문스럽다.

현재 ESG 공시제도가 곧 시행될 예정이고 ESG 평가 관련 표준 양식 등이 제정되고 있어서 ESG 평가를 위한 틀은 마련되고 있는 것 같다. 그러나 국내와 해외의 ESG 투자자들이 보고자 하는 정보를 한국의 ESG 평가기관들이 제공할 수 있을지는 여전히 의문스럽다. 그러나 우리나라가 미국 및 유럽과의 보조를 맞추기 위한 수단으로서 ESG 공시제도를 정비함과 동시에 ESG평가의 표준화 등을 추진 중이므로 제도면에서 유럽 및 미국과의 동조화는 조만간 달성될 것으로 생각된다.

투자로서의 ESG 활동에서 ESG 평가는 하나의 금융상품으로서 서로 경쟁하는 존재이다. 따라서 표준화의 필요성이 그다지 크지는 않다. 그러나 한국의 ESG 부문은 투자 측면보다는 기업 ESG 평가의 측면이 크고 하나의 성적표와 같은 것이기 때문에 표준화가 되지 않으면 비교와 서열화가 곤란하다는 문제가 생긴다. 우리나라에서 ESG는 투자로서의 측면보다는 기업평가 중심으로 운영되고 있으므로 평가방법과 지표 등의 표준화는 필요하다고 생각된다.

ESG 제도정비 이후에 정부의 탄소중립 추진의지 등이 확인된다면 우리나라의 ESG도 투자 중심의 선진국형 ESG로 진화하여 나갈 것으로 기대된다. 지금 ESG 제도정비가 환경정책의 대안인 것처럼 인식되고 있는 것은 과도기적 현상이라고 생각된다. ESG는 자본시장에서의 재무회계의 일부분이며 시장의 효율화를 위한 도구로서의 성격이라는 점을 잊으면 안 될 것이다. 또한 ESG 투자나 ESG 경영은 α의 크기를 증가시키고 α의 크기를 예측하기 위한 노력이다. 그러므로 이것은 α가 양의 값을 가진다는 전제하에서만 성립하는 것이고 그 핵심동력은 정부의 정책이라는 점도 잊지 말아야 할 것이다.

참고문헌

고문현. 2023. ESG에 대응하기 위한 헌법개정안, 월간 환경기술, 9월.

관계부처합동. 2021. "친환경·포용·공정경제로의 대전환을 위한 ESG 인프라 확충 방안", 8월 26일.

금융투자협회. 2021. "ESG 등급 평가와 데이터 제공에 관한 제도개선 논의 현황", 9월 14일.

김종대. 2021. "[ESG가 미래다] 지속가능한 경영…신념기반투자와 ESG", 한국경제신문, 8월 13일.

김태형. 2021. "ESG 데이터, 통합 플랫폼이 필요한 이유", ESG 경제, 1월 21일.

김호석. 2021. ESG 관련 국내외 동향 및 환경정책에 미치는 영향, KEI 정책보고서, 2021-09.

뉴시스. 2023. "금융위 3분기 중 ESG 공시제도 로드맵 발표", 5월 12일.

민창욱. 2021. ESG 투자와 행동주의, 법률정보칼럼], 법무법인[유] 지평, 8월 3일.

박순애·신은혜. 2021. "대·중소 및 중견 기업의 ESG 성과와 재무가치 간의 상관관계 분석", 환경정책, 제29권 제4호, 151-199.

법무법인[유] 지평. 2023. "지평 기업경영연구소, '한국 TCFD Status Report 2022' 보고서 발간", 지평소식, 3월 28일.

서스틴베스트. 2023. 2022 기업 ESG 분석보고서, 3월.

_____. 2023. 2023 주주총회 시즌리뷰 안건분석 통계 및 안건 동향 분석, 3월 14일.

서울경제. 2023. 'ESG 기본법' 초안 공개…재계 "취지 공감하지만 규제법 우려", 7월 20일(https://www.sedaily.com/NewsView/29S7FLWFZ9).

여지훈. 2021. "ESG, 왜 유독 한국에서 중요해졌을까", 시사매거진, 9월 15일.

장윤정. 2022. 비재무정보 공개 확산에 따른 공공기관 ESG 경영현황 연구, 분석 22-01, 한국재정정보원, 7월.

정무권·강원,. 2020. "ESG 활동의 효과와 기업의 재무적 특성", 한국증권학회지, 49(5): 681-707.

조상우. 2021. "ESG의 이해와 ESG 경영을 해야 하는 이유",식품산업과 영양 26(2): 1-4.

한국거래소, KRX ESG포털 https://esg.krx.co.kr/

한국사회책임투자포럼. 2022. "기후관련 공시대응 위한 민간 연합체 '한국TCFD얼라이언스' 발족 55개 주요 금융기관·기업 대거 참여 "워킹그룹 만들어 TCFD 역량강화 등과 관련한 활동 전개", 보도자료. 6월 27일.

한민지. 2021. "ESG체제에 따른 유럽연합의 대응과 동향 -기후위기 대응과 지속가능한 사회로의 전환을 중심으로-", 법과기업연구 11(2): 3-36.

한택환·임동순. 2010. "환경투자 및 환경질 개선에 있어서 환경금융의 역할에 관한 탐색적 연구", 자원·환경경제연구, 제19권 제3호, pp.691-713.

ESG 경제. 2023. "ESG·지속가능경영 컨설팅 시장 급팽창", 2월 13일.

Ahmad, Nisar, Asma Mobarek & Naheed Nawazesh Roni. 2021. "Revisiting the impact of ESG on financial performance of FTSE350 UK firms: Static and dynamic panel data analysis," Cogent Business & Management 8: 1900500.

Allman, Elsa, and Joonsung Won. 2021. "The effect of ESG disclosure on corporate investment efficiency," Proceedings of Paris December 2021 Finance Meeting, EUROFIDAI- ESSEC.

Atkins, Betsy. 2020. "Demystifying ESG: Its History & Current Status," FORBES, Jun 8.

Bassen, Alexander and Ana Maria Kovács, "Environmental, Social and Governance Key Performance-Indicators from a Capital Market Perspective," Zeitschrift für Wirtschafts- und Unternehmensethik - Journal for Business, Economics & Ethics, 2008, vol. 9, issue 2, 182-192.

Bing, Tao and Meng Li. 2019. "Does CSR Signal the Firm Value? Evidence from China," Sustainability, 11, 4255.

Chalmers, James, Emma Cox, and Nadja Picard. 2021. "The economic realities of ESG," Strategy+Business Magazine, October.

Collins, Peter and Sydney Chandler. 2021. "ESG and its relevance to the public sector," Sharpe Pritchard, 22 November.

Elzahar, Hussainey, Mazzi, & Tsalavoutas. 2015. "Economic consequences of key performance indicators' disclosure quality," International Review of Financial Analysis 39 96-112.

Hao, Jinji. 2023. "Disclosure regulation, cost of capital, and firm values," Journal of Accounting and Economics, 23 May 2023, 101605.(In Press, Corrected Proof).

Hassel, Lars G. and Natalia Semenova. 2013. "The Added Value of Environmental, Social and Governance Performance and Sustainable and Responsible Investment on Company and Portfolio Levels - What Can We Learn from Research?," SIRP working paper 13-2, Sustainable Investment Research Platform, 2013.

Healy, Paul M. Krishna G. Palepu, 2001. "Information asymmetry, corporate disclosure, and the capital markets: A review of the empirical disclosure literature," Journal of Accounting and Economics 31. 405—440.

Henisz, Witold, Tim Koller, and Robin Nuttall. 2019. "Five ways that ESG creates value Getting your environmental, social, and governance (ESG) proposition right links to higher value creation. Here's why." McKinsey Quarterly, November.

Janah, Oussama Oualaid and Hassan Sassi. 2021. "The ESG impact on corporate financial performance in developing countries: A systematic literature review," International Journal of Finance, Accounting, Auditing, Management and Economics. Volume 2, Issue 6.

Kummer, Katie, Leo van der Tas, Kyle Lawless and Victor Chan. 2021. "What to watch as global ESG reporting standards take shape," EY Finland, November 11.

Krueger, Philipp, Zacharias Sautner, Dragon Yongjun Tang, and Rui Zhong. 2021. "The Effects of Mandatory ESG Disclosure Around the World." ECGI Working Paper Series in Finance (Working Paper N° 754), European Corporate Governance Institute, December

Lee, Yaechan and William W. Grimes. 2021. "Assessing South Korea'S Role in Promoting ESG Investing in the Asia-Pacific," KEI Academic Paper Series, Korea Economic Institute of America, June 29.

Li and Polychronopoulos. 2020. What a Difference an ESG Ratings Provider Makes!, Research Affiliates, LLC., January.

Liu, Haiyue, Yile Wang, Xiaoshuang Shi, and Lina Pang, 2022. "How do environmental policies affect capital market reactions? Evidence from China's construction waste treatment policy," Ecological Economics 198.

OECD. 2021. ESG Investing and Climate Transition: Market Practices, Issues and Policy Consideration.

Pedersen, Lasse, Heje, Shaun Fitzgibbons, and Lukasz Pomorski. 2021. "Responsible investing: The ESG-efficient frontier," Journal of Financial Economics 142. 572-597.

Peng, Lee Siew And Mansor Isa. 2020. "Environmental, Social and Governance (ESG) Practices and Performance in Shariah Firms: Agency or Stakeholder Theory?," Asian Academy of Management Journal of Accounting and Finance, Vol. 16, No. 1, 1-4.

Poisson. 2023. Michael The ESG Data Revolution, MCMF Publishing.

Sanz, Almudena García Juan Ángel Jiménez-Martín, and M. Dolores Robles. 2023. Sustainability and Financial Risks of Firms: A Comprehensive Analysis, EBES Conference, Madrid, April.

UN Global Compact, 2004. Who Cares Wins.

Whelan, Tensie, Ulrich Atz and Casey Clar. 2021. ESG AND FINANCIAL PERFORMANCE: Uncovering the Relationship by Aggregating Evidence from 1,000 Plus Studies Published between 2015 - 2020, Rockefeller Asset management and NYU Center for sustainable Business.

Yoon, Bohyun,Jeong Hwan Lee, and Ryan Byun. 2018. "Does ESG Performance Enhance Firm Value? Evidence from Korea," Sustainability, 10, 3635.

색 인

기타

저자소개

김기은

서경대학교 화학생명공학과 교수직을 정년 퇴직하였다. 고려대 식품공학 농학사, 독일 콘라드 아데나워 재단에서 장학금을 받으며, 베를린 공대(Technical University of Berlin) 생물공학과에서 폐수에서 난분해성 물질의 생물학적 분해에 관한 논문으로 Diplom Ingeniur(공학석사)를 졸업하였다. TUB 생물공학 연구센터 효모연구소에서 연구원으로 재직하며, 산학협력으로 여러 가지 기업과제를 완료하며, '효모생산 공정 최적화'에 관한 논문으로 박사학위(Dr.-Ing.)를 취득하였다. 서경대학교 교수로 재직하며, 토질개선물질과 토질개선제 생산기술로 독일 특허, 과일 야체 가공폐기물을 이용한 유산칼슘 제조로 대한민국특허, 바이오가스 반응기 지다인, 식품가공 폐기물을 이용한 젖산칼슘 대량 생산 기술 개발, 감귤폐기물로부터 펙틴 생산 기술 공정개발, 고농도 유기폐수처리공정 및 부산물 자원화 등 현재까지 폐기물의 자원화 및 에너지화 등 순환경제 부분에서 기술개발 및 산업화에서 연구하며, 독일, 오스트리아의 연구자 및 기업가들과 협력하며 활동하고 있다.

김정곤

현재 베타랩 도시환경연구소 소장을 맡고 있다. 독일 카이져스라우터른 공대 공간 및 환경계획을 졸업하고, 독일 함부르크 공대 도시공학 박사학위를 취득하였다. 주요 경력은 LH토지주택연구원, 서울주택도시공사 근무, 한국바이오텍경관도시학회 회장 및 카이스트 대우교수·고려대학 겸임교수 역임, 국가 온실가스 통계 관리 위원회, 국토부·환경부·행안부 등 위원 및 국토부 신도시 자문위원, LH·GH MP위원 활동, 그리고 한국환경정책학회, 대한국토·도시계획학회, 한국도시설계 학회 학술 활동 등 산·학·연 영역에서 전문가로 활동하였다. 탄소중립 도시, 기후적응 도시, 리질리언트 도시, 미세먼지 저감 도시, 도시재생, 도시 메타볼리즘, 생태도시 등 도시계획·설계·모델개발 분야에서 다양한 연구를 수행, 스마트 바이오 테크 미세먼지 저감시스템(10-2213698) 등 다수의 특허와 도시수업-탄소중립도시(2023) 등 다수의 저서가 있다.

김태형

서울대학교 환경대학원 부교수로 동 대학원에서 도시·사회혁신 전공 주임교수를 맡고 있다. 아울러 협동과정 조경학 및 융합전공 지역·공간분석학 겸무교수, 환경계획연구소 및 지속가능발전연구소 겸무연구원이다. 서울대에서 도시, 교통, 환경, 혁신을 종합 연구하는 융복합계획연구실을 지도하고 있다. 미국 Georgia Institute of Technology에서 환경계획 전공, 계량지리(공간분석) 부전공으로 도시 및 지역계획학 박사(Ph.D. in City and Regional Planning)를 받고 서울대 부임 전에 사우디아라비아의 King Fahd University of Petroleum and Minerals 도시 및 지역계획 학과에서 근무하였다. 환경정책학회에서 부회장과 편집위원장을 같이 맡고 있다. 현재까지 Journal of Planning Education and Research, Journal of Planning Literature, Environment and Planning B, Transportation, Papers in Regional Science, Journal of Environmental Planning and Management, Sustainable Cities and Society, Natural Hazards, Transport Reviews, Transportation Research Part D 등 도시 및 지역, 교통, 환경 및 재난 분야의 국내외 저명 저널에 100편 이상의 논문을 싣고 50여 개의 프로젝트를 진행하였다.

문태훈

1992년 뉴욕주립대학교(올바니)에서 행정 및 정책학박사학위를 받고 서울연구원 환경연구부 책임연구원을 거쳐 1995년 3월부터 2023년 2월까지 중앙대학교 도시계획부동산학과 교수로 재직하였다. 연구 관심영역은 환경정책, 지속가능발전, 연구방법론, 시스템다이내믹스 등이다. 저술로 환경정책론, 시스템사고로 본 지속가능한 도시 등이 있고, 최근 논문으로 Analyzing climate impacts on health, energy, water resources, and biodiversity sectors for effective climate change policy in South Korea(2021), 한국 대도시의 참발전지수 연구 (2022) 등이 있다. 한국시스템다이내믹스학회장, 한국지역개발학회장, 한국환경정책학회장을 역임하였고, 서울시 지속가능발전위원회 공동위원장, 환경부 국가지속가능발전위원회 위원장을 역임하였다. 현재 유엔 한국지속가능발전해법네트워크(SDSN KOREA) 공동회장이다.

박순애

현재 서울대학교 행정대학원 교수로 재직 중이며, 미국 미시간대학에서 환경계획으로 박사학위를 받았다. 한국환경정책학회장과 한국행정학회장을 역임하였고, 2021년부터 UN 행정전문가위원회(CEPA) 위원으로 활동 중이다. 최근 연구로는 How does exposure to climate risk contribute to gentrification? Cities.137(2023), Impacts of renewable energy on climate vulnerability: A global perspective for energy transition in a climate adaptation framework, Scinece of the Total Environment, 859(2023), 글로벌 환경성과와 한국의 현주소: 2020년 EPI를 중심으로(2021), 지방분권시대의 환경정책: 성과관리의 권한과 책임(2020) 등이 있다.

박창석

서울대학교 조경학과를 졸업하고 같은 대학의 협동과정 조경학 전공으로 공학박사학위를 받았으며, 현재 한국환경연구원에서 선임연구위원으로 근무하고 있다. 주요 관심분야는 탄소중립과 기후탄력, 국토도시 및 자연환경 등이며, 이와 관련된 환경정책 및 계획 분야 연구들을 수행하고 있다.

변병설

인하대학교 행정학과 교수이며 정책대학원 원장을 역임하고 있다. 서울대학교 환경대학원에서 도시계획학 석사, 미국 펜실베니아대학교(University of Pennsylvania) 대학원에서 도시계획학 박사학위를 취득하였고, 한국환경연구원의 연구위원으로 재직하면서 친환경도시에 대해 연구하였다. 이후 한국환경정책학회 회장 및 서울특별시 도시계획위원회 위원을 역임하였다. 현재는 대한민국건강도시협의회 학술위원장과 환경한림원 산업분과위원장을 맡고 있다. 저서는 환경정책론과 도시계획론 등 다수가 있다.

윤순진

서울대학교 환경대학원 교수이며 현재 환경대학원장으로 재직하고 있다. 서울대학교에서 사회학을 전공한 후 미국 델라웨어대학교(University of Delawarre)에서 도시문제·공공정책석사학위(심화전공: 환경·에너지정책)를, 환경·에너지정책박사학위(심화전공: 환경·에너지의 정치경제학)를 취득하였다. 주요 관심사는 기후위기와 탄소중립, 에너지 전환 관련 정책과 시민인식, 사회운동, 환경교육이다. 대통령 소속 2050 탄소중립녹색성장위원회(구 2050 탄소중립위원회) 초대 민간공동위원장, 환경부 지속가능발전위원회 위원장, 서울시 에너지정책위원회 위원장, 한국에너지정보문화재단 이사장, 한국환경사회학회 회장 등을 역임하였다. 현재, 국회 기후위기특별위원회 민간자문위원회 위원장, 한국환경정책학회와 한국환경교육학회 부회장으로 활동 중이다. Routledge Handbook on the Green New Deal(2022), Environmental Movements in Korea(2017), 아주 구체적인 위협(2022), 환경정책론(2022), 환경행정론(2021), 환경사회학(2015) 등 70여 편의 국영문 단행본과 200여 편의 국영문 학술논문을 발표하였다.

이건원

고려대학교에서 도시계획및설계 전공으로 공학박사학위를 취득하고 현재 고려대학교 건축학과와 도시재생 협동과정 교수이며, 스마트 도시학과 주임교수로 재직 중이다. 그간 국토교통부/환경부 국가계획수립협의회 위원, 서울시 환경영향평가 심의위원, 국가 온실가스 통계 기술협의체 위원, 교육부 그린스마트 미래학교 검토위원 등으로 활동하며 국토교통부 장관상을 수상했다. 또한, 한국도시설계학회와 대한국토·도시계획학회, 한국생태환경건축학회 등에서 편집위원, 탄소중립도시 연구위원장 등을 역임하며, 도시를 비롯한 공간계획과 환경계획의 통합과 연계를 고민하고 있다. 저서로는 도시와 환경, 한국도시설계사 등이 있다.

이병욱

세종대학교 공공정책대학원 교수로 재직하다가 정년퇴임했다. 연세대학교 경영학과를 졸업하고 KAIST 산업공학과에서 공학석사, 영국 Manchester Business School에서 환경경영 전공으로 박사학위를 받았다. 포스코경영연구원 경영연구센터장, LG환경연구원장, 대한상공회의소 지속가능경영원 초대원장에 이어 환경부 차관과 한국환경연구원장을 역임하였고, 한국환경경영학회와 한국환경정책학회 회장을 맡은 바 있다. 황조근정훈장(2012)과 캄보디아 정부 공로훈장(2014)을 받았다. 저서로 환경경영론(1997), 환경경영(2005), 환경경영의 이해(2015) 등이 있으며, Towards Commercial and Environmental Excellence: A Green Portfolio Matrix(Business Strategy and the Environment, 1994) 등 다수의 논문을 발표했다.

정영근

미국 존스홉킨스대학교(The Johns Hopkins Univ.)에서 경제학박사학위를 취득하고 현재 선문대학교 글로벌경제학과에서 교수, 교무위원으로 재직 중이다. 한국환경연구원(KEI)에서 근무하면서 지속가능발전(sustainable development) 전략과 지표에 대한 연구를 진행하였으며 유엔(UN) 지속가능발전위원회(SDC)에 환경부장관 자문위원으로 참여하였다. 한국환경정책학회 학회장을 역임하였으며 주요관심분야는 거시경제정책과 지속가능발전을 위한 통합환경정책이다.

최정석

고려대학교 사회학과, 서울대학교 환경대학원(석사·박사)을 졸업하고 중부대학교(고양캠퍼스)에서 근무하고 있다. 환경정책, 환경계획, 친환경 도시계획과 지역개발, 탄소중립의 도시계획 분야를 연구하면서 학생들을 교육하고 있다. 주요 저서로는 도시·지역과 산업(서울대출판부), 함께 가꾸는 푸른 세상(동아시아), 한국의 장소판촉(박영사), 전통의 삶에서 찾는 환경지혜(서울대출판부), 새로운 도시계획의 이해(보성각) 등 10권을 공저하였다. 인사혁신처의 국가고시위원, 국토부의 규제개혁위원 등으로 공공 봉사활동을 수행하였고, 중앙정부와 지자체 및 공공기관과 협력으로 125개의 정책개발 및 계획수립 관련 연구용역을 수행하면서 3회의 국무총리 및 장관 표창을 수상했다. 2023년 현재, 한국환경정책학회의 제21대 회장을 맡고 있다.

최희선

현재 한국환경연구원(KEI) 선임연구위원으로 재직 중이며, 서울대학교 환경대학원에서 환경생태계획분야로 공학박사학위를 받았다. 대통령직속 지속가능발전위원회에서 국토자연전문위원회 위원을 비롯해 환경부 중앙환경정책위원회, 국토교통부 토지이용규제심의위원회 및 도시재생실무위원회, 경기도 도시계획위원회 등 국토·도시환경계획분야에서 전문가로 활동을 해오고 있다. 국토-환경계획 통합관리제도, 생태관광지역지정제도 등의 연구성과가 대표적이며, 현재는 스마트 지속가능도시, 도시회복력 및 그린인프라 정책 연구에 관심을 기울이고 있다.

한택환

서경대학교 명예교수이며 (유)환경통계정보연구소 대표이다. 서울대학교에서 경제학과 경영학을 공부하였으며, University of Utah에서 경제학박사학위를 취득하였다. 한국환경경제학회 회장, 한국환경정책학회 회장, 한국환경통계정보학회 회장, 대외경제정책연구원 연구위원, 한국환경정책평가연구원 초청연구위원, 한국환경정책학회 편집위원장, 환경부 중앙환경정책위원, 환경부 자체평가위원, 행안부 지자체합동평가위원, World Bank 및 ESCAP 컨설턴트로 활동하였다. 통계기반 환경-경제 통합 의사결정 모형 개발을 중점으로 연구하고 있다.

집필진 김기은 김정곤 김태형 문태훈 박순애 박창석 변병설
윤순진 이건원 이병욱 정영근 최정석 최희선 한택환

탄소중립시대의 환경정책

초판발행   2023년 11월 15일
중판발행   2024년 3월 25일

엮은이   (사)한국환경정책학회
펴낸이   안종만·안상준

편 집   양수정
기획/마케팅   장규식
표지디자인   이수빈
제 작   고철민·조영환

펴낸곳   (주)**박영사**
             서울특별시 금천구 가산디지털2로 53, 210호(가산동, 한라시그마밸리)
             등록 1959. 3. 11. 제300-1959-1호(倫)

전 화   02)733-6771
f a x   02)736-4818
e-mail   pys@pybook.co.kr
homepage   www.pybook.co.kr
ISBN   979-11-303-1880-6 93350

정 가   25,000원